内蒙古发展研究文库2019

高质量发展

新动能、新探索

内蒙古自治区发展研究中心
内蒙古自治区经济信息中心 著

中国发展出版社
CHINA DEVELOPMENT PRESS

图书在版编目（CIP）数据

高质量发展：新动能、新探索／内蒙古自治区发展研究中心，内蒙古自治区经济信息中心著．—北京：中国发展出版社，2019.11

ISBN 978-7-5177-1063-9

Ⅰ．①高…　Ⅱ．①内…　②内…　Ⅲ．①区域经济发展—研究—内蒙古
Ⅳ．①F127.26

中国版本图书馆 CIP 数据核字（2019）第 246524 号

书　　　名：高质量发展：新动能、新探索
主　　　编：内蒙古自治区发展研究中心　内蒙古自治区经济信息中心
出 版 发 行：中国发展出版社
联 系 地 址：北京市西城区裕民东路 3 号 9 层　100029
标 准 书 号：ISBN 978-7-5177-1063-9
经 销 者：各地新华书店
印 刷 者：北京市密东印刷有限公司
开　　　本：787mm×1092mm　1/16
印　　　张：26
字　　　数：456 千字
版　　　次：2019 年 11 月第 1 版
印　　　次：2019 年 11 月第 1 次印刷
定　　　价：99.00 元

联 系 电 话：(010) 68990630　68990692
购 书 热 线：(010) 68990682　68990686
网 络 订 购：http://zgfzcbs.tmall.com//
网 购 电 话：(010) 88333349　68990639
本 社 网 址：http://www.develpress.com.cn
电 子 邮 件：370118561@qq.com

《高质量发展：新动能、新探索》
编 委 会

前　言

　　党的十九大报告中指出，我国经济已由高速增长阶段转向高质量发展阶段，正处在转变发展方式、优化经济结构、转换增长动力的攻关期。推动经济高质量发展，是当前和今后一个时期确定发展思路、制定经济政策、实施宏观调控的根本要求。一年多来，习近平总书记在多个场合就推动高质量发展定调子、想路子、出点子，让"推动经济发展质量变革、效率变革、动力变革"的实现路径和未来图景愈加清晰。

　　2018年，习近平总书记参加十三届全国人大一次会议内蒙古代表团审议时强调，要锐意创新、埋头苦干，守望相助、团结奋斗，扎实推动经济高质量发展，扎实推进脱贫攻坚，扎实推进民族团结和边疆稳固，把祖国北部边疆这道风景线打造得更加亮丽。今年，习近平总书记参加十三届全国人大二次会议内蒙古代表团审议时强调，要保持加强生态文明建设的战略定位，探索以生态优先、绿色发展为导向的高质量发展新路子，加大生态系统保护力度，打好污染防治攻坚战，守护好祖国北疆这道亮丽风景线。内蒙古自治区党委出台《关于贯彻落实习近平总书记参加十三届全国人大二次会议内蒙古代表团审议时重要讲话精神 坚定不移走以生态优先绿色发展为导向的高质量发展新路子的决定》。目前，内蒙古经济正处在新旧动能转换的关键期，也处在生态文明建设的"三期叠加"，制约全区经济持续健康发展的因素，既有总量问题也有结构问题，既有供给质量问题也有需求效益问题，既有环境承载问题也有生态系统性保护问题，解决这些问题，发展是基础，质量是关键。

　　本研究以习近平新时代中国特色社会主义思想为指导，坚持问题导向，把握新时代新特征、新变化新趋势、新方位新要求，系统开展了十二项重点专题研究，分析内蒙古经济高质量发展思路与重点问题，提出促进高质量发展的主要任务、政策建议，以期为内蒙古经济高质量发展提供理论支撑和决策参考。

结构转型是高质量发展的必由之路。内蒙古选择以生态优先、绿色发展的实体经济为导向，以创新驱动、城乡区域协调发展和经济体制改革等为结构转型的主要途径，实现地区经济社会发展结构不断优化、质量不断提升。

经济发展高质量开启了由"数量追赶"转向"质量追赶"的新阶段。内蒙古要构建高质量需求体系、高质量供给体系、高质量投入产出体系、高质量收入分配体系、高质量发展体制机制，更好地适应高质量发展新阶段新方位。

建设现代化经济体系，是经济高质量发展的战略目标。内蒙古围绕优化产业、创新驱动、现代金融、市场化推进等经济社会活动各个环节、各个层面、各个领域的相互关系和内在联系，不断突破制约因素和破解突出短板，探索构建现代化经济体系。

打好防范化解重大风险、精准脱贫、污染防治三大攻坚战，是推动经济高质量发展的底线要求。内蒙古只有打好三大攻坚战，才能与全国同步全面实现小康社会，才能为高质量发展打下坚实的基础保障。

建设实体经济、科技创新、现代金融、人力资源协同发展的产业体系，是推进高质量发展的根本举措。内蒙古围绕发展实体经济主体和基础地位，坚持以科技创新为第一动力，以现代金融为现代经济的核心和血脉，以人力资源为发展的第一资源，协同发展现代产业体系。

创新型内蒙古建设，是推进高质量发展的重要途径。内蒙古要突破创新能力不足等制约高质量发展的突出短板，不断提高创新能力，加快建设创新型内蒙古，持续推进内蒙古经济高质量发展。

实施乡村振兴战略，是农村牧区推动高质量发展的总抓手。内蒙古要坚持农村牧区优先发展，巩固和完善农村基本经营制度，深化农村集体产权制度改革，构建现代农牧业产业体系、生产体系、经营体系，促进农村牧区一二三产业融合发展，健全自治、法治、德治相结合的乡村治理体系，推进农村牧区现代化建设。

实施区域协调发展战略，是推动区域经济高质量发展的关键举措。内蒙古以融入京津冀协同发展、长江经济带、粤港澳大湾区等国家重大区域发展战略为导向，加强环渤海经济区、呼包银榆城市群、"乌（兰察布）大（同）张

（家口）"区域合作等与周边省市协同发展，促进呼包鄂协同发展、乌海及周边地区一体化发展、沿黄生态经济带建设、"锡（林郭勒）赤（峰）通（辽）"区域合作区建设等内部优化和合作发展，开创区域协调发展新格局。

推动全方位高水平开放，是经济高质量发展新动力新高地。内蒙古积极把握共建"一带一路"的历史性机遇，积极落实"建设中蒙俄经济走廊规划纲要"，搭建多层次对外开放平台，优化口岸布局和功能定位，实现全方位、多领域、高水平开放合作。

探索以生态优先、绿色发展为导向的高质量发展新路子。内蒙古始终坚持加强绿色发展理念，把生态文明建设融入经济、政治、社会、文化建设的全过程，建立生态优先、绿色发展的空间体系、推进体系、制度体系，发展绿色产业，构建绿色生活和消费模式，深入推进绿色内蒙古建设。

建立和完善多领域、宽范围的支撑体系，是高质量发展的基本保障。内蒙古围绕人才、基础设施、城镇、园区、社会治理等支撑要素，实施好人才强区战略，推进现代基础设施建设，促进新型城镇化发展，优化开发区建设，推动社会治理能力现代化，夯实高质量发展的支撑体系。

他山之石，可以攻玉。内蒙古要挖掘好国内外相关经验、启示等宝贵财富，认真总结他人成功经验与失败教训，以其为镜，探索出一条符合国家战略、体现内蒙古特色，以生态优先、绿色发展为导向的高质量发展新路子。

《内蒙古发展研究文库》从 2009 年开始，已编辑出版发行八套三十余部，《高质量发展：新动能、新探索》属于《文库》第九套。由于深度和实践能力所限，对《文库》及本书的研究内容与编辑工作存在的不足之处，敬请社会各界提出批评意见和建议，以期帮助我们不断提高咨询研究水平和《文库》编辑质量。

《内蒙古发展研究文库》编委会

2019 年 6 月

目　录

第一章　内蒙古结构转型的历程与选择

第一节　改革开放以来内蒙古结构转型的历程 ……………………………… 2

　　一、主要阶段与特征 ……………………………………………………… 2

　　二、主要转型成效及存在的问题 ………………………………………… 4

第二节　十八大以来内蒙古结构转型的进展 …………………………………… 13

　　一、主要阶段与特征 ……………………………………………………… 13

　　二、主要转型成效及存在的问题 ………………………………………… 18

第三节　推动内蒙古高质量发展的结构转型选择 …………………………… 22

　　一、主要阶段与特征 ……………………………………………………… 22

　　二、转型选择 ……………………………………………………………… 25

第二章　内蒙古高质量发展战略重点与主要措施

第一节　构建内蒙古高质量需求体系 ………………………………………… 32

　　一、高质量需求体系的内涵 ……………………………………………… 32

　　二、总体思路和战略重点 ………………………………………………… 35

　　三、主要措施 ……………………………………………………………… 41

第二节　构建内蒙古高质量供给体系 ………………………………………… 49

　　一、高质量供给体系的内涵 ……………………………………………… 49

二、总体思路和战略重点 ……………………………… 51

三、主要措施 …………………………………………… 55

第三节 构建内蒙古高质量投入产出体系 …………… 61

一、高质量投入产出内涵 ……………………………… 61

二、总体思路和战略重点 ……………………………… 64

三、主要措施 …………………………………………… 69

第四节 构建内蒙古高质量收入分配体系 …………… 76

一、高质量收入分配体系的内涵 ……………………… 76

二、总体思路和战略重点 ……………………………… 79

三、主要措施 …………………………………………… 84

第五节 构建内蒙古高质量发展的体制机制 ………… 87

一、高质量发展体制机制的内涵 ……………………… 87

二、总体思路和战略重点 ……………………………… 89

三、主要措施 …………………………………………… 93

第三章 内蒙古建设现代化经济体系的构想

第一节 现代化经济体系的内涵及构成 …………… 102

一、现代经济体系的内涵 ……………………………… 102

二、现代经济体系的主要构成 ………………………… 103

第二节 存在的主要问题和制约因素 ……………… 106

一、产业竞争乏力 ……………………………………… 106

二、创新能力较弱 ……………………………………… 107

三、基础设施等要素保障不足 ………………………… 108

四、区域发展不平衡问题突出 ………………………… 109

五、资源环境约束趋紧 ………………………………… 110

六、营商环境有待提升 ………………………………… 110

第三节　内蒙古现代化经济体系的战略构想 ……………………… 110

　　一、产业体系 …………………………………………… 111

　　二、创新体系 …………………………………………… 112

　　三、金融体系 …………………………………………… 114

　　四、开放体系 …………………………………………… 116

　　五、区域发展体系 ……………………………………… 117

　　六、市场体系 …………………………………………… 119

第四节　建立完善的评价和保障体系 …………………………… 120

　　一、指标体系 …………………………………………… 120

　　二、政策体系 …………………………………………… 121

　　三、标准体系 …………………………………………… 122

　　四、统计体系 …………………………………………… 123

　　五、绩效评价 …………………………………………… 124

　　六、政绩考核 …………………………………………… 125

第四章　打好三大攻坚战

第一节　打好防范化解重大风险攻坚战 ………………………… 128

　　一、阶段性成效 ………………………………………… 128

　　二、存在的突出问题 …………………………………… 130

　　三、主要对策建议 ……………………………………… 135

第二节　打好精准脱贫攻坚战 …………………………………… 138

　　一、阶段性成效 ………………………………………… 138

　　二、存在的主要问题 …………………………………… 142

　　三、主要难点 …………………………………………… 143

　　四、主要对策建议 ……………………………………… 145

第三节　打好污染防治攻坚战 …………………………………… 148

　　一、基本情况 …………………………………………… 148

二、存在的主要问题及原因分析 ……………………………… 152

三、主要对策建议 …………………………………………… 154

第五章　构建创新引领，协同发展的绿色产业体系

第一节　创新引领，协同发展产业体系的内涵与要义 …………… 162

第二节　主要基础与制约 …………………………………… 163

　　一、产业低端化与结构性失衡问题较为突出 …………… 164

　　二、要素供给质量和配置效率较低 ……………………… 165

第三节　主要方向与重点 …………………………………… 169

　　一、明确产业战略引领导向 ……………………………… 169

　　二、夯实要素质量支撑 …………………………………… 171

　　三、聚焦要素配置效率提升 ……………………………… 173

第四节　对策建议 …………………………………………… 174

　　一、强化产业协同发展的理念认同 ……………………… 174

　　二、优化产业协同发展的制度环境 ……………………… 175

　　三、构建产业协同开放发展新格局 ……………………… 175

　　四、优化产业协同的政策体系 …………………………… 176

　　五、建立体现产业协同发展的评价与考核体系 ………… 176

第六章　加快建设创新型内蒙古

第一节　科技创新的理论内涵及对高质量发展的重大意义 ……… 180

　　一、科技创新的理论内涵 ………………………………… 180

　　二、科技创新对于推动高质量发展的重大意义 ………… 182

第二节　内蒙古科技创新现状分析 ………………………… 183

　　一、创新动力、活力增强 ………………………………… 184

二、创新要素投入持续加大 ·························· 185

三、创新成果不断丰富，为高质量发展提供了高水平
创新供给 ·································· 186

第三节　面临的主要问题 ························ 188

一、高校等研究机构研究支撑不足，缺乏原始创新 ······ 188

二、企业创新水平不高，能力受限 ·············· 189

三、创新人才匮乏、结构不合理，制约创新开展 ····· 191

四、科技服务体系建设滞后，影响创新成果 ······· 192

五、体制机制不完善，创新型政府建设不到位 ····· 193

第四节　主要措施建议 ························ 194

一、增强各类创新主体地位，构建高效协同的创新体系 ··· 194

二、强化创新平台建设，提升自主创新能力和水平 ····· 196

三、大力推进体制机制创新，激发创新动力和活力 ····· 197

四、完善科技人才发展机制，强化创新人才保障 ·········· 198

五、畅通成果转化渠道，大力推进科技成果转化应用 ····· 200

六、优化环境，营造良好的创新氛围 ·············· 201

第七章　实施乡村振兴战略

第一节　战略意义 ························ 206

一、实施乡村振兴战略有利于推进农牧业现代化 ·········· 206

二、实施乡村振兴战略有利于推进美丽乡村建设 ·········· 207

三、实施乡村振兴战略有利于提高农牧民获得感 ·········· 207

第二节　主要基础与条件 ························ 208

一、农牧业综合生产能力稳步提升 ·············· 208

二、供给体系质量得到新提高 ·················· 208

三、农村牧区改革取得新突破 ·················· 209

四、农牧业绿色发展取得新进展 ·············· 210

五、农牧民收入实现新跨越 ·············· 210

六、农牧民生产生活条件明显改善 ··········· 211

第三节　亟待破解的难点 ················· 211

一、现代农牧业发展滞后 ··············· 211

二、农牧业农牧区环境问题突出 ··········· 214

三、农牧民增收压力大 ················ 217

四、农牧业人力资本水平低 ············· 219

五、农村牧区支撑保障能力不足 ··········· 220

第四节　需要妥善处理好的关系 ············· 221

一、处理好乡村振兴与新型城镇化的关系 ······ 222

二、处理好实施乡村振兴与打好精准脱贫攻坚战的关系 ··· 223

三、处理好内生动力和借助外力的关系 ······· 224

四、处理好统一推进和因地制宜的关系 ······· 225

第五节　实施乡村振兴战略的方向和路径 ········ 226

一、推进农牧业现代化，实现产业兴旺 ······· 226

二、建设美丽乡村，实现生态宜居 ·········· 229

三、繁荣发展乡村文化，实现乡风文明 ······· 230

四、健全乡村治理体系，实现治理有效 ······· 231

五、保障和改善乡村民生，实现生活富裕 ······ 233

第八章　实施区域协调发展战略

第一节　区域协调发展战略的提出 ············ 238

一、区域协调发展的背景 ··············· 238

二、区域协调发展的目标 ··············· 239

三、区域协调发展的机制 ··············· 241

四、内蒙古实施区域协调发展战略的意义 ······ 243

第二节　存在的主要问题 ································· 244

一、东西部发展差距增大 ················· 245

二、地区间经济联系不紧密 ············· 246

三、区域经济一体化水平较低 ········· 246

四、核心城市辐射带动能力较弱 ····· 246

五、区域之间优势要素不叠加 ········· 247

第三节　内蒙古实施区域协调发展的对策建议 247

一、加快融入国家重大区域发展战略 ········ 247

二、加强与周边省市协同发展 ········· 250

三、促进区内各盟市内部优化和合作发展 ········ 252

第九章　推动全方位高水平对外开放

第一节　新定位和新优势 ······················· 256

一、丝绸之路经济带的重要通道 ····· 256

二、我国向北开放的重要窗口 ········· 257

三、中蒙俄经济走廊的重要支点 ····· 257

第二节　主要进展 ······························· 259

一、内蒙古对外开放历程 ················· 259

二、对外贸易规模不断扩大 ············· 261

三、进出口商品结构持续优化 ········· 262

四、口岸通关能力和水平显著提升 ····· 262

五、区域经济合作日益深入 ············· 263

第三节　存在的主要问题 ···················· 263

一、口岸同质化竞争趋烈 ················· 264

二、外向型经济发展滞后 ················· 264

三、通道经济带动效应不明显 ········· 265

四、区域协同发展水平不高 ………………………………… 266

五、基础设施联通能力不足 ………………………………… 266

第四节　推动全方位高水平对外开放的重点 ………………… 267

一、优化口岸布局和功能定位 ……………………………… 267

二、发展外向型经济 ………………………………………… 268

三、打造宽领域经济合作和文化交流新高地 ……………… 269

第五节　主要政策取向 ………………………………………… 271

一、明确高水平对外开放政策 ……………………………… 271

二、开展全方位经济合作 …………………………………… 272

三、构建多层次对外开放平台 ……………………………… 273

四、营造优越营商环境 ……………………………………… 275

第十章　深入推进绿色内蒙古建设

第一节　绿色内蒙古建设的提出 …………………………… 278

一、绿色内蒙古建设的背景与目标 ………………………… 278

二、绿色内蒙古评价体系 …………………………………… 283

三、国际绿色可持续发展目标借鉴 ………………………… 287

第二节　绿色内蒙古建设的基础与挑战 …………………… 289

一、主要基础 ………………………………………………… 289

二、主要条件 ………………………………………………… 292

三、主要挑战 ………………………………………………… 294

第三节　绿色内蒙古建设体系 ……………………………… 295

一、建设绿色内蒙古空间体系 ……………………………… 295

二、建设绿色内蒙古推进体系 ……………………………… 297

三、建设绿色内蒙古制度体系 ……………………………… 300

四、建设绿色内蒙古路径 …………………………………… 303

第十一章　内蒙古高质量发展的支撑体系

第一节　完善人才保障体系 ……………………………………… 310

　　一、人才开发现状 ……………………………………… 310

　　二、主要制约因素 ……………………………………… 315

　　三、对策建议 …………………………………………… 317

第二节　推进现代基础设施建设 ………………………………… 320

　　一、实现高质量发展对基础设施建设提出了新要求 ……… 320

　　二、存在的主要矛盾和问题 …………………………… 323

　　三、加快建设现代基础设施的重点和方向 …………… 326

第三节　推进新型城镇化建设 …………………………………… 331

　　一、内蒙古新型城镇化发展现状 ……………………… 332

　　二、高质量发展对新型城镇化提出新要求 …………… 336

　　三、高质量发展的新型城镇化重点 …………………… 338

第四节　推进开发区高质量发展 ………………………………… 342

　　一、内蒙古开发区发展现状 …………………………… 342

　　二、存在的问题 ………………………………………… 345

　　三、推进开发区高质量发展的重点 …………………… 346

第五节　推进社会治理现代化 …………………………………… 350

　　一、内蒙古社会治理现状分析 ………………………… 351

　　二、高质量发展对社会治理提出新要求 ……………… 357

　　三、构建与高质量发展相适应的社会治理体系 ……… 359

第十二章　高质量发展的国内外经验与启示

第一节　提升创新能力，助推经济发展 ………………………… 368

　　一、国内外主要经验 …………………………………… 368

二、主要启示 ……………………………………………… 372

第二节　健全体系，促进协调发展 …………………………… 374

一、国内外主要经验 ……………………………………… 374

二、主要启示 ……………………………………………… 379

第三节　统筹布局，推动绿色发展 …………………………… 382

一、国内外主要经验 ……………………………………… 382

二、主要启示 ……………………………………………… 386

第四节　创新机制，推动全面开放 …………………………… 388

一、国内外主要经验 ……………………………………… 389

二、主要启示 ……………………………………………… 391

第五节　共建共治，推动共享发展 …………………………… 393

一、国内外主要经验 ……………………………………… 393

二、主要启示 ……………………………………………… 396

后　记 ……………………………………………………………… 401

第一章

内蒙古结构转型的历程与选择

结构转型是内蒙古高质量发展的必由之路。实践证明，改革开放以来，内蒙古经济发展的过程本质上就是一个"结构"不断变迁、"质量"逐步提升的过程。当前，内蒙古经济正由高速增长阶段迈向高质量发展阶段。站在新的历史起点，内蒙古只有不断推进结构转型，提高实体经济质量效益，瞄准创新驱动靶向，推动城乡区域协调发展，提升开放型经济发展水平，深化经济体制改革，探索生态优先绿色发展新路子，构建现代化经济体系，才能实现经济高质量发展。

经济发展的过程本质上是一个"结构"不断变迁、"质量"逐步提升的过程。结构转型是高质量发展的必由之路，因其是否科学合理，直接关系到经济发展是否质优效高、是否可持续。党的十九大报告强调，我国经济已由高速增长阶段转向高质量发展阶段，正处在转变发展方式、优化经济结构、转换增长动力的攻关期，建设现代化经济体系是跨越关口的迫切要求和我国发展的战略目标。内蒙古只有不断推进结构转型、建设现代化经济体系，进而推动经济实现高质量发展，才能更好地顺应现代化发展的潮流，才能赢得国际国内竞争的主动，才能为其他领域现代化发展提供有力的支撑。系统研究内蒙古不同历史阶段结构转型的背景和特点，对于构建现代化经济体系、实现高质量发展具有重大意义。

第一节　改革开放以来内蒙古结构转型的历程

一、主要阶段与特征

从党的十一届三中全会到邓小平同志南方讲话（1978～1992年），是中国实行改革开放、成功开创建设有中国特色社会主义的新时期，也是内蒙古开启结构转型新征程的起步探索时期。改革开放之初的内蒙古，经济结构性矛盾突出，从农村牧区看，农业生产长期缓慢发展、畜牧业增长迟缓，从城市看，市场主体积极性发挥不足、流通体制不活、金融体制与市场主体对融资的需求不相适应、城乡经济之间内在经济联系割裂、对外开放水平低，经济增速缓慢甚至局部停滞。基于这些发展中存在的结构性矛盾，按照中央的要求，内蒙古先后从农村牧区和城市入手，加快转变资源配置方式，推动计划经济向市场经济转轨，极大解放了地区生产力。一方面，1979～1984年期间推动农村牧区经济体制改革，实行以"大包干""包产到户"为主要形式的家庭联产承包责任制和"草畜双承包"责任制，促进了农村牧区经济恢复和较快增长；另一方面，1984～1990年期间推动企业、流通体制、金融体制、市场化等城市经济体制改革，加快横向经济联合，促使经济走上持续稳定的发展轨道。

从邓小平同志南方讲话和党的十四大召开到党的十六大召开前（1992～2001年），是中国实现社会主义现代化建设的第二步战略目标非常关键的时期，也是内蒙古对建设社会主义市场经济体制和推动经济结构转型进行具体实践的重要时期。一方面，大力推进国民经济结构调整，实施国有企业战略性改组，充分发挥个体经济、私营经济和"三资"企业等多种经济成分的有益补充作用，建立公有制为主体、多种所有制经济共同发展、充满活力的基本经济制度，市场在资源配置中的基础性作用不断增强，经济体制加快从传统的计划经济体制向社会主义市场经济体制转变；另一方面，以结构转型为牵引，坚持实事求是、因地制宜和持续、稳定、协调发展的方针，实施"资源转换、开放带动、科教兴区、人才开发、名牌推进"五大发展战略，经济增长方式由粗放型向集约型转变的步伐逐步加快。

从党的十六大到党的十八大召开（2001～2012年），是中国完善社会主义经济体制和扩大对外开放的重要时期，也是内蒙古经济结构战略性调整、提升发展质量的关键时期。进入21世纪，经济全球化趋势增强、科技和产业革命迅猛发展，国家提出了到2020年实现全面建成小康社会的奋斗目标，对内蒙古加快推动结构转型、提升发展质量提出了新要求。按照党中央全面建设小康社会的要求，在"三个代表"重要思想和科学发展观的指引下，内蒙古抢抓我国加入WTO、实施西部大开发和东北老工业基地振兴战略以及进入重化工业阶段对能源原材料需求激增的历史机遇，充分发挥能源资源富集优势，不断调整完善发展思路，贯彻落实《国务院关于进一步促进内蒙古经济社会又好又快发展的若干意见》，促进经济结构的战略性调整。2001年，自治区第七次党代会与时俱进地提出了贯穿结构调整"一条主线"，加快思想观念和发展方式"两个转变"，加强改革、开放、科技进步"三大动力"，推进生态、基础设施"两项建设"，推进农牧业产业化、新型工业化、城镇化"三化进程"的总体要求。自治区党委七届三次、四次、五次、六次全会先后提出了"快、大、长、好"的具体发展要求。2006年，自治区第八次党代会提出：提高"两个水平"（协调发展和可持续发展水平），保持"两个高于"（地区生产总值和城乡居民收入增长高于全国平均水平），确保"两个实现"（在地区生产总值和财政收入翻一番基础上，实现经济总量进入全国中等行列、人均主要经济指标力争进入前列目标）的总体奋斗目标。2011 年，自治区第九次党代会提出了坚持科学发展，推进富民强区的总体要求。

在上述发展思路的引领下，内蒙古结构持续转型、经济健康发展，主要呈现以下特征。

一是在产业结构调整方面，坚持走新型工业化、信息化、城镇化和农牧业现代化互动发展的道路，通过推动能源、化工、冶金建材、机械装备制造、农畜产品加工、高新技术等优势特色产业优化升级和做大做强，促进能源资源优势向经济优势转变；通过培育发展新能源、新材料、生物制药等非资源型和战略性新兴产业，大力发展旅游、金融、物流等现代服务业，逐步摆脱"资源路径依赖"；通过构建功能完善、保障有力的科技与人才支撑体系，推动发展步入创新驱动、内生增长轨道。

二是城乡区域结构调整方面，通过构建以呼包鄂为核心的西部经济区，打造沿黄沿线产业带，加快发展东部盟市及其他基础薄弱地区，促进区域统筹发展；通过建设新农村新牧区，大力推进城镇化，加快发展县域经济，增强城乡发展的整体性和协调性；通过全面加强交通、电力、水利等基础设施建设，提升结构转型支撑能力。

三是改革开放方面，坚持尊重市场规律与发挥政府作用相结合，加快建立充满活力、富有效率、促进科学发展的体制机制；努力构建全方位、多层次的对外开放格局，形成内外联动、互利共赢的开放型经济体系。

四是民生方面，实施就业优先战略，增加城乡居民收入，优先发展教育事业，加快卫生事业改革发展步伐，促进民生保障和改善与经济结构转型、发展质量提升相适应。

五是生态环境保护方面，推动形成节约资源和保护环境的空间格局、产业结构、生产生活方式和体制机制，构筑祖国北疆生态安全屏障。

二、主要转型成效及存在的问题

1978～1992 年，内蒙古结构转型取得了显著成效。农牧业结构调整加快推

进，农牧业综合生产能力大幅提升，粮食产量由 1978 年的 499 万吨跃升至 1992
年的 1046.8 万吨，牲畜头数由 4162.3 万头（只）增加到 5558 万头（只）（见
表 1）。

表 1　　　　　　　　　　1978～1992 年主要农畜产品产量增长情况

| 年份 | 粮食（万吨） | 增长率（%） | 大牲畜和羊 | | | 合计 |
			增长率（%）	大畜（万头）	羊（万只）	
1978	499	4.9	697.5	2860.5	3558	-7.4
1979	510	2.2	724.6	3177.6	3902.2	9.6
1980	396	-22.2	741.3	3317	4058.3	4
1981	510	28.6	723.2	3307.2	4030.4	-0.7
1982	530	3.9	744.3	3474	4218.3	4.6
1983	560	5.6	739.9	3177.9	3917.8	-7.2
1984	595	6.2	698.15	2377.29	3075.44	-3.2
1985	604	1.5	736.58	2468.38	3204.96	4.21
1986	528	-1.3	751.33	2502.16	3253.49	1.51
1987	607	14.9	730.79	2544.72	3275.51	0.7
1988	738	21.5	734.59	2892.78	3627.37	10.7
1989	678	-8.8	718.6	3009.52	3728.12	2.8
1990	973	43.5	707.47	3023.93	3731.4	0.09
1991	958.5	-1.5	699.8	2960.9	4220.5	13.1
1992	1046.8	9.2	690.2	2856.7	4168.4	-1.2

资料来源：《内蒙古统计年鉴》（1985～1993 年）。

工业实现较快发展、结构逐步优化，同 1978 年相比，发电量增长 4.96 倍、
钢材产量增长 4.8 倍、钢产量增长 2.1 倍、生铁产量增长 1.8 倍、原煤产量增长
1.3 倍（表 2）。

表 2　　　　　　　　　　1978～1992 年主要工业产品产量增长情况

年份	发电量（亿千瓦小时）	钢（万吨）	成品钢材（万吨）	生铁（万吨）	原煤（万吨）
1978	37.78	99	36.23	107.00	2194
1980	49.05	133	41.32	138.00	2211
1981	54.50	132	37.71	137.00	2180
1982	58.40	129	54.94	137.00	2382
1983	60.82	134	60.47	151.00	2487

续表

年份	发电量 （亿千瓦小时）	钢 （万吨）	成品钢材 （万吨）	生铁 （万吨）	原煤 （万吨）
1984	69.55	149	74.80	160.00	2740
1985	80.46	170	100.14	182.00	3204
1986	111.24	186	106.85	214.00	3292
1987	126.54	216	130.53	257.00	3410
1988	138.47	221	137.70	227.00	3734
1989	153.72	242	157.27	255.00	4382
1990	169.54	273	175.47	281.00	4762
1991	189.04	269	179.69	271.00	4923
1992	222.29	309	210.97	302.00	5039

资料来源：《内蒙古统计年鉴》（1985～1993 年）。

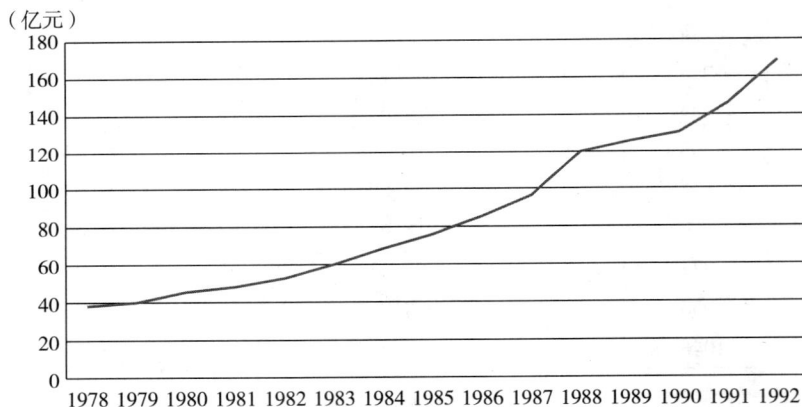

图1　1978～1992 年社会消费品零售总额增长情况

资料来源：《内蒙古统计年鉴》（1985～1993 年）。

流通体制改革推动了商品经济发展，新的流通体系初步形成，社会消费品零售总额由 1978 年的 36.8 亿元提高到 168.7 亿元（图1）。

横向经济联合加快了对外开放，中苏、中蒙边境贸易发展迅速，全区进出口总额由 1978 年的 1552 万美元增长到 1992 年的 93555 万美元（图2）。

市场化改革促进了城乡经济共同发展，实行市带县体制的区域形成了联合生产、商品流通、科技、人才、信息、交流和资金协作等多种网络。

生产力的解放促进了财政收入的快速增长和城乡居民收入水平的大幅提高。地方财政总收入由 1978 年的 6.9 亿元跃升至 1992 年的 39 亿元以上（表3）。农牧民人均纯收入由 131 元增长到 719 元，城镇居民人均可支配收入由 301 元增长到 1479 元（图 3）。

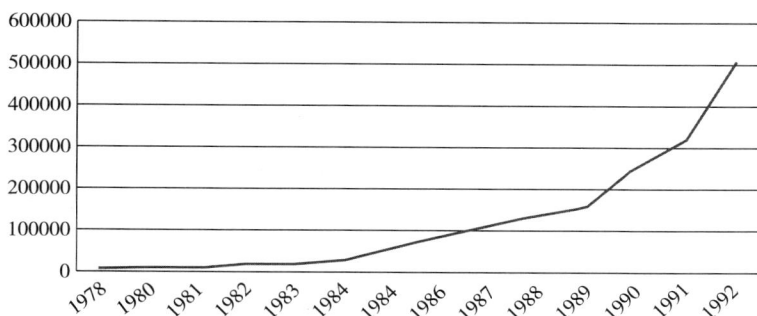

图 2　1978～1992 年进出口贸易总额增长情况

资料来源：《内蒙古统计年鉴》（1985～1993 年）。

表 3　　　　　　　　　　　　　1978～1992 年地方财政收入增长情况

年份	地方财政总收入（亿元）	增速（％）	地区生产总值（亿元）	地方财政总收入占地区生产总值比重（％）
1978	6.90	135.3	58.04	11.9
1979	4.56	-34.0	64.14	7.1
1980	4.13	-9.4	68.40	6.0
1981	4.16	0.7	77.91	5.3
1982	5.18	24.7	93.22	5.6
1983	6.99	34.8	105.88	6.6
1984	8.46	21.0	128.20	6.6
1985	13.18	55.9	163.83	8.0
1986	16.02	21.6	181.58	8.8
1987	19.43	21.3	212.27	9.2
1988	24.13	24.2	270.81	8.9
1989	28.67	18.8	292.69	9.8
1990	32.98	15.0	319.31	10.3
1991	39.40	19.5	359.66	11.0
1992	39.08	-0.8	421.68	9.3

资料来源：《内蒙古统计年鉴》（1985～1993 年）。

1992～2001 年，内蒙古经济结构战略性调整取得突破性进展，以公有制为基础的社会主义市场经济体制的基本框架已具雏形，综合经济实力明显增强。

从产业结构调整看，三次产业增加值比例由 1992 年的 30.1∶36.2∶33.7 演进为 2002 年的 19.3∶38.9∶41.8（表 4）。

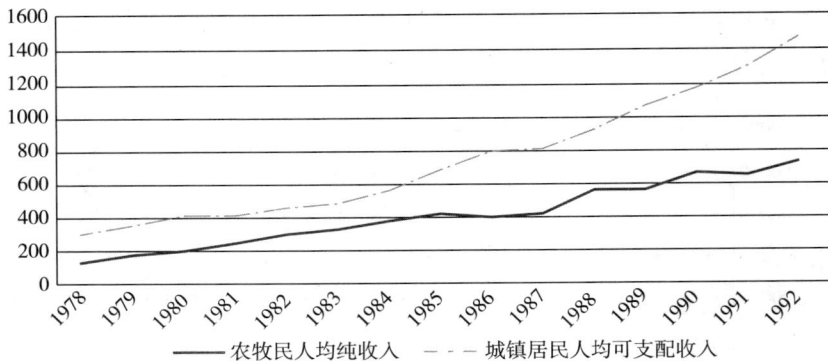

图3 1978～1992年城乡居民人均收入增长情况

资料来源：《内蒙古统计年鉴》（1985～1993年）。

表4 1992～2002年三次产业增加值比例演进情况

年份	第一产业	第二产业	第三产业
1992	30.1	36.2	33.7
1993	27.9	37.8	34.3
1994	30.0	36.6	33.4
1995	30.4	36.0	33.6
1996	30.6	35.7	33.7
1997	28.0	36.6	35.4
1998	27.1	36.3	36.6
1999	24.9	37.0	38.1
2000	22.8	37.9	39.3
2001	20.9	38.3	40.8
2002	19.3	38.9	41.8

资料来源：《内蒙古统计年鉴》（1993～2003年）。

农牧业结构调整取得重要进展，农牧业产业化进程加快，优质、专用、特色、绿色农畜产品比重明显上升（表5）。

表5 1992～2002年主要农畜产品产量增长情况

年份	粮食（万吨）	油料（万吨）	羊（万头）	牛（万头）	马（万匹）
1992	1046.8	81.4	4067.4	426.4	164.1
1993	1108.3	72.6	3942.1	424.2	161.9
1994	1083.5	65.0	4038.9	415.4	158.2
1995	1055.4	70.2	4302.5	442.7	158.0

年份	粮食（万吨）	油料（万吨）	羊（万头）	牛（万头）	马（万匹）
1996	1535.3	81.4	4804.3	477.6	161.5
1997	1421.0	73.1	5164.8	488.0	161.3
1998	1575.4	90.3	5383.5	478.6	149.9
1999	1428.5	100.9	5491.6	475.2	140.4
2000	1241.9	116.4	5406.2	490.2	130.5
2001	1239.1	80.6	5427.8	431.4	108.4
2002	1406.1	108.9	5675.2	419.2	87.6

资料来源：《内蒙古统计年鉴》（1993～2003年）。

注：羊、牛、马数量为年中数。

工业结构更趋合理，农畜产品加工业、能源和原材料工业快速发展，冶金、化工、建材等传统产业通过改组改造得到优化提升，稀土、新材料、生物技术、电子等高新技术产业得到较快发展（表6）。第三产业快速发展，在住宿餐饮、商贸流通等传统服务业保持较快增长的同时，物流、旅游等新兴服务业迅速成长。

表6　　　　　　　　　1992～2002年主要工业产品产量增长情况

年份	原煤（万吨）	发电量（亿千瓦小时）	钢（万吨）	成品钢材（万吨）	生铁（万吨）
1992	5039	222.29	309.00	210.97	302.00
1993	5514	235.23	346.11	244.58	329.95
1994	6052	261.27	335.75	267.11	328.88
1995	7055	278.54	355.36	257.77	345.78
1996	7317	324.01	431.95	291.44	428.11
1997	8303	342.23	453.32	339.94	450.84
1998	7769	350.41	404.36	342.10	408.74
1999	7071	380.61	416.30	365.80	424.86
2000	7247	439.22	423.60	378.91	440.84
2001	8163	465.50	453.75	388.39	476.06
2002	11471	517.98	515.58	484.71	556.12

资料来源：《内蒙古统计年鉴》（1993～2003年）。

从改革开放看，社会主义市场经济体制初步建立，国有企业改革和脱困"三年两大目标"任务如期完成，全区登记在册的个体户和私营企业分别达到80.2万户和3.4万户，农村牧区土地延包、草牧场"双权一制"改革得到有效落实，政府机构和行政审批制度改革取得积极成效；招商引资成效显著，对外经济技术合作和交流有新的发展，实施"走出去"战略开局良好，外贸进出口总额达到 29.7 亿美元（图 4）。

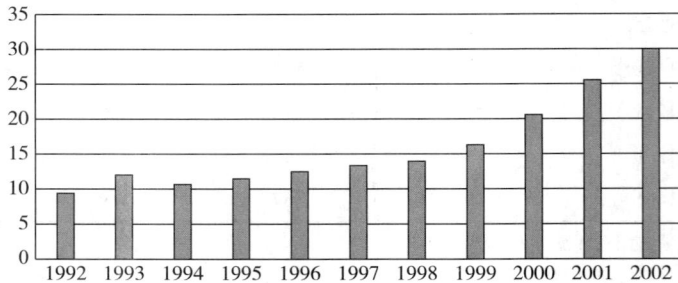

图 4　1992～2002 年外贸进出口贸易总额增长情况

资料来源：《内蒙古统计年鉴》（1993～2003 年）。

从生态和基础设施建设看，全区生态恶化的势头有所控制，部分地区生态环境初步改善，"以最小的生态环境换取最大的经济发展成果"的理念在经济发展过程中得到更好地体现；尼尔基和绰勒等大中型水利项目、呼包和包东等高速公路项目、包兰复线包头至石嘴山段等铁路项目和城乡电网改造等开工建设或建成运营，基础设施对结构转型的支撑能力得到进一步提升。

从科教兴区看，企业技术创新体系建设稳步推进，技术创新在促进经济结构转型、质量提升方面发挥着越来越重要的作用；教育改革不断深化，文化、卫生、体育和广播影视事业长足发展，社会事业与经济发展的协调性进一步增强。

从财政和城乡居民收入看，地方财政收入由 1992 年的 39 亿元增加至 2002 年的 132.9 亿元（表 7），城镇居民人均可支配收入、农牧民人均纯收入分别由 1478.9 元、719 元增加到 6034 元、2088 元（图 5），经济发展质量和效益得到进一步提升。

表 7　　　　　　　　1992～2002 年地方财政收入增长情况

年份	地方财政总收入（亿元）	增速（%）	地区生产总值（亿元）	地方财政总收入占地区生产总值比重（%）
1992	39.0	-0.8	421.7	9.3
1993	56.1	43.6	537.8	10.4
1994	36.3	-35.3	695.1	5.2

续表

年份	地方财政总收入 （亿元）	增速 （%）	地区生产总值 （亿元）	地方财政总收入占地区 生产总值比重（%）
1995	43.7	20.4	857.1	5.1
1996	57.3	31.0	1023.1	5.6
1997	73.2	27.8	1153.5	6.3
1998	89.8	22.7	1262.5	7.1
1999	100.8	12.3	1379.3	7.3
2000	110.7	9.8	1539.1	7.2
2001	117.4	6.1	1713.8	6.8
2002	132.9	13.2	1940.9	6.8

资料来源：《内蒙古统计年鉴》（1993～2003年）。

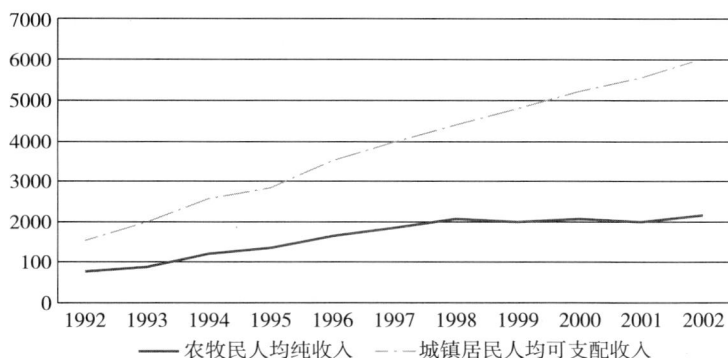

图5　1992～2002年城乡居民人均收入增长情况

资料来源：《内蒙古统计年鉴》（1993～2003年）。

2001～2012年，内蒙古创造了8年连续增速全国第一的"内蒙古现象"，在实现全国排名后发赶超的同时，结构转型步入新阶段，实现了能源资源优势向经济优势的转变，实现了从工业化初期阶段跨入工业化中期加速阶段的历史性跨越。产业结构调整取得新进展，三次产业增加值比例由2002年的21.5∶42.1∶36.4调整为2012年的9.1∶56.5∶34.4（图6），工业化进程明显加快。所有制结构进一步优化，非公有制经济占地区生产总值的比重提高到50%左右。城乡区域结构更加优化，城镇化率上升到57.7%，城镇综合承载能力和对农村牧区的辐射带动能力显著增强，以呼包鄂为核心的西部经济区产业集约集聚发展迈出新步伐，东部盟市及其他基础薄弱地区发展明显加快，公路、铁路、电网和水利等基础设施网络继续完善。生态和基础设施建设得到加强，生态环境总体恶化趋势趋缓，重点治理区明显改善，草原植被平均覆盖度和森林覆盖率分别提高到43.1%、20%。城乡居民得到更多实惠，城镇居民人均可支配收入由2002年的6034元提高到2012年的23150元，农牧民人均纯收入由1780元提高到7611.3元，城乡居民收入从严重滞后于经济增长转变为逐步与经济同步增长。社会建设成效显著，建立起从小学到高中的十二年免费教育体系和覆盖各教育阶段经济困难学生的资助体系，覆盖城乡的公共医疗卫生体系建设取得新突破，文化事业繁荣发展，基本实现了低保、医保和养老保险等制度的城乡全覆盖。

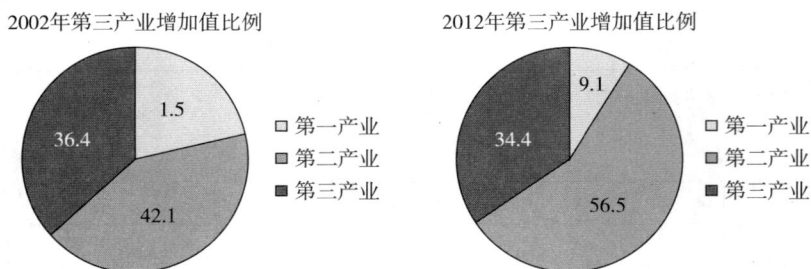

图6　2002年、2012年三次产业增加值比例变化情况

资料来源：《内蒙古统计年鉴》（1993～2003年）。

需要清醒地认识到的是，尽管内蒙古经济实力有了较大提升、结构转型取得了较大成就，但欠发达的基本区情没有根本改变，发展中不平衡、不协调、不可持续的问题依然突出。一是经济结构不合理。产业结构单一，"一煤独大"、重型化的产业特征依然明显。煤炭、有色金属、农畜产品等资源初级产品比重大，资源综合开发利用水平不高。高端装备制造、新材料、生物产业等新兴产业发育不足，科技创新能力不强，人才总量不足和人才结构不合理并存，产业竞争力和抗风险能力较弱。非公有制经济发展不充分，文化旅游、现代物流、商贸流通等生产生活服务业发展不足，对经济增长的贡献率低于全国平均水平。二是区域、城乡发展不平衡。呼包鄂和赤峰、通辽等区域性中心城市的辐射带动力不强，东西部发展不平衡，东部盟市发展相对缓慢，地区发展差距还比较大。县域经济发展不足，城乡居民收入水平、公共服务水平、基础设施水平等发展差距仍在扩大，统筹城乡协调发展任务繁重。三是基础设施瓶颈制约严重。高等级出区公路、快速铁路专线、能源外送通道建设仍然滞后，货物外运、电力输出能力严重不足。水利基础设施薄弱，工程性缺水和结构性缺水并存，水资源保障结构转型的能力不强。四是民生和社会建设比较薄弱。城乡居民收入低于全国平均水平，部分低收入群众生活还比较困难。基本公共服务水平不高，社会建设和管理还需加强。五是生态保护建设任务艰巨。生态恶化趋势虽然趋缓，但生态环境仍十分脆弱。部分产业能耗、水耗和污染排放较高，环境保护压力还很大，"绿水青山"未得到有效保护。六是促进科学发展、结构转型的体制机制有待进一步完善，全方位对外开放水平需要进一步提高。

第二节　十八大以来内蒙古结构转型的进展

一、主要阶段与特征

党的十八大以来，我国处于增长速度换挡期、结构调整阵痛期、前期政策消化期的"三期叠加"阶段，经济发展进入新常态。习近平总书记指出，中国经济呈现出新常态，有几个主要特点：一是从高速增长转为中高速增长；二是经济结构不断优化升级，第三产业、消费需求逐步成为主体，城乡区域差距逐步缩小，居民收入占比上升，发展成果惠及更广大民众；三是从要素驱动、投资驱动转向创新驱动。

（一）新常态带来的趋势性变化

对内蒙古而言，这些趋势性变化既有和全国一样的共性特征，又有自身的个性特征。

1. 原有的规模速度型粗放增长模式难以为继

内蒙古长期以来经济增长过度依靠大规模能源资源投入和投资拉动，人力资本和科技创新对经济发展的驱动力不强，2013 年科技进步贡献率比全国平均水平低 14 个百分点，反映原始性创新状况的知识创新能力仅位列全国第 27 位，每万人发明专利拥有量不足全国平均水平的 20%。这种以追求规模速度为核心的粗放型增长方式，一方面使得内蒙古产业结构主要位于全国价值链的中低端，第二产业比重高达 54% 而服务业比重不足 37%，从工业内部看，能源、冶金、化工、建材等传统产业供给多，部分行业出现产能过剩，而新能源、新材料、信息技术等战略性新兴产业，原料型和初级加工型产品比重高、高科技含量高附加值型产品比重低；另一方面，使得内蒙古能源、资源制约影响和空气、水、土壤等环境承载能力约束不断强化，难以再承载高消耗、粗放型的发展，各族人民群众对清新空气、清澈水质、清洁环境等生态产品的需求越来越迫切。这就要求内蒙古必须让创新成为驱动发展新引擎，弥补能源资源等要素规模驱动力减弱的发展动能不足，以深化供给侧结构性改革为主线优化升级产业结构，推动生产小型化、智能化、专业化，加强建设生态文明，加快实现由规模速度型粗放发展方式向质量效率型集约发展方式的转型。

2. 消费和投资转型升级需求更加迫切

消费方面，内蒙古城镇居民、农民家庭、牧民家庭的恩格尔系数分别由1990 年的 48.3%、59.2%、48.3% 大幅下降至 2013 年的 31.8%、37.5%、29.8%，这反映出内蒙古消费需求由以食品、服装、家电等耐用消费品为主的模仿型排浪式特征，向以住房、医疗、教育、文化、娱乐等消费领域为主的个性化多样化特征转变。投资方面，多年来内蒙古煤炭、黑色金属、有色金属等采掘工业和原材料工业投资比重偏高，而文化旅游、现代物流、金融等现代服务业和新能源、新材料、生物产业、电子信息等战略性新兴产业投资强度不足，能源输送通道、高等级公路、重大水利枢纽和灌溉工程、信息基础设施等对发展的支持保障能力有待进一步提高。全球总需求不振，内蒙古高水平"引进来"、大规模"走出去"正在同步发生。这就要求内蒙古必须更加注重培育新的消费热点、释放消费潜力，更加善于把握投资方向、扩大有效投入，更加深化与俄蒙为重点的国际交流合作，使消费、投资和出口继续在推动经济发展中发挥基础作用、关键作用和支撑作用。

3. 资源配置方式亟待优化调整

改革开放以来，内蒙古实现了由计划经济体制向市场经济体制的伟大转变。但从近些年发展的实践看，内蒙古的经济体制基本上是政府主导的不完善的市场经济，市场对资源配置的作用不充分、不彻底，政府这只"无形的手"伸得过长、管的过多，往往造成"市场不灵"、资源配置明显不合理、资源配置效率不高和腐败问题频发等。党的十八届三中全会《决定》提出，"使市场在资源配置中起决定性作用和更好发挥政府作用"。党的十八届四中全会进一步提出"社会主义市场经济本质上是法治经济"。这就要求内蒙古必须深化改革开放，加快形成统一透明、有序规范的市场环境，推动资源配置由市场起基础性作用向起决定性作用转换。政府必须全面把握总供求关系新变化，主要通过转变职能、简政放权、减轻税赋、营造有序规范的市场环境等途径，为提高资源配置效率、促进市场充分竞争创造良好条件，并通过区间调控、定向调控等方式来弥补"市场失灵"，真正形成市场和政府合理分工、推动发展新模式。将资源配置交由市场来决定，通过市场方式解决好高杠杆、泡沫化等各类风险，探索未来产业发展方向，不断提高资源配置结构和效率。

综合上述，认识新常态、适应新常态、引领新常态，成为当前和今后一个时期内蒙古经济发展、结构转型的大逻辑。在此背景下，内蒙古立足发展条件、外部环境、比较优势等的变化，坚持新发展理念，坚持稳中求进工作总基调，坚持以提高经济发展质量和效益为中心，不断调整完善发展思路，不断加大提质增效、转型升级力度，着力促进全区经济加快向形态更高级、分工更高级、结构更合理的阶段演化。2013 年，自治区党委政府提出了"三大发展定位""五条发展路径"和"六道亮丽风景线"的发展思路，这反映了内蒙古结构转型阶段性发展新特征以及阶段性发展新要求，体现了党的十八大促进工业化、信息化、城镇化、农业现代化四化同步发展的要求。2016 年，自治区第十次党代会针对发展中不平衡、不协调、不可持续的突出问题，提出了今后五年要加快推进转型升级，协同推进新型工业化、信息化、城镇化、农牧业现代化和绿色化。2017 年，内蒙古进一步提出，以推进供给侧结构性改革为主线，坚决守住发展、生态、民生底线，加快推动转型升级，大力促进"五化"协同。这些思路和举措符合内蒙古实际，对推动内蒙古经济增速换挡、结构转型、动力转换具有极强的前瞻性、指导性和可操作性，为适应和引领经济发展新常态、应对经济下行压力、保持经济健康持续发展提供了指南，为实现"两个一百年目标"的奋斗目标奠定了坚实基础。

（二）经济结构不断优化升级

十八大以来，围绕发展思路调整完善和稳中求进工作总基调，内蒙古陆续出台了一系列统筹推进稳增长、调结构、促改革、惠民生、防风险等各项工作的有效举措。

1. 扎实推进"三去一降一补"

2015 年，中央经济工作会议明确指出，推进供给侧结构性改革，是适应和引领经济发展新常态的重大创新，是适应国际金融危机发生后综合国力竞争新形势的主动选择，是适应中国经济发展新常态的必然要求。对内蒙古而言，推进供给侧结构性改革的决策是改善供给结构、提高发展质量的治本之策，是实现结构更优、后劲更足的必然选择。为此，内蒙古坚持用市场化、法治化手段化解过剩产能，严格执行质量、环保、能耗、安全等法规标准，加大"僵尸企业"处置力度，印发了化解产能过剩矛盾的实施意见。出台了做好房地产去库存工作进一步促进房地产业稳步发展的意见，促进房地产业平稳持续健康发展。将去杠杆和防范金融风险实现有机结合，出台了财税金融协同支持实体经济发展增强企业流动性的意见。清理规范涉企收费，落实好"营改增"、西部大开发、降低制造业增值税、小微企业所得税优惠、节能环保、金融资本市场等国家各项减税清费政策，大幅减轻企业生产经营负担。围绕补短板，加强民生领域、生态环境、基础设施、"三农三牧"、科技创新等薄弱环节建设。

2. 加快产业转型升级

十八大以来，每年召开的中央经济工作会议都将振兴实体经济作为重中之重。实体经济是内蒙古经济发展的骨干力量，产业转型升级是提升内蒙古实体经济发展水平的根本要求。因此，内蒙古认真落实习近平总书记"五个结合"的要求，大力发展实体经济。推进农牧业供给侧结构性改革，优化农牧业产业体系、生产体系和经营体系，扩大绿色、有机、无公害农畜产品生产，推进农牧业产业化、标准化和品牌化发展。以创新为引领，改造提升能源、化工、冶金等传统产业，做大做强大数据、新能源、新材料、节能环保、高端装备、生物科技、蒙中医药等新兴产业，推动工业转型升级、迈向中高端。把发展服务业作为扩大内需、调整结构和转变发展方式的重要战略任务，大力发展旅游、物流、金融、文化、体育和电子商务、创意设计、信息咨询、健康养老、商贸会展等，打造经济增长新的引擎。

3. 加快建设创新型内蒙古

创新是引领发展的第一动力。十八大提出了五大发展理念，创新发展理念位居其首，之后召开的历次中央经济工作会议，均把创新驱动发展作为事关发展全局的核心战略和经济结构调整的总抓手。内蒙古亦是如此，出台了关于实施创新驱动发展战略的意见，加强应用基础性研究，组织现代农牧业、战略性新兴产业、荒漠化治理等重大技术攻关专项，健全科技成果转化推广体系，加强科技成果交易平台、重点实验室、工程研究中心、企业技术中心等创新平台建设，加速创新成果向现实生产力转化；出台了大力推进"双创"的若干政策措施，积极发展众创、众包、众扶、众筹等分享经济；深化科技计划管理改革，鼓励科研人员创新创业；深入实施"人才强区工程"，营造全社会重视人才、关心人才的浓厚氛围。

4. 推动城乡区域协调发展

城乡区域协调发展，就是要实现区域良性互动、城乡融合发展。基于此，内蒙古积极稳妥推进新型城镇化，出台了推进户籍制度改革的实施意见，加强市政设施和学校、医院、文化、体育、商业等服务设施建设，加强智慧城市建设。实施乡村振兴战略，提高农牧业综合生产能力，加强乡村公共基础设施建设和公共服务，深化乡村综合改革，推进农牧业和乡村现代化。深入落实精准扶贫精准脱贫基本方略，全方位高规格强有力推进脱贫攻坚。坚持以工促农、以城带乡，建立健全城乡融合发展的体制机制和政策体系。依据主体功能区定位和各地比较优势，加快呼包鄂协同发展，支持东部盟市加快发展，推进乌海及周边地区产业转型升级，科学规划、有序建设和林格尔新区，改造升级工业园区，统筹推动各区域协调发展。加强能源、交通、水利、信息等基础设施建设。

5. 全面提高开放水平

对外开放才能提高一个国家或地区的国际竞争力，更好利用全球资源和市场。因此，内蒙古抓住国家共建"一带一路"倡议的历史机遇，以政策沟通、设施联通、贸易畅通、资金融通、民心相通为重点，积极推进丝绸之路经济带和中蒙俄经济走廊建设，深化与"一带一路"沿线国家合作，推动形成全面开放新格局。大力发展新兴贸易方式，出台关于发展跨境电子商务的实施意见，支持企业开展跨境电子商务。深化大通关改革，加快推行"三个一"联合监管模式，提高通关便利性。创新利用外资和对外投资方式，培育外贸龙头企业，发展泛口岸经济。

6. 全面深化经济体制改革

经济体制改革是经济持续健康发展的制度保障。内蒙古不断深化"放管服"改革，营造宽松便捷的准入环境、公平有序的竞争环境和安全放心的消费环境。加快转变政府职能，采取了全面清理规范性文件、取消和下放行政审批事项、强化窗口服务单位履职尽责等一系列改革举措。深化商事制度改革，通过改革注册资本登记制度、实施"三证合一、一照一码"登记制度、清理中介服务事项和收费等举措，促进市场主体发展。创新政府配置资源方式，建设规则统一、规范透明的公共资源交易平台。出台了推进国有企业发展混合所有制经济、改革和完善国有资产管理体制等实施意见，加快国有经济布局优化和战略性重组。出台了鼓励和支持非公有制经济加快发展若干规定，促进非公有制经济健康发展。深化电力体制改革。建立健全地方金融监管体制机制。

7. 深入推进绿色内蒙古建设

生态文明建设是关系中华民族永续发展的根本大计。内蒙古始终牢固树立"绿水青山就是金山银山"的理念，坚决守住生态底线，筑牢我国北方重要生态安全屏障。统筹山水林田湖草系统治理，深入实施三北防护林等重点生态工程，落实新一轮草原生态补奖政策，加强森林管护、禁牧和草畜平衡监督管理，加强自然保护区、生态功能区和野生动植物资源保护，保护水生态环境。全面开展矿山地质环境治理，实施大气污染、水污染防治行动计划和工业污染源全面达标排放计划，推进病死畜禽无害化处理，强化大宗工业固体废物综合利用。发展节能环保、清洁生产、清洁能源产业，倡导绿色低碳生活方式，建设节约型社会。加强生态文明制度建设，全面落实主体功能区规划。

二、主要转型成效及存在的问题

2013～2017年是内蒙古发展进程中极不平凡的五年。在以习近平同志为核心的党中央坚强领导下，内蒙古认真贯彻落实党的十八大精神和党中央、国务院的各项决策部署，抢抓经济由高速增长转为中高速增长的机遇，牢牢把握稳中求进工作总基调，坚持新发展理念，坚持以提高经济发展质量和效益为中心，把转方式、调结构、惠民生、防风险和深化改革开放、创新驱动有机结合起来，保持经济运行在合理区间，改革开放和现代化建设取得新成就，为自治区成立70周年献上了一份厚礼。

（一）"三去一降一补"任务取得实质性进展

全区供求关系中产能过剩、库存过大、杠杆偏高、成本高企、短板约束等重大结构性失衡问题逐步破解。2016～2017年，分别退出煤炭和钢铁1410万吨、346万吨。"房子是用来住的，不是用来炒的"的基本定位得到落实，全区商品房待售面积下降8.6%。工业企业资产负债率继续下降，非法集资防范处置能力逐步提升，坚决守住了不发生系统性和区域性风险的底线。2016年规模以上工业企业每百元主营业务收入成本比全国低1.99元，2017年继续下降4.23元。基础设施、生态环境、科技创新等制约发展的短板得到显著改善。

（二）产业转型升级步伐加快

农牧业稳中调优，主要农作物、牲畜良种率达到96%以上，粮食产量连续5年稳定在550亿斤以上，牧业年度牲畜存栏连续13年稳定在1亿头只以上，有机食品产量占全国的1/3以上（表8）。传统产业链条进一步延伸，2017年煤电、煤化一体化比重达到90%以上，煤电铝一体化比重达到70%左右。新兴产业较快增长，新能源、新材料、电子通信等产业发展提速，稀土化合物产能、云计算服务器承载能力居全国第一。旅游、文化、体育、健康、养老、会展等服务业加快发展，游客总人数超过1亿人次，旅游总收入连续7年增长20%以上（图7）。

（三）科技进步对经济发展的贡献不断增强

建成了自治区科技成果交易平台，新培育自治区级众创空间93家，新增国家级高新技术开发区1家。在稀土永磁电机、高铝煤炭资源利用等方面取得一批重要成果，首次设立了稀土综合利用、特种车辆制造2个国家级企业重点实验室。蒙医学等13个新增博士学位授权点通过评审。内蒙古大学成为教育部和自治区合建高校，生物学入选国家一流学科建设项目。科技部与自治区共建草原家畜繁育国家重点实验室获得批准，实现省部共建国家重点实验室零的突破。

表8　　　　　**2013～2017年农牧业主要指标增长情况**

名　称　＼　年　份	2013	2014	2015	2016	2017
粮食总产量（万吨）	2773	2753	2827	2780	2768
牧业年度牲畜存栏头数（亿头只）	1.18	1.29	1.36	1.36	1.26

资料来源：2013～2017年内蒙古统计公报和2018年内蒙古政府工作报告。

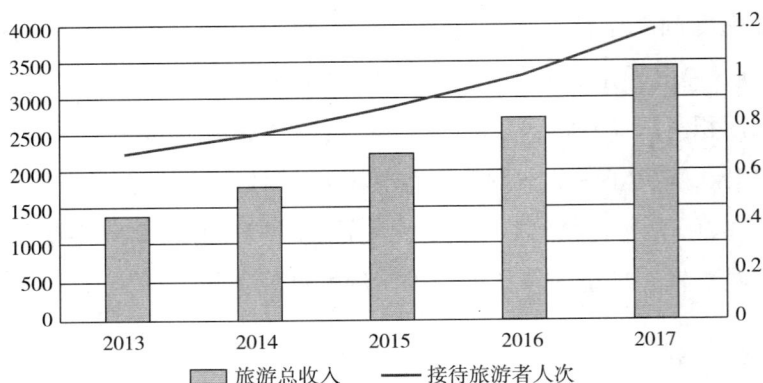

图7　2013～2017年旅游主要指标增长情况

资料来源：《内蒙古统计年鉴》（2014～2018年）。

（四）经济体制改革持续深化

2013～2017年，内蒙古简政放权、放管结合、优化服务改革持续推进，"多证合一"和"双随机、一公开"监管全面推行，面向社会公布了政府权力、责任等"八张清单"，新增各类市场主体68.9万户。国企国资改革步伐加快，混合所有制改革、国有资本运营公司组建等一批试点稳步推进。实行了居住证制度。土地草原确权工作顺利推进，土地确权实测面积完成81%，草原确权承包工作完成90%以上。习近平总书记嘱托自治区先行先试的三项改革全面推进，80%以上的龙头企业与农牧民建立了利益联结机制。与俄蒙通关便利化等合作机制不断深化。财税金融、国土资源、行政执法等领域改革进一步深化。

（五）城乡区域发展整体性明显增强

新型城镇化稳妥推进，美丽乡村建设成效显著，2017年常住人口城镇化率达到62%，城乡发展呈现新面貌。城乡居民收入稳步增长（图8）。呼包鄂协同发展稳步推进，东部盟市实现加快发展，乌海及周边地区产业转型升级取得积极进展，和林格尔国家级新区建设筹备工作启动。城乡基础设施显著改善，新增高速和一级公路5600公里、铁路3400公里、民航机场12个、电力外送能力4400万千瓦。

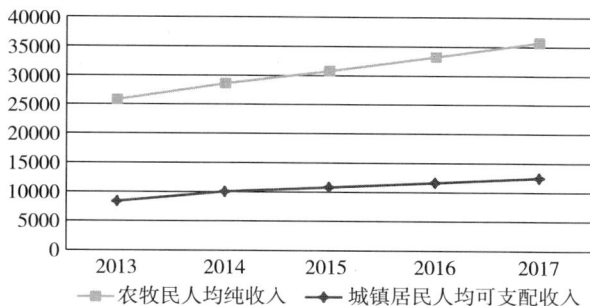

图8　2013～2017 年城乡居民人均收入增长情况

资料来源：《内蒙古统计年鉴》（2014～2018 年）。

（六）建设绿色内蒙古成效显著

2013～2017 年，内蒙古生态环境持续好转，森林覆盖率和草原植被盖度实现"双提高"，荒漠化和沙化土地实现"双减少"，主要污染物排放量大幅下降，祖国北方重要生态安全屏障更加牢固。生态文明制度改革取得积极成效，建立了生态文明考核办法、绿色发展指标体系，完善了自然资源保护制度，制定了生态保护补偿、领导干部生态环境损害责任追究等制度，开展自然资源资产离任审计试点，四级"河长"体系初步形成。《联合国防治荒漠化公约》第十三次缔约方大会和第六届库布其国际沙漠论坛在内蒙古召开，习近平总书记分别致信祝贺。

（七）对外开放水平进一步提高

积极融入国家"一带一路"倡议，制定了参与丝绸之路经济带、中蒙俄经济走廊实施方案，满洲里综合保税区封关运营，二连浩特—扎门乌德跨境经济合作区建设取得突破。鄂尔多斯航空口岸通过国家验收，阿拉善盟乌力吉公路口岸获得批复。中欧班列实现常态化运行，现经内蒙古境内口岸进出境的中欧班列线路已达 55 条，其中满洲里口岸 41 条、二连浩特口岸 14 条。对外贸易保持快速增长，口岸过货量稳中有增，2017 年进出口总额超过 900 亿元。成功举办外交部内蒙古全球推介活动、第二届中蒙博览会等重大活动，向国内外展示了内蒙古繁荣、进步、开放、和谐的美好形象。

在看到成绩的同时，也要清醒地认识到，内蒙古经济结构依然不尽合理，推动结构转型依然任重道远。主要表现在：内蒙古是欠发达边疆民族地区，综合经济实力还不够强，城乡、区域、经济社会发展不够协调，基础设施和基本公共服务比较滞后，城乡居民收入水平还不高；产业结构不尽合理，传统产业有待加快转型，战略性新兴产业和现代服务业发展缓慢；经济增长动力不够协调，有效需求和有效供给不足并存，科技支撑能力不强；生态环境依然脆弱，草原、森林、湖泊等生态系统和大气、水、土壤等环境治理有待加强，"绿水青山"尚未完全转化为"金山银山"；经济体制改革有待进一步深化。

第三节　推动内蒙古高质量发展的结构转型选择

一、主要阶段与特征

马克思主义哲学认为，矛盾是事物运动发展的源泉和动力。科学判断我国社会主要矛盾，才能合理确定中国发展的重点任务和奋斗目标，才能推进中国特色社会主义事业不断迈向胜利。

党的十九大报告指出，"经过长期努力，中国特色社会主义进入了新时代，这是我国发展新的历史方位。""我国社会主要矛盾已经转化为人民日益增长的美好生活需要和不平衡不充分的发展之间的矛盾。"我国经济发展呈现出经济增速转为中高速、经济结构出现重大变化、居民消费加快升级、科技创新进入活跃期等新特征，意味着我国经济正处于跨越"中等收入陷阱"、迈向高收入阶段的重要历史节点。这些变化要求，我国经济发展的重点必须从量的扩张向到质的提升转变。

从国际经验看，能否建立现代化经济体系、实现高质量发展，正是能否跨越"中等收入陷阱"、迈向高收入阶段的关键。世界银行的研究结果表明，截至2008年，1960年全球101个已进入中等收入阶段的经济体中只有13个迈入了高收入国家行列，究其原因主要在于没有实现经济发展从量的扩张到质的提高的根本性转变。当今世界正在经历新一轮大发展大变革大调整，美国单方面挑起的贸易摩擦继续发酵，经济问题政治化倾向加重，各国经济复苏步伐分化，外部环境不确定性明显增加，只有推动高质量发展，才能妥善应对各种外部风险和挑战，才能顺利跨越"中等收入陷阱"、迈向高收入阶段。

正是基于上述因素，党中央从党和国家事业全局出发，提出"我国经济已由高速增长阶段转向高质量发展阶段，正处在转变发展方式、优化经济结构、转换增长动力的攻关期，建设现代化经济体系是跨越关口的迫切要求和我国发展的战略目标"。2018年中央经济工作会议进一步强调："推动高质量发展是当前和今后一个时期确定发展思路、制定经济政策、实施宏观调控的根本要求"。这些都是党中央着眼于实现"两个一百年"奋斗目标、顺应中国特色社会主义进入新时代的新要求作出的重大决策部署。推动经济高质量发展，既要更好满足人民日益增长的美好生活需要，又要体现创新、协调、绿色、开放、共享发展理念，还要实现生产要素投入少、资源配置效率高、资源环境成本低、经济社会效益好。

对内蒙古而言，建设现代化经济体系、推动高质量发展，不仅是落实党中央建设社会主义现代化强国战略目标的具体举措，也是自身转变经济发展方式、优化经济结构、转换经济增长动力的迫切要求。

从国内层面看，在当今区域经济一体化的背景下，内蒙古的发展与全国息息相关。十九大提出，我国在全面建成小康社会的基础上，进一步建成富强民主文明和谐美丽的社会主义现代化强国，这是中华民族伟大复兴的中国梦。实现中国梦，离不开内蒙古的智慧和力量。内蒙古不仅是国家重要的能源和战略资源基地，而且是我国北方重要的生态屏障和安全屏障，在我国经济社会发展过程中扮演着重要的角色。同时，内蒙古的发展也离不开国家的支持，实践经验表明，自治区成立70年的历史就是国家大力援助和自力更生相结合的光辉历程。因此，内蒙古实现高质量发展，就必须将自身深度融入全国的发展大局中，与其他省份同步加快建设现代化经济体系，这既与实现中华民族伟大复兴中国梦的目标相呼应，又是中华民族伟大复兴中国梦目标的重要组成部分。

从自治区层面看，当前内蒙古经济已由高速增长阶段转向高质量发展阶段，同全国一样，社会主要矛盾也已经转化为人民日益增长的美好生活需要和不平衡不充分的发展之间的矛盾，并成为进入新时代的基本特征，主要表现在：一是实体经济面临不少困难，产业转型任务艰巨，传统产业多新兴产业少、低端产业多高端产业少、资源型产业多高附加值产业少、劳动密集型产业多资本科技密集型产业少，非资源型产业、现代服务业和战略性新兴产业发展不足，部分企业生产经营困难，工业投资和民间投资有所下降，防范化解重大风险攻坚战形势严峻，经济发展的质量和效益不高；二是科技创新体系不完善，科技创新能力不强，基础研究薄弱和关键核心技术研究不足并存，科技成果转化率低，创新人才资源总量不足、结构不合理，经济发展的动力亟待继续加强；三是城乡区域发展不平衡，精准脱贫攻坚战任务艰巨，城乡居民收入仍然低于全国平均水平，城乡间区域间公共服务水平以及居民收入差距较大，东部盟市和少数民族聚居地区发展相对滞后，城乡区域协调发展的基础设施保障支撑能力不强；四是对外交流合作水平有待提高，全方位开放格局尚未形成；五是生态环境依然脆弱，污染防治攻坚战面临较大压力，保护和治理的任务十分繁重，正处在"进则全胜、不进则退"的历史关头；六是法治、创新、廉洁和服务型政府建设还需进一步加强，经济调控、公共服务、市场监管的方式方法还需进一步创新完善，政府工作存在效率不高、服务意识不强、依法行政能力不足等问题。

十九大紧扣我国社会主要矛盾变化，对把我国建成社会主义现代化国家作出了战略安排。从现在到 2020 年，是全面建成小康社会决胜期，统筹推进经济建设、政治建设、文化建设、社会建设、生态文明建设，坚定实施科教兴国战略、人才强国战略、创新驱动发展战略、乡村振兴战略、区域协调发展战略、可持续发展战略、军民融合发展战略。从 2020 年到 21 世纪中叶分两个阶段来安排。第一个阶段（从 2020 年到 2035 年），在全面建成小康社会的基础上，再奋斗十五年，基本实现社会主义现代化；第二个阶段（从 2035 年到 21 世纪中叶），在基本实现现代化的基础上，再奋斗十五年，把我国建成富强民主文明和谐美丽的社会主义现代化强国。这也为内蒙古未来高质量发展指明了方向，提供了基本遵循。

站在经济发展从量变到质变和开启全面建设现代化内蒙古新征程的重要关口，内蒙古建设现代化经济体系，既巩固和厚植既有优势，又下大力气破解难题、补齐短板，从而推动高质量发展，正是解决发展过程中这些不平衡不充分问题和实现现代化的基本途径。这既是内蒙古经济在经过长期高速增长后必然由量的积累转向质的提升的这个经济规律发挥作用的客观结果，也是突破结构性矛盾和资源环境瓶颈，实现更高质量、更有效率、更加公平、更可持续发展的必然选择，更是内蒙古落实党中央"两个一百年"奋斗目标，转变发展方式、优化经济结构、转换增长动力，跨越"中等收入陷阱"，实现中华民族伟大复兴中国梦的内蒙古篇章的战略选择。

二、转型选择

现代化经济体系是由社会经济活动各个环节、各个层面、各个领域的相互关系和内在联系构成的一个有机整体。当前全球新一轮科技革命和产业变革日新月异。在转变发展方式、优化经济结构、转换增长动力的攻关期，内蒙古能否抓住这一轮世界科技革命和产业变革潮流带来的机遇，实现新旧动能转换，向更高发展阶段的迈进，赢得未来国际国内竞争的主动，关键在于能否建立现代化经济体系、实现高质量发展。因此，内蒙古必须彻底转变老思维、老套路，抢抓机遇，以新发展理念为引领，以建设现代化经济体系为战略目标，坚持质量第一、效益优先，加快从"重视数量"转向"提升质量"、从"规模扩张"转向"结构升级"、从"要素驱动"转向"创新驱动"，全力推动高质量发展，促进生产力水平不断提升。

（一）内蒙古建设现代化经济体系、实现高质量发展，必须大力发展实体经济

党的十九大后，习近平总书记多次强调，中国这么大，必须始终高度重视发展壮大实体经济，不能走单一发展、脱实向虚的路子，对内蒙古而言更是如此。实体经济是内蒙古经济的立身之本和财富创造的根本源泉。产业是实体经济发展的根基，要实现经济体系现代化，首先就得推动产业转型升级、实体经济现代化。内蒙古发展不平衡不充分的问题，在很大程度上也是产业结构不优的问题，是实体经济不强的问题。因此，内蒙古必须把发展经济的着力点放在以制造业为根基的实体经济上，从习近平总书记指出的内蒙古产业"四多四少"问题入手，推动资源要素向实体经济集聚，促进互联网、物联网、大数据、人工智能同实体经济深度融合，做实做强做优实体经济，夯实发展的坚实基础。以深化供给侧结构性改革为主线，以推动产业向价值链中高端跃升为目标，"要以壮士断腕的勇气，果断淘汰那些高污染、高排放的产业和企业，为新兴产业

发展腾出空间"，加快转变资源开发模式，大力发展现代能源经济，培育壮大现代装备制造、新材料、云计算、生物医药、电子信息、节能环保等非煤产业和非资源型产业，高效发展现代服务业，积极发展军民融合产业，全力打好防范化解金融风险攻坚战，构建实体经济、科技创新、现代金融、人力资源协同发展的产业新体系，形成传统产业转型发展、优势产业集聚发展、新兴产业蓬勃发展的良好局面。

（二）内蒙古建设现代化经济体系、实现高质量发展，必须大力实施创新驱动发展战略

国内外历史经验表明，一个国家或地区长期落后不取决于经济规模的大小，而往往是取决于经济创新力和竞争力的高低。党的十九大报告提出，创新是引领发展的第一动力，要实施创新驱动发展战略。惟创新者进，惟创新者强，惟创新者胜。习近平总书记指出，抓住了创新，就抓住了牵动经济社会发展全局的"牛鼻子"。当前，全球范围内新一轮科技革命和产业变革孕育兴起，科技创新这步"先手棋"下的好坏，意味着能否在未来竞争中抢得先机、赢得主动。

对站在新历史起点上的内蒙古而言，抓住和用好世界创新和变革大趋势带来的机遇，就是抢抓培育壮大新动能、改造提升传统动能、实现高质量发展的机遇。只有加快建设创新型内蒙古，才能根治长期以来形成的"投资依赖症""资源依赖症"等习惯思维，才能实现发展方式由主要依靠大规模投资、能源资源消耗的粗放型发展向主要依靠知识积累、技术进步、劳动力素质提升的内涵型发展转变，才能为解决人民日益增长的美好生活需要和不平衡不充分发展之间的这个社会主要矛盾开拓更广阔空间。因此，内蒙古必须把创新驱动作为高质量发展和现代化建设全局的战略支撑，以科技创新和经济社会发展深度融合为导向，健全科技创新体系，强化科技成果转移转化，推进大众创业万众创新，完善科技创新体制机制，实施人才强区战略，推动创新链、产业链、资本链有机联动和新技术、新业态、新模式有效发展，塑造更多依靠创新驱动、更多发挥先发优势的引领型发展，推动经济发展质量变革、效率变革、动力变革。

（三）内蒙古建设现代化经济体系、实现高质量发展，必须大力推动城乡区域协调发展

党的十九大提出："实施区域协调发展战略"。习近平总书记强调，"要积极

推动城乡区域协调发展，优化现代化经济体系的空间布局"。所谓的协调就是指个从不平衡到平衡的动态过程。通过逐步缩小城乡和区域间的发展差距，可以促进全国范围内人口、经济和资源、环境的空间均衡，增强城乡区域发展协同性，可以实现经济社会各构成要素的更高水平的良性互动，拓展城乡区域发展新空间，可以推动建设现代化经济体系，实现经济社会高质量发展。

内蒙古地处边疆，东西狭长，横跨三北，毗邻八省，城乡区域差异大、发展不平衡是基本区情，也是新时代影响内蒙古各族群众日益增长的美好生活需要和不平衡不充分的发展之间矛盾的重要影响因素。因此，构建区域良性互动、城乡融合发展的空间布局是内蒙古建立现代化经济体系、实现高质量发展的应有之义。只有做好补齐城乡区域发展不协调短板这篇大文章，从更高层次更广空间促进资源优化配置，着力提高发展的协调性和平衡性，建设彰显优势、协调联动的城乡区域发展体系，才能实现到2020年全面建成小康社会的目标。要实施乡村振兴战略，全力打好精准脱贫攻坚战，推进农牧业高质量发展，加快建设现代畜牧业，建设生态宜居美丽乡村，推进农牧业和农村牧区现代化。培育和发挥区域比较优势，加强区域优势互补，着力增强呼包鄂辐射带动能力，推进和林格尔新区建设，打造沿黄生态经济带，培育东部盟市跨越发展新动能，塑造区域协调发展新格局。

（四）提升内蒙古建设现代化经济体系、实现高质量发展，必须大力发展开放型经济

经济全球化是社会生产力发展的客观要求和科技进步的必然结果。开放是中国经济繁荣发展的必由之路。改革开放以来，特别是十八大以来，我国坚持"引进来"和"走出去"并重，遵循共商共建共享原则，开放型经济新体制逐步健全，国际合作新空间不断开拓。习近平总书记强调，中国改革开放40年经验的一个重要启示就是：中国发展离不开世界，世界发展也需要中国。现代化经济体系本质上是开放的经济体系，当前世界各国之间越来越成为一个你中有我、我中有你的全球共同体。党的十九大强调，"推动形成全面开放新格局"。未来中国开放的大门不会关闭，只会越开越大。

内蒙古外接俄罗斯、蒙古国，具有发展沿边开放的独特优势，是我国向北开放的前沿。1978年以来，内蒙古始终坚持对外开放基本国策，充分发挥口岸

优势，通过对外开放促进了商品和资本流动、科技和文明进步，加深了与俄蒙等各国人民交往，为经济增长提供了源源不断的强劲动力。特别是"一带一路"战略实施以来，内蒙古按照国家赋予的"发挥联通俄蒙的区位优势，建设我国向北开放的重要窗口"战略定位，以政策沟通、道路联通、贸易畅通、资金融通、民心相通为重点，积极参与中蒙俄经济走廊建设，对外开放水平不断提升，与俄蒙等国家和地区的经贸往来保持稳定，全方位务实合作效果不断显现。多年的历史已经证明，开放带来进步，封闭导致落后。进入新时代，内蒙古要建设多元平衡、安全高效的全面开放体系，继续推动中蒙俄经济走廊建设，全方位宽领域多层次扩大开放，推动开放朝着优化结构、拓展深度、提高效益方向转变，塑造更多开放型经济新优势，建成我国向北开放重要桥头堡，为建设现代化经济体系、推动高质量发展提供强劲动力。

（五）内蒙古建设现代化经济体系、实现高质量发展，必须大力深化经济体制改革

经济体制改革是全面深化改革的重点，也是建设现代化经济体系、实现高质量发展的关键。改革开放40年来，特别是党的十八大以来，在国内外经济环境复杂多变的情况下，我国经济实力不断迈上新台阶、经济结构持续优化、经济更具活力和韧性、发展质量显著提升，取得了举世瞩目的发展成就，其中一条极为重要的经验，就是始终坚持全面深化改革尤其是深化经济体制改革不动摇。党的十九大明确提出，加快完善社会主义市场经济体制，即"经济体制改革必须以完善产权制度和要素市场化配置为重点，实现产权有效激励、要素自由流动、价格反应灵活、竞争公平有序、企业优胜劣汰"。习近平总书记在主持中央政治局第三次集体学习时提出，"要深化经济体制改革，完善现代化经济体系的制度保障"，为建设现代化经济体系、实现高质量发展指明了制度层面的发力点和突破口。

经济改革是内蒙古发展进步的重要动力源泉。党的十一届三中全会以来，内蒙古始终坚持以经济体制改革总揽和驱动经济发展全局，使得全区社会生产力不断解放、经济发展动力持续增强。进入新时代，内蒙古只有充分发挥经济体制改革的牵引作用，破除各方面体制机制弊端，推动生产关系同生产力、上层建筑同经济基础相适应，才能推动建立现代化经济体系、实现高质量发展。

因此，内蒙古要紧紧抓住完善产权制度和要素市场化配置这个"牛鼻子"，建设充分发挥市场作用、更好发挥政府作用的经济体制，实现市场机制有效、微观主体有活力、宏观调控有度。继续推进国企改革，完善国有资产管理体制，改革国有资本授权经营体制，发展混合所有制经济，加快国有经济布局优化、结构调整、战略性重组。全面实施市场准入负面清单制度，清理废除妨碍统一市场和公平竞争的行政性垄断、市场垄断、服务业准入限制等规定和做法，支持民营企业发展，激发各类市场主体活力。加快建立事权和支出责任相适应的现代财政制度，改进预算管理制度，完善税收制度。深化金融体制改革，增强金融服务实体经济能力。

（六）内蒙古建设现代化经济体系、实现高质量发展，必须大力推动绿色发展

绿水青山就是金山银山，也是建设现代化经济体系、推动高质量发展的根本要求。改革开放以来，中国经济发生了翻天覆地的变化，然而在经济高速增长的同时，也造成了环境污染严重、生态系统退化的问题，人民群众对良好生态环境的需求越来越强烈。经济要发展，但不能以破坏生态环境为代价。党的十九大明确提出，"加快生态文明体制改革，建设美丽中国"。习近平总书记强调，"推动形成绿色发展方式和生活方式，是发展观的一场深刻革命。"建设现代化经济体系、推动高质量发展就是要建设资源节约、环境友好的绿色发展体系，形成绿色循环低碳发展、人与自然和谐共生的现代化建设新格局。

建设美丽内蒙古是功在当代、利在千秋的事业。多年来，内蒙古始终坚持把生态保护和环境治理工作摆在经济社会发展全局的突出位置，采取了一系列超常举措，生态环境状况实现了总体遏制、局部好转。生态环境保护是一个长期任务，必须久久为功。只有继续像保护眼睛一样保护生态环境，像对待生命一样对待生态环境，坚决摒弃损害甚至破坏生态环境的发展模式，坚决摒弃以牺牲生态环境换取一时一地经济增长的做法，全方位、全地域、全过程开展生态环境保护，才能让良好生态环境成为内蒙古各族人民群众生活的增长点、成为建设现代化经济体系的发力点、成为实现高质量发展的支撑点，才能让内蒙古大地天更蓝、山更绿、水更清、环境更优美。因此，内蒙古要围绕建设现代化经济体系、实现高质量发展，加快构建科学适度有序的国土空间布局体系，

全力打好污染防治攻坚战，深入实施大气、水、土壤污染防治行动，统筹推进山水林田湖草系统治理，实施草原、森林、河流、湖泊、沙漠、湿地等重要生态系统保护和修复工程，构筑绿色循环低碳发展的产业体系，加强资源节约集约利用，完善生态文明制度体系，实现"绿水青山就是金山银山"，筑牢祖国北方重要安全生态屏障。

参考文献：

［1］党的十九大报告．

［2］2000～2018 年中央经济工作会议精神．

［3］中共中宣部．习近平新时代中国特色社会主义思想三十讲［M］．学习出版社，2018.

［4］内蒙古历次党代会报告．

［5］2000～2018 年内蒙古政府工作报告．

［6］蔡常青等．守望相助，团结奋斗——内蒙古 70 年繁荣发展的经验与启示［M］．呼和浩特：内蒙古人民出版社，2017.

［7］杭栓柱等．发展是硬道理——内蒙古经济建设 70 年［M］．呼和浩特：内蒙古人民出版社，2017.

［8］黄占兵．坚持解放思想、实事求是，持续推进改革开放——内蒙古实现 70 年繁荣发展经验的初步探析．北方经济［J］，2017（06）．

第二章

内蒙古高质量发展战略重点
与主要措施

推动经济高质量发展是当前和今后一个时期确定发展思路、制定经济政策、实施宏观调控的根本要求。高质量发展是一个综合的概念，是通过转变发展方式、优化经济结构、转换增长动力实现经济质量的提升和经济效益的提高。基于此，本章围绕高质量发展的内涵要求，从推动实现高质量需求、高质量供给、高质量投入产出、高质量收入分配和高质量发展体制机制五个方面入手，深入分析其相应内涵、战略重点和主要措施，力求为推动内蒙古经济高质高效可持续发展提供理论和政策支撑。

党的十九大报告指出，我国经济已由高速增长阶段转向高质量发展阶段，正处在转变发展方式、优化经济结构、转换增长动力的攻关期，这是对我国经济高质量发展阶段变化和当前所处关口做出的重大判断。高质量发展是一个综合的概念，涵盖发展方式的可持续性、发展结构的协调性、发展效益的和谐性以及发展的稳定性等方面，其核心要义，是通过转变发展方式、优化经济结构、转换增长动力，实现经济质量的提升和经济效益的提高。

第一节　构建内蒙古高质量需求体系

提高需求体系质量可有效改善供给质量、拓展经济发展新空间、提升经济发展质量效益。新时期，挖掘需求侧增长新潜能，释放投资、消费、进出口新动力，对推动内蒙古经济高质量发展至关重要。

一、高质量需求体系的内涵

需求体系涵盖消费、投资和净出口三大要素，是拉动经济增长的原动力，对改善供给结构、提升供给质量具有较强牵引和促进作用。高质量需求体系是消费的基础性作用、投资的关键性作用和进出口的促进作用可有效发挥的动力体系。其主要特征是，消费供给创新扩容，多层次、多领域消费潜能释放，成为驱动结构调整、推动经济高质量发展的主动力；投资结构持续优化、投资效益提升，对优化供给结构、拉动经济增长关键性作用得到充分发挥；进出口规模扩大、领域拓宽、层次加深、方式创新，对经济发展的促进作用充分体现。

长期以来，内蒙古投资对经济增长贡献率一直保持在70%左右，投资率偏高、消费率偏低、外贸依存度过低的需求失衡型特征明显，尤其转向经济高质量发展新阶段，投资效益偏低、消费潜能释放不足、进出口动力不足等问题凸显，构建高质量需求体系任重道远。

（一）消费对经济发展的基础性作用充分发挥

消费是一个国家或地区国民经济发展的基本立足点与出发点，其规模、结构与速度制约着生产与流通的规模、结构与速度。消费是整个社会再生产的最终目标，是影响经济运行的基础性因素，也是拉动经济增长的最长久动力。在高质量需求体系中，消费的基础性作用突出体现在消费生产循环过程中，通过优化结构、改善环境，提升消费产品和服务质量，推动以消费升级引领供给创新、以供给提升创造消费新增长点的循环动力持续增强，进而实现更高水平的供需均衡。

新时期，居民消费已进入消费结构加快升级、经济拉动作用增强的重要阶段，呈现从注重量的满足向追求质的提升、从物质产品向服务消费、从模仿型排浪式消费向个性化多样化消费的系列转变。要求我们充分发挥消费对经济发展的基础性作用，以消费升级引领供给创新、以供给创新提升创造消费新增长点，不断实现更高水平的供需平衡。

当前，制约内蒙古消费扩大和升级的短板仍然突出，消费潜能释放不足。一是新型消费供给滞后。"有需求缺供给、有供给缺质量、有质量缺品牌"问题凸显，尤其信息、医疗保健、文教娱乐等服务消费市场不能有效满足居民多层次、多样化消费需求。二是居民消费能力不足。2018年以来，自治区居民增收步伐放缓，居民消费能力和消费意愿不足势头显现，对消费扩容形成强制约。三是消费环境亟待优化。突出表现为：城市功能弱、城市经营管理滞后，市场监管体制尚不适应消费新业、态新模式的迅速发展，质量和标准体系仍滞后于消费提质扩容需要，信用体系和消费者权益保护机制还未能有效发挥作用等。上述问题使得消费对经济基础性作用得不到充分发挥，影响对经济的拉动作用。2017年全区最终消费率为52.6%，低于全国平均水平1个百分点，更远低于世界平均70%以上的水平。

当前，内蒙古处在居民生活不断改善、消费结构提升阶段，消费需求潜力巨大，完全有条件开拓消费空间。我们要把握这些机遇，不断提供和增加最终需求，着力在创新消费供给、优化消费环境等方面下功夫，有效挖掘高品质、个性化、多样化消费潜能，为生产、投资开拓新空间，真正提高经济增长的质量和效益，使人民群众享受更多发展成果。

（二）投资对经济发展的关键性作用充分发挥

投资是拉动经济增长最直接有效的动力，不但影响短期经济增长，而且对经济长期持续、稳定、健康发展起着至关重要的作用。高质量需求体系中，投资的关键作用则主要体现在通过创新项目供给、要素供给和制度供给，以有效投资扩大有效供给特别是中高端供给，以有效供给进一步激活有效需求，进而形成供给结构优化和总需求适度扩大的良性循环，推动经济长期稳定可持续发展。

改革开放以来，内蒙古持续超高投资率保证经济高速增长，但也带来了资源消耗和环境污染严重、投资效益逐年走低等诸多与高质量发展阶段要求不符合的问题，制约着投资关键性作用的充分发挥。一是投资效益偏低。2016 年，内蒙古投资效果系数为 0.039，仅为最高地区上海的 1/9，排全国第 26 位。二是投资结构单一、偏重。拉动投资的行业主要集中在煤电、煤化工、冶炼等传统高能耗重化工领域，中高端制造业及现代服务业等新兴领域投资少。三是民间投资规模偏小。2017 年，自治区民间投资占全社会固定资产投资比重 46%，远低于全国 62.6% 的平均水平。四是投资融资瓶颈加剧。经济下行压力加大背景下，企业筹融资难度加大，地方财政债务压力不减，资金供应降速风险不减。五是投资管理体制创新不足，无效投资、重复建设问题，加剧投资效益走低。随着经济从高速增长阶段转向高质量发展阶段，从要素驱动转向创新驱动，经济增长的主引擎不再是加大要素的粗放式投入，而是向技术创新、全要素生产率提升寻求新发展空间，形成可持续增长。

这一过程，使内蒙古投资不可能再保持两位数高增长趋势，而且，随着过剩产能持续出清、传统产业减量增效以及资源配置再优化，都将导致固定资产投资增长放缓。立足新时代，内蒙古投资领域变革最核心要义是通过扩大兼顾质量和效益的合理有效投资，带动供给质量改善，形成供需良性循环，提高经济发展质效。

（三）进出口对经济发展的促进作用充分发挥

进出口是一个国家和地区优化资源配置、吸收先进技术、增强综合竞争力的重要途径，对创造有效需求、拓展经济发展新空间具有重要促进作用。在高质量需求体系中，进出口的促进作用则主要体现于在全球经济大循环中，通过精准把握在全球供给市场上的定位，以创新外贸供给对接国际市场需求，以全球资源整合助推本地发展，进而提升综合竞争力，推动形成高水平、全方位对外开放新格局。

改革开放证明，开放程度决定经济发展质量，推动经济高质量发展需要推进新一轮更大规模、更高层次开放，需要一如既往向开放要动力、要活力。作为欠发达地区，内蒙古更需要扩大开放，广泛吸纳国内外的资金、技术、人才和先进的管理经验，才能更有效地配置生产要素，赢得发展主动权。改革开放以来，内蒙古外向型经济从无到有，但作为国家向北开放桥头堡、"一带一路"陆路通道的重要节点，由于自治区供给领域不宽，多集中于投资品，供给质量不高，多为粗加工资源品，使得进口物资基本"两头在外"，出口货源完全"两头在外"，导致"酒肉穿肠过"问题非常突出，口岸优势不能转变为经济优势，进出口对内蒙古经济拉动十分有限。一是贸易规模小。2017年进出口总额942.4亿元，仅占全国的0.3%，居全国第25位；同9个沿边省区对比，仅相当于辽宁的1/7，广西的1/4。二是贸易水平低。对象单一，蒙俄两国占全区贸易总额半壁江山；结构不优，初加工资源品和劳动密集型产品为主，高新技术产品、加工贸易比例低；外贸发展方式滞后，货物贸易为主，服务贸易发展缓慢。三是外贸依存度低。2016年外贸依存度4.1%，低于全国平均水平28.6个百分点，居全国第29位。

新时期，以更宽视野、更高目标、更有力举措补齐重点环节发展短板，持续推进供给侧结构性改革，加快建设高质量的供给体系，积极培育贸易新业态新模式，着力构建全方位高水平的开放型经济，为全区经济高质量发展注入活力。

二、总体思路和战略重点

（一）总体思路

按照新发展理念，加快构建与高质量发展要求相匹配的需求体系，不断实现更高水平的供需平衡，助推经济高质量发展。一是切实增强消费对经济发展的基础性作用。顺应居民消费提质转型升级新趋势，从供需两端发力，创新扩大高品质产品和服务供给，培育更加成熟的消费细分市场，以消费升级引领供给创新，不断激发潜在消费。提升城乡居民消费能力，全面营造良好消费环境，实现消费者自由选择、自主消费，不断满足人民群众日益增长的美好生活需求。二是有效发挥投资对经济发展的关键性作用。将有效投资作为供需两端发力的最佳结合点，聚焦"精准"和"有效"，以优结构、补短板为方向解决"投什么"的问题，以创新投融资机制为重点解决"谁来投"的问题，以深化投资管理体制改革为手段解决"怎么投"的问题，持续扩大有效投资，增强经济发展后劲。三是充分发挥进出口对经济发展的促进作用。聚焦外贸结构调整和供给效率提升，以壮大外贸市场主体、加强口岸腹地联动、建设高水平合作平台、健全经贸合作机制为抓手，加快推进外贸供给侧结构性改革，持续提升对外贸易层次水平、增强对外贸易竞争力，打造全方位高水平对外开放新格局。

（二）战略重点

1. 提升消费贡献率，牢固高质量内需发展根基

重点一：以消费升级引领供给创新，让居民更加"愿消费"。当前，我国消费形态呈实物消费向服务消费转变，商品消费向中高档升级显著变化，其中，服务消费成为消费增长最快、热点最多、潜力最大领域。2013~2016年，我国城乡居民人均服务消费支出年均增速分别为9.3%和10.8%，均超同期GDP和消费支出增速。2018年全国居民服务性消费占比达44.2%，但与美国欧盟、日本等发达经济体65%左右占比相比存较大差距，同时也说明我国服务消费还有巨大潜力待挖掘。国际经验表明，人均GDP达到8500美元，服务消费进入加速阶段，内蒙古人均GDP已超一万美元，对服务消费扩容形成较强基础支撑。与此同时，生存型消费向发展享受型转变，进一步拓展了消费增长空间。当前，升级类商品销售增长明显快于其他商品，如汽车类商品中代表升级方向的运动型和新能源汽车销售比重持续提高，2018年新能源乘用车销量突破百万辆大关。网上购物、网上订餐等新兴消费业态发展势头强劲，但也看到，自治区新兴消费产品的种类和质量不能满足消费者需求，适应不同收入水平和需求结构的供给结构尚未形成，全区需求潜力与供给能力割裂，对消费扩容升级形成强制约。

新时期，重点从供给侧、结构性改革上想办法，围绕居民吃穿用住行和服

务消费升级方向，突破深层次体制机制障碍，提高消费供给质量，保证基本消费经济实惠安全，培育中高端消费市场，形成一批发展势头良好、带动力强的消费新增长点。重点是扩大服务消费的广度和深度，加快发展科技、养老、绿色环保、文化旅游、健康保健、体育竞技、家政幼托等新兴服务行业。改造提升商贸、餐饮、仓储、运输等传统产业，推进基本消费升级。培育信息、金融、保险及租赁等现代服务业，为消费升级提供保障。

重点二：改善居民消费能力和预期，让居民更加"能消费"。老百姓"钱袋子"鼓起来，消费才能"跑起来。"当前，自治区居民收入增长缓慢对消费增长形成制约，2018年自治区居民人均生活消费支出增速远低于可支配收入增速4.5个百分点。2000年以来，自治区国民收入格局呈向政府和企业倾斜，偏离居民的总体特点。初次分配中，政府收入占初次分配比重由2000年11.2%上升为2017年的16.9%，企业收入占初次分配比重由26.3%上升为35%，但劳动者报酬所占比重由62.5%降为48.1%。

除此之外，保障制度不健全制约居民消费预期。20世纪90年代，我国对劳动就业、社会保障、福利住房、公费医疗、教育等制度进行改革。改革后，原来由单位和社会共同承担的教育、医疗、住房等方面的成本由单位、社会和居民共同承担，其中住房基本由个人负担。在收入增长没有大幅提高情况下，这些改革改变了居民对家庭医疗、住房、教育和养老等方面的支出预期，不得不减少即期消费，增加预防性储蓄，这在相当程度上抵消了收入增长的消费效应。尤其是近年商品房价格上涨过快，极大提升了居民杠杆率，家庭流动性约束更趋紧张，对消费产生了较强净挤出效应。2018年，全区人均住户存款余额达到47222元，是城镇居民人均消费支出的1.93倍。

新时期，重点完善有利于提高居民消费能力的收入分配体制，扩大居民增收渠道，切实提升居民收入水平，增强居民消费能力。同时，着力改善居民消费预期，多增加促进居民消费的稳定因素，坚持"房子是用来住的、不是用来炒的"定位，强化社保，减少居民医疗、教育等支出，医疗、教育回归公益属性，加快释放消费潜能。

重点三：营造安全放心的消费环境，让居民更加"敢消费"。消费环境是一个综合概念，包括消费业态、消费载体建设、网点布局、诚信体系等，消费环境不成熟直接影响消费者的消费意愿和消费行为。目前，自治区消费环境与居民消费能力的提高还不匹配，假冒伪劣、缺斤短两、价格欺诈、虚假宣传等扰乱市场秩序行为屡禁不止，消费者面临的第一困扰往往是真不真、贵不贵、实不实、够不够等商业诚信问题。同时，城市功能弱，城市基础设施、管理水平、公共服务跟不上，影响了消费质量和水平的提高。

除此之外，农村牧区消费市场在社会参与、资金投入、流通设施、市场秩序建设等方面远远落后城市，制约了农村居民的消费欲望。新时期，重点构建新型市场监管体制、完善城乡消费基础设施和消费支撑体系建设，尤其是顺应互联网时代消费模式新要求，更要健全城市功能，完善城市消费布局和消费载体，把人工智能商场、网上购物、跨境电商、消费金融、租赁市场、体验式消费、共享经济等现代消费模式做好，才能把消费潜力充分释放出来，才能有效提升居民消费率。

2. 提高投资有效性，拓展高质量内需新空间

重点一：扩大有效投资，提升供给体系质量和效益。有效投资是适应人民日益增长的美好生活需要，特别是不断升级的多样化、多层次、多方面的市场和社会需求，能够迅速形成生产能力、优化经济结构、增强发展动能、厚植发展优势、增加有效供给、创造和提供持久需求效益的投资。目前，投资结构不优是导致自治区投资效益偏低，影响供给质量的关键。一般而言，高新技术和装备制造业等新兴产业投资效果系数，要高于传统能源重化工产业；金融业、租赁和商务服务业等现代服务业投资效果系数，也远高于房地产、交通运输等行业。但自治区大量投资仍集中于投资效益低的传统行业，投资结构不合理直接影响了整体投资效益水平。同时，历经三年的供给侧结构性改革后，自治区传统产业领域出清大量落后产能，部分行业存在升级产能的需求，且新材料、现代装备制造、生物医药、节能环保等新兴产业正处上升通道，产业结构的调整转型为扩大有效投资、优化供给结构提供了绝佳机遇。推动经济高质量发展需补齐交通、水利、能源、信息、管网等基础设施领域短板，这为自治区拓宽投资领域、增强投资有效性提供有力支撑。新时期，重点聚焦壮大优势产业、补足瓶颈产业、发展新兴产业，提供有效供给。引导要素资源向新能源、新材料、高新技术、节能环保、现代装备制造等高端生态清洁产业配置，加大传统优势特色产业绿色转型和智能化改造投入。突出抓重点、补短板、强弱项，聚焦提升基础保障能力，加快5G商用步伐，人工智能、工业互联网、物联网等新

型基础设施建设，加大城际交通、绿色物流、市政，农村基础设施等领域投资力度。聚焦人民获得感幸福感，加大对公共服务的投入力度，完善社会保障体系。

重点二：保持加强民间投资的有效性持久性。一般规律下，市场化程度高、民间资本活跃地区投资效果系数普遍高于市场化程度低的地区。2017 年投资环境指数居全国前三位的广东、江苏、浙江，民间投资占全部投资的比重分别达到 61.8%、70.7% 和 74.9%，投资效果系数分别为 0.277、0.185 和 0.17。同期，内蒙古民间投资占比 46.7%，低于全国平均水平 13.7 个百分点，投资效果系数不足 0.04。可见，非公经济发展不充分、民间投资规模不足已对全区投资效益形成严重制约。此外，受产业结构和准入领域制约，全区民间资本多集中于能源重化工和传统制造业中，行业低收益率拉低了民间投资整体收益水平。新时期，瞄准制约民间投资扩大的体制机制障碍，切实落实鼓励民间投资政策措施，深化投融资改革，进一步放宽民间投资准入门槛，保障民间资本投资权益，使民间资本进得来、能发展。

重点三：深化投资管理体制改革，夯实投资有效性的制度基础。深化投资体制改革，就是要进一步转变政府职能，建立完善企业自主决策、政府行为规范，法治保障健全的新型投融资体制，从而更充分激发社会投资活力。近年，自治区大力推进简政放权，投资项目审批范围大幅度缩减，但与高质量发展要求相比，投资管理体制仍然存在一些问题，对投资潜力释放形成较强制约，主要体现在：简政放权不协同、不到位，企业投资主体地位没有完全确立；政府投资引导和带动作用发挥不足，亟须管理创新；权力下放与配套制度建立不同步，事中事后监管和服务滞后。投资管理体制改革不到位加剧地区重复建设，浪费巨大资源，进一步拉低全区投资效益。新时期，投资体制改革要立足长远与聚焦问题相结合，在确立企业投资主体地位、转变政府管理职能、规范政府投资行为等方面下功夫，加快形成投资主体自主决策、政府调控有力有效、市场环境公平开放的投资体制机制，增强自治区投资的内生动力和长远后劲。

3. 推进高水平开放，打造高质量开放型经济

重点一：培育壮大外贸主体，增强进出口贸易内生动力。外贸企业是对外贸易直接参与者，其规模质量直接决定对外贸易层次和水平。但自治区外贸主体培育明显滞后，2018 年，外资企业实现进出口仅占全区进出口总值的 7%，低

于全国平均水平 32.6 个百分点。新时期，提升进出口规模和质量首先要加大外贸主体培育力度，重点加大外向型骨干企业培育力度，健全外贸企业孵化培育机制，支持"专精特新"企业与外贸企业合作发展，培育出口企业集群。培育外贸新业态新模式，支持跨境电子商务、市场采购贸易、外贸综合服务健康发展，打造进出口新增长点。

重点二：加强高质量合作平台，拓展开放合作空间。搭建高质量开发开放平台有助于促进产品、服务和生产要素流动聚集，提升开放水平。近年，内蒙古不断加大口岸基础设施投入，加强通关服务配套建设，但对外贸易硬件和配套设施仍较薄弱，与推进更高层次、更宽领域开放的要求仍不相适应。突出表现为：与毗邻国家主要基础设施对接不足；口岸现代化、信息化程度低，管理服务滞后；口岸区域内开发区、试验区、保税区配套服务功能有待完善等。新时期，重点要加快建设联接周边、功能完备、高效顺畅的对外对内大通道，完善健全各类开发开放合作平台功能，深化、拓展经贸合作空间。

重点三：加强口岸腹地多维联动，破解"酒肉穿肠过"问题。加强沿边地区与腹地有机联动，可有效提高进出口规模质量和效益。自治区拥有全国最大陆路口岸和对蒙最大铁路、公路口岸，但基本处"两头在外"状态：进口物资很少区内落地加工，多流向区外转化增值；出口货源主要来自区外，中欧班列基本借道而过。口岸与腹地协调互动不足，通道经济"穿肠而过"问题成为掣肘进出口扩大规模、提升层次的重要因素。新时期，要尽快建立口岸腹地经济园区合作协调机制，推动进口资源落地转化。加快打通口岸腹地大中城市的大通道，强化跨境电子商务服务平台建设，服务企业落地和"走出去"。加强口岸腹地政府部门间合作，引导金融机构、医院、学校在口岸建立合作关系，不断提升口岸配套能力，进一步促进对外贸易发展。

重点四：健全经贸合作机制，全面深化经贸合作。推进制度型开放是高水平开放的必然要求。2018 年中央经济工作会议强调推动由商品和要素流动型开放向规则等制度型开放转变，这为自治区健全完善经贸合作体制机制，营造国际化、便利化营商环境提供重大利好。目前，内蒙古尚未形成系统的经贸合作体制机制。如政府间协调机制方面，中俄跨境经济合作区、中蒙跨境经济合作区的设立，基础设施对接，口岸通关协调等问题仍需从国家层面加强与俄蒙对话协商。特别是国家未赋予内蒙古与俄蒙地方政府协调会晤谈判权，使内蒙古在与俄蒙合作中无法达到预期效果。新时期，重点对标国际先进标准，以市场化要求为导向，在政府沟通协调、金融合作、贸易投资等方面深化改革，加快健全完善相关体制机制，积极打造法治化、国际化、便利化营商环境，为国内外企业提供公平、透明、可预期的市场环境，为劳动力、资本、技术等要素跨区域、跨国界流动和优化配置提供必备制度保障。

三、主要措施

（一）充分释放消费潜能，激活高质量发展新动力

1. 创新消费供给体系，壮大消费新增长点

顺应消费结构、模式演变趋势，创新消费供给体系，加快发展服务消费，营造有利于扩容提质的消费供给环境。

一是构建多层次创新消费供给体系。破解制约居民消费最直接、最突出、最迫切的体制机制障碍，深入推进"放管服"，制订修订鼓励社会资本进入相关社会领域的准入门槛和管理制度，支持社会力量增加医疗、养老、教育、文化、体育等服务供给。顺应消费新模式、新业态发展趋势，积极培育网络消费、定制消费、体验消费、智能消费、时尚消费，鼓励与消费者体验、个性化设计、柔性制造等相关产业加快发展。推动农村消费梯次升级，推动电子商务向农村延伸覆盖，推动消费渠道下沉。推出"接地气"的农村社区服务，深入发掘农业农村的休闲观光、健康养老等多重价值，打造消费新热点。

二是围绕信息消费呈高端化、智能化、泛在化趋势，推动信息消费从智能产品向更高品质的网络文艺、在线社交、远程教育等空间延伸。利用5G商用化契机，推广超高清电视、虚拟现实/增强现实设备等高端优质产品应用。围绕绿色消费，优化绿色消费环境，加大生态、有机、环保等绿色产品供给，促进消费向绿色化转型。围绕旅游消费注重休闲体验，加大体验式旅游，以及观光休闲度假并重旅游产品供给。构建旅游产业链、交通和公共服务体系，优化旅游消费环境，加快自驾车、房车旅游等产品开发，支持汽车旅馆、自驾车、房车营地等旅游休闲基础设施建设。围绕教育文化体育消费，推进基本公共文化服务标准化、均等化，加强教育文化体育场馆建设力度，扩大公共文化设施免费

开放范围。加大大数据、互联网＋教育文体融合发展，力促教育文体消费趋于个性化、专业化和便捷化。围绕养老、健康、家政消费，支持社会力量举办规模化、连锁化的养老机构，加快医疗康复、老年用品等养老服务供给。完善健康服务业体系、丰富健康服务产品，扩展健康消费规模。细化家政行业，完善家政服务网络平台，培育家政龙头企业和中小专业型企业，有效满足居民家政消费需求。

2. 增强居民消费能力和预期，夯实消费扩容提质基础

提高居民消费能力关键是多渠道促进居民增收，下大力气消除居民消费的后顾之忧。

一是稳步提高居民收入，增强居民购买力。把发展服务业，推动服务业提质升级作为增加就业容量、提高从业人员收入水平主途径。把发展技术先进、附加值高的新兴产业作为扩大高收入人员就业重要渠道。深化收入分配制度改革，加快建立体现效率、促进公平的收入分配体系。大幅提高劳动报酬，围绕经济效益增长和劳动生产率提高的同时，实现企业职工劳动报酬同步提高的目标，建立与企业经济效益和劳动生产率挂钩的工资决定和正常增长机制，建立健全技术等要素参与分配的激励机制以及国有资本、公共资源收益分享机制。创造条件让更多居民拥有财产性收入，拓宽居民金融投资渠道，保障农民土地权益。健全农牧业保险制度，增强农牧民对未来收入的心理预期。

二是健全社会保障制度，提高居民消费预期。兜牢民生保障网，确保医疗、教育等基本民生支出，完善社会救助体系，保障群众基本生活和基本公共服务。加大统筹城乡基础教育发展力度，扩大教育资源覆盖面。鼓励普惠性幼儿园发展，完善12年免费教育机制，让每个孩子都能享有公平有质量的教育。健全学生资助制度，使城乡新增劳动力更多接受高等教育。

三是坚持"房住不炒"定位，加大"住有所居"保障，加快建立多主体供给、多渠道保障、租售并举的住房制度和房地产长效机制，抑制房价"非理性"上涨对居民消费产生的挤出效应。

3. 构建安全放心消费环境，有效激发潜在消费

放心安全消费是考量群众幸福感的重要指数之一，更是降低消费成本，激发消费欲望不可或缺的重要任务。优化消费环境需从严监管、强维权、健全城乡消费载体方面加强措施落地。

一是创新监管模式，锻造监管合力，构建以信用为核心、深度应用大数据和人工智能的新型市场监管体制。重点围绕优化市场准入、竞争、消费三个环境，推动市场监管改革创新。

二是深化企业准入、产品准入、食品许可审批、药品医疗器械审评审批制度改革，营造宽松便捷准入环境。加大反垄断、公平竞争审查、反不正当竞争、价格监督检查力度，营造公平有序竞争环境。

三是加强"双随机、一公开"、药品和疫苗安全、食品安全、产品质量安全、特种设备安全、消费者权益保护、假冒伪劣整治监管，营造安全放心消费环境。

四是加快信用体系建设，完善信用约束机制。加强消费领域信用信息采集和公开，建立跨地区跨部门跨行业信用信息共享共用机制，建立科学合理的信用评价体系。健全消费维权机制。建立常态化的消费者满意度调查评估机制，强化消费者权益损害法律责任，扩大适用举证责任倒置服务范围，加强网上跨境消费者争议解决机制建设。

五是完善城市功能，加大城市消费载体建设。健全城市商业服务设施，打造不同层级的城市商业功能街区，形成城市标志性商业中心、功能性商业中心、宜居型社区商业三层级商业发展格局。大力发展城市商业特色街区，促进与当地产业特色、文化习俗和旅游资源相融合。不断完善体育、卫生、广电、文化等领域的消费基础设施条件。加快推进城市快速通道、公共交通设施等重大基础设施建设，形成通畅的交通网络，加快城市路网改造，积极规划和建设一批专业停车场（位），着力改善停车难和交通拥堵等问题，营造有利于提升消费的良好交通环境。

六是加强城市服务业聚集园区建设。按照企业集群、产业集聚、资源集约的原则，加快旅游、文化、体育、商贸、信息等一批重点消费性服务业集聚园区的建设和发展，实现服务信息、服务业态、服务功能的集聚，增强现代服务业聚集园区对扩大消费的辐射和带动作用。

七是完善农村牧区消费环境。改善农村牧区消费的基础设施环境，加快农村道路建设，改善农村安全供电用电环境，提高农村电网自动化水平，完善农村供水设施，增加农民对洗衣机、厨卫设备等产品的消费。完善农村牧区商品流通体系，引导现代流通方式向农村牧区延伸，构建农村现代营销体系，降低交易成本，让利于农民。

（二）持续扩大有效投资，夯实高质量发展主动力

1. 扩大有效投资与促转型相结合，提高投资效益

顺应市场需求变化，以及新技术、新产业、新业态、新模式快速发展趋势，着力在推动产业转型升级、基础设施互联互通、生态环境保护、乡村振兴、民生改善等领域开拓投资空间。

一是提升投资经济效益。加大产业转型升级领域投资的引导力度，紧盯消费升级、科技进步、产业变革等新趋势，加强高端生态清洁产业投资，打造高端制造业集聚区。重点支持利用先进适用技术改造提升和迭代创新工程机械、装备制造等传统制造业。深入推进"机器换人"，积极开展智能制造试点示范。加大资金支持先进制造业和现代服务业深度融合发展。加大研发设计、技术转移、节能环保等生产性服务业与制造业交叉融合发展方面的投资力度。加大"制造业＋互联网"发展投入，加快培育网络化协同、个性化定制、服务型制造新模式，支持发展工业电子商务、产业链金融等新业态。加大特色支柱产业全产业链绿色转型投入。加快新技术、新工艺、新装备、新材料在能源、冶金、建材等传统优势产业中的应用，推动产业高端化终端化。重视现代能源经济发展投入，加大能源基础产业，以及依赖能源消耗的新兴产业、高端产业、高附加值产业、科技密集型产业的投入，形成能源上下游协同发展格局，打造国家现代能源经济示范区。加大基础设施建设力度。加强铁路配套工程、货运枢纽、航空综合交通枢纽、市政基础设施等基本基础设施建设。加强5G商用新型基础设施的投资，加强人工智能、工业互联网、物联网等新型基础设施投资。

二是提升投资社会效益。以提升居民生活质量为目标，优化公共服务和民生保障，加强医疗健康、文化教育等基本公共服务业均等化投入力度。加强供排水、供热、天然气管道、污水垃圾处理等市政公用设施建设。以扩大消费供给入手，增强服务业供给质量。按照智能化、高端化、绿色化、品牌化的要求，加大研发设计、知识产权等科技含量较高的服务业投资，提高以健康、医疗、养老为核心的最终需求型服务业比重，加大绿色物流、体育康乐等新兴绿色服务业投入。

三是提升投资生态效益。立足建设祖国北疆重要生态安全屏障要求，强化

生态修复以及资源循环利用、大气污染防治、污水处理及再生利用、垃圾回收、城市园林绿化、水土保护等领域投资。

2. 扩大有效投资与激活力相结合，增强投资持久性

强化民间投资主力军作用，引导社会资本进入全区经济社会发展主战场，推动全区投资上规模、增效益。

一是切实清除各类隐性障碍。制订民间投资市场准入负面清单，对已明确开放准入但核心关键环节尚未放开的，要采取有力措施放到底、放到位。拓宽民间投资进入渠道。鼓励民间投资以独资、控股、参股、合作或参与国企改制等方式，进入基础建设、公用事业、社会事业、金融等行业。通过产业发展基金等方式吸引民间投资进入交通、能源、电信等国有资本占优势的领域。

二是增强民营企业权益保护。坚持各类市场主体诉讼地位平等、法律适用平等，为各种所有制经济提供同等司法保障。加强政府诚信建设和法制政府建设，建立地方政府征信体系和干部诚信考核机制，强化政府守信履约职责。

三是拓宽民间资本融资渠道。建立和完善政策性融资担保体系，建立与银行风险共担、利益共享信用担保机制。鼓励发展私募股权投资公司、创投基金等投融资主体。加强对商业银行信贷行为监管，打造诚信资本环境。

四是优化营商环境。健全公平开放透明的市场规则，营造权利平等、机会平等、规则平等的投资环境，将营造公平营商环境纳入政府绩效考核体系。强化政策落地和服务落实机制，解决好政策间不协调、不配套、难落实问题。

3. 扩大有效投资与促改革相结合，释放投资活力

进一步转变政府职能，深入推进简政放权、放管结合、优化服务改革，建立完善企业自主决策、融资渠道畅通、职能转变到位、政府行为规范、宏观调控有效、法治保障健全的新型投资体制，有效调动社会资本积极性。

一是强化企业投资主体地位。制订发布政府核准的投资项目目录，进一步调整和缩小核准项目范围。对实行核准制的企业投资项目，进一步简化核准审查内容。对下放地方管理的投资项目，除国家法律法规有明确规定外，其审批核准所需的前置要件均同步下放地方管理。完善企业投资项目核准办法，深入推进并联审批工作，不断提高核准效率。

二是完善政府投资体制，明确政府投资范围，政府投资主要投向市场不能有效配置资源的社会公益服务、公共基础设施、社会管理公共领域等项目。加快建立政府投资项目决策机制，对经济社会有重大影响的政府投资项目，应经过咨询机构评估、公众参与、专家评议、风险评估等科学论证。

三是完善政府投资监管机制。建立健全政府投资责任追究制度，强化项目决策、投资效益和社会效益的后评价。建立政府重大投资项目全程审计制度，强化对项目建设管理各环节跟踪审计。

（三）提升进出口带动力，构建高质量开放型经济

1. 培育壮大外贸主体，培育出口企业群

围绕扩规模、优结构、强服务等方面推进外贸主体培育，夯实高质量进出口贸易基础。

一是扩大外贸主体规模。在能源原材料、农畜产品加工等传统特色产业领域扶持一批外贸优势企业，在生物医药、新材料等新兴产业领域引进一批外向型企业。支持优势企业通过联合、兼并、重组、上市和对外投资合作等多种方式做大做强。支持创新型、创业型和劳动密集型中小外贸企业走"专、精、特、新"或与大企业协作配套发展的道路。

二是优化外贸主体结构。创新外贸发展模式，鼓励企业运用现代技术推动传统产业向中高端迈进，鼓励具有自主知识产权、自主品牌、自主营销渠道的产品和高附加值、高效益产品扩大出口。推动有条件企业通过自建、合资、合作等方式建立海外研发中心。支持外贸企业培育自有品牌，开展品牌国际推广、品牌收购、商标注册、质量管理体系认证。

三是加强引导，建立外贸公共信息平台和外贸综合服务孵化培育平台，为企业提供一体化、专业化、集成式综合服务。积极推动出口信用保险、外贸综合服务、跨境电商平台、中欧（亚）班列与企业对接，扩大有实绩外贸企业队伍。

2. 建设高质量合作平台，提升贸易便利化水平

补齐基础设施和配套设施短板，搭建多领域合作平台，有效增强进出口贸易的平台支撑能力，提升进出口规模质量。

一是加快补齐基础设施短板。加强开放条件好、发展潜力大、能够与对方有效衔接的口岸基础设施和查验配套设施建设，有重点改造现有铁路、公路，增开国际航线，构建联通内外、安全通畅的国际大通道。提升呼伦贝尔中俄蒙

合作先导区、满洲里综合保税区等跨境合作区、重点开发开放试验区等平台软硬件建设水平，构筑适应大加工、大流通、大市场的经济聚集区，提高口岸通关数字化信息化水平。加强基础设施规划、技术标准体系对接，抓好中蒙俄跨境交通、跨境管道、电网、皮带、信息等基础设施的关键节点和重点工程。

二是加强口岸软环境建设。共同推动中蒙俄三方信息互换、监管互认、执法互助等海关合作，以及检验检疫、认证认可、标准计量等多双边合作，提升贸易自由化便利化水平。完善依法把关、方便进出、服务优良，与国际惯例接轨的口岸管理体系，全面推广国际贸易单一窗口、一站式作业、一体化通关，提升投资、通关、人员往来、车辆通行便利化水平。

三是拓展多领域合作平台。依托重点口岸，加快边境经济合作区、跨境经济合作区、边民互市贸易区、综合保税区等载体建设，完善教育、医疗、科技、文化体育等公共服务功能，打造经贸合作平台和人文交流平台。做优重点展会节会，以促进文化、教育、旅游等服务贸易发展为重点，办好中蒙国际博览会等有国际影响力的会展品牌，提升重点展会专业化、品牌化、规范化、国际化水平。

3. 加强口岸腹地多维联动，推动加工贸易扩容升级

以中心城市作为对外开放高地予以强力支撑，加强满洲里、二连浩特等重点口岸与呼包鄂等地多层次、宽领域的产业分工协作合作，形成优势互补、有效衔接、互为支撑的口岸腹地产业一体化发展格局。

一是强化口岸服务功能。加强口岸管理体制创新，创新通关模式，简化通关手续，提升通关效率。加快建成覆盖全区所有口岸的、统一的电子口岸平台和口岸监控指挥系统，提升口岸现代化、信息化、智能化水平。加快构建现代物流、金融体系，大力发展口岸现代服务业。

二是增强腹地落地加工能力。推动腹地资本、技术、信息等生产要素向沿边地区延伸，在要素集聚程度相对高的沿黄沿线经济带等腹地布局进出口加工项目，逐步形成联系蒙古国、俄罗斯以及欧洲腹地与我国腹地和沿海的国际经济走廊，实现口岸与腹地协同发展。

三是建立口岸腹地经济园区合作协调机制，搭建经济园区互通与合作的大平台，引导企业组建跨区域、跨业界合作联合体，推动进口资源落地转化；加快打通口岸腹地城市的大通道，加强口岸、产业园区间交通、管道和通信等基

础设施建设，强化跨境电子商务服务平台建设，服务企业"走出去"。

四是加快发展外贸新型业态，推动"互联网＋"外贸融合发展。加快建设跨境电商基础设施和地方公共服务平台，培育引进跨境电商经营主体，健全和完善跨境电商服务支撑体系。全面落实跨境电子商务通关便利化措施，重点支持在区内注册并开展业务和服务的跨境电商企业、外贸综合服务企业，为外贸企业提供市场开拓、通关、运输、保险、外汇、退税、融资、认证等集成式供应链服务。

4. 建立健全经贸合作机制，释放经贸合作潜力

围绕制约政府沟通、金融合作、贸易投资体制机制障碍，强化政府合作、破除市场壁垒，促进生产要素流动集聚。

一是健全完善中蒙俄三方政府合作机制。在中蒙全面战略伙伴关系和中俄全面战略协作伙伴关系框架下，完善自治区与蒙古国和俄罗斯地方政府、政府部门间合作机制，协商制定推进中蒙俄次区域合作规划。密切与俄蒙的联系和合作，推动劳动力、资本、技术等要素跨区域流动和优化配置，促进区域协同发展、协调发展和共同发展。

二是完善中蒙俄三方金融合作机制。简化跨境贸易和投资人民币结算业务流程，推动双边贸易本币结算，扩大银行间授信合作，联合建立信用评级机构。推动内蒙古金融机构海外网点建设，加强对境外企业的金融服务。

三是加快完善投资便利化机制。完善境外投资管理，放宽境外投资限制，简化境外投资管理程序，除少数有特殊规定外，境外投资项目一律实行备案管理。健全对外投资促进政策和服务体系，清理取消束缚对外投资的各种不合理限制。完善对外投资合作国别指南和产业指引，为企业提供便利服务。健全负面清单管理制度。复制推广国家自贸区改革试点经验，在投资管理、服务业开放、海关监管、检验检疫等领域探索新体制、新模式。全面实行准入前国民待遇加负面清单管理制度，建立健全与负面清单管理制度相适应的外商投资安全审查制度。完善境外投资管理，健全对外投资促进政策和服务体系，促进公平竞争。

第二节 构建内蒙古高质量供给体系

提高供给体系质量是推动经济高质量发展的主攻方向，关系到新时代自治区社会主要矛盾的解决、社会整体生产水平的提升和绿色发展新动能的释放。构建内蒙古高质量供给体系，关键在于坚持质量第一、效益优先，突出产业供给、要素供给两大重点，以创新供给体系推动生产效率和价值创造能力的提升，实现质量变革、效率变革、动力变革。

一、高质量供给体系的内涵

供给体系是由生产要素、企业和产品、产业所构成的相互影响、共同发展的系统，其效率和水平直接决定着一个国家和地区的经济实力。高质量的供给体系，则是从提高生产和服务质量出发，以结构性调整为手段，通过矫正要素配置扭曲和扩大有效供给来提升供需适配性，从而达到提高全要素生产率，更好满足人民群众需要的目的。其一般特征，一是能够提供更多高质量、高品质的产品和服务，更好满足消费升级需求；二是能够矫正要素配置扭曲和提高全要素生产率，以更少的投入得到更多产出。自治区经过多年发展，已形成了较为丰富的供给体系，解决了"有没有"的问题，但在高质量发展新阶段，更重要的是能否禁得住"好不好"的考验。目前，自治区供给体系仍呈现"高投入、高消耗、低产出、低效益"特征，有效供给能力不足加剧供需错配矛盾，直接影响经济可持续健康发展。基于此，内蒙古高质量供给体系至少应包括以下内涵。

（一）具备提供更多高质量产品和服务的能力

在社会主义市场经济条件下，几乎所有经济主体都是为了交换而生产，生产的产品和服务都是为了满足广大消费者和其他生产者的物质文化生活需要。因此，构建高质量供给体系首要任务就是不断提升产品和服务质量、改进品质，满足需求。实践证明，大到国家、小到企业，凡经济强者、百年名店，无一不是将产品和服务质量视为关键，在提供优质产品和服务的同时，收获品质的价值。当前内蒙古发展面临着增速下降、结构性产能过剩、增长动力不足等问题，表面上看是受外部环境影响导致内外整体需求不足，但从更深层次考究，过去我国主要是短缺经济，发展的主要矛盾是数量缺口。在此背景下，内蒙古依托自身资源优势并充分契合国内井喷式能源重化工需求，实现了经济较快增长。但经过多年的快速发展，原有的主要领域数量缺口大多已经填满，以"住行"为主导的需求结构正向多样化、高端化和服务化方向转变，质量矛盾开始上升到主导位置。但自治区现有供给体系尚未很好契合需求升级趋势变化，产品和服务质量与市场要求仍有差距，导致大量中低端和传统生产能力无法在市场实现其价值，最终引致经济下行压力的加大。因此，构建内蒙古高质量供给体系，必须围绕优化产业供给这个首要任务，把产业多极支撑的框架建起来，把产品和服务质量立起来，把品牌形象树起来，提供更多高质量、高品质的产品和服务，持续提升产业供给层次和水平。

（二）具备适应需求结构变化的能力

在社会主义市场经济条件下，所有的供给都是为了满足需求，产品和服务质量的高低皆由市场和消费者决定。现实生活中，需求不仅海量多样，而且繁杂多变。供给能满足今天的需求，不意味着亦能满足明天的需求；这部分供给能满足需求，不意味着其他部分也能满足需求。高质量的发展，不仅要求供给结构与需求结构相匹配，还要求供给结构能保持弹性，在尽可能短的时间内适应、跟上需求结构的变化，在动态中不断满足日益增长的需求。正如习近平总书记指出，当今时代，社会化大生产的突出特点，就是供给侧一旦实现了成功的颠覆性创新，市场就会以波澜壮阔的交易生成进行回应。

当前自治区供给结构尚未很好适应需求结构变化，主要表现为"四低"：一是产能利用水平低，目前自治区煤炭、钢铁产能利用率分别为71%和54%，水泥仅为25%；二是中高端产业比重低，2018年高新技术产业增加值占规上工业比重仅为2.1%，战略性新兴产业占比也不足5%；三是重点市场占有率走低，能源、化工等主导产业产销率不断下降；四是服务业占比低，2018年全区服务业占GDP比重低于全国平均水平9.5个百分点，生产性服务业占全部服务业增加值比重不足 45% 。产品和服务供给不能满足消费需求是全区经济转型升级的重大障碍，须在技术创新的基础上，靠新供给不断创造新需求，在供给与需求的不断满足、互相创造中实现着供需动态匹配，推动经济高质量的发展。

（三）具备高水平要素供给的支撑

劳动力、资本、技术、土地、资源等是物质生产所必须的关键要素，是维系国民经济运行及企业生产经营所必需的基本条件。世界各国经济发展的大量实证和理论研究也表明，劳动力素质的提高、知识的存量、资源配置效率和结构的变动等因素是影响长期经济增长的主要动因。因此，推动供给体系质量提升，必须着力提高生产要素的质量和配置效率，包括提高劳动力素质、提高技术有效供给能力、提升金融服务实体经济能力，以及推进土地制度、资源环境制度等改革。

从内蒙古情况看，高端要素支撑不足已经成为制约供给质量的重大瓶颈。一是高端人才供给短缺，如目前自治区快速发展的云计算、大数据等行业面临高层次复合型人才严重不足的制约。二是创新能力不足和技术转移转化困难，企业作为创新主体的体制机制尚未建立起来，企业从事科技创新意愿和能力不足。三是金融服务实体经济能力不足，导致实体经济融资难融资贵。四是要素流动不畅影响资源优化配置。今后，需按照加快建设实体经济、科技创新、现代金融、人力资源协同发展的产业体系的要求，增强科技、人才、金融对供给体系的支撑能力，"量""质"并举强化要素供给保障。

二、总体思路和战略重点

（一）总体思路

坚持"质量第一、效益优先"原则，以提升供给体系质量为主攻方向，以供给侧结构性改革为手段，在调整存量和做优增量并重基础上，推动供给体系质量提升。一是优化产业供给。围绕调整优化供给结构，改造提升传统产业和培育壮大战略性新兴产业并举，发展先进制造业和壮大现代服务业并行，着力减少无效和低端供给，扩大有效和中高端供给，形成优质高效和多样化的供给体系；围绕提升产品和服务质量，强化质量标准，严格质量监管，加强品牌建设，以优质产品满足市场需求。二是优化要素供给。强化资金、技术等传统要素支撑，增强创新、人才等新要素供给，提升要素供给与发展水平的匹配度，带动经济整体质量效益提升。

（二）战略重点

1. 调整优化供给结构，增强供需两端适配性

重点一：遵循产业发展规律，改造提升传统产业，使传统优势产业焕发新活力。顺应形势变化和发展需要，对传统产业适时进行优化升级，是各国经济发展的普遍现象，也是产业发展的一般规律。传统产业转型绝非简单推翻或另起炉灶，根据比较优势理论和国际分工规律，一个国家和地区最具安全性的产业结构，是没有偏离比较优势的产业结构，只有按照资源禀赋的比较优势来确定发展战略，才能最大限度地增强产业或部门的竞争力，提高经济的安全度。作为典型的资源型地区，能源、化工、绿色农畜产品加工等产业在内蒙古的发展中一直起着至关重要的作用。目前，传统产业占全区工业的比重仍在80%以上，其创新发展仍是内蒙古作为欠发达地区的主攻方向和潜力所在。因此，构建内蒙古高质量供给体系，必须首先抓好传统优势产业这个立身之本，坚持问题导向，以改造和创新切实推动传统产业升级和发展。路径选择上，一是走依靠高新技术和先进适用技术改造提升之路，以技术创新推动产品创新、产业创新、业态创新、模式创新；二是走生态优先绿色发展之路，推广节能减排、清洁生产、资源综合利用等技术，构建绿色低碳循环发展新模式，大力发展资源节约型、环境友好型产业；三是更好的发挥政府作用，做好传统产业转型升级的制度配套、环境支撑等。

重点二：紧跟市场发展方向，培育壮大新兴产业，使战略性新兴产业成为支撑经济增长的新动力。评价供给体系质量高低，必须综合考虑其结构、效率和价值创造能力，新兴产业作为创新供给的关键环节，涵盖发展方式、结构、动力的多重转向，无疑是结构高级化、效率最佳化和价值最大化的有机统一。近几年各地发展实践也表明，新兴产业发展越快、越好的地区，供给与需求的适配性、产业体系的整体有机性和生产活动的创造性就越强，经济发展就更具活力和可持续性。近年来，自治区积极推动战略性新兴产业发展，但总体规模较小，集中度不高，增加值占地区生产总值的比重不足5%，远不能支撑当前经

济的规模扩张和供给质量提升。新时期，需立足资源禀赋和产业基础，紧密对接市场要求，大力推动现代能源经济、数字经济、绿色经济发展。同时，基于新兴产业的风险性和不可预见性较大等特点，需加强对其政策供给和资金供给，为新兴产业成长发展培育良好土壤。

重点三：加快现代服务业创新，提升服务供给质量和效率。随着新一轮产业革命的不断拓展，将通过要素集聚、产业联动、技术渗透以及制度创新等方式调整改造现有产业结构，加速发展导向下的产业融合协调，且这种融合更多地表现为服务业向第一产业和第二产业的延伸和渗透。对内蒙古而言，一方面，服务业是自治区发展的突出短板，现代服务业水平不高，供给不足，诸如现代物流、研发设计、养老、家庭服务等领域短板突出，尤其是与新经济密切关联的知识密集的现代服务业发展弱势；另一方面，随着居民生活水平提升和消费结构升级，自治区现代服务业发展空间广阔，发展潜力巨大。因此，需要把握产业融合的规律和趋势，突出现代服务业的渗透和润滑作用，推动生产性服务业向专业化和价值链高端延伸，生活性服务业向精细化高品质转变，增加新服务、新供给，培育发展新增长点。

2. 全面提高产品和服务质量，提升供给层次和水平

重点一：全面提升产品和服务质量，更好满足消费升级需求。产品和服务质量是产业综合竞争力的集中体现，以质量变革倒逼供给质量提升，就是要通过结构的优化，提升产出质量、扩大有效供给，将供给体系的关注点从重规模数量向重溢出价值转变。在日趋收紧的市场环境下，企业只有通过改善产品和服务质量才能提升盈利能力，推进质量提升也是企业适应市场的正确选择。近年来，自治区总体发展质量水平有所提升，但"欠发达"的基本区情没有得到根本改变，质量发展基础薄弱，创新驱动能力不足，产业竞争力不强，知名品牌数量少，产品质量总体水平与国内平均水平比还有一定差距。面对质量、技术和产业竞争日趋激烈的新形势、新挑战，需将推动质量变革放在更加突出的位置，重点抓好产品、工程、服务和环境质量的提升，把质量贯穿于制造、销售、服务的全过程，推动质量提升全面覆盖、全程管理、全员参与。

重点二：全面抓好品牌建设，提升市场竞争力和影响力。品牌作为一项无形资产，是企业价值的重要组成部分，也是高附加值的重要载体。内蒙古作为全国第一个将"品牌战略"列为地方发展战略的地区，经过多年努力，品牌建

设工作取得了积极进展，有效提高了内蒙古的知名度和美誉度。但目前也存在着知名品牌总量相对较少，市场竞争力较弱、品牌结构不合理等问题。新时期，需持续加大品牌创建和宣传力度，扩大商标品牌总量，提升商标品牌质量，形成一批具有较强市场竞争力和影响力的商标品牌，提高经济发展的质量效益。

重点三：深化质量导向改革，优化质量创新环境。质量是竞争出来的，平等竞争的市场环境是推进质量强区战略的重要保证，只有建立起平等竞争的市场环境，才能促进质量提升。因此，促进各行各业提升质量，根本方法是建立健全平等竞争机制，创造各类企业平等竞争、健康发展的市场环境。目前，自治区质量领域的行政审批制度还需要进一步改革，质量安全监管也存在越位、缺位、不到位的问题，激发企业等市场主体追求质量的激励与约束机制还不健全，群众参与质量治理的渠道仍不畅通。新时期，需坚持以"质量第一"为制度和政策设计的出发点和落脚点，进一步深化质量导向改革，加快建立健全有利于质量提升的体制机制，推动自治区质量治理现代化，增强市场主体提升质量的内在动力。

3. 创新要素供给，提升高质量供给的要素保障

重点一：提高人力资源质量，提升人才供给水平。人才是实现民族振兴、赢得国际竞争主动的战略资源，一个国家和地区经济发展最终要归结到"人"这个要素。实体经济对人才存在着强烈的资源依赖性，在研发阶段需要高水平技术人才，在制造阶段需要高效率技能人才，在营销阶段需要高素质经营人才，各个环节都离不开人力资源的支撑。能否吸引人、留住人、用好人，是创新供给的关键一环。近年来，自治区人才需求与人才供给存在结构性矛盾，专业人才队伍规模不足、缺乏高端领军和"高精尖"人才、缺乏高效率技能人才、工程技术人才培养同生产脱节等问题逐步凸显，实体经济提质增效升级面临人才瓶颈制约。后期，需进一步激发人力资源红利，在引才、用才、培养技能型人才上下功夫，引才聚焦"精准"，用才聚焦"灵活"，技能型人才聚焦"实用有效"，推动人力资源供给与产业转型升级需求相匹配。

重点二：深化科技体制改革，全面激发创新活力。创新是引领发展的第一动力，推动高质量发展，离不开创新的重要支撑作用。技术是现代市场经济中最重要、最活跃的要素之一，依靠改革创新既是产业结构调整的必然选择，也是创造新供给的重要着力点。创新能力较弱是制约自治区发展的突出问题，

2017 年全区 R&D/GDP 比重仅 0.82%，处于全国中后位置。科技成果转化率偏低，技术创新支撑薄弱，支撑产业升级、引领未来发展的关键核心技术亟待加强。针对自治区创新驱动的薄弱环节，除了积极探索市场化运作新模式外，需要进一步完善创新发展的体制机制，重点在出台完善技术创新体系、强化企业技术创新主体地位、促进科研成果转化的政策等方面多做文章、做实文章、做好文章。同时，要加强创新平台和科技创新服务体系建设，做好创新服务支撑。

重点三：健全多层次资本市场体系，增强金融服务实体经济能力。现代金融是实体经济发展的血脉，既是过去工业化时期资本密集型产业发展的血液系统，也是现代生产性服务性、现代科技发展的风险资本来源。保持实体经济与虚拟经济合理的适配度，是经济持续稳定发展的基础。受多种因素影响，自治区现代金融业发展也存在资本要素配置扭曲、悖离规律、难以持续的问题，资金脱离实体经济的研发、生产、流通，而是转向虚拟经济，部分资金在金融体系里循环虚增，金融支持实体经济发展的力度有待大幅增强。新时期，要通过完善多层次资本市场体系、加大普惠金融等手段，提升资本配置效率，着力解决企业融资难、融资贵问题，为企业融资打通便捷的渠道。

三、主要措施

（一）着力加快新旧动能转换，提升产业供给质量

1. 夯实新兴产业发展支撑力，拓展经济发展新空间

立足自身资源优势和产业发展基础，对接市场要求，选择与自治区产业关联作用较大的新兴领域重点发展。

一是加快布局新能源汽车、工业机器人等重大项目，加快建设国家重要的石墨（烯）新材料产业基地，高标准建设国家大数据综合试验区。加快数字经济及其应用融合渗透，推动共享经济、人工智能等新技术、新模式的大范围拓展应用。建设一批工业互联网平台，推动规模以上工业企业完成数字化改造。加快布局生态经济产业链，依托大草原、大森林、大湖泊等特色生态资源，扩大生态旅游、健康养生、休闲娱乐等幸福产业供给。

二是加快布局涵盖能源流、信息流、价值流以及能源设备的智慧能源网络，推进先进技术与能源产业深度融合，推动能源物联网建设，打造世界级多种能源综合利用基地。壮大装备制造业，推动重型成套装备、工程机械、综采装备、电力装备等传统装备制造产业优化升级，加快发展轨道交通装备、节能环保装备、新能源装备等现代装备制造业，发展通用航空装备、智能制造装备等新兴装备制造业。

三是加强对新兴产业的政策供给。强化既要规范、更要放活的治理理念，对准入、产业、财政、土地、环保等方面政策进行全面审查清理，破除不合理束缚和"隐性壁垒"。建立差别化的资源要素价格动态调整机制，科学制定规则、流程和标准，提高资源要素配置效能。建立对跨界融合新产品、新服务、新业态的部门协同监管机制和容错纠错机制，营造鼓励创新、宽容失败的社会氛围。完善新兴产业开放协作的体制机制，以共建"一带一路"、中蒙俄经济走廊建设为重点，支持鼓励区内新兴产业企业走出去，通过扩大对外投资带动技术、装备、标准和服务"引进来""走出去"。

四是强化对新兴产业发展的资本供给。扩大新兴产业基金规模，推进基金运作模式市场化。统筹自治区级财政专项资金，对新材料、绿色能源、高端装备制造等新兴产业的产业链关键环节提升项目提供贷款贴息资助。支持商业银行设立科技型企业服务专营机构，积极开展投贷联动，向科创企业发展前端延伸金融服务，打造全周期金融服务新模式。建设高效稳定的担保、再担保体系，实施金融机构创业创新担保贷款贴息，对初创期科技型企业和具有自主知识产权、市场前景好的科技型企业给予倾斜性的资金支持。设立新兴产业企业上市储备库。设立自治区级知识产权质押贷款的风险准备金，建立科技贷款风险补偿机制，探索知识产权证券化业务。

2. 加快传统产业新型化，推动产业转型升级

一是利用信息技术和先进适用技术改造传统产业，提高企业研发设计、生产过程、生产装备和经营管理信息化水平。落实好支持企业技术改造促进产业转型升级的意见，完善资金（基金）扶持、税费减免、土地供应等政策措施，引导企业加大节能降耗、清洁生产、降本增效、新品开发等方面的技术改造。

二是加大淘汰落后产能、节能减排和质量品牌建设力度，促进传统产业全产业链整体升级。组织实施一批传统产业重点技术改造项目，引导传统产业企

业产品创新，扩大传统产业先进产能比重。

三是加快传统产业融合发展步伐。推动煤炭企业兼并重组，建设和改造一批现代化矿井。推动煤电用一体化发展，推动煤化工、氯碱化工等产业一体化、集群化、循环化、安全化发展，促进新型化工与装备制造、建材、新材料等产业融合发展，进一步丰富终端产品品种。

四是加快传统产业绿色化改造。加大电力、化工、建材等传统产业绿色化改造力度，大力研发推广绿色工艺技术装备，提高清洁生产、安全生产水平。加强绿色产品研发应用，建设绿色数据中心，打造绿色供应链，推动建设一批绿色矿山和绿色企业。实施能效领跑者行动，推动一批优势特色产业领军企业的生产技术标准达到国内乃至国际先进水平。

3. 加快发展现代服务业，打造经济增长新引擎

一是增强生产性服务业对制造业和农牧业的全产业链支撑，提高生产性服务业比重。加快服务业与新型工业化、信息化、城镇化、农牧业现代化融合发展，推动生产性服务业向专业化和价值链高端延伸，重点发展现代物流、金融、科技服务、人力资源服务、电子商务、节能环保等产业，形成与制造业、农牧业交叉融合的协同发展体系，提高对制造业和农牧业的服务保障能力。

二是以提升生活性服务业品质和消费满意度为着力点，提高新兴服务业比重。顺应信息消费、文化消费、休闲养老、旅游消费等享受型消费快速增长的趋势，把握消费个性化、多样化特征，在巩固提升传统服务业态的基础上，引导社会资本更多投向生活性服务业新兴领域，提升文化旅游、健康养老、家庭服务等服务业发展质量和层次，推动生活性服务业便利化、精细化、品质化发展，更好满足人民群众对美好生活的多样化、多层次需求，实现消费升级与产业升级互促共进。

三是推进服务业与大数据、物联网、云计算、移动互联网和人工智能等技术融合，提升高端服务业比重。发挥自治区云计算、大数据产业优势，大力拓展互联网与服务业融合的广度和深度，通过"互联网＋服务"创造新的服务业态，以技术密集型服务业和高品质生活服务业促进行业结构优化，引领现代金融业、中介服务业、信息服务业、文化旅游等行业向高端领域渗透和延伸。鼓励企业运用大数据、人工智能等新技术挖掘用户需求，加强服务消费与商品消费的融合互动，激发关联消费潜力，实现服务业与其他业态融合发展。

（二）聚焦供给体系质量提升，推动质量变革

1. 全面提升产品、工程和服务质量，打造竞争新优势

一是健全农畜产品质量标准体系，大力发展农畜产品精深加工，增加绿色农畜产品优质供给。加快消费品标准和质量提升，推动消费品工业增品种、提品质、创品牌。

二是加快实施智能制造工程，推动包钢等大型企业智能化改造，增强装备制造竞争力。推动稀土、石墨等特色资源高质化利用。加强石墨烯等前沿新材料布局，逐步进入全球高端制造业采购体系。

三是推动服务业提质增效，提高生活性服务业品质，推广实施优质服务承诺标识和管理制度，培育知名服务品牌。发展铁路、公路、水路、民航等多式联运，增强物流服务时效，加强物流标准化建设，提升冷链物流水平。

2. 全面抓好品牌建设，提升内蒙古品牌影响力

一是围绕能源化工、装备制造、高新技术、有色金属等优势产业，实现产业规模聚集向品牌聚集发展，做大做强主导产业品牌。

二是着力打造新材料、生物、煤炭清洁高效利用、新能源、节能环保、电子信息等新兴产业集群，培育壮大战略新兴产业品牌。

三是培育壮大蒙药、乳品、纺织及肉类深加工等龙头企业，促进纺织服装、食品加工等传统产业转型升级，巩固提升传统产业品牌。大力振兴畜牧业，保持乳业领先地位，打造无公害农产品、绿色食品、有机农产品和地理标志农产品知名品牌。

四是在现代物流、现代金融、信息服务、商务服务、会展及服务外包、农牧业服务等领域，着力打造现代服务业品牌。积极开展质量强市示范城市、知名品牌示范区创建活动。

3. 深化质量导向改革，推动供给体系质量提升

一是健全质量竞争机制。继续深化政府质量管理的"放管服"改革，将重点转移到事中和事后监管上来。大力破除质量领域的行政壁垒，让所有市场主体都能平等地进行质量竞争，实现优质优价。加大对产品核心技术、外观设计、品牌商标和广告创意等知识产权保护力度，激励市场主体通过创新提高质量。

二是健全质量服务体系。整合分散的技术机构，发展具有区域竞争力的质

量服务企业，提高质量服务能力。建立完善的检验检测、标准计量、咨询认证机制，引导市场主体提高产品、工程、服务的质量水平、质量层次和品牌影响力。

三是健全质量信用机制。建立健全质量信号传递反馈机制，鼓励消费者组织、行业协会、第三方机构等开展产品质量比较试验、综合评价、体验式调查，引导消费者理性消费。加强标准化工作，完善各类标准的制定流程。健全全区信用信息共享平台和企业信用信息公示系统，建立企业家个人信用记录和诚信档案，实行守信联合激励和失信联合惩戒，形成对企业强有力的质量激励约束机制、社会公开监督机制和质量监管机制。

（三）集聚要素叠加优势，提升要素供给保障能力

1. 优化人力资源结构，强化高质量发展的人才支撑

一是实施精准聚焦的引才工程。调整"草原英才"等已有人才工程支持范围，聚焦"四新经济"发展和管理需要，加强与国家"千人计划""万人计划"对接，面向国内外重点引进一批带项目、带成果的人才团队。大力引进海内外内蒙古籍优秀高层次人才、团队和企业家，扶持奖励其通过总部回迁、项目回移、资金回流、技术回乡等方式创新创业。

二是建立灵活开放的柔性用才机制。在高校、科研院所、重点园区和企业设立"万人计划"专家工作站，吸引专家来自治区开展创新研究。制定高层次人才到市县域挂任科技副职的激励措施，拓展基层借智借力渠道。鼓励用人单位通过薪酬补贴、项目资助等方式灵活使用"候鸟专家"。畅通人才在不同体制间的流动通道，妥善解决高层次人才在身份编制、职称评聘、社会保障等方面的后顾之忧。

三是建设实用有效的技能型人才培养模式。支持高校高职加强现代能源经济、人工智能、智能制造、大数据等领域的新兴交叉专业建设，对新工科专业课程开发、师资培育、实训基地建设等给予重点财政保障。打通高技能人才与工程技术人才职业发展通道，高技能人才可参加工程系列专业技术人才职称评审。建设一批高水平的国家级和自治区级技能大赛集训基地，推动职业教育、企业生产对接国际标准。

2. 提高科技创新能力，强化引领支撑作用

一是加快构建产学研协同创新体系。强化企业技术创新主体地位，鼓励企业牵头实施重大科技项目，开展基础性、前沿性创新研究。支持高校院所承担国家重大研究计划，主动申请国家重大科技项目，打造各学科的研究中心和高端实验室。支持骨干企业与科研机构、高校组建技术研发平台和产业技术创新战略联盟，创新产学研利润分配体系。

二是提高产业集群的创新能力。以新技术研发、新业态培育、新模式创造为方向，推动跨行业合作和股权兼并，壮大以高新技术企业为骨干的创新技术企业建设高水平研发机构，打造一批集成化研发服务集团，支持中小微企业创新。

三是加强科技创新平台建设。推进重点实验室和工程技术研究中心建设，加大国家级创新平台、高新技术产业开发区和特色科技产业化基地建设力度。推动科创空间、文化创意、信息咨询和大数据平台等公共平台建设。探索建立虚拟实验室等综合性科技服务平台，促进基础设施和科技基础资源开放共享。四是推进重大科技成果突破。基于自治区发展基础、优势和战略方向，着力在资源能源高效利用、现代农牧业发展、新一代信息和生态环保等领域实施一批重大科技专项，掌握一批自主核心技术。

3. 提升金融服务效率和水平，强化金融保障支撑

一是加大对有市场需求和符合政策导向的产业、企业的金融支持力度，鼓励银行业金融机构有序开展投贷联动试点；支持暂时困难、有市场盈利预期的企业通过兼并收购等方式进行债务重组；鼓励商业银行对并购重组企业实行综合授信，加大对企业并购重组的贷款支持力度。

二是加大对重点发展环节、薄弱发展环节的金融支持力度，加强对创新驱动发展、新旧动能转换、生态环保、促进"双创"支撑就业等重点领域的金融支持。用好用足扶贫再贷款、专项金融债等金融扶贫政策工具，通过融资担保、贷款贴息、风险补偿等方式，引导更多金融资源流向贫困地区。

三是加快发展普惠金融力度，构建商业性金融、开发性金融、政策性金融、合作性金融分工合理、相互补充的金融机构体系，加强针对中小微企业和农村特别是贫困地区的金融服务；鼓励传统金融机构发展网络银行、电话银行、手机银行等现代金融服务；规范众筹、网贷等互联网交易平台发展，引导民间金

融走向规范化。

四是加大债务风险防控力度，积极推动不良资产处置，切实降低企业债务；防范和处置非法集资，切实维护金融市场秩序，确保不发生系统性和区域性金融风险。

第三节　构建内蒙古高质量投入产出体系

世界经济发展历史表明，一个国家或地区经济社会的发展和经济增长质量的提升，总是伴随着投入产出质量的提升，高质量的投入产出是高质量发展的重要标志。习近平总书记在党的十九大报告中提出，"推动经济发展质量变革、效率变革、动力变革"，为我国高质量发展指明了路径。其中，效率变革就是要破除制约效率提升的各种体制机制障碍，以既定的投入获取最大的产出为目标，不断提升投入产出的质量和效益。因此，投入产出质量的提升，既是经济发展的客观规律，也是推动内蒙古实现高质量发展的必然选择。

一、高质量投入产出内涵

任何系统的经济活动都包括投入和产出两大部分。投入就是指在生产活动中的消耗，而产出就是指生产活动的结果，投入产出就是国民经济各部门间投入和产出的平衡关系。在经济活动中，用有限的资源创造更多的财富，以最小化的投入获得一定的产出，或以一定投入实现最大化的产出，即提高投入产出效率，是经济学的基本问题，也是衡量发展质量高低的重要标准。从根本上看，实现高质量的发展，核心要义就是解决低效率问题、实现高效率增长，而提高经济增长效率的实质就是提升投入产出质量。高质量的投入产出，就是投入少、产出多、效益好的发展，就是内涵式发展。在市场经济条件下，经济活动中投入的要素包括劳动力、资源、资本、科技、经济信息和经济管理。经济的增长，就是这些投入要素从两个层面发挥作用的结果：即通过增加生产要素投入促进经济增长，如大规模增加资本和劳动力投入带动经济增长；通过提高投入要素的使用效率推动经济增长。推动经济高质量发展，就是要使经济增长由更多依靠要素规模扩张，向更多依靠要素使用效率提升转变。劳动力、资源、科技的使用效率是关键性因素，对投入产出效率具有决定性作用。因而，高质量的投出产出突出地体现在劳动生产率高、资源利用率高和科技进步贡献率高三个方面。

（一）高质量发展的投入产出必须是劳动生产率高的经济活动

劳动生产率是衡量劳动相关要素的投入以及产出效益的重要指标，是劳动者生产的产品以及服务的数目和相应劳动力投入数量的比率，反映着劳动者相关劳动效益，代表着相应社会生产水平及生产能力。所谓高劳动生产率，就是以更少劳动消耗量创造出更多的劳动成果，是更高生产水平和生产能力的表现，是高质量发展的重要特征和必要条件。特别是在当前人口红利逐步消退的情况下，进一步发挥人力资本红利，通过科技创新、管理创新和体制机制创新，推动劳动生产率的提升，提高投入产出效率，是实现高质量发展的必然选择。根据测算，2017 年，内蒙古劳动生产率略高于全国水平约 6%，但与发达国家、世界平均水平相比，还有较大差距。从 2007 年到 2017 年，内蒙古的人口出生率从 10.21‰ 下降到 9.5‰，同时由于地处我国北部边疆、经济社会发展水平较低，劳动力人口的流动和流入的规模相对较小，内蒙古人口的自然增长率较低、人口增速较慢，加之人口老龄化问题，劳动力人口比重呈下降趋势。这种情况下，提高劳动生产率，对于内蒙古高质量发展显得尤为必要和迫切。

（二）高质量发展的投入产出必须是资源利用率高的经济活动

所谓资源利用率主要是指土地、水、矿产、能源等资源的有效利用情况，即利用一定量资源所能产出的产品产量情况。资源利用率高，就是土地、水、矿产、能源等资源的集约利用程度高，发展的可持续性强。发展质量的提升是不断演进、不断提高的动态过程，是持续、没有终极的过程。因此，高质量的发展必然是更多地、更好地、更节约地创造经济财富、增进社会福祉的绿色发展方式，必然是生态环境良好、可持续发展能力强的绿色发展模式。提高资源利用率，以尽可能小的资源消耗，获得尽可能大的经济和社会效益，破除不平衡和不充分发展及其所导致的环境问题、发展不可持续等问题，是提高投入产出质量的重要内容。近年来，内蒙古大力推行节能降耗，资源综合利用效率得到一定提高。但由于资源开发粗放、重化工业比重大、产业链条短等原因，与全国相比，内蒙古能源资源消耗水平仍然较高，资源利用率偏低。2017 年，内蒙古万元 GDP 能耗是全国平均水平的 1.5 倍，电耗高于全国平均水平约 200 千瓦时。提高资源利用率，成为内蒙古增强可持续发展能力、实现高质量发展最重要的待解问题之一。

（三）高质量发展的投入产出必须是科技贡献率高的经济活动

创新是撬动发展的第一杠杆，也是提升投入产出效率的根本途径。劳动生产率和资源利用率的提高，归根到底需要科技创新要素的支撑实现。事实上，从全要素生产率的概念上，也不难理解这一点。全要素生产率是衡量单位总投入的总产量的生产率指标，全要素生产率增长率是被新古典学派索洛等经济学家认为的全部生产要素（包括资本、劳动、土地，但通常分析时都略去土地不计）的投入量都不变时，而生产量仍能增加的部分——纯技术进步所带来的，即全要素生产率的提升是技术进步产生的效率提升。作为表征、衡量一个国家或地区科技创新发展水平和创新驱动发展程度的全要素生产率，其数值越高就表明经济增长更多依靠科技创新驱动。提高全要素生产率，是提高劳动生产率、资源利用率的根本途径。从经济史角度来看，美英等曾经属资源型经济的发达国家发展历程表明，跨越"中等收入陷阱"、成功实现转型发展，必须在资源型经济发展基础上，实现了向创新型经济发展模式的转变。内蒙古属于典型的资源型经济发展模式，依靠以能源为主的重化工业发展带动经济实现了快速发展，但这种发展模式的投入产出效率不高。通过 SFA 法对全国及各省份全要素生产率进行研究可知，内蒙古全要素生产率约为全国平均水平的 80%，与发达省份的差距较大。对于在通往高质量发展之路上面临"赶"和"转"双重压力的内蒙古来说，强化创新驱动发展，提高科技贡献率，促进全要素生产率提升，是实现高质量发展的必由之路。

二、总体思路和战略重点

（一）总体思路

以绿色发展理念为引领，以可持续发展为准则，遵循高质量发展要求，坚持在统筹发展基础上抓主要问题和主要矛盾，坚持经济效益与生态效益并重，将能源、装备制造、农畜产品加工、旅游等优势特色产业作为突破和重点，把提高全要素生产率作为关键方法和根本途径，强化创新驱动发展，完善提升产业配套，推进能源资源清洁高效利用，提升装备制造业发展水平，促进农牧业发展提质增效，提高旅游业发展质量，发展绿色低碳循环经济，不断提升经济发展的投出产出水平。

（二）战略重点

1. 以科技创新为支撑，推进能源资源清洁高效利用

重点一：推进节能降耗和资源综合利用，提高能源利用效率。能源利用效率是能量利用技术水平和经济性的集中表现，提高能源利用效率、减少能源浪费是提升经济可持续发展水平和实现高质量发展面临的一项重要任务。内蒙古煤炭洗选比例较低，煤炭产业链短，转化率不高，煤炭资源利用率总体不高。同时，在生产过程中也造成水资源的严重消耗和浪费，这两个问题长期没有得到根治。2017 年，全区煤炭就地转化率 50%，低于山西省近 10 个百分点左右。在推动经济实现高质量发展背景下，提高能源利用效率对内蒙古来说尤为迫切。因此，应强化科技创新，提升监管水平，促进能源利用效率提高。一是进一步加强能源科技和节能技术创新。研究构建市场为导向的能源行业绿色科技创新体系，打通先进绿色技术创新、研发、示范、推广和应用环节。二是组织行业制定能源行业节能低碳技术推广目录，并定期对目录实施效果进行评估。推广跨领域节能技术，推动能源各领域生产、加工、转化、储存、输配环节的融合，鼓励推广能源综合服务新业态、新模式。三是运用工业互联网、大数据、云计算、人工智能等现代信息技术提升改造传统能源企业，发展能源互联网、智能电网、智能热网、智能油气管网，开展多能互补项目示范。四是强化节能监管，

统筹能源行业节能提效工作，推动能源行业高质量发展和绿色转型。研究制定与节能"双控"目标相匹配的能源行业节能监管政策。

重点二：优化能源供给结构，降低负的外部性影响。作为内蒙古的支柱产业之一的能源产业，为内蒙古的经济发展起到了巨大的支撑作用。但是，在煤炭、石油、天然气等石化能源中，煤的含碳量最高，每吨标煤含碳量是 0.68 吨，燃烧一吨煤排放 2.5 吨二氧化碳。内蒙古作为煤炭生产和调运大省，在煤炭的开发过程中产生的煤泥、粉煤灰对大气的污染，产生了较大的负外部性，对环境造成的负面影响明显。因此，必须紧紧围绕能源清洁高效利用，积极发展可再生能源、清洁能源、替代能源，不断提升能源产业投入产出效率。一要能源行业应以提高发展质量、提升整体效率和增加企业综合效益为目标，进一步强化节能和提高能效是最清洁、最经济、最低碳能源的理念，研究制定能源行业节能发展战略，完善政策体制机制，把节能和能效提升纳入能源发展规划评价指标体系，促进我国能源行业由注重保障能力提升向兼顾能源系统效率、效益转变。二要加快新能源产业发展。推进风电、太阳能发电等可再生能源发展，因地制宜推动可再生能源集中式与分布式并举同步发展，加强新能源汇集能力和效率，促进新能源市场消纳。三要加大油气资源勘探开发力度。加快重点区域油气勘探开发进度，稳步推进油气开发基地建设，提升油气产能和综合开发水平。加强煤层气、页岩气勘探开发利用，加大非常规油气资源的勘探开发力度。

2. 强化自主研发与配套支撑能力，提升装备制造业发展水平

重点一：强化创新引领，提升装备自主研发能力。内蒙古装备制造业创新能力较弱，自主品牌、自主知识产权与先进省份相比偏少，装备工业高精尖产品少，高端装备制造、智能装备制造发展不足，产品科技附加值不高，产业发展的效益较低。因此，应以科技创新为抓手，强化科技成果转化作用，不断提升产品科技含量和品质。一是加快自主研发能力建设，依托重大技术装备国产化项目，以攻高端、夯基础为切入点，大力提升原始创新、集成创新和引进消化吸收再创新能力。二是整合资源，组织技术攻关，集中攻克一批长期困扰产业发展的共性技术。三是大力推进产业技术创新联盟建设，积极探索以企业为主体、以市场为导向的新型技术创新组织模式，对有实质性产学研结合的联盟给予科研经费补贴，推动企业加强横向技术联合，提高行业关键技术研发能力。四是着力提高基础工艺、基础材料、基础元器件等基础制造能力，重点发展高

端装备以及成套装备中的关键设备，推动装备制造业由偏重于规模扩张向创新能力提升转型，由低端制造向高端价值链拓展。五是加强质量品牌建设，提升质量控制技术，完善质量管理机制，优化质量发展环境，努力实现制造业质量、企业品牌价值和内蒙古装备制造业整体形象的大幅提升。

重点二：强化配套服务，提升产业发展支撑水平。装备制造业是对产业关联要求较高的行业。内蒙古生产性服务业发展不足，大部分企业处于价值链微笑曲线的底部加工环节，研发设计和销售服务等价值链高端环节缺乏有效介入，产业生态环境发育程度低，装备制造业配套能力总体不强，在一定程度限制了产业规模的扩张和质量效益的提升。因此，应强化产业配套支撑能力，大力发展与制造业紧密相关的生产性服务业，着力补齐制约装备制造业质量效益提升的配套短板。一是加强制造业数字化、自动化、智能化改造，提升制造业全流程信息化水平，强化智能制造基础平台建设。二是推动装备制造业与服务业融合发展。重点在产品设计、系统集成、工程承包、人员培训、设备租赁、产品升级及设备维护、产品报废回收及再制造等环节开展增值服务，加快装备制造企业由"生产型制造"向"服务型制造"的转变，不断提升现代制造服务的能力和水平。

重点三：优化产业布局，推动装备制造业集群化发展。内蒙古装备制造业起步较早，并形成一定产业基础。但各地各园区各自引进投资，产业布局不集中、不合理，同质化竞争问题突出，产业发展的效益不高。为此，必须立足产业基础、禀赋优势和技术条件，以提升质量效益为目标，优化产业布局。一是推动产业布局集中。呼包鄂要依托产业基础、研发优势、人才优势、资源优势，打造成为自治区装备制造业的重要基地，同时，推动其他盟市要围绕本地优势产业，培育发展符合市场需求、具有自身特色的装备制造业，推动形成若干有特色的装备制造业园区和基地。打造基地要通过园区聚集企业。二是通过园区聚集企业。进一步加强园区管理和服务体系建设，完善园区基础设施和配套服务，推动项目顺利落地、投产、运行。

3. 提高科技支撑能力与产业化水平，促进农牧业发展提质增效

重点一：强化科技支撑，提升产业发展效率。内蒙古农牧业科技实用人才和有效科技成果较少，外来农牧业科技成果就地转化、有效利用率较低，农牧业科技服务体系不健全，科技投入总量不足，投入方式不科学，使科技研发和

推广不能有效衔接，农牧业科技成果转化不能很好地转化为现实生产力，农牧业新品种、新技术、新方法转化、推广和应用相对滞后，科技服务能力和水平较弱。2018 年，内蒙古农牧业科技进步贡献率低于全国平均水平约 5 个百分点，低于山东、辽宁等先进省市 10 个百分点以上，低于发达国家 20 个百分点以上。农牧业科技贡献不足，制约了农牧业生产效率的提升。为此，应创新体制机制，提升科技支撑，促进农牧业发展提质增效。一是健全科技推广服务体系，推进旗县、乡镇农技推广机构建设，确保科技推广机构具备良好的服务能力。二是加大科技推广力度，努力推进农牧业科技创新成果转化推广。三是加强农牧业科技人才队伍建设，广泛吸纳、引进农牧业科技优秀人才，创造良好的人才发展环境。

重点二：增强农牧业发展基础，提高产出水平。内蒙古大部分属于干旱、半干旱地区，区域性缺水、季节性缺水问题比较严重，农田有效灌溉面积不到40%，草原灌溉面积更低，尽管在农业基础设施方面已经投入很多，但传统的农牧业生产方式没有改变，农牧业基础仍然薄弱。2018 年，全区粮食平均单产349 公斤/亩，低于全国平均水平 26 公斤。为此，应紧紧围绕稳粮增效，加大农牧业科技投入力度和农技推广力度，创新农牧业生产经营方式。一是加大农牧业新品种、新技术、新农艺的示范推广力度，推广高效节水种植等提升农牧业发展效率的科学技术。二是创新农牧业生产经营方式，健全扶持鼓励制度，构建集约化、专业化、组织化、社会化相结合的新型农牧业生产经营体系。三是推进农牧业绿色发展，增强农牧业可持续发展能力，提高农牧业发展质量效益。

重点三：提高农牧业产品深加工水平，提升产业附加值。虽然全区规模以上农畜产品加工企业达到 1252 家，72 个农畜产品品牌成为"中国驰名商标"，但总体上，企业规模较小，辐射带动作用能力弱，农畜产品加工转化能力和水平较低，加工转化率仅约为 60%，深加工率不到 20%，仍处于原始加工状态和产业链初级阶段，大部分农畜产品只能以原料、初级加工品出售或流入外省进行深加工生产。农畜产品加工业附加值不高，生产效率低下，不能有效带动农牧民增收和剩余劳动力转移。为此，应以引进和培育大型龙头企业为抓手，提高农畜产品加工转化能力和水平。一是做大做强龙头企业。积极引导、鼓励企业通过兼并、收购、联合、重组等方式，扩大企业规模；围绕优势特色产业和产品生产，培育一批规模大、带动性强、自主研发能力高的品牌企业。二是积极引进区外企业，坚持"引资"与"引智"相结合，完善产业配套，建设农牧业投资兴业的"洼地"。三是加快农牧业服务性龙头企业发展，提高农畜产品市场化率。

4. 加强产品服务供给创新和综合服务体系建设，提升旅游业发展质量

重点一：推动产品服务提质升级，提升供给质量。内蒙古文化主题特色突出、配套设施健全、管理服务完善的精品文化旅游线路很少，国家旅游度假区、A级景区等国家级文化旅游品牌景区供给不足，制作精良、具有较强竞争力的文化旅游产品、文化演艺节目、文化节庆活动和文化旅游商品等相对缺乏，产业配套不足，文化旅游要素资源配置效率亟待进一步提升。为此，内蒙古应紧紧围绕市场需求，增加文化旅游产品供给。一是增加文化旅游精品线路供给。健全交通互联、市场共建、产业共兴、品牌共推、生态共保的跨盟市、跨省区和跨国文化旅游协调与合作机制，打造具有地域文化特点的文化旅游精品线路。二是增加文化旅游精品景区供给。推进旅游景区提档升级，打造民族文化园等民族风情和民俗文化主题旅游景区。三是增加文化旅游商品供给。加大文化旅游特色商品品牌推广力度，推进内蒙古地理产品直销中心、旅游景区购物点、旅游城市购物街区等建设。四是强化文化旅游品牌建设。以"壮美内蒙古·亮丽风景线"总体品位和整体形象为总揽，打造线路品牌、服务品牌、旅游商品品牌。五是强化文化旅游标准化。推广应用旅游产品、旅行社、住宿餐饮等国家和行业服务标准，建立健全以游客满意度为核心，环境质量、设施质量、商品质量等为主要指标的服务质量评价体系。

重点二：推进旅游综合服务体系建设，提升文化旅游供给效率。内蒙古安全、高效、便捷的文化旅游综合交通运输体系尚未建成，游客集散和综合服务能力不够强，旅游行政部门与交通、公安、网信等其他部门综合协调性提升的空间较大，文化旅游服务标准和质量与国际国内先进水平尚有较大差距，应急服务、投诉服务等功能不完善，文化旅游服务体系支撑能力不强。为此，内蒙古应围绕提升文化旅游供给效率，不断提升服务保障支撑能力。一是发展智慧文化旅游。加快旅游智慧平台建设，提升景区、酒店、旅行社、交通等服务的智慧化水平，支持旅游电商平台建设。二是强化文化旅游综合交通保障。健全由高速铁路、普通铁路和旅游专列组成的铁路旅游网，实施旅游公路全覆盖工程，健全景区观光交通系统。三是健全文化旅游应急服务体系。完善紧急医疗

处置、紧急情况快速救助等服务功能，强化旅游景区安全监控系统建设。四是完善文化旅游行业诚信体系。制定文化旅游从业人员诚信服务准则，完善文化旅游企业和从业人员诚信记录。

5. 发展绿色循环经济，促进资源永续利用

重点一：构建科学的考核评价指标体系。科学的指标考核评价体系是推动工作落实的重要保障。绿色发展是在传统发展基础上的一种模式创新，是建立在生态环境容量和资源承载力的约束条件下，将环境保护作为实现可持续发展重要支柱的一种新型发展模式，构建和实行适合的评价考核体系，以正确导向促进绿色循环发展模式建立是极为必要的。为此，内蒙古应以绿色发展理念为指引，构建科学的考核评价体系，推动形成资源节约、环境友好的绿色循环发展模式。一是科学建立"绿色GDP"指标核算体系，并把它作为主要宏观调控指标；二是建立循环经济法规体系和综合评价体系，推广清洁生产，倡导绿色生活方式与绿色消费方式，建设节约型城市。

重点二：发展绿色循环经济。发展绿色循环经济是节约资源的有效形式和重要途径，内蒙古应要按照减量化、再利用、资源化原则，注重从源头上减少进入生产和消费过程的物质量以及物品完成使用功能后重新变成再生资源，降低经济发展的资源消耗水平。一是大力促进资源节约，在生产、建设、流通和消费各领域节约资源，减少资源消耗；二是推行清洁生产，从源头减少废物的产生，实现由末端治理向污染预防和生产全过程控制转变；三是开展资源综合利用，实现废物资源化和再生资源回收利用；四是发展环保产业，注重开发减量化、再利用和资源化技术与装备，促进资源高效利用、循环利用和减少废物排放。

三、主要措施

（一）提高能源产业投入产出效率

1. 推进煤炭清洁生产、利用与转化

集中力量攻克大规模储能、多网融合、智能装备关键技术，能源勘探、开采、加工转化等关键环节技术研发，推进综合机械化采煤、壁式采煤和火电风

冷节水、脱硫环保、洁净燃煤发电、热电联产等先进实用技术，加强核心技术研究与验证，促进成果转化，促进能源资源的清洁高效利用。建设和改造一批规模化、集约化、机械化、信息化的现代化矿井，逐步提高煤炭资源回收率。推进现有洗煤厂升级改造，加强煤炭洗选能力建设，提高动力煤洗选比例，提升精煤、洁净煤生产和输出比重。推动火电项目采用高参数、大容量、高效率、高度节水、资源综合利用等先进的燃煤电站技术。加快现役火电机组综合技术升级改造，全面实施脱销改造，进一步降低煤耗、水耗、污染物排放。加快煤矸石发电厂建设，鼓励矸石、煤泥电厂与大用户重组，联合直供电。推进煤炭深加工。

2. 加快新能源产业发展

开发利用新能源和可再生能源发展，促进能源结构多元化，适应可持续发展需要。推进风电、太阳能等可再生能源发展。重点加强电网调峰能力，进一步提高风电上网的比重。加快太阳能光伏发电、太阳能热发电发展，进一步推动太阳能技术的开发和应用。推进油气开发，重点加大石油、天然气资源勘探开发力度，加快油气转化利用建设，促进石油、天然气产业快速增长。推进煤层气、页岩气等非常规油气资源开发利用，使油气开发利用取得新突破。

3. 加快能源产业集约化、现代化发展

围绕绿色、安全、高效的发展目标，实施煤电一体化开发建设，加快煤电基地建设。依托丰富的风能、太阳能资源，按照控制总量、拓展消纳、有序开发的原则，集中打造以蒙西、蒙东千万千瓦级风电为重点的风电基地，加快可再生能源基地建设。围绕新油气田高效开发和老油气田采收率提高两条主线，加大石油勘查开发投入，加快煤层气和页岩气资源勘探开发，集中打造清洁油品基地和天然气基地。加快煤电用一体化建设，构建集煤炭生产、发电和用能产业于一体的上下游产业链，实现能源优势与产业的有效组合，提高能源的转化效益。促进风电与供热有机结合，太阳能发电、集热与示范小镇居民生活、生产紧密结合，推进可再生能源循环利用体系建设。重视对引进技术的消化吸收和再创新，加快智能电网关键技术研发及重点设备研制，加大分布式能源基础研究、分布式能源系统余热利用关键技术及系统集成研究，利用"互联网＋"智慧能源技术，为分布式可再生能源大规模接入电网提供实现路径，实现清洁能源比重大幅增加。

（二）提高装备制造业发展效益

1. 推进装备制造业集群化发展

继续扩大骨干企业规模，推动一机集团、北方重工集团两个龙头企业跨行业、跨地区、跨所有制发展，逐步形成具有工程总体设计、系统集成、成套生产能力的大型企业集团。积极培育中小企业，努力做好产业配套，培育一批技术先进、发展潜力大、配套能力强的中小企业。在充分发挥市场机制作用基础上，推动大型装备制造企业开展分工协作。建立骨干企业与中小企业的利益联结机制，推动配套企业围绕龙头企业进行生产服务。要把给予骨干企业的优惠政策逐步顺延到配套企业，积极扶持中小配套企业根据自身优势，明确发展重点，向"小而专、专而精、精而优"方向发展。

2. 提升装备自主创新能力

围绕增加新品种、改进质量、清洁生产和提高效益等目标，加大新技术、新产品的研发力度，通过运用高新技术和先进适用技术改造提升传统产业，推进传统产业向先进现代制造业升级，通过产品推陈出新，扩大企业市场占有率。加快建立和完善技术创新体系，推进以企业为主体、市场为导向、技术引进和自主创新相结合的技术创新体系建设，采取"创引结合，自创为主"的模式，通过企业与科研机构、高等院校的合作机制建设，积极引进国内外先进技术，加大吸收力度，推动自主创新。发挥政府引导作用，推动优势企业与研究机构加强技术联合，攻克发展中的共性技术难题。加强信息技术推广，推动信息技术在装备制造业领域的应用，全面提升装备制造业技术水平。

3. 加强质量体系建设

强化质量监管，提高对装备制造企业的生产和管理标准，尤其是质量标准、技术标准，推动企业提升质量控制技术，完善质量管理机制，保持市场公平竞争。实施品牌价值提升工程，加大名牌培育力度，丰富品牌文化内涵，大力实施品牌兴区战略，积极培育发展地理标志商标和知名品牌。加强质量品牌建设，优化质量发展环境，推动企业树立"质量就是生命，质量就是效益"理念，倡导工匠精神，并将其转化为企业和公众的行为准则，防止"劣币驱逐良币"的现象发生，努力实现制造业质量、企业品牌价值和内蒙古装备制造业整体形象的大幅提升。

4．推进装备制造业与现代服务业融合

依托现有装备制造业产业基础，搭建研发设计、知识产权、信息服务、金融、商贸、物流、会展等服务平台，完善创新创业投资环境，构建服务体系，形成产业共生、资源共享的互动发展格局。围绕制造业和服务业深度融合需求，鼓励具有竞争优势的装备制造企业利用智能化改造过程中积累的先进经验，转型成为智能化改造方案提供商。支持现代供应链新业态新模式发展，促进装备制造业供应链创新，打造现代供应链龙头领军企业，探索供应链模式创新发展的新方法、新路径、新模式，构建大数据支撑、网络化共享、智能化协作的智慧供应链体系，推动装备制造业转型升级，提升产业发展质量。

（三）提高农牧业发展质量

1．提高农畜产品加工转化率

努力培育本土企业。积极引导、鼓励通过兼并、收购、联合、重组等方式，支持有实力的本土农畜产品加工企业实行跨行业、跨地区联合，实现规模化经营。围绕粮油、马铃薯、牛羊肉、毛绒、皮革等优势特色产品，培育一批规模大、带动强、自主研发能力高的品牌企业。积极引进外地企业。充分利用内蒙古农牧业资源优势和农畜产品国家地理标志的有利条件，坚持"引资""引技"和"引智"相结合，围绕农牧业结构调整和现代化建设的重点领域，着眼于产业补链、延链、扩链，完善产业配套，培育产业集群，加快引进一批国内外知名企业，提高招商引资和利用外资水平。构建亲清政商关系，营造公平竞争的市场环境，使内蒙古成为农牧业企业投资兴业的"洼地"。加快农牧业服务性龙头企业发展。重点在市场开拓、物流运输等领域，加快发展大型龙头企业，提高农畜产品市场化率，推动内蒙古农畜产品加工不断向餐桌延伸。

2．构建新型农牧业生产经营体系

坚持家庭经营在农牧业中的基础地位，推进家庭经营、集体经营、合作经营、企业经营等共同发展的农牧业经营方式创新，健全扶持鼓励制度，着力构建集约化、专业化、组织化、社会化相结合的新型农牧业经营体系。加快发展农区养殖业和牛羊育肥业，不断提高养殖水平和生产效益，实现由养殖业为主导带动种植业发展的种养结合、相互促进、协调发展。增强新型农业经营主体"以需定供"的意识和能力，推动各类农牧业生产要素有机重组和优化配置，释放农牧业发展潜力、提升农牧业发展效率。

3. 强化农牧业科技投入

健全科技推广服务体系。通过理顺体制，创新机制，推进旗县、乡镇农技推广机构建设，确保旗县和乡镇科技推广机构具备较好的服务能力。加大科技推广力度。加大科技推广投入和管理力度，努力推进农牧业科技新成果及时推广转化。加强农牧业科技人才队伍建设。广泛吸纳、引进和留住农牧业优秀人才，特别是科技转化实用型人才和高级管理人才，用人才推动内蒙古农牧业科技水平提升和产业优化升级。围绕稳粮增效和高效节水工程，研究和推广以喷、滴灌为主的高效节水种植技术，加大农牧业新品种、新技术、新农艺的示范推广力度。

4. 强化绿色农畜产品标准体系和品牌建设

在标准体系建设方面，要把建立健全农畜产品标准体系作为提高农畜产品质量、保证农畜产品绿色安全生产、确保农畜产品实现优质优价的重要基础，提到企业、政府的重要日程。建立本地优势、特色农畜产品标准体系的同时，建立农畜产品质量安全预防体系，按照预防为主、源头治理、全程监控的要求，在保障农牧业生产资料安全供应的基础上，推动农畜产品质量安全工程，逐步健全农畜产品产地准出、市场准入、质量追溯、召回等制度。实施动物防疫体系建设工程，确保重大动物疾病的有效防控和畜产品质量安全。深入推进化肥减量增效行动，加快实施化学农药减量替代计划。在品牌建设方面，要加大内蒙古绿色资源的宣传力度，加强原产地及地理标志产品保护，鼓励农畜产品绿色生产、加工，开发更多安全、绿色、有机农畜产品种类，逐步扩大规模，形成绿色品牌。要强化品牌产品建设，在牛羊肉、马铃薯、特色种养殖产品领域，通过资源整合、"三品一标"产品建设、规模生产和精深加工，扩大和稳定市场，努力培育2~3个知名品牌。实施质量兴农兴牧科技支撑行动计划，集成推广农牧业先进实用技术和绿色发展模式，培育一批优良品种，研发和推广一批提质量、保安全的农牧业生产新技术、新模式，打造一批绿色生产示范基地。

（四）提高旅游业发展效益

1. 推出一批精品旅游项目

鼓励和引导各地积极转变发展思路，组织策划一批资源禀赋高、市场前景好、带动能力强、具有特色优势的旅游项目。推动重点景区建设。要按照体现草原文化和北疆特色、区位优势明显和辐射带动作用强的原则，抓好重点旅游景区建设，打造旅游精品工程，拉动内蒙古旅游业的整体提升。开发多元旅游产品。推进旅游产业与文化、商贸、体育、工业、农业、口岸经济等产业的融合发展，丰富提升观光旅游产品，大力发展度假休闲产品，积极开发专项旅游产品，建立与市场需求和发展阶段相适应的多样化、多层次旅游产品体系。

2. 培育一批大型旅游企业

以国有旅游资源为基础，鼓励非公有制经济参与，推动各地整合景区、旅行社、大型宾馆、交运公司等旅游资源和涉旅要素，形成一批集"吃住行游娱购"于一体大型企业集团。制定出台发展旅游业的优惠政策和措施，支持和引导各地各类大企业在结构调整中向旅游业进军，转型发展一批旅游大企业。积极引进国内外大型旅游企业或管理服务品牌，参与内蒙古旅游开发建设和经营管理。

3. 加快构建旅游综合服务体系

完整的旅游产业链体系。设立民族旅游商品研发基地、旅游商品包装设计基地，扶持培育一批重点旅游商品企业，建设一批特色旅游购物街、购物中心，完善旅游商品研发、生产、供销体系。加快建设特色主题酒店和面向自助游客连锁经营的经济型酒店，发展家庭旅馆、乡村客栈、青年旅馆、汽车旅馆和旅游宿营地，提升旅游住宿设施水平。开发地方特色餐饮和小吃，打造餐饮品牌，建设蒙元美食一条街和旅游区风味特色街区，形成一批上规模、有档次、特色鲜明、相对固定的餐饮服务集聚区。便捷的旅游交通体系。在加快和完善内蒙古铁路、公路、机场等综合交通网络体系建设，提高内蒙古与区外、内蒙古各地区间交通通达能力的基础上，重点围绕旅游精品线路，打通主干道通往景区、景区与景区间的连接通道。完善的旅游公共服务体系。建立全区集旅游资讯、宣传营销、电子商务、信息咨询、调查评价、投诉管理、意见反馈为一体的旅游信息服务平台，重点建设星级酒店、旅行社、导游服务、旅游项目、出入境游管理、旅游统计等系统，提升旅游服务管理水平。加快推进旅游咨询中心、旅游厕所、旅游公共标识、自驾车营地等旅游公共服务设施建设。设立旅游安全管理机构，建设旅游消费者投诉中心、旅游服务质量监督和管理中心，对于侵犯旅游消费者权益的行为及时进行查处，提高旅游公共服务保障水平。

4. 提升旅游业知名度和影响力

策划品牌形象。立足内蒙古美丽的北疆风光、独特的草原文化、浓郁的民族风情，深度挖掘内蒙古丰富的文化内涵和旅游资源，广泛征集群众对旅游整体品牌形象的想法创意，精心推出内蒙古旅游整体品牌形象。加大宣传投入。进一步加大旅游宣传投入，打破传统分散式旅游宣传营销模式，按照资源共享、利益均沾的原则，整合自治区、盟市、旗县区、旅游企业四级宣传促销资金。创新营销手段。加强媒体网络营销，在广播、电视主流媒体和网络开展宣传，在内蒙古主要媒体网络开辟专栏专版，将全区旅游整体形象作为公益广告进行宣传。把在主要口岸、交通干线、城市出入口、重要公共场所设置旅游公益广告纳入市政建设，在全区重要文化、体育、经贸活动中统一推广使用品牌形象标识，推动旅游品牌形象标识进饭店、进景区。

（五）促进绿色低碳循环经济发展

1. 构建绿色循环发展考核评价体系

要在指导思想上建立"绿色GDP"概念，把"绿色GDP"确立为主要发展目标，全面评估资源消耗和环境破坏的社会经济价值，科学建立"绿色GDP"指标核算体系，并把它作为主要宏观调控指标。要建立循环经济法规体系和综合评价体系，推广清洁生产，倡导绿色生活方式与绿色消费方式，建设节约型城市。

2. 发展绿色低碳循环经济

构建循环经济运行机制，强化技术研发，促进生产、流通、消费过程的减量化、再利用、资源化。加强资源循环利用的技术研发，大力推进循环经济发展，促进生产、流通、消费过程的减量化、再利用、资源化，加快形成覆盖全社会的资源循环利用体系。全面推行"绿色开采"，对主体资源、伴生矿产、地下水等进行综合开发。以提高工业"三废"综合回收利用率为目标，提高冶金、电力、建材、轻纺等废弃物产生量大的行业的资源循环利用水平。大力推进科技研发力量建设，开展外部技术合作，推进尾矿资源综合利用。鼓励利用余热、余压、余能生产电力和热力，实现能量的梯级利用。鼓励水资源梯级利用。大力压缩无实用性包装材料消耗。以工业固体废渣、城市建筑废物等固体废弃物为原材料，生产新型建材，形成循环经济产业链。

第四节　构建内蒙古高质量收入分配体系

新时代背景下，中国经济已由高速增长阶段转向高质量发展阶段，高质量发展要求构建合理与公平的高质量收入分配体系与之相匹配。对内蒙古而言，高质量收入分配体系的构建需要从高质量发展规律和全面建成小康社会的根本要求出发，着力激活生产要素活力，进一步优化国民收入分配，加大力度补齐社会公共服务短板，最终形成科学有序的分配关系和公平合理的分配格局，让各族人民公平分享改革和经济发展的成果，推动内蒙古经济高质量发展。

一、高质量收入分配体系的内涵

改革开放以来，我国对收入分配制度进行了全方位改革，从计划分配体制，全面转向初次分配以市场为基础，按劳分配为主体、多种分配方式并存的分配制度，同时，也基本形成了以税收、社会保障、转移支付等为主要手段的再分配调节机制。与高质量发展相适应的收入分配体系，应该立足于社会主要矛盾转化过程中收入分配的现实状况与突出问题，旨在探索和提供化解新时代收入分配矛盾的科学方案，以此推动实现更加平衡与充分的发展。

按此要求，高质量收入分配应该是收入分配合理、社会公平正义、公共服务均等化、全体人民实现共同富裕的收入分配。其一般特征，一是形成合理的初次分配和公平的再分配，劳动、资本、技术、管理等各类要素能够根据各自贡献获得合理回报；二是政府、企业和居民收入分配合理有序，有利于经济发展、社会进步和效率提高；三是公共服务供给结构更加合理，保障机制更加完善，改革发展成果更多更公平惠及全体人民。

十八大以来，内蒙古收入分配体系渐趋合理，对经济与社会的全面持续发展起到了重要推动作用，但仍然存在较大城乡差距、地区差距、行业差距，与高质量收入分配要求有较大差距。为此，需尽快落实高质量发展相关要求，推进现有收入分配体系转向高质量收入分配体系。

（一）生产要素收入分配高效率高效益

生产要素实现高质量收入分配有两层含义。一是要素投入高效率。高效率体现在各类要素能够便利地进出市场，高效地创造价值，自主地实现价值，形成经济持续增长的不竭动力，促进国民收入的持续提高。二是要素效益较高，主要体现在用较少的要素投入形成更多有效产出，在优化资源配置中不断提高全要素生产率，使生产要素所有者获得更多更合理的分配。当前，内蒙古生产要素收入分配与高质量收入分配的要求还不匹配，仍然存在一些深层次问题。

劳动要素方面，内蒙古劳动人口的数量红利全面收窄，劳动生产率不高，劳动收入份额较低。人力资本存量偏低，高质量人力资本匮乏，已经成为制约内蒙古高质量发展的"瓶颈"。资本要素方面，内蒙古资本要素的市场成熟度还很低，存在资本市场落后导致企业杠杆率高企、自然资源资本化收益未被公平分配等问题，其对国民经济的发展贡献潜力远没有被挖掘出来。技术要素方面，长期以来，内蒙古科学技术在创造价值和国民财富中的贡献被低估，技术创新与收入增长尚未形成良性互动发展，延缓了科学技术融入经济、直接转化为现实生产力的进程。管理要素方面，目前，内蒙古企业经营管理人才队伍中战略企业家和高素质职业经理人较为短缺，人才专业化、国际化水平亟待提高，有利于人才成长和充分发挥作用的环境尚未全面形成。后期，要从提高人力资本、激活资本要素、推动科技发展、提升管理水平等社会政策完善出发，促进资源要素高效流动，在优化资源配置中不断提高全要素生产率，并在此基础上提高劳动者报酬和城乡居民收入。

（二）居民、政府、企业收入分配更合理、更均衡

在高质量收入分配中，居民所得份额将明显提高，政府所得份额的绝对量持续增长，企业所得份额相对稳定，政府、居民和企业之间的初次分配关系逐渐理顺，在强调国家整体利益同时，忽视微观主体利益的倾向得到扭转，总体上实现政府、企业、居民共赢的局面。现有收入分配与高质量收入分配相比，

尚有较大差距。

近年来，内蒙古国民收入分配大格局中，政府部门所得份额略低，且内部结构失衡，地方政府大量依赖中央的转移支付，地方支出占整个财政的支出效率、效益不够高。企业部门在国民收入分配占比较高，且内部结构不平衡。其中，金融企业和物质生产企业中煤、气、电力、交通等资源类、垄断类企业，在国民收入分配的比重中不断地上升。内蒙古是典型的资源型地区，经济发展所依赖的资源型企业多是国有大中型企业，这些企业收益多数上缴中央或总部，对地方财政、居民增收的贡献较小。居民部门报酬占比较低、政府收入略低、企业收入占比过高，使城乡居民收入差距在很长一段时间逐步拉大。后期，应以共享发展理念为引领做好收入分配工作，分类施策，促进重点群体收入增长，实施更大规模减税降费，加大对小微企业的扶持力度，提高小微企业内生发展能力，进而提高经济活力，使改革发展成果更多更公平惠及全体人民，让人民群众有更多获得感。

（三）公共服务供给高质量高水平

让人民群众有更多获得感是高质量发展的出发点和落脚点，在庆祝中国共产党成立九十五周年大会的讲话上，习近平总书记指出，我们要顺应人民群众对美好生活的向往，坚持以人民为中心的发展思想，以保障和改善民生为重点。发展各项社会事业，加大收入分配调节力度，打赢脱贫攻坚战。解决收入分配问题、城乡低收入群体就业、医疗和社会保障等社会问题，是以人民为中心的具体体现，也是改革发展的试金石。此外，促进基本公共服务均等化能够有效提升社会成员参与社会竞争的能力。通过进一步强化制度与政策的普适性与公平性，积极推进就业、教育、医疗、社会保障等基本公共服务均等化，能普遍提升社会成员特别是弱势群体参与社会竞争的能力，将会对整个社会的收入分配产生合理化调节作用。近年来，内蒙古社会领域公共服务投入不断加大，设施条件不断改善，但相对于群众多层次多样化需求，仍然存在供给不足、质量不高、发展不均衡等突出问题。后期，仍需坚定不移地遵循共享发展理念，更加重视弱势群体的收入与生活状况，尽最大努力提高低收入者尤其是贫困人口的收入，使经济社会发展更具包容性和普惠性。

二、总体思路和战略重点

（一）总体思路

坚持以人民为中心的发展思想和共享发展理念，按照高质量发展要求，坚持按劳分配为主体、多种分配方式并存的基本分配制度，贯彻"补低、拓中、调高、取非"和坚持"两个同步"的基本方针，围绕"三个重点"，构建内蒙古高质量收入分配体系。一是健全生产要素按贡献参与分配机制。以市场为导向，围绕解决各类要素在参与分配过程中存在的突出问题，激发要素活力，提高全要素生产率。二是协调好政府、企业和居民间的分配关系。通过完善财税体系，提高财政收入质量，完善居民收入分配机制，改变强资本弱劳动的分配现状，实现政府收入、企业收入和居民收入的合理均衡增长。三是提升社会公共服务数量和质量。着力补齐基本公共服务短板，增强非基本公共服务弱项，努力实现幼有所育、学有所教、劳有所得、病有所医、老有所养、住有所居、弱有所扶。让各族人民公平分享改革和经济发展的成果，调动和发挥全体人民的积极性和能动性，为实现经济高质量发展释放出强大的活力和动力。

（二）战略重点

1. 健全生产要素按贡献参与分配的体制机制

重点一：提高劳动要素分配份额，开发人口质量红利。劳动力是生产要素中最重要、最活跃的要素，是资本、技术和管理诸要素赖以发挥作用的基础。现阶段，内蒙古劳动要素生产率较低，对经济增长贡献度不高，收益分配份额有待提高，构建高质量收入分配亟待解决的问题：一是就业结构不合理。从三次产业看，2017年，内蒙古第一、二、三产业对生产总值增长的贡献率分别为10.3%、14.8%和74.9%。全区就业结构呈现"一、三、二"的格局，对经济增长贡献较小的第一产业就业人员数占总就业人员数达到41.4%，高于全国平均水平14.4个百分点。产业结构调整不足，就业结构不合理，大量的劳动力滞留在低效的传统农牧业领域，导致内蒙古劳动生产率较低，劳动要素分配份额小，影响居民增收。二是人力资源开发不足。在人力资源的开发上存在着认识上的偏差，尚未真正确立人力资本的理念。存在重物轻人，重眼前轻长远，重早期教育轻后续开发，重人才个体的作用轻人才环境的影响等问题。由于高层次劳动力价格长期背离其价值，内蒙古有相当一部分人才流向了沿海等经济发达地区，人才外流一直是内蒙古发展经济的隐忧。只有激活劳动要素活力，提高劳动生产率，才能有效提高劳动要素分配份额，才能为构建高质量收入分配体系提供战略支撑。因此，构建高质量收入分配体系，推进生产要素按贡献参与分配，必须从提高劳动要素贡献率着手，着力调整产业结构、就业结构，加强人力资源能力建设，切实做好提升人力资源能力工作，既要兼顾普通劳动者基本素质的提高，也要注重高级人才创新能力的开发，提高劳动要素合理收入。

重点二：完善资本要素按贡献参与分配的机制，提高资本配置和运营效率。目前，资本要素在生产中相对强势的地位决定了资本在收入分配中获得较高收益。内蒙古资本要素参与收入分配直接表现为企业营业盈余份额持续走高，尤其是金融、电力、电信等部分行业利润增长更为迅速。城镇居民从房价快速上涨中获得增值收益，增大了城乡居民的资本收入差距。

按照高质量收入分配要求，内蒙古资本要素参与分配仍存在较大改进空间。一是国有企业股权资本收益没有被全体居民合理分享。返还给地方政府份额占利润比重较小，与近年来国有企业特别是央企高额利润相比形成较大反差。二是土地资本化的高额收益没有被公平分配。有关资料显示，集体土地用途转变增值的收益分配中，政府得 60% ~70%，村经济组织可得 25% ~30%，农牧民只得 5% ~10%。三是国有公共矿产资源资本化收益被部分人过度占有。内蒙古矿产资源税和资源补偿费严重偏低，出让机制不健全，部分人以较低廉的成本占有属于全民所有的矿产资源。出让机制不合理和过低的资源使用税，导致国家分享的增值收益比例较低，国民享受到的收益更少。这些问题若不及时解决，将严重影响地区竞争力，也将面临"资源馅饼"变"发展陷阱"的风险。今后，要建立国有资本收益的全民分享制度，健全土地和公共资源转化为资本的收益共享机制，改革征地制度，提高集体土地参与土地收益的分配份额。推进农村牧区集体土地资本化，增加农牧民土地资本收益。鼓励社会资本进入社会事业、金融服务等领域各领域取得投资收益。

重点三：健全技术要素按贡献参与分配机制，激发科技创新活力。随着我国经济环境的变化，经济增长由原来的要素驱动转变为创新驱动，为适应这一经济转化特征，内蒙古实施创新驱动战略，以适应经济发展推动力的变化。

多年来，内蒙古很多企业、事业单位对技术要素参与分配在思想观念、收益分配、科技成果转化方式、知识产权保护等方面存在许多不足之处。一是技术要素参与收入分配形式少。一次性奖励、利润提成和人才特殊津贴由于其操作的相对简便性，成为技术要素参与分配最常用的形式，较少采用技术入股、科技人才持股以及股票期权等长期激励形式。二是知识产权保护力度不足挫伤企业和技术人员的积极性。按照《专利法》及其实施细则等法律规定，我国职务发明专利权属政策采取"雇主优先"的原则，科技人员大多数创造性智力成果都属于职务发明成果，发明人所在单位是法定的原始权利人，成果单位化不仅挫伤企业研发的积极性，也阻碍了技术要素的正常交易和产业化。三是技术转移收益分配中对个人的激励力度不足。从政策规定看，科技成果转化收益归属个人的比例一般是给出一个最低限制，对于最高比例，明确规定的比较少，这导致在政策执行中容易受政策具体执行单位的影响。现行分配制度的不足使技术人员满意度不高而造成流动性强，导致科技有效供给不足，科技成果转化率低，影响了内蒙古创新驱动战略的实施效果。只有激活技术创新相关要素，牢牢把握科技革命带来的机遇，加速推进科技成果转化和产业化，才能更好赢得发展的主动权和话语权，才能为高质量发展奠定更好的基础。因此，构建高质量收入分配体系，必须健全技术要素按贡献参与分配机制，坚持创新驱动战略，着眼有效解决影响技术要素参与分配的深层次问题，增强知识产权保护力度，加大技术转移收益分配中对个人的激励力度，丰富技术要素参与收入分配形式，实现技术要素的合理分配，也推动科技创新成果向现实生产力转化。

重点四：健全管理要素按贡献参与收入分配机制，推进管理要素市场化。企业管理者将管理知识融入物质生产领域中，促进了生产的发展，使企业在获得价值最大化的同时创造出更高社会效益。

当前内蒙古管理要素参与收益分配与高质量收入分配的要求还有很大差距。一是缺乏中长期激励手段。目前内蒙古很多企业对管理人员实行的是年薪制，但在构成上看主要还是薪金＋奖金，较少采用股权激励。缺乏股权激励不利于健全企业的中长期激励和约束机制，也不利于培养和造就企业家。二是管理要素市场化不够完善。在国有企业中，管理人员的薪酬很难实现市场化，许多高级管理人员仍然采用任命制，无法真正形成以市场价值为基础的长期薪酬激励形式。管理要素市场发展不够，不但阻碍管理人员在市场中的正常流动，降低了管理要素市场的活跃度，也不利于构建高质量的市场经济体系。今后，要高度重视对企业家队伍的培养，始终把培养高素质的企业家作为发展经济的主要抓手。探索职业经理人制度和完善市场化劳动用工制度，健全年薪制、期权制、股权制等多种长效激励机制，促进管理人员待遇的普遍提高。

2. 优化调整居民、政府、企业收入分配格局

重点一：着力提升居民收入占国民总收入比重，增强人民获得感。目前内蒙古居民、政府、企业收入分配格局基本上是合理的，总体上有利于经济发展、社会进步和效率提高。但数据显示，近年来内蒙古国民收入分配格局中居民收入和政府收入占比较低，企业收入占比偏高，国民收入分配向企业偏斜，内蒙古宏观收入分配格局仍有调整空间。其中，居民收入占比明显偏低。2000～2017年，内蒙古居民收入占比在34.4%～62.5%之间，居民收入份额呈波浪形下降趋势，在2000年时为62.5%，到2007年最低点34.4%，2017年又缓慢攀升至48%，与全国平均水平相差14个百分点。如果国民收入分配中居民收入份额长期偏少，会挫伤劳动者的积极性，阻碍生产的发展，对构建高质量收入分配体系产生不利影响。今后，要着力完善促进城乡居民增收的体制机制环境，进一步推进开展面向增收潜力大、带动能力强的七大重点群体的激励计划，以就业促进、技能提升、托底保障、增加财产性收入、收入分配秩序规范等支撑行动为重点，带动城乡居民实现总体增收，有效提高居民收入份额。

重点二：合理提升政府收入占国民总收入比重，增强财政保障能力。2000年以来，政府部门收入占国民收入比重在各个国家之间差别很大，加拿大、法国达24%左右，日本和英国在15%～17%之间，美国一般在10%～12%之间，我国该比重基本上维持在17%～19%之间，处于适中水平。与全国平均水平相比，内蒙古政府收入占国民收入的比重处于较低水平。1998～2016年，内蒙古政府收入占国民收入比重基本上维持在8.5%～11.8%之间，低于全国平均水平7.2～8.5个百分点。政府收入份额偏少，再分配调节能力不足，极有可能引发"逆向调节"的现象，也会导致政府转移支付和社会保障支出无法保障，不利于改善民生和促进社会公平正义。今后，要合理确定政府收入的总规模和总收入，严格非税收入管理，提高财政收入质量。破除当前部分领域的垄断经营格局，让民营企业与民众参与到这些领域的经营当中来，释放民营经济活力，培植壮

大优质财源，实现政府收入、企业收入与居民收入的合理均衡增长。

3. 大力推动社会领域公共服务补短板强弱项提质量

重点一：补齐基本公共服务短板，加快实现基本公共服务均等化。近年来，内蒙古在社会领域公共服务投入不断加大，设施条件不断改善，但城乡居民之间福利保障、公共服务、发展机会等方面存在差别和不公。如城乡社会保障存在一定差距，城镇社会保障体系较为完备，基本建立社会保险制度、社会救助制度、社会福利制度和社会优抚制度，覆盖面较广。农村牧区仅享有养老、新农合、生育、最低生活保障等项目，且保障水平低于城镇。同时，公共支出虽逐年增长，但精准性、有效性亟待提高，特别是教育、医疗卫生、就业等社会事业供给总量不足、质量不高。2017 年，全区一般公共服务支出中教育经费占一般公共预算支出比重为 12.4%，比全国平均水平低 2.4 个百分点，每万人医院、卫生院床位数比全国平均水平少 1.54 张。这些问题如果不及时解决，会影响人民群众对改革开放的信心，进而影响经济高质量发展。今后，要继续深入推进义务教育均衡发展，改善农村牧区医疗卫生保障条件，加强社会福利服务体系建设，提升公共就业创业服务水平，推动基本公共文化服务均等化，着力补齐基本公共服务短板，让人民有更多获得感。

重点二：补强非基本公共服务弱项，着力增强公共服务供给。目前，虽然内蒙古已初步建立覆盖城乡居民的社会保障体系，但社会保障水平明显偏低。相对于群众在医疗、养老、教育等方面多层次多样化需求，仍然存在供给不足、质量不高、发展不均衡等突出问题。如，优质教育资源不足，全区没有一所高校进入一流大学范围，示范性高中仅占普通高中的 25%，幼儿园数量偏少，不能满足学前幼儿接受教育的需求，而且地区之间差异较大。看病难、看病贵问题仍然突出，优质医疗资源不足，不少病人千方百计出区进京看病。因此，增强非基本公共服务弱项，提升公共服务质量水平，实现非基本公共服务付费可享有、价格可承受、质量有保障、安全有监管，不断满足多样化民生需求，已成为现阶段内蒙古公共服务领域亟须解决的问题。今后，要通过购买服务、财政奖补等多种方式积极引导社会力量参与托育服务和学前教育，增加托育服务和学前教育有效供给。促进社会办医加快发展，为居民提供医疗、公共卫生、健康管理等服务。

三、主要措施

（一）着力创新生产要素按贡献参与分配的体制机制，有效激发生产要素活力

1. 提高劳动要素贡献度，让劳动者分享到更多社会财富

实现更高质量和更充分就业。围绕提高供给体系质量及建设现代化经济体系重大任务，大力发展以绿色经济为代表的战略性新兴产业，稳步提高新兴产业就业比重。围绕全区产业智能化、绿色化、高端化、服务化转型发展的人才需求，加强产教融合、校企合作，创造更多适合高技能人才的高质量就业岗位。建立与企业经济效益和劳动生产率挂钩的工资决定和正常增长机制，切实保障居民工资性收入。健全最低工资标准动态调整机制，由政府主管部门根据不同行业的劳动强度、工作特点、收益率等规定工资增长指导线，并进行定期发布。构建员工持股制度，按照员工的经验、能力和业绩确定基本工资、购股权或股权，调动员工积极性和创造性。

2. 优化资源配置，合理分配资本要素收益

建立公共资源收益全民分享机制，完善矿产、天然气、水资源有偿使用制度，各种市场主体公平取得和占用公共资源。加快推进资源税改革步伐，将公共资源占用收益通过资源税形式有序进入全民分配渠道。推进农村牧区集体土地资本化，引导农牧户依法采取转包、出租、互换、转让、入股等方式，推进农村土地和牧区草牧场有序流转，增加农牧民土地资本收益。鼓励社会资本进入基础设施、市政公用事业、社会事业、金融服务等领域，通过特许经营、公建民营、民办公助等形式获得相应投资收益。鼓励城镇居民利用家庭生活闲置资金，积极投资固定资产并出租，获得不动产收益。

3. 加快实施创新驱动战略，全力激发技术要素参与分配的积极性

进一步完善科研机构、高等院校科技人员在企业兼职兼薪办法，支持科技人员可以在完成本职工作和不侵害本单位技术经济权益的前提下，在其他企业从事研究开发和成果转化活动并依法获得相应报酬。鼓励和支持企业与高校和科研院所结成新型研发组织，在高校和科研机构建立市场化运作的科技成果转

化平台。加强分类指导，适度提高职务发明的报酬比例。通过政府购买服务等方式加大对科技类社会服务机构的支持力度，强化对新技术、新产品、新成果导入阶段的金融支持，落实财税支持政策。

4. 深化要素市场化配置，有效增强管理要素活力

加快管理要素的市场化建设，让市场发挥对企业家才能的识别、配置功能。将年薪制、期权制、股权制各种激励方式在企业实际操作中有机结合起来。探索完善国企职业经理人制度，实行契约化管理，薪酬总水平与同行业、同规模、同职位、同业绩的市场人员薪酬价位对标，并畅通企业经理层成员与职业经理人的身份转换通道。加快建立现代企业制度，改变中小企业传统的家族式管理模式。通过引智工程、外专计划、高层次人才洽谈会等引进高水平管理人才，加快培养造就创新型企业家及企业家后备人才队伍。

（二）优化居民、政府、企业收入分配格局，使全体人民朝着共同富裕方向稳步前进

1. 完善居民增收长效机制，确保居民收入可持续增长

推动农牧业人口继续向非农产业转移。贯彻落实国家和自治区户籍制度改革精神，全面取消城区常住人口100万~300万的Ⅱ型大城市、100万以下的中小城市和小城镇落户限制，让有意愿、有能力的农牧业转移人口在城镇落户。大力发展现代服务业，围绕资源优势、产业布局和潜在市场需求，突出发展现代物流、文化旅游、健康养生等产业，提升就业质量，带动城乡居民增收。拓宽工业领域就业空间，加快发展现代能源经济，全力推动现代装备制造、节能环保、军民融合等新兴产业向绿色化、规模化发展，有效扩大社会就业、改善人民生活。完善创业政策，搭建创业平台，推动创新创意成果转化，让更多的人通过创业增加经营性收入，切实发挥创业富民效应。

2. 建立城乡居民收入与经济增长联动的考核评价机制，确保居民收入可持续增长

把城乡居民收入持续增长作为重要的考核指标，考核经济发展的成果是否落实到人民身上，是否落实到以人为本上。建立城乡居民就业与投资相关联的硬性约束机制，要探索建立投资与就业、职工工资、地方财政收入增长挂钩的投资体制，按照项目投资规模分层次确定就业岗位数量和职工工资水平，增设

地方就业人数年均增长与固定资产投资年均增长、职工工资收入总额与固定资产投资总额等考核指标。

3. 创新和完善财政体制机制，促进财政收入数量质量稳增

坚持以税源建设为核心，充分发挥财税部门职能作用，加强完善现代化税收征管体系，提高纳税服务水平，切实提高税收征收率，堵塞税收征管漏洞，做到应收尽收。加强对非税收入的管理，实现收入及时足额入库，增强财政支出经济社会发展的能力。积极争取中央限额内债务规模，为重点项目建设提供资金保障，严格按照时限要求化解政府债务，坚决遏制隐性债务增量，多举措加强地方政府债务风险防控。落实好普惠性减税、结构性减税措施，助推财政收入增幅与质量实现双提高，为加大财政投入、保障和改善民生提供有力支撑。

（三）切实增强公共服务质量和水平，提升群众安全感、获得感、幸福感

1. 完善保障和改善民生的财税调节机制，切实保障和改善民生

要注重发挥财税政策的总量效应，加大对民生领域的财政投入规模，切实满足人民群众最直接、最迫切民生需求。加强对基层的财力保障，建立县（旗）级基本财力保障项目和保障标准动态调整机制，促进不同区域民生保障均衡协调发展。同时也要发挥财税政策的分配效应，努力促进公共服务均等化，确保改善民生的成果惠及全体人民。保持对教育、就业、社会保障、住房保障、扶贫等领域的重点投入，切实保障内蒙古高质量发展民生领域任务的实现。

2. 深入发展普惠教育，推动教育更公平更有质量

要进一步推进教育均衡发展，补齐教育发展短板。促进各级各类教育协调发展，多渠道增加学前教育资源供给，扩大普惠性学前教育资源覆盖面。推进城乡义务教育优质均衡发展，稳定农村牧区教师队伍。发展"互联网＋教育"，信息化教学应用覆盖全区所有中小学，促进边远地区共享优质教育资源。深入推进高校"双一流"建设，加快发展高水平本科教育，建设优势学科和专业，积极推进与国内外教育机构合作办学。深化产教融合、校企合作，提高职业教育发展质量。

3. 加强多层次养老体系建设，增强城乡居民幸福感安全感

要推进多层次养老保障体系建设，全面实施全民参保计划，完善企业职工养老保险自治区级统筹制度，做好机关事业单位养老保险制度改革工作，做好城镇职工和城乡居民基本养老保险制度的衔接工作。逐步建立基本养老公共服务清单发布制度、老年人需求评估制度、老年人补贴制度，构建养老、孝老、敬老政策体系和社会环境。着力补齐农村养老服务短板，构建农村养老服务网络，增强老年人集中照护服务能力。

4. 深入推进健康内蒙古建设，增进人民健康福祉

要深化公立医院综合改革，加快分级诊疗制度建设，完善药品供应保障制度，提高医疗、医保、医药联动水平。要加快实施统一的城乡居民基本医疗保险和大病保险制度，推广基本照护保险制度。推进异地就医直接结算，扩大定点医疗机构覆盖面。建立优质高效的医疗卫生服务体系，加强基层医疗卫生体系和全科医生队伍建设。发展"互联网＋医疗健康"，建设远程医疗体系，搭建远程医疗网络，逐步实现远程医疗在全区医疗机构的全覆盖。

第五节　构建内蒙古高质量发展的体制机制

构建高质量发展的体制机制是新常态下经济高质量发展的必然要求，是转变发展方式、优化经济结构、转换增长动力攻关期的重要内容。通过破除经济发展过程中的难点、堵点，畅通国民经济循环，确保人民的获得感、幸福感更加充实、有保障和可持续。为此，要加大改革力度，构建质量、效率、动力变革的体制机制，使市场在资源配置中起决定性作用，更好发挥政府的作用。

一、高质量发展体制机制的内涵

高质量发展的体制机制是适应和支撑经济高质量发展，对质量效益型经济发展起到持续高效支撑保障作用，实现市场机制有效、微观主体有活力、宏观调控有度，适应质量、效率、动力变革的体制机制。其中，质量变革的体制机制，是以优质的政策和制度供给体系保障国民经济各领域各环节的发展质量之变的体制机制；效率变革的体制机制，是保障市场在资源配置中起决定性作用

和政府作用充分发挥，企业主体活力充分释放，供需关系相对平衡，发展效率不断提高的体制机制；动力变革的体制机制，是确保增长动力及时转换，创新要素自由流动和聚集，创新驱动顺利进行的体制机制。新常态下，内蒙古体制机制表现出在保障要素、商品、服务等供给过程中政策制度体系质量不高，市场和政府关系尚未理顺、效率发挥不足，全要素生产率较低、促进创新的体制机制动力不足等特征。

（一）高质量发展需要质量变革的体制机制

推动经济高质量发展就是转变发展方式，实现经济发展从总量扩张到结构优化的重大飞跃，让经济发展更高质量、更有效率、更加公平和可持续。这就必然要求加快经济体制改革步伐，构建质量变革的体制机制，优化商品和服务的供给体系质量，做大做强新技术、新产业和新业态的产业规模，提高商品和服务数字化、网络化、智能化、绿色化发展水平。同时，要求提高政策和制度的供给体系质量，建立高质量发展要素支撑体系、评价考核体系和公共保障体系，以优质的制度供给、服务供给、要素供给和完备的市场体系，增强发展环境的吸引力和竞争力。

（二）高质量发展需要效率变革的体制机制

坚持质量第一、效益优先，是经济高质量发展的重要内涵。提高效益的重点是加快构建效率变革的体制机制，核心是围绕处理好政府和市场的关系，坚持使市场在资源配置中起决定性作用，更好发挥政府作用，使得市场机制有效、微观主体有活力和宏观调控有度。利用市场"无形之手"的力量，完善产权制度和要素市场化配置，提高资源配置效率效能，推动资源向优质企业和产品集中。发挥政府"有形之手"的影响，夯实市场基础性制度建设，深化产权制度改革，完善公平竞争的市场环境；以深化营商环境综合改革为抓手，加快转变政府职能，持续深化"放管服"改革，切实解决企业全生命周期遇到的痛点、堵点和难点。

（三）高质量发展需要动力变革的体制机制

随着经济发展阶段的变化，支撑经济发展的动力必然因时而进、因势而新。

推动经济高质量发展，必然要求加快构建动力变革的体制机制，转换增长动力，提高全要素生产率，实现创新驱动，把创新作为推动经济高质量发展的第一驱动力。因此，要通过加快构建动力变革的体制机制，推动创新要素自由流动和聚集，使创新成为高质量发展的强大动能。同时，走创新驱动的道路，实现新旧动能接续转换，人才是第一资源，创新是第一动力，要具备完备的人才发展体制机制，厚植尊重人才创新的土壤，形成完善的科技成果转化机制，实施最严格的知识产权保护制度，营造有利于创新的环境，为动力变革提供持久保障。

二、总体思路和战略重点

（一）总体思路

三大变革包括质量、效率、动力变革，是经济领域全面深化改革的重要内容，是高质量发展的必然要求。构建与"三大变革"相适应的体制机制，才能保障经济由传统发展路径向高质量发展模式顺利转变，切实解决从"有没有"到"好不好"转换的问题。

一是推动质量变革。质量是经济发展的基本追求，质量变革是高质量发展的主体，也是推动转变的强大动力。构建质量变革的机制体制，就是要把各种要素调动好、配置好、协同好，使供给与需求实现动态平衡，切实释放出改革红利。为此，要完善高质量发展的要素支撑、公共保障和评价考核体系，提高供给体系质量，确保产品服务质量和经济全领域、全层面素质得到提升。

二是推动效率变革。效率是经济发展的永恒主题，效率变革是高质量发展的主线。构建效率变革的体制机制，就是让市场和政府高效发挥作用，为实现高质量发展提供基本保障。为此，要处理好政府和市场的关系，发挥市场在资源配置中的决定性作用，破除各种影响效率发挥得体制机制障碍，拉动自治区经济竞争力不断提升。

三是推动动力变革。动力是经济发展的不竭源泉，动力变革是高质量发展的基础和第一动力。随着新一轮科技革命和产业变革孕育兴起，自治区经济结构深度调整、新旧动能接续转换，只有依靠创新驱动才能持续发展。为此，要破除科技创新、成果转化、人才引进培养以及"双创"等工作中存在的机制体制壁垒，进一步完善鼓励创新的体制机制，确保传统要素驱动力转变为创新驱动力，才能保障质量变革和效率变革顺利进行。

总之，机制体制的"三大变革"是实现高质量发展的体系保障，必须系统推进，合力完善，才能促进"三大变革"更有力、更有序，确保自治区经济在实现高质量发展过程中不断取得新进展。

（二）战略重点

1. 以供给侧结构性改革为主线，构建质量变革的体制机制

重点一：构建质量变革的要素支撑体系。要素市场化配置离不开人才、土地、金融等要素支撑，但当前自治区各类要素距离有序高效流动的要求相距甚远。自治区人才不够用、不适用的问题客观存在，重选拔引进而轻合理配置、重研究过程而轻产业转化等问题比较突出，尤其针对资源型地区产业转型升级的专业技术人才严重不足，人才政策和服务体系尚不健全等，特别是在工资、福利、生活、环境等方面与发达地区差距较大，一些高端管理人才、科研人才、熟练技工严重流失。同时，土地是任何经济活动都必须依赖和利用的经济资源，资源商品化、配置市场化，是提高土地资源配置和利用效率的重要途径。但自治区建设用地可用土地使用性质界定模糊、受先批复制约导致发展过程中土地指标不足、土地使用与生态保护产生矛盾、土地审批效率低等问题凸显，成为新型产业项目引进落地和传统产业转型发展的突出瓶颈。另外，自治区正处于突破资源承载能力和环境制约，实现经济高质量发展和绿色转型的关键时期，迫切需要金融重点加大对自主创新、转型升级、低碳发展等领域的支持。但自治区金融服务体系发展滞后，多层次资本市场体系支撑不足，金融服务实体经济的体制机制尚不完善，企业贷款难、贷款贵的问题仍凸显，民营企业发展受到极大阻碍。2017 年，自治区直接融资占社会融资中比重不足 1%，远低于全国 15% 的平均水平。股权、债券融资规模远低于江苏、北京、浙江等先进省份，其中债券发行数量不到江苏省的 4%。为此，需从供给侧结构性改革入手，完善人才、土地、金融等各类要素支撑制度体系建设，为实现自治区经济发展从总量扩张到结构优化的重大飞跃夯实基础。

重点二：构建质量变革的公共保障服务体系。任何改革，必须要以提升人民福祉为出发点和落脚点，紧紧依靠人民而推进，高质量的发展也重在回应民生关切。当前，自治区教育领域存在的"择校热""大班额""学区房"争抢，医疗领

域存在的"看病难、看病贵",就业领域存在的结构性矛盾,养老领域存在的供需失衡和住房领域存在的保障体系不健全,生产生活方面存在环境质量差、污染严重、食品安全难保障等突出问题,反映了基本公共服务供给不足、供需错配及质量不高。为此,需从民生短板入手,完善最基本的公共服务供给,建立起注重质量、关注品质的公共保障服务体系,以增强自治区发展环境的吸引力和竞争力。

重点三:构建质量变革的评价考核体系。长期以来,自治区形成了以 GDP 为导向的发展模式。一些投资体量大、投产见效快的项目,不论是否符合地区禀赋优势和产业发展趋势,都被纳入到发展规划,成为产业发展重点方向。如"十二五"期间及"十三五"以来,自治区将煤化工列为重点发展的产业项目,导致低水平重复建设和同质化竞争,且耗水、污染等问题突出。同时,存在的"数据注水"现象,从根本上是"官出数字"和"数字出官"考核机制的产物。随着自治区需求结构的变化,经济社会发展"一条腿长、一条腿短"的增长模式,更不利于产业转型升级和高质量发展水平的提高。为此,需从建立与"高质量发展"相配套的绿色考核制度和评价体系入手,鼓励拓展新技术、新产业、新业态和新模式,为高质量发展树立正确、科学、积极、先进的发展导向。

2. 处理好政府和市场的关系,构建效率变革的体制机制

重点一:构建有利于高质量发展的高效市场机制。使市场在资源配置中起决定性作用,是进一步完善社会主义市场经济体制和实现建设现代化经济体系的关键。目前,自治区市场主体活力尚未得到有效释放,市场和价值规律发挥仍受阻碍。自治区市场管理体系尚不完善,市场秩序缺乏规范,以不正当手段谋取经济利益的现象广泛存在。主要表现在:市场体系建设不平衡,区域商品市场发育不平衡,如呼包鄂限额以上批发零售贸易企业及个体工商户商品销售总额占全区的65%以上;城市市场发展较快、数量较多、层次较高,农村市场发育迟缓、数量少、层次低,自治区县级以下销售额仅占全社会销售总额的不到20%;低层次的集贸市场发展快,而高层次的专业市场发展相对较慢。同时,自治区生产要素市场发展滞后,要素闲置和大量有效需求得不到满足并存,如低端产能过剩和高端供给缺失并存;市场规则不统一,部门和地方保护主义大量存在;市场竞争不充分,阻碍优胜劣汰和结构调整,有利于绿色发展的市场机制尚未形成,等等。这些问题不解决好,就难以形成完善的社会主义市场经济体制,转方式、优结构、增动力就难以推进。另外,要建立一个让市场在资

源配置中起决定性作用的市场经济体制，资源的控制权或产权就需要确权明确，并充分得到管理者的尊重和有效保护。所以，产权的界定和保护非常重要，包括私人的土地租用权、民营企业家财产、企业家精神和创造力等方面。为此，建立高效的市场机制，需着眼长远，多方着力，构建公平竞争的制度环境，放宽市场准入并加强运行监管，加强产权保护，才能增加对优质资源的吸引力。

重点二：更好发挥政府作用。理顺政府和市场的关系，是解决发展不平衡不充分问题的核心。当前，政府职能仍存在错位、越位、缺位现象，该放权给市场和社会的没有放足、放到位，干预市场和企业投资、生产经营的行为仍存在，而监管和制定标准等方面需要政府发力的没有做到位。转向高质量发展阶段，经济增长更多依靠创新，技术进步和产业发展方向会面临更大的不确定性。哪些技术、产业、企业更有发展前景，哪些需要淘汰，都只能通过市场竞争来检验。政府过多直接干预，不仅会扭曲市场信号，降低市场效率，也会造成新损失，积累新风险。如，前一阶段自治区钢铁、煤炭行业的产能治理主要是以行政调控为主，虽然较快改善了市场供需，企业效益有所恢复，但行业的结构性问题依然存在，运行效率、产品附加值没有明显提高，煤炭标准化、定制化程度不高，同时，企业债务负担重、行业发展不均衡等问题随之产生。虽然政府不断完善标准体系、法治体系，但下达的压减计划指标、停产、限产等行政手段对微观主体干预力度过大，存在越位问题，同时又缺少鼓励先进的激励政策、退出低效的保障机制、公平竞争的统一标准等。因此，政府要根据实际情况的变化，及时更新和提高环境、质量、安全等技术标准，保护公共利益，形成倒逼机制，实现优胜劣汰和促进产业升级，充分发挥在绿色发展中的主导和引领作用。总之，政府在推进高质量发展的过程中，需把主要精力放在为市场运行和社会发展设立、修改、创新、监管、执行制度规则上，以此推动自治区经济进入转型升级和高质量发展新阶段。

3. 推动创新要素自由流动和聚集，构建动力变革的体制机制

重点一：构建有利于释放创新活力的体制机制。在创新制度环境方面，自治区投资者、企业经营管理者、科技人员、草根创业者等各类人员的创业创新积极性调动不足，创新合力不强，普遍具有畏难情绪。在创新中重科技创新等"高精尖"创新、轻"小微特"草根创新等现象普遍存在。科技体制机制方面，科研自主权未得到全面落实，科研成果评价机制单一、滞后，科研成果转化阻

力较大，科研收益分配不尽合理。投融资体制机制方面，公共财政投入有限，政府引导基金带动作用不显著，创业投资机构资质参差不齐，募资规模有限，投资领域较窄，投资阶段单一。国有企事业单位管理体制方面，国有大企业在创业创新中的带动作用有待提高，国有科研事业单位科研立项、成果管理、成果转化、效益分配机制不健全，尚不能完全适应创业创新的需要。为此，提高自主创新能力需从保障创新的环境、管理、科技转化、效益分配等多方面体制机制来保证，探索建立高效协同的创新体系，加快科技体制改革步伐，切实构建起动力变革的机制体制，为实现全方位提高全要素生产率保驾护航。

重点二：改革完善促进"双创"的体制机制。作为自治区重点任务的"双创"工作中体制机制问题也较为突出，行政管理体制机制方面，涉及创业创新的管理体制不顺，行政审批事项繁多，审批效率仍有待提高。"双创"工作中没有设立专门机构行使综合管理协调职责，缺少统揽全局、整体规划和统筹推进，考核和监督机制还没有形成。联动协作机制方面，政府机关、科研院所、企业、社会团体等各方面在推进大众创业、万众创新中政策衔接不足、工作配合较少，多是"各自为政"；"双创"资源市场化配置程度不足，中介组织及综合服务平台作用发挥不够。为此，要完善支持"双创"工作的行政管理、联动协作、平台服务等体制机制和制度环境建设，激发各类要素活力，充分释放创新潜力，发挥创新创业新动能。

三、主要措施

（一）构建高质量发展要素支撑体系、评价考核体系和公共保障体系

1. 大力培育要素市场，提高要素质量

高质量发展需要高质量的要素支撑体系，加强要素市场化改革，建立合理反映各类要素价值的价格体系，发挥市场机制配置资源的决定性作用，促进要素合理流动和配置。

一是提高人才供给质量。人才是推动经济社会发展的第一资源，但自治区普遍存在人才"引不来、留不住"情况，人才成长的运行机制不够完善，人才政策多为抓局部、重短线，而抓宏观、管长远的相对较少。为此，以形成整体

联动、互为支撑的人发展机制体制为目标，深化教育体制改革，加强义务教育均衡发展的体制机制建设，增加基础教育的普惠性、公平性和优质性，推动城乡义务教育一体化，优化教育结构，提高人才培养质量。深化人才发展体制改革，加大人力资本投入，制定人才职业技能终身培训制度，根据自治区资源禀赋及产业结构转型升级的需要，加强在职培训，提高人才对高质量发展的适应程度；实施全员质量提升工程，大力培养高素质的知识型员工和产业转型升级工人，积极引育高端管理人才、技能型人才。建立多层次的人才政策，全面推行企业新型学徒制，构建适应各类人才的薪酬和激励机制，注重人才引进后的政策扶持及跟进。深入推进户籍制度改革及公共服务等相关配套改革，完善人才公共服务体系建设，加大与发达省区及国外的交流合作，促进人才的合理流动。

二是提升金融供给质量。加强金融体制改革，健全多层次的资本市场，构建防范化解金融风险的体制环境，加快信用担保体系建设，积极开展知识产权质押试点，突破实体经济担保、抵押等贷款门槛制约，完善科技创新创业企业贷款风险补偿机制，完善监管体制，提高金融为实体经济服务能力。

三是提升土地供给质量。深化土地制度改革，重点按照《土地管理法》出台土地确权与供应细则，明确自治区不同区域土地使用方式和生态保护界限，明确各类新增土地能否用于围绕生态保护所进行的生产品种，鼓励下放土地审批权限，简化审批手续，根据市场需求，动态调整土地配额，建立高效、合理的土地使用长效机制。

四是完善新要素供给机制。优化新要素管理服务体系，促进知识、技术、信息、数据等新生产要素合理流动、有效集聚、充分发挥其放大社会生产力的乘数效应。

2. 完善公共服务政策体系，提升发展保障能力

高质量的发展需要通过优质的公共服务政策体系，确保人民群众的获得感得到提升。为此，一是优化政府财政支出结构，提高公共资金使用的社会效益。加快推进自治区以下财政事权和支出责任划分改革，明确责任，提高支出效率。公共支出重点保障民生，增加教育、医疗卫生和养老等公共产品的有效供给，深化公共服务体制改革，提高公共品的供给质量和效率。

二是完善社会保障制度，增强社会保障体系的保障能力和可持续性。建立

健全低保标准的动态调整机制，在保障家庭基本生活的同时，兼顾就业激励目标。加强低保与其他专项救助制度的协调，减少简单叠加，提高保障效率。深化工资收入分配制度改革，出台提高技术工人相关待遇的政策。实施全民参保计划，改革完善养老医疗基本保险制度，实现法定人员全覆盖，落实内蒙古"医养结合实施方案"。

三是建立法制化、规范化反垄断机制体制，保障公共服务供给灵活多样。加大服务业开放程度，大力支持和规范社会力量进入医疗、养老、教育、文化、体育等领域，促进竞争性供给和降低成本，提高优质服务供给规模。

四是推动生活方式绿色化，增强绿色供给。建立绿色产品多元化供给体系，扩大绿色产品销售，打造绿色供应链，营造绿色低碳生活环境。

3. 探索建立体现高质量发展的评价指标体系，构建绿色政绩考核体系

加快形成推动高质量发展的指标、政策、标准、统计、绩效评价和政绩考核体系，创建和完善制度环境，是推动自治区经济高质量发展取得实质进展的重要保证。要考虑建立三类指标。

一是建立反映要素生产率的指标。重点提高劳动、资本、能源、土地、环境、水资源产出率等稀缺生产要素投入产出率的指标。

二是建立经济活力指标。建立反映创新创业相关的注册量、成长性或成活率指标；建立反映投资增长相关的民间投资和制造业投资指标；建立体现产品质量和竞争力等指标。

三是建立反映人民获得感指标。建立就业、人均可支配收入、人均公共品的拥有量、寿命、出生率等体现以人民为中心，提高生活质量和幸福感的指标。

值得注意的是，自治区区域间经济社会发展不平衡，在考核共性指标的基础上，针对不同区域的发展定位和起点差异，因地制宜突出重点进行考核，使评价指标真正起到风向标和助推剂的作用。在政绩考核方面，要着力构建绿色的政绩考核体系，调整现有以GDP为主导的地方政绩考核标准，设计多维高效考核体系，增加生态保护、增长质量效益权重，促使领导干部切实履行自然资源资产管理和生态保护的责任，杜绝地方政府的短视行为和政绩工程，避免产业同质化发展及恶性竞争。在此基础上，实行责任追究制度、公示制度，做到有章可循，把制度约束与群众监督结合起来，从而确保调整优化政绩考核办法得到不折不扣的执行。

（二）注重效率变革，坚持使市场在资源配置中起决定性作用，更好发挥政府作用

1. 营造公平竞争的市场环境，使市场在资源配置中起决定性作用

只有充分发挥市场机制的作用，激发微观经济主体的活力和创造力，实现效率变革，才能推动实体经济高质高效发展。为此，一是完善基本市场制度。要夯实市场基础性制度，全面纵深推进市场制度改革，深化要素价格市场化改革，构建市场决定性配置生产要素的市场制度体系，矫正资源错配和无效供给，全面提升有效供给。

二是营造公平竞争的市场和法治环境。要持续构建对各类企业实行公平竞争的更完善的制度环境，创造国有与民营、内资与外资、大企业与中小微企业之间更平等的发展机会，使不同规模、不同所有制、不同技术路线的企业能够公平获得生产要素，真正形成优胜劣汰的竞争机制。在大幅度放宽市场准入的同时，构建更完善的市场运行监管机制，形成企业自重、行业自律和政府自觉相结合的协调运行机制，进一步促进市场秩序规范有序。加快对外开放步伐，构建与国际先进营商环境对接的机制，实现营商环境国际化与法治化的结合，降低实体经济运营成本和创新成本，提高实体经济竞争力，营造稳定公平透明、可预期的营商环境。建立健全市场管理制度体系，完善市场内部管理规章制度，推进立法进程，尽快制定行业管理细则，营造公开、公平、公正的市场环境。加大对小型、便利型商业流通设施的投入力度，大力发展物流中心、配送中心等高层次的专业市场等，特别要加快盟市、农村牧区市场体系建设。加强执法部门、社会舆论和群众的监督，保证社会主义市场经济正常健康发展。

三是强化产权保护机制，调动民营经济的积极性。通过完善和细化与产权保护相关的法律法规，依法平等保护各类所有制经济产权，全面落实支持非公有制经济发展的政策措施。推进以产权保护为重要内容的政务诚信建设，提高侵权成本，降低维权成本。

四是加强普惠性政策落实，保障市场主体公平竞争。全面推行公平竞争审查制度，加强对新制定法律法规的公平竞争审查，并逐步修订妨碍公平竞争的已有法律法规和政策；建立健全信用法规和标准体系，加快推进社会信用体系建设。

五是创新绿色发展的市场机制。充分发挥市场在自然资源、环境资源配置

中的决定性作用，在绿色发展中积极利用资本的市场化手段，引导社会资本参与生态保护，创新各类环保投融资方式，激发资本在生态治理中的市场活力。

2. 切实转变政府职能，构建现代治理体系

在市场经济中，政府的作用主要是有效担当政府公共责任，完善社会保障制度，防范和化解财政金融风险，克服市场失灵，形成公平竞争和法治有序的市场环境。为此，要着力提升政府监管的治理能力和治理水平，减少人民不需要的无效供给和低质供给，提高经济发展整体质量和效率。

一是完善政府监管和监督体系。要改进市场监管方式，进一步完善标准、检验检测和认证体系，健全激励创新、包容审慎的市场监管体系，促进微观主体的创造力和活力。要以法律和制度为重点，完善监督体系，提高政府官员的德纪法素养，构建法治型的政商关系，坚决查处滥用行政权力排除和限制竞争的行为，不断提高政府的公信力和执行力。加强对生态环境保护的监管体制建设，加大执法力度。通过税收、绿色信贷、生态补偿、排放交易等政策工具，建立严格监管与有效激励相结合的生态保护长效机制。

二是加强政策机制设计，建立公开、透明、稳定和可期的政策体系。加强政务服务标准化建设，优化政务服务，营造良好的政策执行环境，确保出台政策落到实处。建立健全反映资源稀缺性和外部效果的价格机制和财税体系，将外部成本效益内部化，实行规制与市场机制相结合，促进资源节约、环境友好的绿色发展模式。将绿色发展纳入政府决策，建立健全生态可持续发展的制度体系。

三是完善国有企业治理体系。以推动混合所有制改革为抓手，围绕电力、石油、天然气、铁路、民航、电信、军工等领域推进国有企业改革。改组组建国有资本投资、运营公司，积极推进包钢、蒙能集团改组为国有资本投资公司试点。以提高核心竞争力和资源配置效率为目标，深化公司制改革，推进国有企业形成有效制衡的公司法人治理结构和灵活高效的市场化经营机制。

四是深化简政放权，处理好政府和市场的关系。要继续推进政府职能转变，提高政府服务的透明度和便利度。深入实施"三精简一透明"改革举措，合理推进"放管服"改革，简化规范企业办事流程，降低制度性交易成本，全力落实自治区"促进民营经济高质量发展26条措施"。深入推进投资审批改革，全面推行企业投资项目承诺制和企业投资项目审批代办制，提高项目建设效率。

特别是在自治区产业转型升级过程中，针对产业发展方向和出现的问题能够不缺位不越位。在及时更新和提高环境、质量、安全等技术标准方面做到不缺位，在关注新兴产业"赢者通吃"带来的问题等方面，积极制定相关监管规则，做到不缺位；在充分尊重市场规律支持产业转型发展方面做到不越位，为适应新形势下需求升级快、产业技术路线变化频繁的特点，政府要减少对产业发展的直接干预，要推进政策从选择型向功能型转变，公平支持各类市场主体竞争前的研发环节，引导产业向绿色发展转型，加大从需求侧支持产业发展的力度。

（三）注重动力变革，完善促进创新发展的机制体制

创新是引领发展的第一动力，是建设现代化经济体系的战略支撑，要着力提高全要素生产率，实现创新驱动发展，形成有利于创新活动开展、创新成果交易和转化、创新主体获得应得收益的制度环境。要加强自治区创新体系建设，深化科技体制改革，推进科技领域"放管服"改革，建立以企业为主体、市场为导向、产学研深度融合的技术创新体系，加强对中小企业创新的支持力度，以最高效能促进科技成果顺利转化。

一是完善知识产权制度。探索建立诉前保护制度，加大知识产权纠纷处理力度，促进创新型经济发展。健全知识产权行政执法统筹协调机制，完善综合行政执法机制，健全知识产权维权援助与举报投诉机制。加强互联网、电子商务、大数据、云计算等领域的知识产权保护，落实各级众创、众包、众扶、众筹的知识产权保护政策。加大知识产权侵权行为惩治和违法犯罪打击力度，健全知识产权保护预警防范机制，加强人才交流和技术合作中的商业秘密保护。

二是完善鼓励科研创新的科研管理和激励制度。彻底摒弃"唯论文、唯职称、唯学历"的评价激励制度，建立以创新质量和贡献为导向的绩效评价体系。探索对承担关键领域核心技术攻关任务的团队负责人及引进的高端人才实行年薪制。开展简化科研项目经费预算编制、扩大科研经费使用自主权、赋予科研人员职务科技成果所有权或长期使用权等试点工作。

三是打通科技成果转化通道。推进科技成果产权制度创新，依法将科技成果使用权、处置权、收益权下放给单位，建立鼓励成果转化的期权股权激励制度，把创新和创业结合起来，推动"锁着的成果"走向市场。完善科技成果转化的市场体系和服务体系，培育壮大技术交易市场，建立市场化评价定价机制，

打通科技成果转化"最后一公里"。

四是建立科研资源开放共享机制。建设大型科学仪器共享平台，推动高校院所和企业所属的大型仪器设备、各类实验室、工程中心等科技创新资源向创业企业开放共享，降低中小微企业创新创业成本。

五是改革创新联动协作机制。大力推进产学研协同创新，积极鼓励、支持企业与高校、科研院所共同组建各类研究实体或研发平台等，增强企业持续创新能力；支持企业以其自身研发机构为依托，组建"院士工作站""博士后工作站"等载体，引进高端领军人才，攻克产业核心关键技术；支持大型企业牵头组建技术创新战略联盟，充分整合行业技术创新资源。健全政府购买创新产品机制，将全区自主创新产品纳入采购目录，加大对创新产品和服务的支持力度。

六是推进"双创"体制机制改革。建立健全组织领导体系和创业创新工作目标管理机制，强化部门配合。深化行政审批制度改革，坚决落实自治区政府取消或下放的行政审批事项，构建公开透明、公平、开放、包容的创新创业生态环境。实施负面清单和责任清单制度，明确各部门的负面清单和责任清单，通过做好相关政策的公开及宣传，让创业者少走弯路、少遇阻碍。改革创新投融资体制，强化财政投入的杠杆作用，加快建立以政府投入为导向、企业投入为主体、社会资本为补充的多元化创业创新投入机制。建立健全风险投资机制，着力将风险投资与企业创业创新有机结合，积极鼓励企业参与市场化风险投资，完善退出机制，有效维护风险投资者的合法权益。完善融资平台，建立中小企业发展基金和新兴产业创业投资引导基金，理顺基金的激励约束机制。深化国有企事业单位改革，鼓励国有科研单位以成果参股去兴办企业。依托"互联网+"，打造众创、众包、众扶、众筹等平台，汇聚国有企业和全社会创新力量，通过生产方式和管理模式变革，使企业创造活力迸发、创新能力倍增。加强便捷、易操作、标准化的公共技术资源平台建设，提高"双创"资源市场化配置程度。

参考文献：

［1］李伟. 高质量发展的六大内涵［N］. 人民日报海外版，2018－01－22（03）.

［2］李永友. 我国需求结构失衡及其程度评估［J］. 经济学家，2012（1）.

［3］汤向俊，任保平. 投资消费结构转变与经济增长方式转型［J］. 经济科学，2010（6）.

［4］李绍玲，栗建松. 投资、消费、进出口对经济增长的贡献研究［J］. 商业经济，2014

（9）.

［5］何立峰.贯彻落实新发展理念 建设现代化经济体系［N］.学习时报，2017－11－20.

［6］周振华等.走向新常态的战略布局 新增长·新结构·新动力［M］.上海人民出版社.2015.

［7］王新新.基于产业结构调整的现代产业理论和体系构建［J］.商业时代，2012（14）.

［8］刘起运等.投入产出分析［M］.中国人民大学出版社，2004.

［9］马蒙蒙，高鹏.基于DEA的西部各省技术知识积累效率研究［J］.时代金融，2017（33）.

［10］权衡，李凌.国民收入分配结构：形成机理与调整思路［M］.2015.

［11］李实.当前中国的收入分配状况［J］.学术界，2018（3）：5－19.

［12］长青，张强，张璐，赵岩.内蒙古自治区城乡居民收入问题及建议［J］.内蒙古科技与经济，2017（19）：3－4.

［13］王一鸣，陈昌盛.高质量发展：宏观经济形势展望与打好三大攻坚战［M］.中国发展出版社，2018.

［14］刘世锦.加快形成高质量发展的体制机制［J］.中国发展观察，2018.

［15］刘世锦.推动三大变革提高全要素生产率［J］.现代国企研究，2018（Z1）.

［16］谭炳才.广东高质量发展终极治理目标与面临体制机制障碍研究［J］.广东经济，2019（1）：6－9.

［17］李君安.推进"大众创业、万众创新"体制机制改革的现实路径［J］.市场论坛，2017（9）：12－14.

第三章

内蒙古建设现代化经济体系的构想

党的十九大报告提出：我国要建设现代化经济体系。内蒙古作为边疆欠发达地区，具有富集的特色资源、特色产业和较好的经济基础、独特的地理区位优势等，迫切需要围绕现代经济体系的深刻内涵和主要构成，找准内蒙古构建现代经济体系的制约因素和发展短板，有针对性地构想相应的产业体系、创新体系、金融体系、开放体系、协调发展体系和市场体系等，并明确提出指标体系、政策体系、标准体系、统计体系、绩效评价和政绩考核等现代经济体系的评价和保障机制。

建设现代化经济体系是党的十九大报告提出的重要内容，也是党中央从党和国家事业全局出发，着眼于实现"两个一百年"奋斗目标、顺应中国特色社会主义进入新时代的新要求作出的重大决策部署。内蒙古作为边疆欠发达地区，构建体现内蒙古特色，具有比较优势的现代化经济体系，既是转变发展方式的迫切要求，也是实现经济高质量发展的战略目标。

第一节　现代化经济体系的内涵及构成

建设现代化经济体系将成为党的十九大以后，我国经济建设的一个总纲领，是由社会经济活动各个环节、各个层面、各个领域相互关系和内在联系构成的一个有机整体，需要从理论和实践的结合上进行深入探讨。内蒙古作为经济欠发达地区，思考和把握现代经济体系内涵及构成具有重要的意义。

一、现代经济体系的内涵

现代经济体系应从现代性和经济体系两个方面理解其内涵。现代性往往反映人类社会文明从传统社会向现代社会转型程度的综合指标，是时代特征鲜明的动态历史进程，是过程和目标相统一的经济社会深刻变革。经济体系就是要素和经济行为主体、经济结构、经济机制、运行环境的有机结合。"要素及其行为主体"包括：人才、资金、技术等资源及其相关的大学、科研机构、企业、政府行为主体；"经济结构"是指这些要素和行为主体是按照什么比例进行配置，不同的组合决定了系统的运行效率；"经济体制"主要是指这些要素和行为主体的运行机制，包括协调机制、动力机制等；"运行环境"包括：公平竞争的市场环境、营商和法制环境、政策环境、创业文化环境等。新时期，我国构建现代经济体系是代表先进生产力发展方向、技术先进的经济体系，是充分体现创新、协调、绿色、开放、共享发展理念的经济体系，主要特点：一是要素/经济行为主体要"高"。体现在劳动力素质高，R&D 投入高，直接融资比例高，微观市场主体素质高、竞争力强。二是经济结构"高"。体现在知识技术密集型产业占比较高（产业结构高度化），服务业比重高，消费对经济增长的拉动作用高，区域经济协调。三是经济体制"高"。体现在市场机制有效、微观主体有活力、宏观调控有度，建立现代企业制度、现代大学制度、现代科研院所制度等。四是发展环境"高"。体现在成为全球人才、技术、资金以及企业流动的高地。五是投入产出效率"高"。体现在劳动生产率、资本投入效率、全要素生产率高。六是发展质量"高"。体现在经济发展从数量到质量，从人口红利到人才红利，从跟跑到并跑甚至领跑，从速度到效率，从主要依靠要素数量投入驱动转向创新驱动。

二、现代经济体系的主要构成

现代化经济体系，是由社会经济活动各个环节、各个层面、各个领域的相互关系和内在联系构成的一个有机整体，囊括多方面内容，主要包括如下构成体系。

（一）创新引领、协同发展的产业体系

创新是引领发展的第一动力，是建设现代化经济体系的主要动能和战略支撑，是现代化经济体系的基础和核心。具体而言，就是要加快建设实体经济、科技创新、现代金融、人力资源协同发展的产业体系。内蒙古产业体系较为单一，发展方式较为粗放，科技创新能力较弱，现代金融发展不足，人力资源总体短缺。通过建设现代化经济体系，有利于转变经济发展方式，弥补发展中的要素短板，有利于推动产业转型升级，促进传统产业新型化、新兴产业规模化、支柱产业多元化，构建多元发展、多极支撑的现代产业体系。

（二）统一开放、竞争有序的市场体系

市场经济的魅力在于公平有序竞争，是现代化经济体系配置资源的主要机

制。只有建立统一开放、竞争有序的市场体系，才能确保各种资源得到有效配置，才能给企业提供自主经营、公平竞争的优良环境，才能给消费者创造自由选择、自主消费的空间。内蒙古地域广阔，可以满足市场需求的产品优质多样，但特色产业发展不充分，优质产品档次不高、品牌不响、效益低下。迫切需要构建全区统一开放、竞争有序的市场体系，为特色优质产品营造公平的市场环境。一方面，要破除妨碍形成统一市场的各种规定和做法，破除地方保护主义，使各类市场主体都能依法自由自愿平等地进入和退出市场；另一方面，要建立讲规则、讲诚信、竞争有序的市场机制，充分发挥市场在资源配置中的决定性作用，保障企业自主经营公平竞争、消费者自由选择自主消费、商品和要素自由流动平等交换，为高质量发展奠定微观基础。

（三）体现效率、促进公平的收入分配体系

更有效率和更加公平的收入分配体系是现代化经济体系的激励和平衡机制。形成公平合理的收入分配关系，推进基本公共服务均等化，逐步实现共同富裕，这是现代化经济体系的重要标志。收入分配如果不能体现效率，就会导致平均主义和发展停滞；如果不能促进公平，就会造成收入差距过大，影响社会和谐稳定和经济发展。因此，要正确处理效率与公平的关系，坚持按劳分配原则，完善按要素分配的体制机制，促进收入分配更合理、更有序；履行好政府再分配调节职能，加快推进基本公共服务均等化，逐步缩小收入分配差距，朝着共同富裕方向稳步前进。

（四）彰显优势、协调联动的城乡区域发展体系

发挥优势、协调发展是现代化经济体系在空间布局上的重要体现。改革开放40年的经验表明，社会主义市场经济是调动人们发展经济热情和潜能最有效的体制。内蒙古各地应遵循市场规律，依托各自的矿产、生物、人文、环境、区位、交通等多种比较优势，发展具有自身特色的产业体系，努力把自身比较优势转化为发展优势，从而形成国土资源利用效率较高、要素密集程度较大、生态容量适度、城乡融合发展、区域良性互补、城乡融合发展的生产力布局结构，塑造内蒙古区域协调发展新格局。

（五）资源节约、环境友好的绿色发展体系

绿色发展体系是现代化经济体系的生态环境基础，目的是为了增进人民福祉。人民福祉不仅包括分享经济发展成果，还包括享受优美生态环境。只有坚持绿色发展，才能满足人民日益增长的优美生态环境需要。而单纯以提高 GDP 数量为目的的发展，不仅不能给人民带来福祉，反而会因环境污染损害人民幸福。特别是，内蒙古"两资一高"产业比重较高，环境污染和生态破坏较重，迫切需要尽快转变经济发展方式，牢固树立和践行"绿水青山就是金山银山"的理念，依托富集优质的沙山野特和农牧业等绿色资源，推动自治区绿色循环低碳发展，形成人与自然和谐发展的现代化建设新格局。

（六）多元平衡、安全高效的全面开放体系

社会主义市场经济是开放型经济，构建多元平衡、安全高效的全面开放体系是现代化经济体系与外部世界的联系机制。高水平的开放体系是深度融入全球和地域分工体系，与世界经济、区域经济实现良性循环的经济体系。进入新时代，内蒙古正在由开放腹地转向开放前沿，在全面落实"一带一路"倡议下，推动中蒙俄经济走廊建设，不断拓展开放深度广度、提高开放质量效益。作为边疆欠发达省区，内蒙古既要拓展国外开放合作空间，也要加强与国内其他兄弟省市区的开放合作，尤其要加强与周边省市，特别是与京津冀、长三角、珠三角及中部一些省区的交流与合作。

（七）市场作用与政府作用相得益彰的经济体制

构建政府与市场互补相促共进的经济体制是现代化经济体系的制度基础。政府和市场各有自身的优势和发挥作用的领域，要正确处理政府与市场的关系，使其充分发挥各自优势。内蒙古开放水平和市场化程度都比较低，导致资源配置的质量和效率不高。在现代化经济体系构建中，自治区迫切需要健全社会主义市场经济体制，使市场在资源配置中起决定性作用；同时，要更好发挥政府作用，全面正确履行政府职能，从而形成市场机制有效、微观主体有活力、宏观调控有度的良好局面。

第二节　存在的主要问题和制约因素

尽管自治区经济发展取得了较大成就，人均 GDP 已率先超过 1 万美元，位列全国前列，但总体发展还处于传统粗放的低质量低效益阶段，发展不平衡不充分更加凸显，建设现代经济体系将面临不少问题和发展制约。

一、产业竞争乏力

十九大报告提出，建设现代化经济体系，必须坚持质量第一、效益优先。自治区总体发展质量较低，产业竞争乏力，与全国相比，差距较大，集中体现在经济规模小、产业层次低、产品质量差、生产效益不高、新兴产业培育不足等。

从经济规模看，按照区域经济基本原理，经济体量决定经济地位。自治区经济规模体量总体偏小，地区生产总值、社会消费品零售总额仅占全国 2% 左右，虽然煤、电、冶及煤化工等传统主导产业在全国市场上占有一定份额，但这些产业基本以央企为主导，自治区在全国的话语权、主导权和定价权比较微弱。

从产业和产品看，自治区生产产品"原"字号多，产品附加值低，既不能体现发展质量，也不能体现较好的经济效益。比如，自治区主要工业产品以原材料和初级加工产品为主，产业链条短、精深加工不够，转化增值水平较低，在区域产业分工体系中处于低端低效环节。全区包括煤转电在内煤炭就地转化率仅为 40% 左右，始终未能突破 50% 的期望值，煤化工基本处于肥、油、气、醇、醚等原材料生产环节，冶金工业基本处在冶炼环节，下游加工制造业明显滞后；自治区生活用品如电器、家具、汽车、衣被等，生产用品如机械、建材、电机等主要依靠外调；农牧业是自治区的优势特色产业，但由于生产经营粗放、精深加工不足等，导致产品附加值较低，产业竞争力较弱，全区农畜产品加工转化率仅为 58%，精深加工率不足 20%，远低于全国平均水平。

从生产效益看，习总书记强调：品牌就是效益，就是附加值。自治区初级产品多，知名品牌数量少，产品附加值低，生产效益不高，一些特色优势产业甚至处于无效益或负效益状态。如，肉羊产业本应是自治区优势特色产业，但由于缺乏精深加工和品牌效应，绿色优质的羊肉只能和传统大路羊肉一样低价贱卖，好产品卖不出好价钱，优质产品不能产生高效益。据相关部门调查，过去三年，受成本地板、价格天花板和资源环境硬夹板"三板"挤压，自治区肉羊产业总体处于微利或负收益状态。

从新兴产业培育看，新产业、新业态增长缓慢，对经济增长的贡献微弱。比如，2017 年，全区战略性新兴产业仅占地区生产总值4.8%，高新技术产业增加值占规模以上工业增加值比重仅为 2.5%，低于江、浙等发达省区近 40 个百分点，也低于河北省等周边省区近 16 个百分点，尤其是智慧经济、绿色经济和高端装备制造等产业基本处于空白阶段。

二、创新能力较弱

以科技为引领的创新是建设现代经济体系的基础和核心。自治区科技投入长期严重不足，科研主体不活跃，科技创新人才短缺，创新成果数量不多、质量不高，构建现代经济体系的创新能力较弱。

从科技投入看，经过多年的努力，2017 年自治区 R&D 经费投入所占地区生产总值的比重为 0.76%，远低于全国 2.12% 的平均水平，距离自治区"十三五"规划 2.2% 的目标值相差甚远。

从科研主体看，企业本应是科技创新的主体，但自治区多数企业生产经营粗放，创新体系不完善，创新人才短缺，创新能力较弱，创新积极性不高。2017 年，全区规上工业企业 2802 个，开展 R&D 活动的仅有 345 个（比上年减少 70 个），仅占 12.3%，全区规上工业企业 R&D 经费支出 108.3 亿元，仅占工业增加值的 1.7%，地区生产总值的 0.67%，与去年相比，R&D 经费支出总额下降 15.4%。

从创新成果和创新平台看，自治区主要科技创新成果指标在全国的位次都比较靠后，2016 年全区发明专利授权数量为 871 件，仅占全国总量的 0.3%，居全国第 27 位；企业技术创新能力仅列全国第 29 位；高新技术产业化水平仅为

14.17%，列全国第 28 位。自治区高水平的创新平台和载体严重缺乏，全国 317 家国家级重点实验室，自治区仅有 2 家；全国 332 个国家工程技术中心，自治区仅有 2 家。

三、基础设施等要素保障不足

基础设施等发展要素是构建现代经济体系的重要基础和基本保障。自治区道路交通、水资源供给、现代金融、人力资源等基本发展要素比较落后，保障现代经济体系构建的能力有待完善。

从道路交通看，自治区于 2018 年底开通了首条高铁，结束了国内没有开通高铁省份的历史，现有铁路网通达度有待提高，部分重要口岸等没有铁路通达，复线率和电化率低于全国平均水平；点线配套不完善，如呼和浩特、通辽等主要铁路枢纽规划、建设没有引入相关线路，制约了路网整体能力。自治区公路整体等级水平比较低，高速公路占公路里程的比重仅为 2.86%，农村牧区的交通设施更为落后，2738 个嘎查村尚未通沥青水泥路。作为地广人稀的边疆地区，航空运输本应得到较大幅度提高，但自治区运输机场密度只有 0.17 个/万平方公里，仅为国家平均水平的 71%，区内支线、通用短途运输航空网络尚未形成。交通基础设施的滞后，不仅使人流不畅，也增加了自治区的物流成本，降低了物流效率。2017 年，全区社会物流总费用占 GDP 的比重高于全国平均水平 2.7 个百分点，其中运输费用（主要包括人力成本、运输车辆燃油费用、过桥过路费等费用）占社会物流总费用的 72.2%，高于全国平均水平 21 个百分点。

从水资源供给看，自治区地处干旱、半干旱地区，水资源短缺、时空分布极不均衡，长期以来形成的水资源过度开发、低效率利用等问题，已成为制约内蒙古可持续发展的重要瓶颈。全区水资源量仅占全国总量的 1.9%，处于全国第 30 位，人均水资源仅为全国的 64%，2/3 以上旗县区严重缺水。随着经济社会的发展，区域性水资源供需矛盾突出，资源性和工程性缺水问题并存，特别是占 95% 的居民用水、66% 的工业用水和 47% 的农业用水的绝对量逐年增加与地下水资源量逐年减少形成的矛盾日渐突出，对构建现代经济体系必将产生制约。

从现代金融看，自治区现代金融起步晚、发展慢、产品少、创新弱的问题比较突出，导致直接融资少而难，间接融资贵而险。截至2017年底，自治区在国内上市公司仅有25家，新三板挂牌企业66家，分别仅占全国的0.71%和0.57%，分别居全国第28位和第25位，由于自治区上市企业规模较小，整体效益不高，使企业直接融资较少，难度较大；2017年自治区金融贷款余额为2.16万亿元，仅占全国的1.72%，尤其是，与直接融资相比，通过借贷款进行间接融资的成本较高，风险也较大，截至2017年底，自治区不良贷款率达到3.8%，位列全国前列；民间借贷融资安全风险更大，有问卷调查结果显示，自治区民间借贷不安全比例高达56%。

四、区域发展不平衡问题突出

内蒙古区域经济发展存在较大不平衡，集中体现在经济指标、民生指标和产业集中度等方面。

从主要经济指标看，呼包鄂三市人口占全区的31.9%，经济总量和财政收入分别占全区的56.4%和41%；而蒙东四盟市人口占全区的45.8%，经济总量和财政收入分别仅占全区的26.3%和16.7%；就盟市间比较，相差更大，不平衡性更加明显，如鄂尔多斯市人均GDP到达17.3万元和人均财政收入到达1.72万元，分别是兴安盟的6.64倍和9.57倍。

从主要民生指标看，不管是区域差距还是盟市间差距，不平衡性都非常突出。如2017年，呼包鄂三市城乡居民人均可支配收入达到4.38万元和1.6万元，分别比蒙东四盟市高1.42万元和0.45万元，呼包鄂三市人均社会消费额达到4.76万元，是蒙东四盟市的2.5倍；单个盟市相比，差距更大，包头市全体居民人均收入是兴安盟的2.3倍，人均消费额是兴安盟的3.4倍。主要经济指标和民生指标的较大差距，具体体现在产业发展和空间布局的不平衡。以呼包鄂为中心的蒙西地区，产业发展基础较好、规模较大、集聚效应已经显现，而蒙东地区则面临产业小、散、粗等的发展现状，产业发展的基础性要素、体量规模和集聚效应等都比较差。在当前经济下行压力较大，调结构、促转型任务较重的背景下，统筹自治区东西部经济发展，协调各盟市区域发展，缩短地区间、城乡间的发展差距难度较大。

五、资源环境约束趋紧

在国家实施最严格的环保和生态制度背景下，内蒙古作为能源资源大区，环境约束和节能减排压力对自治区经济持续增长，构建现代经济体系带来了较大的不利影响。万元 GDP 能耗是一个衡量各地区坚持"五位一体"总体布局，推动生态文明建设成效的重要指标，也是经济高质量发展的重要指标。2017 年自治区万元 GDP 能耗是全国平均水平的 2 倍以上，万元工业增加值能耗更是远高于全国平均水平，尤其是"十三五"以来，自治区能耗减少速度又处于全国靠后位置，导致自治区能源利用率提升难度较大，完成节能减排任务压力增加，新增产能的能耗指标有限，对后续增加产能，形成产业集聚效应，推动产业转型升级，提升发展质量，造成了一定难度，也对构建现代经济体系产生了较大影响。

六、营商环境有待提升

自治区投资环境排名处于全国各省（自治区、直辖市）"最后梯队"，营商环境短板亟待补齐。2017 年 21 世纪经济发展研究院对全国各省（自治区、直辖市）投资环境的排名中，内蒙古排第 22 位，其中投资软环境排倒数第 3，仅比黑龙江和吉林两省略高。2018 年全国省级政府网上政务服务能力调查评估报告显示，自治区排名第 29 位，仅高于青海、新疆、西藏三个省区。另外自治区进入全国民营企业 500 强的企业数量连续下降，2015 年 12 家，2016 年 8 家，2017 年 5 家，反映出自治区营商环境和企业生存环境不容乐观。

第三节　内蒙古现代化经济体系的战略构想

构建现代化经济体系，自治区要摆脱以往的路径依赖，着眼破除内在瓶颈和外部束缚，构建实体经济、科技创新、现代金融、人力资源等协同发展的产业体系，推动供给结构优化、生产效率提高和价值创造提升。

一、产业体系

产业是社会分工的产物和体现，是经济增长的重要基础和强劲支撑，是国民经济的主要部分和核算依据。产业体系是供给体系的重要组成部分，在经济体系中处于核心位置。党的十九大报告提出：要着力加快建设实体经济、科技创新、现代金融、人力资源协同发展的产业体系。内蒙古作为欠发达的边疆地区和民族地区，更应抓住新一轮科技革命和产业变革的时代机遇，加快建设现代产业体系。

（一）加快建设现代农牧业体系

考虑到自治区资源环境条件和国家对自治区以生态为主的战略定位，建设现代农牧业体系不应再走低档大路产品和简单规模扩张并大量输出的路子，而应坚持生态价值优先、产出价值次之的方针，走绿色、精品、高端、高效路线。在淡化产量目标基础上，以提升农畜产品质量和生产效益为重点，加快建设现代农牧业产业体系、现代农牧业生产体系和现代农牧业经营体系。同时，以打造区域公用品牌为抓手，构建特色优质农畜产品的标准体系、诚信体系、追溯体系及营销体系等，健全农牧户与农牧业龙头企业建立更加紧密的利益联结机制，实现农牧户和龙头企业共享加工增值、品牌效益、品质效益等收益。

（二）加快建设现代工业体系

现代工业是现代产业体系的核心。自治区要以能源、化工、冶金、建材、装备制造、农畜产品加工等六大传统产业为重点，以做大企业规模、做长产业链条、做强虚拟经济服务实体经济能力、集中集聚优化产业布局、推动产业融合、做好跨界融合等为途径，推动传统产业转型升级和绿色化改造，做优存量、扩大总量，进一步发挥好传统产业的基础支撑作用；坚持煤、电、油、气、风、光并举，推动国家多种能源综合利用基地建设，做好现代能源经济这篇大文章；以新能源、新材料、节能环保、高端装备、大数据云计算、生物技术、蒙中医药等七大新兴产业为重点，不断壮大规模、衍生产品、拓展市场，形成在全国具有鲜明特色和比较优势的战略性新兴产业基地；发展基于"互联网＋"的新产业新业态，推动互联网、物联网、大数据、人工智能同实体经济深度融合。积极推进工业产业集中集聚集约发展，打造产业集群，加快建立供需互补、工艺技术互鉴、相互促进和相互依存的现代工业设计体系、工业生产体系、工业销售体系等。

（三）加快建设现代服务业体系

现代服务业对提高全要素生产率和推动发展动能转换等具有十分重要的作用，在现代化经济体系中的作用越来越大。自治区要加快构建现代服务业体系，推动生产性服务业向专业化和价值链高端延伸，生活性服务业向精细和高品质转变。要适应消费提速升级新趋势，促进养老、育幼、教育、文化、体育、健康、休闲等面向消费端服务业发展；要深入推进服务业对内对外的开放，降低部分领域市场准入门槛，放宽市场准入，努力发展分享经济、平台经济、网络经济等新业态，催生带动跨区跨境、线上线下、体验分享等服务业发展；有序开展银行、保险、证券、养老等设立外商独资机构试验。加快建设与实体经济相适应的生产性服务业体系、现代科技创新体系和现代金融体系，以及满足人民美好生活需要的现代生活性服务业体系。

二、创新体系

要以科技和人才为核心，把创新作为第一动力、人才作为第一资源，构建具有较强服务经济能力的创新体系。特别是内蒙古经济体系简单粗放，发展质量和效益较低的民族地区，更应将创新驱动发展战略作为建设现代经济体系的首要任务和重中之重，尽快追赶先进，实现跨越发展。

（一）完善创新体系

要调整各级政府政绩观的评价体系，把创新驱动发展成效纳入对地方领导干部的考核范围，通过绩效考核杠杆，引导各级政府摆脱对要素和投资驱动依赖的惯性。

加快构建现代创新体系，针对制约主导产业转型升级技术瓶颈，设立完善重大科技项目基金和主导产业、战略性新兴产业发展专项基金，积极争取中央财政的专项资金支持，加大科技基础设施投入力度，配套设立重大关键技术人才引进、培养基金，提升前沿科技消化能力。

完善中小企业发展服务体系，加快中小企业服务机构能力建设，集聚服务资源，鼓励建立中小企业服务联盟或服务协会，形成定期磋商、协同议事机制，加强服务机构间的合作与交流，提高分工协作水平，在中小企业集聚的区域和行业，重点建设、充实和完善一批服务平台，加强针对中小企业的信息、投融资、创业、技术创新、管理咨询等专业化服务。

完善创新驱动政策体系，加强对自主研发的关键技术、共性技术和成套技术的政府采购，出台科学的创新驱动发展宏观规划，完善创新联盟、知识产权保护等方面的政策手段，增强企业创新主体地位，保证各项创新政策的落实和实施效果，简化优惠措施审批程序，保证科技创新政策的有效实施。

构建创新创业课程体系，鼓励各高等院校构建以"信息性、综合性、实践性"为原则的创新创业课程体系，构建学校、社区企业良性互动发展的创新创业教育生态系统，建立有丰富创业经验的企业家、培训师组成的专业师资库，营造"大众创新，万众创业"的创新氛围，推进企业创新文化建设，推动协同合作、促进开放式创新，引领创新风气的形成。

（二）激发企业创新活力

加强企业创新合作，建立以政府为主导的校企合作创新模式，推动建立高校研发设备和场地的共享机制，进一步深化"产、学、研"合作机制，加强与专业研发机构或实验室合作力度，提高研发成果转化率，支持符合条件的企业建设自治区级工程技术研究中心、企业技术中心等研发平台，开展行业关键共性技术攻关，提升企业的自主创新能力。

拓宽企业创新筹资渠道，整合资金，加强企业间研发合作力度，共同推动创新项目开发，强化企业税收筹划工作效率，加强政策扶持力度，对企业创新活动提供低息信贷，设立专项创新基金，为企业提供多方位融资渠道。

加强创新人才的引进和培养，切实提高创新技术人员收入水平，鼓励企业建立向创新技术人员倾斜的绩效考核体系，通过技术入股、期权等方式吸引创新领军人才。

改善企业创新环境，加强自主创新资源环境服务建设，为各类企业开展科技创新活动提供平等竞争的条件，加快建立社会化和网络化的创新体系，完善自主创新的政策法律环境，实施有利于技术创新的财税、金融及知识产权保护政策，推进自主创新的区域文化建设，善待企业家和创业者，弘扬敢于创新、勇于竞争和宽容失败的创新文化，努力营造吸引创新人才、吸纳新事物新思想、宽容和谐的创新环境。

（三）加强人才培养引进工作和企业家队伍建设

要树立"人才是第一资源，是创新的第一要素"的理念，强化人才的培养、引进、聚集是产业发展的核心基础。与兄弟省区相比，自治区人才短板更加凸显，紧迫性、危机感更强，迫切需要加大工作力度，增加政策的操作性，更多地吸引高端人才来自治区就业创业。

要加大人才引进力度，制定一系列有力有效人才政策措施，吸引名校、海外优秀人才来自治区创新创业，尤其是，要树立"为我所用"理念，强化人才的柔性引进力度，围绕项目建设，引进实用型人才，将人才和项目建设深度融合。

要大力培育本土人才，围绕重点产业和领域，下大力气培育创新型本土人才和实用人才，特别是，要培育具有创新意识的企业家，包括加大对民营企业家队伍的培养建设和保护力度，对于那些在产业发展、税收就业方面对社会贡献较大的企业家，要像爱护树木一样多做浇水、培土、防病治病的事，加大培养保护力度，避免网络仇富炒作和放在显微镜下挑毛病风气。

要千方百计用好和留住人才，健全人才评价制度，改进和完善创新型人才的评价方式，激发各类人才创新活力和潜力；努力搭建人才干事创业的制度平台和舞台，既要长期关心引进人才的工作、生活，让人才有成就感、获得感，又要对本土人才一视同仁，公平对待。

三、金融体系

现代金融对产业发展具有巨大的助推作用。加快构建现代金融体系，逐步弥补自治区金融发展滞后的突出短板，更好地为现代经济体系服务，推动经济高质量发展。

（一）完善金融体系

加大对金融主体的引进与培育力度，以完善的基础设施和特殊的优惠政策吸引国内外银行、保险、证券、基金等金融机构入驻自治区；同时，以银行、证券、保险、信托、期货、租赁等为主体，发展壮大各类地方金融主体，构建门类齐全、服务高效、安全稳定、适应发展的多层次金融体系。

（二）推进产融结合

产业与金融结合已经成为现代产业和现代金融发展的趋势。自治区需要鼓励和支持金融机构以投贷联动、投债联动、产业链金融、产业投资基金及参控股金融、风险投资、创业投资等多种形式参与产业发展，实现产业与金融紧密结合，增强金融服务实体经济的能力。

（三）构建绿色金融体系

按照国家《关于构建绿色金融体系的指导意见》，自治区应积极争取并探索设立绿色发展银行和发行长期生态建设债券，探索绿色银行评级，拓展绿色产业融资渠道，支持金融机构在绿色循环低碳产业及生态产业项目领域，发行绿色金融债券；稳妥推进环境权益交易市场建设，加快发展绿色保险，支持保险资金以股权、基金、债券等形式投资绿色环保项目，全面推行环境污染责任保险、创新生态农牧业保险、绿色企业贷款保证保险、风力（光伏）发电指数保险、合同能源和合同节水违约保险等。

（四）提升政府和企业应用金融工具的能力

加强对政府官员和企业家群体的金融知识培训，提升资产、证券、互联网金融等现代金融工具的应用能力，通过用足用好用活金融工具，进一步拓展企业融资渠道、降低融资成本，引导资金向传统产业转型升级和新兴产业发展集聚。

（五）防范化解金融风险

完善地方金融监管体制，提高监管有效性，加强对各种风险源的调查研判和监测预警，做好政府存量债务置换、民间借贷监管、风险案件处置等工作，支持金融机构依法处置不良贷款，坚决守住不发生系统性、区域性金融风险的底线。

四、开放体系

按照国家"一带一路"倡议对自治区的定位要求，以及内蒙古自身的发展需要，自治区要将发展思维由开放腹地，转向开放前沿，既要强化我国向北开放的重要窗口和桥头堡的使命担当，又要加强兄弟省（自治区、直辖市）的开放合作，构建适应现代经济体系需求的全面开放体系。

（一）构建对外开放合作体系

应该统筹边境地区对外开放和卫国戍边的双重要求，用好用活国家"一带一路"建设战略举措，把握好对外开放的历史机遇，防范好开放合作的境外风险。深度参与中蒙俄经济走廊建设，要发挥联通俄蒙的区位优势，主动作为，高度重视对俄对蒙边境口岸建设，深化同俄罗斯、蒙古国务实合作，进一步推动经贸往来、产业合作和人文交流，积极推动"一带一路"倡议同蒙古国的"发展之路"、俄罗斯的"欧亚经济联盟"同频共振，成为中蒙俄经济走廊建设的主要推动者、深度参与者和开放受益者。

同时，借助中欧班列的常态化开行，加强与欧洲相关国家的经贸交流合作，大力发展外向型经济，缓解"酒肉穿肠过"，逐步实现"金银腹中生"。抓住"南向通道"建设的开放机遇，由重庆、四川等地发起的建设"一带一路"南向通道，得到了诸多西部省市的积极响应，实现了"渝新欧"等丝绸之路经济带与21世纪海上丝绸之路连通，将为自治区包头、巴彦淖尔、乌海和阿拉善等西部盟市开辟一个新的对外开放通道。

（二）构建对兄弟省（自治区、直辖市）的开放合作体系

顺应区域经济一体化大趋势，更加主动地推动国内区域合作，拓展合作方式和合作领域，增强对内开放合作的能力和水平，促进区域合作互利共赢。内蒙古依托紧邻京津冀的区位优势，助力京津冀蓝天保卫战，积极融入京津冀区

域协同发展，主动承接北京一般制造业、商贸物流、云计算后台服务和科技、教育、文化、医疗卫生等社会公共服务产业转移。积极参与东北全面振兴，在新一轮蒙东振兴中，要转变过去被动依附的振兴思路，强化积极参与、主动融入和自主突破、跨越发展的战略思维，利用好国家倾斜政策，争取国家支持，积极参与生态环境建设和修复治理，强化蒙东大水网、大路网、大电网和电信网等基础设施建设，利用蒙东的生态资源、能矿资源、文旅资源和口岸资源，培育发展蒙东主导产业。主动与长三角、珠三角等东南沿海发达地区交流合作，拓宽发展视野，探索招商引资、"飞地经济"等新模式。以产业分工协作、联手打造优势产业集群、推动基础设施互联互通、生态环境共建共保、创新能力合力提升等为重点，加强与周边省区的协同发展体系。

五、区域发展体系

区域城乡协调发展是高质量发展中的应有之意，也是构建现代经济体系的重要内容。自治区应积极推进城乡区域协调发展，不断优化现代经济体系空间布局，更可持续地实现高质量发展。

（一）优化产业园区布局

抓住国家重新核定整合工业园区的有利时机，按照统筹规划、合理分工、强化基础、错位发展的总体要求，加快推进内蒙古产业园区的功能整合和优化布局。在整合优化现有园区的基础上，积极打造高新产业集聚区，实施"一区多园"战略，强化产业集聚区各园区内部的产业融合、开发联合、机制整合。

围绕提高核心竞争能力，明确园区产业导向，培育园区主导产业和区域品牌，强化产业链延伸拓展和链接配套，对园区实行分类指导，明确发展定位，实现园区差异化和错位发展，积极发展与主导产业契合度较高的关联产业、配套产业，实现集群共生、联动发展，构建更具区域明显优势的特色产业体系。

要引导园区跨区域重组，积极探索跨区域合作共建园区的利益分享机制，创新旗县区GDP核算和税收分成制度，进一步打破市场分割和地区封锁，理顺地区间利益分配关系，引导发展基础好、规模大、区域带动能力强的国家级和自治区级园区整合周边园区，或以"飞地园区"形式进行跨区域整合，加强信息共享基础设施建设，加快推进跨区域园区企业信用信息数据库对接，完善信用体系信息共享，推动现代信息技术应用到园区规划建设、管理运行、生产生活等各个方面。

要推进"四型"园区建设。以构建循环链接型产业体系、绿色低碳型发展模式为重点，建设生态型园区，以体制机制创新、工艺及产品创新、业态和模式创新为重点，打造创新型园区，推行智慧管理，建设智慧工厂，发展智能制造，建设智慧型园区，按照国际化的经营视野，提高国际范围的资源整合和市场开拓能力，建设开放型园区。

（二）统筹区域协调发展

加大区域统筹力度，依据主体功能区定位和各地比较优势，从发展规划、扶持政策、协调机制等方面入手，促进以呼包鄂为核心的西部地区协同发展，以通辽、赤峰为重点的东部盟市振兴发展，沿边及革命老区、民族地区等基础薄弱地区特色发展，不断壮大县域经济规模和实力，促进呼包鄂经济核心区辐射带动作用。

加强区域间各产业融合互动，立足各区域资源禀赋和比较优势，加快新技术、新产品、新标准的研发推广，强化区域公用品牌建设，培育具有自主知识产权的国际国内品牌，强力推动优势产业向中高端迈进，促进传统产业新型化、新型产业规模化、支柱产业多元化，形成区域间产业协同发展和上下游联动机制，建立优势互补、配套协调的产业分工体系。

加强区域基础设施互联互通，以拓展空间、补齐短板为目标，统筹规划跨盟市重大基础设施，加快综合交通运输一体化网络和综合交通枢纽建设，以同城化、网络化、便捷化为方向，逐步建立统一的基础设施管理系统，形成能力充分、衔接顺畅、运行高效、服务优质、安全环保的一体化现代基础设施体系。

加强生态环境联防联治，实施严格的生态环境保护制度，建立生态系统保护修复和污染防治区域联动机制，规划实施各区域的重大生态系统修复工程，坚持绿色富区、绿色惠民，划定农业空间和生态空间保护红线，构建科学合理的城市化格局、农业发展格局和生态安全格局，大力发展循环经济，为城乡居民提供更多优质生态产品，建成祖国北疆生态屏障的重要承载区。

（三）促进城镇间协同发展

促进农村牧区各类资产资源合理流动和优化配置，深化集体产权制度改革，健全农村牧区产权交易体系，深化农村土地"三权分置"改革，全面完成农村土地承包经营权确权登记颁证工作，发挥财政政策导向功能和财政资金杠杆作用，引导工商资本和社会资本投向农业农村。

推动城乡公共服务均等化，加快农村基础设施建设提档升级，推动城乡基础设施互联互通，建设集社区公共服务、居家养老服务、文化服务、社会组织服务于一体的多功能综合服务体系，促进公共资源共建、共享、共用；加大城乡教育资源的均衡配置力度，促进城乡教育均衡发展，推动农村社会治理创新，推行综合网络化服务管理模式。

推动城乡产业融合发展，合理调整城乡产业布局，推动城乡互动、产业融合，推进农业供给侧结构性改革，走质量兴农之路，积极推动一二三产业融合发展，推动农业与精深加工业、现代流通业融合，挖掘绿水青山、田园风光、乡土文化等资源禀赋优势，打造一批休闲观光农业特色村庄和精品乡村旅游线路。

六、市场体系

构建健康有序、公平竞争的市场体系是构建现代化经济体系的重要组成。自治区以构建统一的区域市场体系、深入推进放管服改革、全面清费降税等为重点，构建现代经济发展的市场体系，为企业松绑减负，激发企业家创新创业的动力和热情。

（一）建立统一的区域市场体系

着力破除行政壁垒，促进市场资源要素自由流动。建立竞争性政策与产业、投资等政策协调机制，防止地区间恶性竞争，严禁设置歧视性准入条件和补贴政策。落实公平竞争的审查制度，全面清理废止妨碍统一市场和公平竞争的各种规定和做法。在统一的区域市场体系下，鼓励各盟市在优化政务服务、营造亲商重商环境方面，根据自身资源禀赋和产业需求，出台具有地方特色的惠企政策。

（二）加快深入推进"放管服"改革

自治区要全面深入推进"放管服"改革，最大限度减少行政审批，大幅提升审批效率，压缩各类项目落地周期，并强化执纪问责，降低制度性交易成本，用政府权力的减法换取企业活力的加法。借鉴浙江"最多跑一次"改革、阿盟"审批执法一站式"等做法，统筹推进"证照分离"改革，有效解决"准入不准营"问题，厘清政府和市场边界，通过打造"有为政府"，建设"有效市场"，要以"最多跑一次"改革思维撬动经济体制、服务体制、民主法治等各方面改革，释放出服务企业、服务市场的良好环境。

（三）全面清费降税

切实降低沿黄盟市产业发展的要素成本，按照2018年出台的《内蒙古自治区优化营商环境工作实施方案》，各盟市应尽快出台实施细则，加快打破优化营商环境政策的"最后一公里"，并在产业转型升级、发展绿色环保产业等方面，应统筹制定更加优惠的清费降税政策，切实减轻企业负担。完善产业政策体系，通过财政、税收、金融、土地等制度创新和政策优惠，加大对产业转型升级、绿色环保产业、新业态、新模式在名称核准、经营范围登记、经营场所限制等方面制度供给，打造产业经济加快发展的政策高地。

第四节　建立完善的评价和保障体系

以高质量发展为目标，构建现代经济体系是当前和今后一个时期确定发展思路、制定经济政策、实施宏观调控的根本要求，必须加快形成现代经济体系的指标体系、政策体系、标准体系、统计体系、绩效评价、政绩考核，创建和完善制度环境，推动实现内蒙古经济高质量发展。

一、指标体系

指标体系对于构建现代经济体系具有导向作用，既是前提基础，也是主要目标。自治区作为欠发达地区、边疆民族地区和生态地区。构建现代经济的指标体系要统筹推进"五位一体"总体布局，协调推进"四个全面"战略布局，深入贯彻"创新、协调、绿色、开放、共享"五大发展理念，更加突出高质量的经济增长、高质量的改革开放、高质量的城乡建设、高质量的文化建设、高质量的生态环境、高质量的民生保障等六大类型。

具体地说，"高质量的经济增长"就是要更加注重绿色 GDP、经济运行的综合效益、集约化发展水平、生态产业发展状况，绿色农畜产品比重、制造业等实体经济投资占固定资产投资比重、服务业增加值占 GDP 比重、研发投入水平、政府性债务率等；"高质量的改革开放"就是要更加注重营商环境指数、净增企业法人单位数占企业法人单位总数、一般贸易进出口占货物进出口总额比重、战略性新兴产业实际利用外资占实际利用外资总额比重等；"高质量的城乡建设"就是要更加注重农牧区安全饮水入户率、美丽宜居乡村建设达标率、乡村公路覆盖率、城乡公共交通车辆拥有量、乡村互联网覆盖率等；"高质量的文化建设"就是要更加注重社会文明程度测评指数、人均拥有公共文化体育设施面积、嘎查村（社区）综合性文化服务中心建成率、居民综合阅读率等；"高质量的生态环境"就是要更加注重空气质量、地表水和地下水达标率、林木覆盖率、草原植被盖度、城镇污水集中处理率、垃圾分类集中处理率等；"高质量的民生保障"就是要更加注重居民人均可支配收入、人均拥有社会保险福利总额、义务教育优质均衡比例、千人常住人口全科医生数、护理型床位数占养老机构床位数比例、低收入人口脱贫率、公众安全感等。

二、政策体系

经济制度是构建现代经济体系的重要保障和核心动力。内蒙古经济体系不优，经济发展的质量效益不高，集中体现在经济体制机制不活。在构建现代经济体系，推动高质量发展的进程中，借助国家全面深化改革的历史机遇，更加需要深化经济体制机制改革，为建立和完善现代经济体系提供有力的制度保障。

要注重构建产业重组集聚优化机制，内蒙古经济是以央企为主导的开发模式，造成自治区资源开发收益外流、地区生产总值"含金量"偏低的主要原因之一。

要想打造几个实力雄厚、业态高端、体制机制创新的本土航母企业，需要建立产业重组集聚优化的创新机制，鼓励同行业企业和上下游企业之间的战略重组，进一步提升产业集中度，提高规模经济效益；各个盟市可选择一两个条件比较成熟、开发潜力较大的开发区、工业园区进行集中打造，建立科学的利益机制，引导要素集中投入，按照产城融合的思路发展产业集聚区，使开发区、工业园区真正成为承接产业转移的重要平台、产业集中集聚发展的主要载体。

要注重构建地方国有企业或大企业的龙头带动机制，针对目前央企对地方科技创新活动带动不足的实际，自治区应进一步加强与央企的合作，在自治区特色产业领域通过产业重组培育一批规模实力雄厚的地方国有大型企业，形成一批在自治区具有创新研发带动引领能力的行业龙头。

要重视构建科技创新引领机制，在推动产业转型升级过程中，须让自治区的大学、科研院所积极参与进来，提升科研创新及成果转化能力，形成随时能够用得上、靠得住的自主研发体系；要加快构建更加符合科研实际和合理需要的科研资金投入、科研项目和人员管理的机制，促进科技资源优化配置、科研管理化繁为简，科研经费自主高效，充分发挥政府科技类基金、重大科技专项的引领扶持作用；加强知识产权保护；构建更加科学可行的人才培养、引进、聚集的机制和政策，要加大企业家队伍包括民营企业家队伍的培养建设和保护力度；创造更宽松、更优良的人才环境，鼓励各地区在人才引进培养方面出台更加优惠宽松的政策。

要注重构建"软要素"的提升机制，加强人才、科技、金融、品牌、制度、文化、环境与软机制建设，实现软硬兼施、一体两翼地推动经济社会持续健康发展。

三、标准体系

构建现代化经济体系，推动高质量发展，质量标准体系建设非常迫切和重要。自治区需要以标准体系建设为重点，推进质量强区建设，进而推动自治区现代经济体系构建和发展质量、效益的提升。推进标准化建设，实施标准化战略，加快建立政府主导制定标准与市场自主制定标准协同发展、协调配套的新型标准体系。抓紧制定稀土钢、蒙医药等自治区优势特色产品的标准体系，强化战略性新兴产业知识产权与技术标准前瞻布局。制定发布一批生产性和生活性服务业地方标准，支持获得国家驰名商标、中华老字号等服务企业，主导或参与制定国家或地方标准。推进品牌兴区战略，加强特色优势产业和战略性新兴产业的品牌培育，在绿色农畜产品、蒙医药、稀土和石墨（烯）等新材料、高端装备等领域推出一批制造业精品，创建更多具有国际、国内影响力的知名品牌，在光学、医学等领域打造先进制造业集群，提高供给质量。建立中小企业品牌服务平台，支持中小企业培育和创建品牌。建立品牌维权机制，加大品牌保护力度。建立健全品牌培育认定和品牌激励制度，推动企业向质量竞争、品牌竞争转变。着力建立产品质量追溯体系，以推进信息化追溯为方向，以绿色有机农畜产品、农业生产资料、稀土产品为重点，运用物联网技术，建立以物品编码为溯源手段的产品质量全程追溯信息平台，实现来源可查、去向可追、责任可究，通过质量追溯体系建设加强自治区品牌保护。

四、统计体系

随着自治区经济逐步向高质量发展迈进，建立和完善适应现代经济体系的统计指标体系，既是反映客观经济形势变化的需要，也是更好地了解社会经济发展现状的需要。

自治区重点要调整优化现有统计指标体系，按照现代经济发展的要求，传统统计指标不能适应现代经济体系和高质量发展的需要。对经济运行质量的分析，既要对传统统计指标进行调整，如，GDP核算要围绕五大发展理念进行调整，又要增加新的统计指标内容，如，需要增加新动能指数、科研投入指数、绿色发展指数等；尤其是，内蒙古是国家重要的生态功能区，需要更加突出包括资源利用、环境治理、环境质量、生态保护、增长质量、绿色生活、公众满意程度等方面的绿色发展指标体系；改进完善提质增效转型升级统计指标统计及相关制度，探索计算工业发展质量指数，开展供给侧结构性改革、双创发展等统计指标体系研究。完善国民经济统计核算体系，要认真落实地区生产总值统一核算改革，制定和完善内蒙古地区生产总值统一核算实施方案，完善研发经费投入统计制度，改进资金流量表编制工作，建立幸福产业统计监测制度，开展文化、体育、旅游等派生产业增加值核算，切实做好自然资源资产负债表编制核算。更新统计方法，现代经济体系的建立，必然要求统计方法制度的改革与创新，在经济发展中，加快建立新动能、新经济的统计制度和统计方法，动态监测经济发展中的不平衡、不充分指标体系；利用大数据、互联网、云计算等新兴技术来提高统计生产力，变革统计生产流程，提高统计效率，提高数据质量。

五、绩效评价

按照高质量发展的要求，构建现代经济体系应从评价体制、评价主体、评价方法、结果反馈等方面，谋划和设计科学的现代经济体系绩效评价体系，为经济高质量发展提供制度保障。

健全绩效评价体制机制，与以经济增速为绩效评价对象不同。推进现代经济体系绩效评价需要进行顶层设计，要研究出台现代经济体系绩效评价的法律法规，规范现代经济体系绩效评价主体、客体的权力与责任，制定并适时颁布自治区绩效评价指导准则，确保绩效评价在统一的法律制度框架下运行，做到有法可依、有法必依；要建立评价标准体系，探索运用统一的原则和要求，按照不同绩效评价对象设定不同的绩效标准或标杆基准，建立起分类、分级、分阶段的绩效指标体系，确保能够根据自身情况因应调适；明确绩效评价机构主体，建立相对权威客观的政府绩效评价机构，明确绩效评价主体责任，界定相应的评价范围和评价内容，统筹各个政府部门以及社会机构开展绩效评价工作，切实提高绩效评价的客观性和公信力。

科学制定评价技术方法，要组织大学和相关科研机构围绕现代经济体系目标规划与设定、目标分解和责任落实、目标实施过程与分析、目标实现程度评价等内容，加强理论和经验借鉴研究，构建科学、规范、全面、可行的现代经济体系绩效评价框架体系；要制订具有可操作性的现代经济体系绩效评价工作方案，明确界定各环节具体的工作内容、工作要求和规范，形成环环相扣的评价工作链条，为顺利推进现代经济体系绩效评价工作提供指引。

确保评价结果反馈见效，要加大绩效评价结果运用力度，形成绩效信息收集、风险预警、问题诊断、成因研判、政策优化和绩效改进的良性循环，加强现代经济体系绩效评价结果公开力度，提高公众认识、参与或监督政府政策决策过程能力，检验政策举措是否符合现代经济体系内在要求，有利于实现政策资源的高效配置；要建立现代经济体系绩效评价结果行政问责制度、政府绩效奖惩制度等，对绩效评价中发现的好经验和好做法，应给予表扬，对政策落实不到位、政策调整滞后等行为坚决给予绩效问责。

六、政绩考核

进入新时代，为适应现代经济体系新要求和经济发展阶段的新变化，政绩考核的导向已经发生了重大变化，从重数量转向重质量，指向了实现更高质量、更有效率、更加公平、更可持续的增长方式。

自治区作为落后地区，在转变发展方式、优化经济结构、转换增长动力的攻关期，政绩考核的目标既要体现一定的增长速度要求，更要增加反映创新和经济新动能、反映全要素生产率等效率指标、反映产品质量指标等的新要求。

要将政绩考核的"普适性"与"差异性"相结合。从"普适性"角度讲，要将新发展理念作为新时代政绩考核的战略指引和重要遵循，作为管全局、管根本、管长远的导向和"指挥棒"。要将创新作为引领发展的第一动力，作为政绩考核的重要依据；要将协调作为持续健康发展的内在要求，突出乡村振兴、区域协调发展考核，强化约束性指标考核；要将绿色作为永续发展的必要条件，提高"生态成绩单"分量；要将开放作为繁荣发展的必由之路，发展更高层次的开放经济，加大开放发展的考核；要将共享作为中国特色社会主义的本质要求，抓住人民群众最关心最直接最现实的利益问题，加大共享发展和人民获得感、幸福感、安全感的考核。从"差异性"角度讲，要结合自治区各盟市旗县经济社会发展不平衡性和差异性，结合功能区划分、区域发展差异等，通过考核指标选取、指标权重设置等方式实现差异化考核。如重点生态功能区、限制和禁止开发区，要淡化经济增速、增量方面的考核，强化生态功能、环境改善、发展绿色产业、生态型经济，及争取国家、自治区财政转移支付等方面的考核权重。重点开发区要强化经济增长的速度和质量，对周边地区经济发展的辐射带动状况等方面的政绩考核。

参考文献：

［1］刘志彪．把握现代化经济体系的内涵和重点．人民日报，2018 年 6 月 24 日第 5 版．

［2］何立峰．大力推动高质量发展　建设现代化经济体系．学习时报，2018 年 06 月 22 日．

［3］张燕生．建设现代化经济体系 大力推动高质量发展．领导科学论坛，2018（6）．

［4］周月秋．现代金融助力现代化经济体系．专家论坛，2018．

［5］张卓元．现代化经济体系 主要体现在四个方面．21 世纪经济报道，2017 年 11 月 23 日．

［6］李义平．深入理解现代化经济体系的有机构成．人民日报，2018 - 08 - 10. ［7］林兆木．关于建设现代化经济体系的几个问题．人民日报（海外版），2018 - 02 - 13.

第四章

打好三大攻坚战

　　自治区三大攻坚战目前已形成了"牢牢守住不发生系统性风险的底线，贫困发生率持续下降，生态环境状况呈现整体遏制局部好转"的良好开局。但仍然存在许多问题和难点有待破解。如风险防范方面，存在政府偿债压力、融资渠道狭窄、土地财政支持力度趋弱、隐性负债风险加大等；精准扶贫方面，存在精准识别、责任落实和资金不足等问题；污染防治方面，存在草原生态系统脆弱、矿山开采破坏草原、面源污染等问题。需要通过控规模、强管理、重疏导、降杠杆等加强风险防范；通过协同、资金、共享、借鉴等举措，推进精准脱贫；打好三大保卫战、提升三大能力、构筑三大体系等，加强污染防治。

防范化解重大风险、精准脱贫、污染防治三大攻坚战目标各有侧重，但内涵紧密相连，有机统一于推进高质量发展、决胜全面建成小康社会的伟大实践。打好三大攻坚战，是实现内蒙古高质量发展必须跨越的重大关口，对于内蒙古决胜全面建成小康社会具有重大意义。

第一节　打好防范化解重大风险攻坚战

当前，内蒙古正处在转变发展方式、优化经济结构、转换增长动力的攻关期，各类风险易发高发，有可能集中释放，因此，必须把防范化解重大风险放在更加突出的位置，重点关注政府债务、金融领域风险，加强风险管理能力建设，提升地方金融生态环境，全力做好防范化解重大风险各项工作，为内蒙古决胜全面建成小康社会、实现经济高质量发展创造条件。

一、阶段性成效

防范化解重大风险事关全局。2017年以来，内蒙古坚决贯彻落实习近平总书记关于防范化解财政金融风险的重要论述精神，把防范化解地方政府债务风险作为经济工作的重要任务，全面规范政府债务管理，防控金融风险，防范化解重大风险取得阶段性成效。

（一）地方政府债务风险化解取得积极进展

1. 年度化债任务超额完成

地方政府性债务风险关系到财政金融及经济社会稳定发展，全区地方政府性债务规模巨大、结构复杂、社会关注度高，对此，全区上下高度重视，多措并举，有序推进化债工作。按照"谁举借、谁偿还"的要求，自治区本级和各盟市在摸清债务总量的基础上，逐级制定了化解政府债务方案，从 2017 年开始化债工作。在全面锁定债务底数和完善化债工作方案的基础上，根据不同领域、不同债务风险情况，采取财政预算安排、压缩一般性支出、盘活存量资产等多种措施，分类处置各类政府债务，2018 年累计完成年度化债任务的 137.2%。

2. 债务管理更加规范

为更好地发挥政府规范举债对经济社会发展的促进作用，2017 年下半年自治区停建、缓建、瘦身了一批政府投资项目，规定新上政府投资项目严格实行债务风险评估和合法性审查，新增政府债务一律采取发行政府债券方式，全年发行新增政府债券 516.3 亿元。自治区党委、政府厉行节约，严控"三公"经费支出，按照不低于 10% 的幅度，压缩本级一般性支出、本级对下专项转移支付等支出 36.4 亿元，把节约下来的资金用于保障改善民生和打好三大攻坚战等领域。

政府债务考核指标体系逐步完善。地方政府债务是一把"双刃剑"，对政府债务化解进行绩效考核，引导其发挥积极作用具有重要的理论和现实意义。自治区以债务风险指标为依据，不断完善政府债务考核指标体系，建立化债与转移支付挂钩机制，做到坚决有力化债、依法合规举债。围绕"化什么、怎么化"的问题，从操作实施层面加大业务培训力度。同时，建立了化债激励机制，对积极化债、提前完成任务的盟市、旗县，自治区财政予以奖励，目前已下达化债奖励资金 76.5 亿元，确保不折不扣完成年度化债任务。

（二）金融风险得到有效防控

1. "四梁八柱"风险防控长效机制构建完成

风险防控长效机制是一个国家或地区进一步提高风险抵御能力，提升风险防控能力，更好地应对外部风险传染的长期机制，也是防范化解金融风险的重要着力点。

内蒙古按照"稳中求进、统筹协调、分类分级、精准施策"的总体要求，构建了一套包括一个预案体系、四个机制、八项重点工作的风险防控长效机制。一个预案体系是全区突发性金融风险事件应急处置预案体系，包括自治区总体预案、各盟市应急预案、银证保和地方金融监管行业预案和各机构预案。四个机制，一是全区防范化解金融风险研判会商机制，重点加强监管协调和信息共享；二是全区农信社流动性风险互助机制，主要通过设立风险互助金防控农村信用社流动性风险；三是城商行流动性互助机制，通过城商行互助授信、财政性存款调入等形式，加强城商行流动性整体风险防范能力；四是债权人委员会工作机制，通过调整还款结构、收回再贷、展期续贷等方式缓解企业压力，帮助企业解困。八项重点工作主要包括深化内蒙古农村信用社改革工作、互联网金融清理整顿工作、推进企业上市挂牌等工作。

2. 不良贷款风险进一步缓解

高不良贷款率与一国或区域经济的低速增长、经济衰退甚至金融危机的爆发有着密切的联系，过高的不良贷款率是经济高质量发展的一个巨大隐患。为化解不良贷款风险，自治区制定并组织实施《2018 年防范化解全区银行业金融机构不良贷款总体工作方案》。明确落实金融机构主体责任、盟市政府属地责任、监管部门监管责任和自治区金融办总体统筹责任。对自治区重点企业实行"一企一策"，精准支持。2017 年启动运行债委会 276 个，涉及金额 2750.7 亿元，帮扶企业 194 户。市场化债转股取得实质性进展，协调金融机构落实债转股资金 36.4 亿元。截至 2018 年 11 月底，全区金融机构累计清收与处置不良贷款 317.49 亿元，同比多化解 77.4 亿元不良贷款，进一步缓解了累加债务、推高风险的隐患，不良贷款风险进一步缓解。

3. 其他重点领域金融风险得到有效防控

当前，自治区金融业、政府债务总体风险可控，但是经济发展不确定因素增多，增长压力增大，互联网金融、影子银行等领域风险影响地区金融稳定与安全。针对这些问题，自治区积极防范和处置非法集资风险，针对目前非法集资手段电子化、网络化、传播途径多样化、行业分布的广泛化等特点，打造了自治区非法集资大数据监测预警平台，以金融大数据系统为数据支撑，对全区 8.7 万家高风险企业进行全面排查和监测。持续开展互联网金融风险专项整治工作，目前自治区存量不合规业务规模已压降 96.1%。综合治理农村牧区高利贷，重点地区高利贷存量持续下降。

二、存在的突出问题

政府债务、金融领域风险点多，影响面广，且相互叠加，传导机制复杂，是目前内蒙古防范化解重大风险的主要任务。如果应对不当，将对内蒙古经济社会发展形成较大干扰和冲击。

（一）化解政府债务主要问题

1. 地方政府偿债压力剧增

一般公共预算收入增势放缓加大地方政府偿债压力，主要体现为：一是经济增速持续放缓导致财政收入难扩容。2017 年，内蒙古经济总量在全国排名第 22 位，较上年下降 6 位，增速更是滑落到后 3 位。一般公共预算收入总额基本与 2013 年持平。二是减税降费一定程度上影响财政增收。2017 年全区减税降费超 800 亿元，其中，推进"营改增"减税约 139 亿元，落实小微企业、鼓励高新技术等各项事业发展税收优惠政策减税约 448 亿元，减税额超过全年一般公共预算收入的 1/3。三是民生、生态等刚性支出持续增长加大财政支出缺口。2017 年全区一般公共服务支出增速较一般公共预算支出增速快 8.8 个百分点，全年财政收支缺口达到 2819 亿元，比 2013 年扩大 70%。

2. 地方政府融资渠道狭窄

一是 PPP 项目承担公共投资能力不足。有些 PPP 项目的前期投入较大，项目周期长，资金体量大，对企业资质要求高，对社会资本的吸引力不大。截至 2018 年 10 月，全区 PPP 项目总数 404 个，总投资 3800 亿元，全区项目落地率为 41%，政府和社会资本投资比例达到了 1∶7.3。虽然一定程度上改变了过去过度依赖政府投资拉动经济增长的方式，但目前自治区 PPP 支出责任距离一般公共预算支出 10% 的上限仍有很大的空间。PPP 很难如中央政府期望的那样承担起主要的公共投资职责。

二是新增债务融资规模较小，难以满足政府融资需要。新增地方政府债券主要用于重大公益性项目建设，新增债券规模无法满足地方投资与建设的实际需要。特别是工业和房地产业投资增速明显下滑，基础设施和公共投资成为各地经济增长重要支柱的情况下，地方政府投资需求扩大与融资渠道受限之间的矛盾正日益激化。

三是政府资产变现能力不足。在政府资产构成中，非金融资产占有较大比例，主要是由楼堂馆所等固定资产和土地储备等构成。这些资产流动性不强，处置比较困难，而在风险集中暴露的时期，价格大幅缩水，资产难以变现，很难起到缓解债务压力的作用。

3. 土地财政对地方政府财政支持力度趋弱

近年，房地产调控政策持续深化，三四线城市去库存和抑过热并行，土地出让单价及土地出让规模增速都将放缓，土地财政依赖度将渐行渐弱。以呼和浩特市为例，2017 年呼和浩特土地挂牌出让共 4 次，共成交 20 宗土地，共出让成交土地面积 85.94 万平方米，成交金额 42.17 亿元，土地财政依赖度（土地出让金/地方一般性公共预算收入）仅为 21%。虽然出让成交面积较上年大幅增长 153%，成交金额是上年的 2.48 倍，但仍低于 2014 年、2015 年成交面积和 2015 年成交金额。随着土地出让制度的逐渐完善，土地出让收入也将继续保持较为平稳的增长态势，今后土地出让收入也难有大幅度增长，对债务偿付支持将进一步弱化。

4. 地方政府隐性负债风险加大

内蒙古隐性负债主要体现在城投公司，城投公司偿债压力在一定条件下有可能转化为政府债务风险。

一是城投公司债务规模庞大。截至 2017 年末，内蒙古已发债城投企业带息债务约为政府债务余额的 40%，2018～2023 年城投债将迎来集中到期高峰，但城投新增融资明显减少，2017 年全区城投债新增融资规模仅为债务余额的 2.8%，城投债违约风险持续加大。

二是城投公司自身业务盈利能力较差。因城投公司多数从事地方政府公益性项目，利润主要来源于政府补贴，自身造血功能较弱。虽然中央已明确城投公司与地方政府债务权责，但若城市核心城投公司发生债务违约可能引发城投信用崩塌带来的区域系统性风险。

三是城投企业融资难度明显加大。随着融资监管的加强，金融机构相关产品的整顿与清理将导致部分城投平台融资渠道受限，资金链紧张，部分地区或面临较大流动性风险。此外，2018 年 9 月，国务院办公厅出台《关于加强国有企业资产负债约束的指导意见》规范"借方"举债行为，要求到 2020 年末国有企业资产负债率基本保持在同行业同规模企业的平均水平，为国有企业资产负债建立硬约束，将进一步缩小城投企业融资空间。

（二）金融领域存在的主要风险点

金融风险是实体经济风险集聚的镜像反映。经济转型期往往也是金融风险快速聚集和集中暴露期。在经济下行压力增大的背景下，实体经济结构性产能过剩、过度加杠杆和资产错配等潜在风险显性化，并加快传递和集聚到金融部门。

1. 不良贷款超过警戒线

内外需求同步放缓为经济增长带来一定压力，当前正处于不良贷款的集中暴露期，部分潜在风险对银行业金融机构资产质量形成挑战。

一是债券违约增加引起风险传导。2018 年以来，资金面整体趋紧，企业层面的资金更趋紧张，推动债券违约概率上升，将对商业银行的资产质量产生负面影响。

二是"去产能"存在潜在信贷风险。全区传统能源、煤化工、钢铁等领域企业面临较大转型压力，融资渠道持续全面从紧，融资成本上行以及产业调控政策的延续，进一步加大资源型企业资金周转压力，易引发债务问题。

三是信贷资金"垒大户"易积累潜在风险。由于传统银政合作模式难以为继，银行缺乏资金投入载体。在大客户经营情况较好时，银行竞相向其提供授信额度，跟风放贷，未能充分考虑经济结构不平衡和行业风险因素，导致贷款风险过于集中。2018 年上半年，自治区银行业金融机构不良贷款余额同比增长25.7%，不良贷款率达到 4.46%，较年初上升 0.65 个百分点，同比上升 0.7 个百分点，超过 2% 的警戒线，远高于全国平均水平，不良贷款风险防控压力依然较大。

2. 债券违约事件不断增多

企业债券违约风险主要来自内部现金流恶化和外部现金流萎缩。从内部看，中上游行业去产能效果卓著盈利提升，下游企业成本提升利润空间受到挤压，部分企业为取得足额资金会采取短债长配的融资手段，进一步加重其面临的流动性风险。从外部看，资管新规落地，非标萎缩仍将持续，风险偏好趋降背景下，低等级债券发行更加困难，低资质企业外部现金流萎缩，再融资不到位，"借新还旧"机制失灵，违约风险不断积累。尽管违约是市场发展的正常现象，但若违约大面积发生或者过于集中，将直接降低地区信用水平，降低自治区企业融资能力，甚至会造成区域性、系统性风险，对经济高质量发展产生负面影响。

3. 以高利贷为代表的影子银行向农村牧区蔓延

影子银行主要表现为信托理财、地下钱庄、小额贷款公司、典当行、私募投资、民间融资等从事贷款业务的非银行金融机构。影子银行不受传统银行业监管框架限制，监管工作不仅协调成本高，也存在不少空白区域。其高杠杆率、期限错配、高融资成本、难以监管等特点易滋生风险。内蒙古影子银行风险主要来源于农村牧区高利贷。由于部分偏远农村牧区金融供给和服务不足，农牧民因农牧业生产经营季节性急需周转资金，或因病因灾因农畜产品价格下跌等原因借高利贷，这些高利贷严重破了坏农村牧区信用体系，影响农牧民经济生活。锡林郭勒盟和呼伦贝尔市是高利贷高发地区，2016 年锡林郭勒盟参与高利贷活动的农牧民有 2.6 万户，借贷规模约占全盟金融机构人民币短期贷款余额的 5.3%。经过对农村牧区高利贷综合治理，2017 年底仍有 0.74 万户、约 4.4 亿元的规模。2017 年以来，仅呼伦贝尔市新巴尔虎右旗就破获涉牧高利贷案件 18 起，涉案金额达 2 亿余元。同时，法院判决调撤高利贷案件 298 件。高利贷问题如不及时化解，将严重影响农牧民的生产生活，扰乱金融秩序，增加社会安全隐患，阻碍脱贫攻坚整体进程。

4. 金融资源外流

一是有效贷款不足极有可能增大自治区资本外流压力。自治区金融机构从 2017 年下半年以来向其总行争取到的信贷规模明显减少，且项目评审更加严格。受经济下行影响，企业扩大生产投资意愿不强，2017 年自治区企业贷款增速比上年同期放缓 4 个百分点。新兴产业对金融资源的吸纳能力有限，2017 年，自治区高新服务业贷款仅占全部行业新增贷款的 1.9%，信贷供需矛盾较为突出，金融资源外流压力加剧。

二是银行储蓄存款流失严重。长期以来我国利率由"双轨制"决定，银行存贷款受基准利率管制，导致其定价没有吸引力。而货币市场利率完全由市场决定，随着居民理财意识逐渐增强和互联网理财的兴起，存款分流现象更加明显。此外，房地产市场呈现回暖迹象，2018 年 1~7 月份，全区商品房销售面积增速扭转负增长局面，商品房销售额增长 14.1%，进一步转移掉一部分居民储蓄存款。截至 2018 年 6 月底，自治区金融机构人民币各项存款余额仅比年初增加 151.9 亿元，同比少增 1098.8 亿元，存款增速放缓，必然会对银行的贷款业务带来影响。

三是金融资源流入虚拟资本市场投机。内蒙古实体经济结构不够优化，除资源型行业利润率较高外，其他行业利润率水平低，金融资源不愿流入，部分资金在金融体系内自循环，易造成实体产业空心化局面。

三、主要对策建议

（一）严控地方政府债务规模

地方政府适度依法举债对于优化地方资源配置，调控地方经济起着至关重要的作用，但也要坚决制止无序举债搞建设，规范举债融资行为。

一是树立正确的政绩观。破除急功近利的心态，从"我的政绩"中解放出来，把抓工作的出发点放在为党尽责、为民办事上，杜绝因各种政绩工程和形象工程新增不合理债务，严控地方政府债务增量。

二是合理确定盟市旗县政府债务限额。摸清债务底数，充分考虑地方政府财力水平、融资需求、资金效益等情况合理确定债务限额，增强困难地区政府自身造血功能。

三是强化预算管理。各地区在编制预算时，同步提出政府债务举借和偿还计划，未列入预算管理的政府债务项目，不得举借政府债务和安排财政性偿债资金。发行地方政府债券一律与公益性建设项目对应，披露一般债券和专项债券发行信息时均要将债券资金安排明确到具体项目，使用债券资金也要严格按照披露的项目信息执行。

四是坚决遏制隐性债务增量。加强对土地储备、招拍挂的监管，明确各类平台公司不得再承担政府土地储备职能。严格执行负面清单管理，对不合规 PPP 项目在甄别后予以分类处置。从严审核把关各级政府平台公司的发债申请，支持有效益的实体企业发债。

（二）强化政府债务管理

强化政府债务限额管理和预算管理，着力加强债务风险监测和防范，能够有效降低财务成本和减轻地方政府偿债压力。

一是按债务风险程度实施分类管控。健全地方政府性债务风险评估和预警机制，以国际通行的 100% 债务率作为风险预警线，对综合债务率高于（含）

100%的地区，或一般债务率、专项债务率两项同时高于（含）100%的地区，不再允许其新发地方政府债券，并要求其指定化解方案，督促其在规定期限内化解完毕，对综合债务率低于100%但高于（含）80%或一般债务率、专项债务率有一项高于（含）100%的地区，控制其债务增长低于经济增长速度，督促其积极落实偿还责任。

二是推进实施地方政府债务项目滚动管理和绩效管理。建立健全"举债必问效、无效必问责"的政府债务资金绩效管理机制，加强债务资金使用和对应项目实施情况监控。深化存量债务化解与新增债券额度安排、财政转移支付分配挂钩机制，提高债务资金使用绩效。

三是深入推进融资平台公司转型。积极稳妥推进其转型改革，撤销"空壳类"、整合"相近类"、转型"实体类"，突出做强主业，规范内部决策程序，加快将融资平台公司逐步转型为自主造血能力较强的实体化运作的国有企业。

（三）有序推进政府债务疏导

一是依法依规有序化解存量政府债务。通过财政资金、出让土地、出售国有资产及发行政府债券等措施化解已有债务，整改融资平台公司违规担保举债和政府支出事项，建立市场化、法治化的债务违约处置机制。

二是进一步规范政府举债方式。没有收益的公益性事业发展举借一般债务，通过发行一般债券融资；有一定收益的公益性事业发展举借专项债务，通过发行专项债券融资。

三是用好新增政府债务资金。引导各地按照轻重缓急顺序合理安排使用债务资金，确保地方政府债务资金只能用于公益性资本支出，优先保障在建工程项目建设，重点投向乡村振兴、生态环保、保障性住房等民生短板领域。

（四）降低非金融企业杠杆率

进一步降低非金融企业杠杆率，释放信贷资源，促使债务性资金更多配置到新兴产业部门、高效率企业特别是民营企业，能够有效改善金融领域风险状况。

一是积极推动企业去杠杆。建立完善风险排查机制，采用全面排查与随机抽查相结合的方式，不定期对发债企业的偿债措施落实、本息兑付资金准备、偿债资金账户管理、信息披露、资产重组或重大资产减持等情况进行检查。建立兑付提示预警机制。定期通报各盟市即将兑付的企业债券清单，督促各地企业合理安排债务融资规模。

二是落实差别化信贷政策。引导金融机构加大对战略性新兴产业、传统产业技术改造和转型升级等的支持力度。对长期亏损、失去清偿能力及环保、安全生产不达标且整改无望的企业及落后产能，坚决压缩退出相关贷款。

三是拓宽企业融资渠道。支持企业积极探索实施知识产权、碳排放权等资产证券化。加快企业股份制改造进程，推动开展中小企业应收账款融资，支持符合条件的企业发行绿色债券，提高企业直接融资比重。支持符合条件的企业开展市场化债转股，化解企业债务风险。扩大股权融资资金来源，引导保险资金、年金、基本养老保险基金等长期性资金开展股权投资。

（五）推动金融机构降低杠杆

金融机构利润最终来源于实体经济，加杠杆环节越多、杠杆率越高，意味着实体经济负担越重、融资成本越高。推动金融机构降低杠杆，确保资金来源和应用之间建立清晰的映射关系，对于缓解实体经济融资难、融资贵，改善金融领域风险状况都有积极作用。

一是加强金融协同监管。完善金融风险防范协同工作机制，强化对交叉性金融业务的风险管理，督促杠杆率偏高的地方法人金融机构补充权益资本。

二是推进地方金融机构改进风险管理。鼓励地方商业银行引进民间资本、战略投资者，提高资本充足率。加强金融机构创新业务、表外业务、同业业务管理，防止资金空转和监管套利。

三是拓宽不良金融资产化解渠道。完善金融机构贷款风险评估预判机制，支持各金融机构早行动早化解，防止向不良迁移。充分发挥金融资产管理公司等市场处置主体作用，通过盘活重整、折扣减免、不良资产证券化等多种方式，积极推动不良资产处置工作。积极创新批量处置、代理处置、委托处置等不良处置方式，提高处置效率。

四是加强新型金融主体监管。开展互联网金融和交易场所专项治理，加强融资担保机构、小贷公司等行业风险管理，引导新型金融主体专注主业，服务地方小微企业融资。

（六）全力提升地方金融生态环境

高质量的经济发展需要强有力的金融支撑，而一个强大的金融需要良好的金融生态环境为基础。

一是加强与中央金融管理部门和金融机构总部的沟通协调。及时传递金融顶层声音，及时传达自治区重大工作部署安排，进一步赢取政策和工作支持。引导金融机构把控好信贷投放的总量、结构和节奏，确保信贷资金流入实体经济，满足内蒙古经济高质量发展的合理资金需求。

二是增强农村牧区金融供给和服务能力。进一步完善农村牧区金融服务体系。完善差别化考核机制，建立和完善尽职免责制度，鼓励增加信贷投放。加快"两权"确权颁证进度，创新农村牧区资产抵（质）押担保融资方式，盘活农牧民资产。

三是保持打击非法集资高压态势。坚持依法、打早打小打苗头，落实好属地责任，加强基层网格化管理，落实举报奖励制度，建立重大案件挂牌督办制度，加大积案清理力度，提高案件结案率。

四是加快信用体系建设。加快全区社会信用信息数据库建设，实现信用信息的互联互通、共建共享。扶持发展信用评级机构、征信公司等中介机构，提升信用信息和征信结果应用水平，增强信用评级的风险揭示功能。

第二节　打好精准脱贫攻坚战

十八大以来，自治区党委政府坚定不移地贯彻落实党中央国务院关于打赢脱贫攻坚战的决策部署，全面落实精准扶贫精准脱贫基本方略，强化组织领导，完善政策措施，组织动员社会力量广泛参与，全区脱贫攻坚工作取得卓越成效。但行百里者半九十，剩下的都是难啃的硬骨头，需要我们找准难点、把握重点，选好着力点，毕其功于一役，力争取得全胜。

一、阶段性成效

内蒙古贫困人口从 2012 年的 139 万下降到 2018 年的约 15 万人，贫困发生率由 2012 年的 10.6% 下降到 2018 年的 1.06%。2018 年完成全年减贫 23.5 万人，10 个国贫旗县、13 个区贫旗县完成退出评估，有望实现摘帽。贫困旗县由最多时的 57 个（31 个国家级贫困旗县，26 个自治区级贫困旗县）减少为 20 个。2018 年内蒙古自治区各级财政投入扶贫专项资金 101 亿元，扶贫投入强度和力度居全国前列，涉及群众生活的方方面面。贫困地区基础设施和公共服务明显改善，农村牧区基层组织建设加强，村级集体经济逐步发展壮大。

（一）产业扶贫

贫困户脱贫最核心的问题是自己能够创造价值，创造收入。产业扶贫的目标就是通过产业发展，给贫困户培养一个产业，让贫困户成为产业经营的主体，或者为他们提供就业，为贫困户提供创收，这是实现真正可持续扶贫的关键所在。

近年来，内蒙古立足各地资源禀赋、产业基础和市场需求，采取"菜单式"、企业或合作社带动、资产收益等多种方式，大力发展现代农牧业，支持有劳动能力的贫困群众参与产业发展，因村因户因人施策，到村到户到人帮扶。2016～2018 年，全区累计实施农牧业产业扶贫项目 19332 个，扶持贫困人口 124.7 万人次。2018 年实施特色产业扶贫项目 7290 个，扶持贫困人口 60.75 万人次。积极推进光伏扶贫、电商扶贫、旅游扶贫等新业态，2018 年，31 个集中式光伏扶贫电站实现并网发电，项目规模 100 万千瓦，覆盖 3.9 万户无劳动能力贫困户，项目达产后每户每年可增加收入 3000 元以上。积极推动电子商务进农村综合示范项目建设，引导贫困户融入电商产业链条，推动贫困地区、贫困户的产品线上线下互动营销，使电商扶贫成为脱贫攻坚的"新引擎"。产业扶贫为贫困地区、贫困群众创造了可持续的收入来源途径，为确保完成脱贫攻坚任务奠定了良好基础。

（二）易地扶贫

易地扶贫搬迁是通过国家政策扶持，把居住在"一方水土养不起一方人"地方的贫困群众搬迁到条件较好的地方居住，按规划、分年度、有计划组织实施，实现迁入地在交通、医疗、文化教育等生产生活条件有明显改善，迁出区生态环境有效恢复，有利于贫困群众创业、就业，逐步提高收入水平和生活质量，确保搬得出、稳得住、有事做、能致富。2016～2018年，全区投入各类资金102.5亿元，规划搬迁建档立卡贫困人口14.94万人、现已搬迁入住11.2万人。同时创新"易地搬迁"扶贫模式，实现其与产业间的结合，保障搬迁后就业与创收能力，保障所有迁入人口的收入来源，保证脱贫成效的稳定性与可持续性。如内蒙古赤峰市林西县实施"异地搬迁+"模式，通过"易地搬迁+光伏""易地搬迁+设施农业""易地搬迁+产业园区""易地搬迁+养殖""易地搬迁+旅游"等模式，实现易地搬迁与产业发展间的结合，确保产业先行、群众参与和当年建设当年入住，使得贫困人口拥有较高的搬迁意愿，同时又能促进、保障其稳定、可持续脱贫目标的实现。

（三）生态扶贫

生态扶贫是通过实施重大生态工程建设、加大生态补偿力度、大力发展生态产业、创新生态扶贫方式等，切实加大对贫困地区、贫困人口的支持力度，推动贫困地区扶贫开发与生态保护相协调、脱贫致富与可持续发展相促进，使贫困人口从生态保护与修复中得到更多实惠，实现脱贫攻坚与生态文明建设"双赢"。

自治区已将符合政策条件的贫困嘎查村、贫困户全部纳入退耕还林还草范围，将70%以上的国家重点林业生态工程和建设资金安排到贫困地区，并逐步扩大生态保护补偿范围，增加重点生态功能区转移支付，建立参与受益机制，让更多贫困人口实现就业增收。2016～2018年，累计投入国家林业重点工程资金28.2亿元用于贫困旗县林业重点工程建设，优先吸纳贫困人口参与工程建设；投入国家公益林补偿资金46.8亿元用于贫困旗县国家级公益林补偿，使7.6万名贫困人口受益；为1.15万名建档立卡贫困人口提供了护林员公益性岗位，年人均补贴1万元。

（四）教育扶贫

教育扶贫就是通过在农村普及教育，使农民有机会得到他们所要的教育，通过提高思想道德意识和掌握先进的科技文化知识来实现征服自然界、改造并保护自然界的目的，同时以较高的质量生存。

目前，自治区推动建立了从学前教育到高等教育、职业教育一条龙的教育资助政策体系。从 2017 年开始，建档立卡贫困家庭考入普通高校的新生每人每年给予 1 万元资助，农村牧区义务教育阶段在校生营养改善计划试点范围由 8 个集中连片特困县扩大到其他 23 个国贫县，实现 31 个国贫县全覆盖。

（五）健康扶贫

据统计，在贫困户的致贫原因中，因病致贫高居榜首，占比高达 42%。在全面打赢脱贫攻坚战中，解决因病致贫是关乎千家万户的大事，更是如期建成全面小康社会的必要前提条件。为解决这一难题，各贫困地区积极创新健康扶贫模式，拓宽贫困户报销渠道，增加报销比例，控制贫困户最高支付水平。建立信息化动态管理系统，对因病致贫人员实行横向到边、纵向到底的精准管理。实施贫困人口免费健康体检，对建档立卡贫困人口实行"两免、两降、两提、四助"医疗保障倾斜政策。全面实施大病集中救治一批、慢病签约服务一批、重病兜底保障一批"三个一批"行动计划，推行先诊疗、后付费，一站式结算服务模式，建档立卡贫困人口住院费用报销比例达到 90% 以上，大病救治比例达到 98%，城乡居民基本医疗保险和大病保险覆盖全部贫困人口。贫困旗县综合医院达到二级及以上服务水平，87% 的苏木乡镇卫生院和政府支持的嘎查村卫生室硬件建设实现标准化。

（六）社会保障兜低

社会保障对低收入群体而言就是要构建最低生活保障的底线，让贫困群众吃下"定心丸"。低保兜底工作不仅可以稳定解决贫困对象的温饱问题，有条件的还可帮助他们尽快实现脱贫致富。自治区积极推进低保政策与扶贫开发政策有效衔接，聚焦完全和部分丧失劳动能力贫困人口基本生活保障，集中开展核查对比工作，加快推进农村牧区低保政策与扶贫开发政策有效衔接，做到应保尽保、应扶尽扶。将符合条件的 16.94 万贫困人口全部纳入低保兜底范围，为符合条件的 17.48 万未脱贫人口代缴基本养老保险费，实现了代缴全覆盖。实施建档立卡贫困人口临时救助 2.08 万人次、支出 2241 万元；实施重特大疾病贫困人口医疗救助 14.73 万人次、支出 1.28 亿元；将 6549 名贫困人口纳入农村牧区特困人员救助范围。

二、存在的主要问题

（一）精准识别难度大

精准扶贫的前提是精准识别。目前，自治区多数贫困地区对贫困户的识别程序比较完善，透明度较高，主要采取排除机制，但由于对贫困户的资产、负债、收入信息不充分、不对称，数据比对不及时、信息不共享，导致边缘户甄别难度大，难免会遗漏具有特殊情况的贫困户，精准识别中仍然存在瞄准对象偏离的问题。突出表现是自上而下的识别程序存在缺陷，一部分没有建档立卡的非贫困户已成为事实上的贫困户，但游离于精准扶贫政策范围之外，此类"边缘户"不是个例，识别不精准、退出不精准已成为精准脱贫工作的新难题。

（二）扶贫工作责任落实不到位

各类各级扶贫工作队伍存在作风不严不实等工作作风问题，在精准脱贫工作中存在贫困户识别不精准、公示程序不规范、"三务"不公开、驻村干部脱岗驻村工作开展不实不细，未建立驻村工作日志，扶贫档案材料不健全，工作责任心不强，纪律涣散，侵占、挪用、骗取扶贫资金等问题不同程度地存在。个别地区政策执行存在偏差。有的易地扶贫从村东头搬到村西头或原址重建，有的小额信贷扶贫仍有"户贷企用"，有的基层金融机构未严格执行"两免一补"和基准利率等。基础性工作有待提高，部分干部还存在"想干不会干"的问题，有的地区资金整合难落实、扶贫政策宣传不到位、谋划扶贫项目质量不高等。

（三）扶贫资金总量不足，投入不平衡

财政扶贫资金总量不足，整合不力，有限的扶贫资金投入不平衡，如"三到村、三到户"资金，仅覆盖重点扶贫嘎查村。重产业扶贫，低保覆盖不足。

（四）部分贫困群体内生动力不足

部分贫困人口内生发展动力不足，"不想脱贫""等靠要""争贫困"等屡见不鲜，助长了好吃懒做等不良风气。贫困户参与产业扶贫程度不高问题普遍存在，扶智扶志的难题尚未从根本上破解。从内因看，主要是思想封闭落后，

习惯小农思想，自身条件较差，有的贫困人口自身见识有限，难以突破外出就业的巨大"心理挑战"，不肯外出，有的则是生活没有目标，致富没有规划，也有些贫困户技能缺乏，学习意愿不强；从外因看，很大程度上是脱贫的政策激励机制不够灵活有力。

三、主要难点

（一）脱困过程的高难度需要扶贫投入的集中化

新时期，内蒙古脱贫攻坚工作主要面对贫中之贫、困中之困，主要解决深度贫困、资源性贫困、人口素质贫困和慢性贫困，减贫成本更高，扶贫难度更大，脱贫见效更慢，攻坚难度大大增强，因此脱贫攻坚越到后期，工作精力越要重点集中。

目前，自治区涉农涉牧资金项目管理部门的协调整合不够，贫困旗县财政涉农涉牧资金整不动、不敢整等问题普遍存在，导致涉农涉牧资金参与脱贫攻坚力度不大。"分则力散，专则力全"，要充分发挥集中力量办大事的优势，集中优势兵力打歼灭战。对投入要巩固存量，力争增量，要加大专项资金的整合，特别是加强县一级专项扶贫资金的整合，要鼓励支持贫困县把各种涉农资金和社会帮扶资金捆绑使用，解决突出的问题和薄弱的环节。要加强政策统筹力度，把现有帮扶政策、项目利用好，发挥帮扶政策的协同效应。要发挥集中力量办大事的制度优势，重点解决深度贫困地区交通、水利、电力、通信等重大基础设施建设，改善贫困地区群众生产生活条件的公共服务和社会事业，解决贫困人口就业、住房、安全饮水、基本医疗有保障等问题。

（二）致贫原因的复杂性需要扶贫手段的综合化

目前，内蒙古尚未实现脱贫的深度贫困地区和深度贫困人口面临的大多是一些多年未解决的深层次矛盾和问题，是由生态环境脆弱、自然灾害多发、基础设施落后、社会事业发展滞后、集体经济薄弱、内生脱贫动力不足等多重致贫因素叠加交织导致的，致贫原因呈现综合性的特征，脱贫难度很大，脱贫成果也很难巩固。特别是以农牧业为主要收入来源的家庭，气候状况对家庭收入有着至关重要的影响，风调雨顺则收入较好，一旦有旱灾或白灾，则可能重新跌入贫困线下。

基于致贫原因的综合性和复杂性，单一的脱贫攻坚举措将难以取得明显成效，必须在精准扶贫的基础上根据当地实际情况将多种扶贫脱贫手段综合化、集中运用，以综合性扶贫工作为中心综合施策，从综合性扶贫战略体系上开展工作，在制度设计和建设上体现更大的包容性、综合性，产业培育、教育发展、生态补偿、健康救助、技能培训、整村推进、易地搬迁、保障兜底等举措同时并举，实现"$1+1>2$"的协同效应。

（三）重点难题的再突破需要扶贫政策的精准性

精准是习近平总书记针对新时期新阶段提出的扶贫工作的新思想新要求，更是对过去扶贫脱贫工作的总结、提升与创新，是扶贫工作理论和实践的重大创新，切中了过去底数不清、情况不明、针对性不强、扶贫项目和资金指向不准等问题。在有限的时间内打赢扶贫开发攻坚战，必须按照精准扶贫、精准脱贫总要求，坚持问题导向，坚持精准施策，找准"穷根"，开对"药方"，对扶贫资源进行精准化配置、对扶贫对象进行精准化扶持、对扶贫工作进行精细化管理，把精准扶贫精准脱贫贯穿扶贫开发全过程，以更加有力的措施和切实有效的行动，使扶贫工作扶到点上、扶到根上。要精确梳理、精心排序，找出扶贫开发的重点难点和亟待解决的薄弱环节，以点带面、集中力量解决突出问题。政策措施的制定和实施要有针对性、聚焦性、有效性和可操作性，防止无的放矢、"拳脚落空"。

（四）宏观环境的新变化需要扶贫措施的创新性

近年来，我国宏观经济环境发生重大变化，经济发展进入新常态，经济发展速度进入换挡期。

当前，内蒙古经济下行压力加大，财政收入急剧下降，"十个全覆盖"及过度举债建设导致的政府债务隐含系统性债务危机，对政府扶贫的刚性支出造成了一定的约束，而政府积极主动地加大扶贫帮扶力度也诱发了部分贫困户等、靠、要、懒、畏难等消极思想和懈怠行为。在扶贫攻坚投入更加趋紧和部分扶贫对象消极懈怠的情况下，内蒙古扶贫攻坚工作需要积极创新扶贫措施，以问题为导向，进一步理清思路、强化责任，采取力度更大、针对性更强、作用更直接、效果更可持续的措施。在扶贫思路上要坚持先扶志再扶智，物质扶贫与精神扶贫齐抓共进；在扶贫制度上探索资产收益扶持制度，变直接的资金补贴为间接的股份收益；在扶贫主体上探索凝聚社会力量参与扶贫攻坚，构建政府、市场、社会多维联动的"大扶贫"格局；在扶贫手段上探索大数据管理，实现社会扶贫资源的精准化配置。

四、主要对策建议

面对内蒙古脱贫攻坚所面临的新形势、新难点、新要求，在今后的脱贫攻坚工作中需要围绕处理好"输血"与"造血"、短期攻坚与长效去根、物质脱贫和精神脱贫的关系系统筹兼顾，创新施策。

（一）促进力量汇聚，推动社会扶贫力量凝焦聚力

在巩固现有脱贫攻坚成果的基础上着力创新，建立政府、市场和社会不同扶贫主体之间优质高效的协同机制，发挥市场和社会力量在脱贫攻坚中的作用，提升扶贫的效率和效果。从政府看，要加强组织领导，落实扶贫责任，同时要硬化扶贫政策，加强资源整合。从市场看，要引导企业参与扶贫，依托合作组织带动脱贫，开展招商引资促进脱贫，推进金融资本放大扶贫效益等。从扶贫力量看，要协调推进党政部门定点帮扶、社会团体扶危济困、社会监督促进公开。

（二）统筹资金整合，实现资金使用效益最大化

当前脱贫攻坚工作中往往存在着财政资金使用分散、社会资金合力不强、扶贫开发效益不高的问题。由于扶贫资金投入相对不足，与需要解决的问题和群众的需求相比是杯水车薪，"撒胡椒面"式的资金投入导致脱贫攻坚的深度和力度不够，持续效果不明显。因此，要创新贫困旗县资金整合机制，突出资金整合，把整合资金、集中投入作为脱贫攻坚的关键措施，真正把有限的资金用在刀刃上，实现资金使用效益最大化，提高脱贫攻坚成效。要充分发挥旗县级统筹整合主体责任，在旗县扶贫部门设立全旗县统筹整合资金总账套，作为整合资金的统筹整合平台，将政府切块下达的财政资金和其他渠道获得的扶贫资金纳入整合范围，全部汇总到旗县统筹整合资金总账套，统一承接捆绑、整合

归集。打破资金归口管理界限，资金整合旗县根据项目实施需要自主确定牵头管理部门，具体脱贫攻坚项目的立项权、审批权旗县掌握。

（三）推进政策协同，促进重大战略举措有机融合

脱贫攻坚不是单一地区、单一部门的单打独斗，也不是就扶贫谈扶贫，需要跳出扶贫抓扶贫，站在区域发展、政策协同和利益共享的视角看脱贫攻坚问题。党中央、国务院近年来出台了一系列促进区域协同发展的重大举措和发展理念，比如实施乡村振兴战略、创新乡村治理体系等，脱贫攻坚是乡村振兴和乡村现代化治理的前提，实现乡村振兴和乡村现代化治理的过程也是贫困地区从根本上改变面貌，走向共同富裕的过程，两者相辅相成，相互促进。如果说脱贫帮扶是攻坚克难，发展产业是巩固成果，那么实现振兴、建设美丽和谐乡村则是积基树本，因此，在脱贫攻坚工作中乡村振兴战略、创新乡村治理体系等重大战略举措要有机融合，从更加广阔的乡村社会治理视角，从物质和精神文化层面进行扶贫工作，最终实现贫困地区的生态宜居、兴业富民、文明和谐、治理有效。

（四）推广成功经验，发挥典型示范引领作用

由于自治区已进入深度贫困地区扶贫攻坚阶段，部分地区、部分群众、干部面对艰难的攻坚扶贫任务，多少会对扶贫工作从何处着手、由哪里突破存在迷茫、困惑，因此需要成功经验和先进典型的示范和引导。

经过长时期的脱贫攻坚工作，内蒙古各地区对扶贫工作已经探索和积累了许多好做法、好经验。这些经验和做法经过实践的检验，经历了时间的考验，对全区脱贫攻坚工作具有积极的借鉴意义和良好的示范作用。在今后的扶贫攻坚阶段，需要建立扶贫先进典型台账，认真总结精准扶贫的成功经验和做法，总结产业扶贫、劳务脱贫、易地扶贫搬迁和教育、健康扶贫等重点工作的典型范例，加强宣传引导，积极推广应用，充分发挥典型的示范引领作用，在更大的范围内进行推广应用，通过典型引路，促进脱贫工作全面提升。

（五）强化基层组织，夯实乡村振兴根基

群众富不富，关键看支部。目前自治区的农村嘎查普遍存在两委老化、弱化的问题，基层组织的战斗堡垒作用发挥的不充分甚至不起作用。脱贫攻坚，

筑牢基层战斗堡垒是基础。基层党组织作为最前沿阵地的"基本作战单元"，要成为脱贫攻坚"核心"和"引路人"。一是基层党支部要积极适应新的社会分工、经济发展、党员流向的变化，加强新经济组织、专业合作社、产业链条的党组织建设，实现党的组织和党的工作全覆盖。二是加强软弱涣散党组织整顿和提档升级，全面提升基层党组织的政治和服务功能。三是进一步健全村级民主管理、民主协商制度，民主决策、民主管理，凝聚广大人民群众智慧和力量，不断增强基层党组织的公信力和向心力，使基层党组织真正成为地方稳定、发展的"领导核心"。四是当好脱贫攻坚"引路人"，积极向贫困群众宣传党和政府有关扶贫的政策措施，教育和引导群众克服"等、靠、要"依赖心理，树立"主体地位"观念，在思想上充分激发困难群众的致富愿望，鼓励群众依靠惠民政策和富民产业，自力更生、科学致富。

（六）促进机制创新，实现脱贫成效长久巩固

完善扶贫开发长效机制是巩固脱贫攻坚成果的根本保障。要坚持走"造血式""开发式"扶贫的路子，瞄准致贫根源，实施精准化识别、针对性扶持、动态化管理，拓展中央及省级对口帮扶的政策内涵，着力从根源上解决长远生计和持续发展。一是完善干部帮扶长效机制。继续坚持结对帮扶不变，扶贫单位定点联系贫困村、贫困户长期不变，干部"一对一"帮扶贫困户长期不变；二是完善产业扶贫长效机制，帮助贫困地区、贫困户发展优势特色产业，助农增收，鼓励和帮助贫困户以土地承包转让等要素入股龙头企业，并实行利润分红；三是完善分类救助长效机制。坚持扶危济困，对完全丧失劳动力的贫困户实行低保兜底，继续实施教育、医疗保险救助制度，重点建好用好贫困户大病救助基金，并对长期重病患者实行第二次医疗费补助；四是完善基础设施建管机制。继续加大对贫困地区基础设施建设的投入力度，主要用于道路、水电、网络等的建设和升级改造；五是完善扶贫管理长效机制。坚持精准监管，搞好扶贫脱贫监测、资金审计监督与专项治理、督查问责、绩效考核、政策落实等方面的精细管理工作，确保扶贫工作持续健康发展。

（七）积极扶志扶智，激发脱贫主体内生动力

决战深度贫困，需要激活"内因"，扶志扶智相结合，把"等、靠、要"变

成"闯、改、创"，激发贫困群众干事创业的主观能动性，让他们迅速从被动脱贫到主动脱贫转变，主动作为，充当精准扶贫的主角。一方面要创造扶志扶智的外在机制，营造内生动力的支撑体系，在脱贫实践中不断强化支撑体系、加大政策倾斜，对主动要求脱贫者，要在政策关怀和资金保障上给予更多的倾斜，实行扶贫资源差异化分配，对真正干活的给予大力支持，以多劳多得的方式激发群众脱贫致富积极性。强化智力扶持，努力拔除加大教育扶贫力度的专项支持政策，建立起了从学前教育到高等教育、职业教育一条龙的教育资助政策体系，阻断贫困代际传递。另一方面，强化贫困地区和贫困户的内生动力，营造脱贫致富的强大社会氛围，精心组织、进村入户、突出重点，将精准扶贫惠民政策宣传工作做到全覆盖，把惠民政策落到实处。着重改变贫困地区群众的思想观念，帮助贫困群众树立脱贫信心，努力营造依靠自身力量改变贫穷落后面貌的浓厚舆论氛围，形成榜样效应，对贫困群众真正起到正面的激励、促进作用。

第三节　打好污染防治攻坚战

一、基本情况

自治区深入贯彻习近平新时代中国特色社会主义思想和党的十九大精神，在习近平总书记生态文明建设重要战略思想指引下，走好以生态优先、绿色发展为导向的高质量发展新路子。切实加大生态环境保护力度，统筹推进水、气、土壤等重点领域污染防治，坚决打好打赢污染防治攻坚战。

（一）大气污染防治情况

主要大气污染物排放持续下降，大气污染防治攻坚战硬性指标良好。近三年来，自治区 PM2.5、PM10、二氧化硫平均浓度呈逐年下降趋势，2017 年这三种主要大气污染物较 2015 年分别下降了 22%、15.9%、25%，但二氧化氮的平均浓度未下降，近三年的排放量基本持平。2017 年，自治区一氧化碳日均浓度平均为 1.6 毫克/立方米，除包头市之外，其余盟市全部达标，臭氧日均浓度平均为 143 微克/立方米，各盟市均有轻微超标情况（图 1）。2017 年，自治区《大气十条》各项考核任务基本完成情况较好。

全区空气质量整体好转，部分中西部盟市表现不及预期。近三年来，自治区空气质量有所好转，2017 年达标天数虽然比 2016 年少 5 天，但比 2015 年多 17 天，空气质量达标率达到 84.7%，比 2015 年提高 4.7 个百分点，整体呈现好转趋势。2017 年，只有呼和浩特、乌兰察布、巴彦淖尔三市空气质量达标天数低于 2015 年，其余盟市均有不同程度好转，其中兴安盟、通辽、乌海达标天数提升幅度明显，均在 30 天以上。2017 年，空气质量为优天数在 120 天以上的盟市均为东部盟市，中西部盟市均不足 100 天（表 1）。

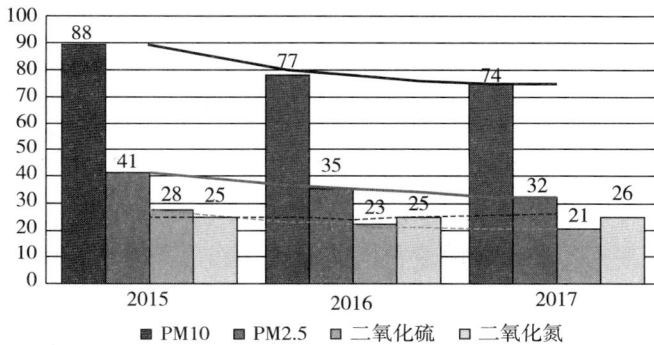

图 1　近三年自治区主要大气污染物浓度变化（微克/立方米）

表 1　　　　　　　　　近年全区各盟市空气质量评价　　　　　　　　单位：天

盟市	空气质量为优天数	达标天数		
	2017 年	2017 年	2016 年	2015 年
呼和浩特	35	255	283	276
包头	27	277	269	249
呼伦贝尔	234	359	350	330
兴安盟	223	354	349	320
通辽	139	316	305	259
赤峰	120	318	310	296
锡林郭勒	202	350	349	345
乌兰察布	83	301	331	304
鄂尔多斯	57	312	321	303
巴彦淖尔	42	284	305	289
乌海	34	268	275	228
阿拉善	52	318	317	306
全区平均	104	309	314	292

大气高污染行业减排改造工程全面启动进展顺利。2013 年以来，自治区共淘汰燃煤小锅炉 5358 台，完成重点行业烟粉尘治理项目 596 个，对 3463 座加油站、53 座储油库实施了油气回收改造，完成 117 台火电机组超低排放改造，新建、改造 406 台 7995 万千瓦火电机组脱硫除尘设施、7874 万千瓦脱硝设施，6060 平方米钢铁烧结机全部建成投运脱硫除尘设施，淘汰黄标车和老旧车 41.42 万辆，完成矸石自燃、矿区渣土、原煤散烧、达标排放、道路扬尘等治理项目 1614 个，国家下达的重点任务超额完成。

大气污染防治政策支撑力度不断加强。按照国家大气污染防治行动计划要求，自治区制定了《自治区关于贯彻落实大气污染防治行动计划的意见》《自治区关于做好重污染天气应对工作的实施意见》《自治区关于大气污染防治行动计划实施情况考核有关事宜的通知》《乌海市及周边地区大气污染防治规划》《乌海市及周边地区环境综合整治方案》《关于加强乌海市及周边地区大气污染联防联控工作的意见》《自治区重污染天气应急预案》等配套政策性文件。

应对重污染天气能力进一步提升。目前，全区已建成大气超级站、会商中心和重污染预警平台，开发了内蒙古空气质量发布 App，建立了实时发布全区空气质量制度，12 个盟市均建成重污染预警平台，并实现与自治区联网。

（二）水污染防治情况

地表水水质指标表现良好。目前，自治区实际监测河流 49 条、湖库 10 个、地表水水质断面共 105 处，近三年来，自治区代表水质优良的Ⅰ－Ⅲ类水质断面比例呈上升趋势，代表水质恶劣的劣Ⅴ类水质断面呈持续下降趋势，2017 年Ⅰ－Ⅲ类水质断面比例达到 50.5%，较 2015 年提高 6.1 个百分点，劣Ⅴ类水质断面比例下降至 21.9%，较 2015 年下降 2.5 个百分点，全区地表水水质呈持续好转趋势（表 2）。随着重点行业清洁化改造、面源污染治理等骨干工程的推进，2017 年有 3 个地表水断面消除劣Ⅴ类，有 14 个断面水质得到提升。

表 2　　　　　　　近年自治区地表水水质断面比例变化　　　　　　单位：%

地表水断面类别	2015 年	2016 年	2017 年
Ⅰ－Ⅲ类水质断面	44.4%	50.0%	50.5%
劣Ⅴ类水质断面	24.4%	22.5%	21.9%

集中式饮用水水源地水质达标率不容乐观。近三年来，自治区集中式饮用

水水源地取水水质达标率不容乐观，呈逐年下降趋势，2017年地市级取水水质达标率降至87.2%，较2015年下降2.7个百分点，旗县级取水水质达标率降至73.8%，较2015年下降1.3个百分点（表3）。自治区旗县级水源地水质情况更为严峻，旗县级取水水质达标率水平整体低于地市级，低10个百分点以上，2017年，仅呼伦贝尔、通辽、锡林郭勒、巴彦淖尔、阿拉善五个地市级水源水质未达标，而旗县级水源水质除兴安盟、鄂尔多斯外，其余盟市均未达标。

表3　　　　　近年自治区集中式饮用水水源地水质达标率变化　　　　单位：%

取水水质达标率划分	2015年	2016年	2017年
地市级取水水质达标率	89.9%	89.2%	87.2%
旗县级取水水质达标率	75.1%	78.0%	73.8%

水污染行业整治改造项目推进顺利。截至2017年底，累计清理涉水小企业35家，27家造纸、焦化、氮肥等重点行业完成清洁化技术改造，61个自治区级及以上工业园区建成污水集中处理设施，748个建制村完成环境综合整治工作，完成黑臭水体治理21.02公里，划定畜禽养殖禁养区2501个，建成城镇污水处理厂115座，城镇生活污水处理设施建设和提标改造360项，全区地级城市污泥无害化处理率达到70%以上，824家加油站的3742个地下油罐完成防渗更新改造。

重点流域湖泊治理力度不断加强。将"一湖两海"治理作为重点推动工作，强化良好水体保护，进一步强化了呼伦湖、乌梁素海、岱海等重点湖库生态环境综合治理，开展了滦河生态环境安全评估，推动实施了呼伦湖水生态监测体系、乌梁素海流域和岱海水质在线自动监测能力建设项目，2017年共争取到中央水专项资金4.55亿元，为"一湖两海"所在盟市分配资金1.1亿元。

水污染防治政策支持力度不断加强。为认真贯彻落实国家《水污染防治行动计划》，自治区制定了《自治区水污染防治年度计划》《乌梁素海综合治理规划》《岱海水生态保护规划》《自治区饮用水水源保护条例》等配套政策性文件。

（三）土壤污染防治情况

土壤监测工作进展顺利。2017年，自治区共有土壤监测点位885个，其中草地监测点位272个、耕地监测点位502个、林地监测点位103个、未利用地监测点位8个，监测达标率为98.19%，土壤环境质量整体状况较好。

土地生态质量有所改善。截至 2017 年底，全区已建成包括森林、草原、湿地等多种类型的自然保护区 182 个，总面积 1267.7 万公顷，占全区国土比例达到 10.7%，人工造林保存面积 9732 万亩居全国第 2 位，全区草原面积达到 13.2 亿亩，占全区国土比例达到 74%。2017 年针对全区 1600 多万亩地膜开展了地膜回收行动，在全区启动建设了 15 个地膜治理示范旗县，在全区布设了 93 个农田地膜残留长期定位监测点。

土壤污染状况详查工作全面启动。2017 年，自治区全面启动土壤污染状况详查工作，由环保厅、财政厅、国土资源厅、农牧业厅和卫计委联合成立土壤污染状况详查协调小组，先后开展了《自治区土壤污染状况详查实施方案》编制及报备、污染地块环境管理、土壤污染防治重点监管企业清单核实上报、全区农业大县土壤环境保护方案编制等一系列工作。2017 年，全区累计上报疑似污染地块 24 个，公布土壤环境重点监管企业 104 家，拨付中央财政详查专项资金 7878 万元，确定了质控实验室 1 个，检测实验室 10 个，样品制备流转中心 8 家。

土壤污染防治政策制度支持力度不断加强。自治区近年持续推行了禁牧、休牧、划区轮牧制度、基本草原保护制度、草畜平衡制度和草原生态监测评估制度等多项草原保护制度。2018 年，自治区出台了《内蒙古自治区土壤污染防治三年攻坚计划》，进一步强化工业源、农业源、生活源等源头监管，加大重金属污染防治力度，强化工业固体废物监管和危险废物规范化管理，确保全区土壤环境质量持续改善。

二、存在的主要问题及原因分析

（一）中央环保督察组反馈"回头看"存在的问题

中央环保督察组反馈，内蒙古第一轮中央环境保护督察整改虽然取得重要进展，但在处理发展与保护关系时态度仍不够坚决，一些重要任务没有整改到位，有的地区和部门甚至存在敷衍整改、表面整改、虚假整改的问题。专项环保督察指出，内蒙古生态环境问题依旧突出，主要表现为草原生态系统仍然脆弱、矿山开采破坏草原严重、旅游无序开发侵占草原、过度放牧未得到有效遏制、面源污染依然严重、流域治理水质达标压力较大等。督察要求内蒙古自治区党委、政府要坚决贯彻落实习近平生态文明思想，坚决扛起生态文明建设的政治责任，对于落实责任不力的问题，要责成有关部门进一步深入调查，厘清责任，并按有关规定严肃、精准、有效问责。

（二）原因分析

自治区生态环境问题整改的不够充分和彻底，除了一定的主观人为因素外，还存在一些典型的客观因素。

1. 产业布局过度集中与过度分散现象并存

自治区部分地区产业结构布局过度集中，例如乌海市及周边地区集中了 20 多家焦化企业，区域内排放强度过大，远远超出了环境承载消纳能力。另一方面，自治区部分地区产业分布过于分散，造成污染排放物处置低效不经济，例如自治区部分园区入园企业数量和建设规模远未达到园区规划水平，未建设污水集中处理设施，还有部分工业园区虽建了污水处理厂，但因园区内涉水企业少，污水处理厂无水可收或收水不足，难以达到运行要求。

2. 多余和违章建筑清拆搬迁问题难解决

自治区在规划、拆迁、基础设施建设等方面存在不少历史遗留问题，例如农村牧区环境基础设施建设滞后，部分地区工业围城现象突出，生态重点保护区域内违章建筑难以清拆等，给污染防治工作带来一定的障碍。目前看来，部分饮用水水源保护区内违章建筑清拆困难的问题尤为突出，自治区近 80% 的城市集中式饮用水水源地为地下水型水源地，主要分布于各市区的城区内或周边，部分水源井被城区住宅或其他建筑物包围，清拆及补偿需大量资金投入，实施难度较大，导致了饮用水水源保护区管理混乱，也在一定程度上影响了饮用水水源地的水质达标率。

3. 特殊自然因素导致的治理难题不容忽视

第一，自治区自然条件导致部分流域断面水质无法达到目标考核要求。例如东山湾大桥、大兴北和西辽河大桥断面，干旱的气候条件造成河道自然径流量逐年减少甚至消失，部分无地表径流河道已成为城市的排污泄洪道，导致了这些断面的水质难以达到《水污染防治目标责任书》的目标要求。第二，自治区呼伦湖部分指标考核完成困难。呼伦湖虽然通过多年持续治理，主要超标因子已呈下降趋势，但化学需氧量持续下降难度大，完成 2020 年治理目标任务困难较大。第三，煤田和煤矸石自燃治理难度大。例如乌海及周边地区存在大量煤矸石，自燃现象频繁发生，短期内无法得到根本改善，严重影响空气质量。

4. 管理体制机制有待进一步完善

自治区生态文明法治体系、制度体系、执法监管体系、治理能力体系还不健全，城乡生态环境治理不平衡，环境治理和污染防治投入渠道单一，资金投入压力较大，例如集中供热改造、棚户区改造、扬尘治理等工作中仍存在资金不足的问题。由于监管难度较大，自治区矿山过度开采、旅游无序开发、过度放牧、固定污染源超标排放等现象屡屡发生，2017 年环保部每季度的通报中，均有自治区违规企业被列入通报名单，自治区环境监管机制有待进一步完善，环境污染监管力度还有待进一步提高。

三、主要对策建议

（一）打好"蓝天、碧水、净土"三大保卫战

1. 坚决打赢蓝天保卫战

一是制定自治区打赢蓝天保卫战三年攻坚计划。按照中央经济工作会议、全国环境保护工作会议精神，深入调查分析大气污染现状，明确自治区大气污染防治未来 3 年工作目标和攻坚计划。二是加大重点行业整治力度。以钢铁、煤炭、水泥、玻璃、焦化、火电六大行业为重点，制订高耗能、高排放行业企业退出工作方案，加快城市建成区重污染企业搬迁改造或关闭退出，严格限制新建和扩建发电、燃煤热电联产、石油化工、煤化工项目，严控"两高"行业产能。三是加快能源结构调整。实施煤炭消费总量控制，深入推进散煤治理，整村推进农村居民、农业生产、商业活动燃煤的清洁能源替代，加快农村"煤改电"电网升级改造，开展非供热燃煤自备机组清洁替代，新增供暖全部使用天然气、电、可再生能源供暖，推进城乡供暖设施节能升级改造。四是加强移动污染源管理。加快推进多式联运，减少公路运输，整治柴油货车超标排放行为，推进老旧柴油车深度治理，提高铁路货运比例，推进重点工业企业和工业园区的原辅材料及产品由公路运输向铁路转移，推进城市绿色物流体系建设。

2. 全力打好碧水保卫战

一是加强重点流域湖泊生态综合治理。大力推进"一湖两海"环境治理，加快实施呼伦湖、乌梁素海、岱海生态与环境综合治理工程，重点推进黄河流域大黑河、昆都仑河、乌兰木伦河，辽河流域西辽河干流、老哈河、西拉木伦河，松花江流域海拉尔河、霍林河等流域综合治理，严控重点流域湖泊开发利用行为，严禁以任何形式围垦、违法占用水域，加强重点流域湖泊岸线管理保护，科学合理划分保护区、保留区、控制利用区、可开发利用区，强化岸线用途管制和节约集约利用，建立健全重点流域湖泊行政区域多部门联合执法机制，严厉打击涉水域违法行为。二是强化城乡生活污染治理。加快推进城镇污水处理设施及配套管网建设，全面提高污水收集率、运行负荷和达标率，推进控源截污、垃圾清理、清淤疏浚，着力消除城市黑臭水体，加强畜禽养殖禁养区管理，全面推进农村面源污染防治。三是强化饮用水水源地保护。深入推进城市、旗县、乡镇集中式饮用水水源规范化建设，严格实施地下水禁采与超采，清理饮用水水源保护区内违法建筑和排污口。

3. 扎实推进净土保卫战

一是扎实推进土壤污染状况详查工作。以耕地为重点，全面完成农用地污染状况详查工作，查明农用地土壤污染的面积、分布及其对农产品质量的影响，建设土壤环境质量监测网络，提升土壤环境信息化管理水平，利用环保、国土、农业等部门相关数据，建立土壤环境基础数据库。二是加强农用地分类管理。划定农用地土壤环境质量类别，开展耕地土壤和农产品协同监测与评价，将耕地按照污染程度划分为优先保护类、安全利用类、严格管控类，逐步建立分类清单，严格管控重度污染耕地。三是加强建设用地准入管理。加快推进重点行业企业用地土壤污染状况调查，逐步建立污染地块名录，严格落实调查评估、风险管控、治理与修复等措施，防范人居环境风险，建立环保、规划、国土房管等部门间信息沟通机制，共享污染地块信息，实行联动监管，将有可能造成污染的工业用地、物流仓储用地及环境治理设施用地集中布置，统筹布局。四是全面推进生活垃圾分类管理和处置。加快推进城镇垃圾处理设施建设，加强生活垃圾分类管理，鼓励各盟市开展垃圾分类投放收集、综合循环利用试点。

（二）提升"绿色创新、化解风险、绿色融资"三种能力

1. 提高绿色发展创新能力

一是推进传统产业绿色化改造。运用先进技术和低碳循环经济理念改造提升传统资源型产业，大力引导电力、钢铁、有色、化工等重点行业推行清洁生产，推动清洁生产关键技术创新和应用，通过使用清洁能源和原料、采用先进工艺技术与设备等措施，减少污染排放。二是加快培育新兴产业。着力培育节能环保、新能源、新材料、高端装备、大数据云计算、生物科技、蒙中医药等新兴产业，增强自主创新能力，实施重大产业创新发展工程，使新兴产业成为引领高质量发展的新动能。三是立足自治区优势大力发展清洁能源产业。发挥和利用好自治区丰富的风光资源，大力发展风电、光电等清洁能源产业，加大天然气的勘探开发力度，优化发展生物质能源，加快清洁、高效、低碳的绿色企业建设，构建低碳能源生产体系。四是大力推广循环经济。加快构建循环产业链，促进资源利用循环化，加强废物交换利用、能量梯级利用、水资源分类循环利用，大力推进工业园区循环化改造，推进工业资源综合利用基地建设，实施污染物近零排放区示范工程。

2. 提高防范和化解环境风险的能力

一是完善环境风险全过程监管。加快推进构建事前严防、事中严管、事后处置的全过程，建立企业、园区和重要环境敏感点的三级防控体系，严格源头防控，严厉打击污染治理设施不规范、不运行、偷排、漏排等行为，强化事后追责，将环境风险防范纳入到日常环境管理。二是强化固体废物环境管理。全面开展工业固体废物产生情况核查，大幅减少固体废物进口种类和数量，引导企业源头减量，合理配置危险废物安全处置能力，严厉打击危险废物非法转移和处置等违法犯罪活动。三是加大环境社会风险管控力度。完善自治区、盟市、旗县三级环境应急指挥系统，加强环境风险的排查预警、源头预防和应急处理力度，依法及时妥善处理各类矛盾纠纷，坚决防范环境风险向政治安全领域传导。四是加强辐射安全监管。实施加强放射源安全行动计划，切实管控核与辐射物领域风险，加快老旧放射性废物处理处置，推进放射性固体废料治理和环境恢复。

3. 提高绿色融资能力

一是积极研发绿色投融资产品，拓宽绿色产业融资渠道。创新发展绿色金融产品和服务，积极研发适合节能减排、绿色矿山建设、节能减排专项贷款等绿色信贷产品，鼓励开展绿色信贷资产证券化，支持金融机构和大中型、中长期绿色产业项目投资运营企业发行绿色债券或项目支持票据，支持发行中小企业绿色集合债，提高中小绿色企业的资金可获得性。二是推动绿色资本市场发展。积极推动符合条件的绿色企业在主板、中小板、创业板、"新三板"等多层次资本市场上市，开展并购重组，引导创业投资和股权投资支持以绿色项目为核心的企业发展，推动产业绿色升级。三是推进绿色金融改革。研究出台绿色金融改革创新试验区总体方案，围绕支持保护生态资源和绿色产业发展，着力打造绿色企业总部基地、基金小镇，为市场各参与方搭建绿色金融的综合服务平台，探索试验区林业碳汇、绿色减排项目碳储量评估、碳排查及相关数据体系建设，探索开展排污权、水权、用能权交易，在试验区内引导社会资本设立碳基金。

（三）构筑"监管、法治、社会行动"三大体系

1. 完善生态环境监管体系

一是整合分散的生态环境保护职责。强化生态保护修复和污染防治统一监管，建立健全生态环境保护领导和管理体制、激励约束并举的制度体系、政府企业公众共治体系。二是加强现代化生态监测手段。加强生态环境信息化建设，开展跨区域环保机构试点和生态环境大数据试点，增强科技支撑，开展环境承载力监测预警，完善监测数据集成共享机制，建立天地一体化生态监测体系。三是全面推行排污许可制度。对工业企业、畜禽养殖、污水集中处理等固定污染源核发排污许可证，加快实现排污许可"一证式"管理，落实企业治污责任，强化证后监管和处罚，对污水未经处理直接排放或不达标排放导致水体黑臭的相关单位和企业严格执法。四是健全环境信用评价制度。建立健全信息强制性披露、环境失信惩戒等制度，将企业环境信用信息纳入全区信用信息共享平台并向社会公示，完善信息强制性披露制度，依法公开排污信息。

2. 健全生态环境保护法治体系

一是加强地方立法。加快制定和修改自治区环境保护条例、地质环境保护

条例、大气污染防治法实施办法、水污染防治法实施办法、环境影响评价法实施办法、辐射污染防治条例等法规，完善固体废物污染防治、生态环境监测、排污许可等方面配套规章。二是加强涉生态环境保护司法力量建设。建立生态环境保护综合执法机关、公安机关、检察机关、审判机关信息共享、案情通报、案件移送制度，完善生态环境保护领域民事、行政公益诉讼制度，加大生态环境违法犯罪行为制裁和惩处力度，推进执法规范化建设，统一着装、统一标识、统一证件、统一保障执法用车和装备。三是严格制定环保标准。基于可行的治理技术与合理的经济投入，依法制定环保标准，加快实现末端治理标准向过程控制标准的转变，提高环保标准的科学性、指导性和可操作性，发挥环保标准对环保产业发展的引导、促进作用。

3. 构建生态环境保护社会行动体系

一是推进生态文明全民教育。把生态环境保护纳入国民教育体系和党政领导干部培训体系，实现中小学、高校、职业学校生态文明教育全覆盖，加强生态环境教育设施和场所建设，加大公众开放力度，党政机关带头使用节能环保产品，推行绿色办公，创建节约型机关，培育普及生态文化。二是完善公众监督举报机制。建立生态环境保护有奖投诉举报制度，鼓励组建环保社会组织和志愿者队，对保护生态环境中做出突出贡献的单位和个人予以表彰。三是健全生态环境新闻发布机制。加强环境保护、生态文明、绿色发展等相关的宣传报道力度，充分发挥报纸、广播、电视、杂志、网络、手机报、"两微一端"等全媒体作用，大力宣传北疆生态安全屏障建设、生态文明先行区建设、新能源示范城市建设成果。四是完善环境信息公开制度。加强重特大突发环境事件信息公开，对涉及群众切身利益的重大项目及时主动公开，对涉及到生态环保方面的网络舆情及时公开答复。

参考文献：

[1] 王占义，侯倩．多措并举脱贫攻坚—内蒙古精准扶贫的实践与思考［J］．中国扶贫，2017，(9)．

[2] 内蒙古自治区人民政府网．自治区政府新闻办召开内蒙古自治区精准扶贫地方标准新闻发布会［EB/OL］．http：//www. nmg. gov. cn/art/2018/5/15/art_ 1119_ 184409. html.

[3] 么永波．激发贫困人口内生动力 打赢脱贫攻坚战［J］．北方经济，2018 (8)．

[4] 李增来．我国地方政府债务风险与金融风险的关系［J］．北方经贸，2005 (11)：13－15.

［5］唐云锋，刘清杰．地方政府债务诱发金融风险的逻辑与路径［J］．社会科学战线，2018.

［6］郭劲松．内蒙古资本市场存在的金融风险问题探讨［J］．北方经济：综合版，2017（5）：
　　　28－30.

［7］陈启清．如何打好防范化解重大风险的攻坚战［J］．中国党政干部论坛，2018（1）：47
　　　－50.

［8］内蒙古自治区环境保护厅．2017年内蒙古自治区生态环境状况公报［Z］.2018，（6）.

［9］李干杰．坚决打好污染防治攻坚战［J］．紫光阁，2018，（1）.

［10］张春侠．打好污染防治攻坚战［J］．中国报道，2018，（Z1）.

［11］史刚．关于内蒙古自治区大气污染防治的几点建议［J］．前沿，2015，（5）.

［12］丁建庭．坚决打好广东污染防治攻坚战［J］．环境，2018，（3）.

第五章

构建创新引领、协同发展的
绿色产业体系

党的十九大提出要构建创新引领，实体经济、科技创新、现代金融、人力资源协同发展的产业体系，这一提法打破了以一二三产业传统划分体系，从实体经济和要素投入关系的角度赋予产业体系新的内涵。改革开放以来，内蒙古产业门类逐步增多，产业结构进一步优化，产业配套服务能力也在稳步增强，为构建协同发展产业体系奠定重要基础，但对标产业高质量发展新要求，内蒙古在构建协同发展产业体系方面存在产业低端化与结构性失衡以及要素供给质量和配置效率低等诸多问题制约。因此，结合发展的阶段性特征以及区情特点，构建创新引领、协同发展的产业体系，亟须从产业引领导向、要素升级和配置效率提升三个方面进行顶层设计，并辅之于理念认同和实践创新等方面统筹推进。

现代化的产业体系是现代化经济体系不可或缺的有机组成。党的十九大报告指出，要构建创新引领，实体经济、科技创新、现代金融、人力资源协同发展的产业体系，这一提法打破了传统以一二三产业划分产业体系的做法，从实体经济和要素投入关系的角度赋予产业体系新的内涵，这对于扎实推动内蒙古经济高质量发展具有重大现实意义。

第一节　创新引领、协同发展产业体系的内涵与要义

推动经济高质量发展，构建相应产业体系至关重要，其既是建设现代化经济体系的基础，也是转向高质量发展的物质基础。党的十九大提出要构建创新引领，实体经济、科技创新、现代金融、人力资源协同发展的产业体系。而从协同发展产业体系整体内涵看，创新引领、协同发展产业体系本身是一个函数关系，如果把实体经济当成函数的话，那么科技创新和现代金融、人力资源都是决定实体经济发展的主要支撑要素。在这个函数关系当中，实体经济是目标，也是"纲"，科技创新是发展实体经济的第一动力，现代金融是实体经济发展的血液，人力资源是所有一切生产力发展的基础和前提。概而言之，建设协同发展产业体系必然要求通过科技、人才和资金的组合投入，这些共同构成了现代产业体系发展的关键内容和重要支撑。

而从四个"协同"要义看，构建四维协同产业体系，关键在于"协同"，而要推进四维"协同"。一是从协同相互关系看，构建协同产业体系，在实践中除了要处理好实体经济与人力资源、科技创新和现代金融整体关系外，同时也要从内部处理好科技创新与现代金融、科技创新与人力资本、现代金融与人力资源等关系；二是从协同着力点与目标看，四维协同，着力点要放在实体经济上，同时最终目标是通过制度创新、结构转型、要素升级提高实体经济的生产力；

三是从协同路径看，构建四维协同产业体系，推动实现高质量发展，其中转变经济增长方式是重点，意味着产业发展更要从要素驱动、投资规模驱动发展为主，向以创新驱动发展为主的转变，最终通过效率变革或全要素生产率提升，推动我国经济实现高质量发展。这也表明了协同的途径，即构建四维协同产业体系，其根本上就是要加大技术、制度、企业家才能、人力资本、规模、产业结构、对外开放度等因素的投入，通过技术进步、人力资本提升、结构性改革、扩大开放等等，来提高可以定量衡量的资源的利用效率，最终通过效率变革推动经济实现高质量发展。

第二节　主要基础与制约

改革开放以来，内蒙古三次产业比例由 1952 年的 71.1∶11.3∶17.6 演变为 2017 年的 10.2∶39.8∶50.0。从工业内部结构看，能源原材料为主导的工业作用进一步夯实，战略性新兴产业实现了快速发展，2016 年，全区能源工业占规模以上工业比重 43.4%，装备制造业占比为 5.7%，高新技术和农畜产品加工业的比重占比为 18.9%，铁合金、电石、甲醇、稀土、PVC 等产能和产量均居全国第一；2013~2017 年新兴产业增加值年均增长 12.5%，高于工业平均增速 4.6 个百分点。从产业配套能力看，产业配套服务能力稳步增强，金融保险、科研和技术服务等新兴服务业逐步壮大，2016 年内蒙古生产性服务业实现增加值为 4759.63 亿元，占 GDP 比重为 25.5%，其中金融保险业增加值占比为 12.5%，信息传输、计算机服务和软件业占比为 3.1%。从创新情况看，产业创新步伐明显加快，截至 2017 年，国家和自治区级企业技术中心、工程研究中心、重点工程实验室达到 585 户，产业技术创新联盟 33 个，院士专家工作站 160 户，科技企业孵化器 46 个，众创空间 223 个，高新技术企业 532 户。

但对标高质量发展新要求，全区在加快构建协同发展产业体系方面仍存在诸多问题及制约因素。

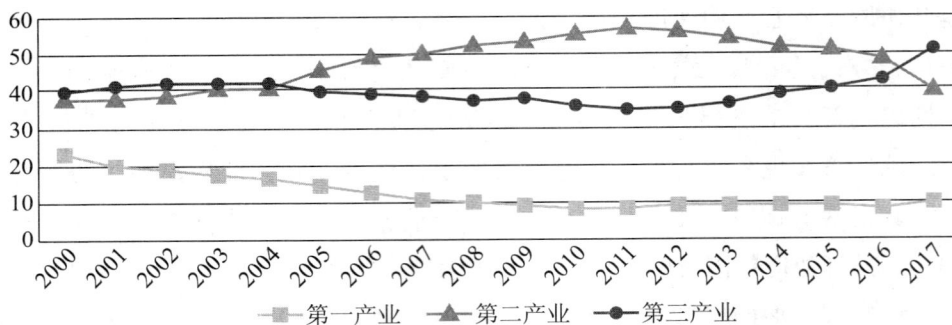

图1　2000～2017年内蒙古产业结构演变图

一、产业低端化与结构性失衡问题较为突出

内蒙古是典型的资源型地区，资源优势带来了经济的快速发展，但也深受"路径依赖"和"资源诅咒"的困扰，产业结构重型化、资源能源高碳化的粗放发展模式对人力资本与技术进步形成挤出效应，产业转型升级面临困难和瓶颈。

（一）产业低端化较为明显

内蒙古是农牧业大区，却不是农牧业强区，农畜产品加工业在技术含量和质量方面与国际先进水平存在很大差距，原料型、一般性农产品比重偏高，加工、优质、品牌农产品比重偏低，截止目前全区农产品加工业产值与农业总产值之比为1.3∶1，低于全国2.1∶1的水平；通过"三品一标"（无公害、绿色、有机、地理标志）认证的比例不足10%。工业发展层次和水平不高，突出表现为传统产业多、新兴产业少，低端产业多、高端产业少，资源型产业多、高附加值产业少，劳动密集型产业多，资本科技密集型产业少。对表对标《能源发展"十三五"规划》，由于全区能源化工产业链过短，技术创新和产业生产通道没有打通，技术转化率很低，距离融入高水平的全球能源化工产业分工体系，向国际能源化工产业价值链的中高端攀升还有很远的距离。与此同时，战略性新兴产业发展较为缓慢，2016年，全区战略性新兴产业占GDP比重仅为4.8%，高技术产业（制造业）实现利润24亿元，仅占全区规模以上制造业利润总额的4.6%。

（二）工业与服务业之间结构性失衡较为突出

内蒙古产业结构的演进基本符合现代化进程的一般规律，内蒙古服务业增加值已由 2012 年的 5630.5 亿元增加到 2017 年的 8047.4 亿元，占 GDP 的比重由 35.5% 提高到 50.0%，但是服务业整体层次和发展水平偏低，从内部结构看，批发零售、交运仓储等传统性服务业占比较高，现代服务业发展相对缓慢，信息传输、软件和信息技术服务业，以及租赁和商务服务业等知识与技术密集型产业占比较低，2016 年全区批发零售、住宿餐饮和交通运输、仓储和邮政业三大行业增加值占服务业比重高达 46.2%。与此同时，工业与服务业融合水平较低，2016 年全区工业增加值和生产性服务业增加值的比例为 1∶0.61，生产性服务业有效供给缺口接近 40%，工业与服务业尚未实现有效融合。

二、要素供给质量和配置效率较低

进入高质量发展阶段，内蒙古实体经济与科技创新、金融发展、人力资源缺乏协同性的问题愈发凸显，实体经济发展长期得不到有效的要素支撑，缺科技、缺资金、缺人才"三缺"问题突出，易陷入成本高企、结构失衡、转型困难等困境，成为掣肘实体经济转型升级的关键因素。

（一）科技创新对实体经济引领带动能力不足

从内蒙古实体经济发展轨迹看，受重化工自身特征及地方政府短期政绩等因素影响，形成的资源依托型发展模式较为突出，能源和资本成为拉动内蒙古经济增长的绝对性主力，二者合计对经济增长的贡献率基本保持在 50% 以上，而技术贡献率则只有 30% 左右，较全国平均水平低十多个百分点。一是自主创新能力薄弱。2016 年内蒙古研究与开发经费（R&D）占 GDP 比重的 0.79%，远低于全国 2.11% 的平均水平。2017 年内蒙古综合科技创新水平指数低于全国平均水平 22.87 个百分点，分别低于西部区域科技创新中心重庆、四川、陕西 19.87、15.71、19.82 个百分点。二是企业技术创新的主体地位尚未真正确立。企业是技术创新和产业转型升级的主体，实现高质量发展必须强化企业在技术创新体系中的主体地位。但是目前内蒙古企业重生产经营、轻科技创新的现象较为普遍，创新资源集聚程度低，技术创新能力薄弱，2016 年全区规模以上工业企业中设有研发机构的企业所占比重仅为 3.95%，有 R&D 活动的规模以上企业占比仅为 9.67%。三是创新平台或载体较为欠缺。国家认定的 397 家国家级重点实验室中内蒙古尚未实现零的突破；332 个国家工程技术中心内蒙古仅有 2 家；129 家国家级高新技术开发区内蒙古只有 2 家。科技创新服务体系不完善，对知识产权创造、保护、管理和应用各环节的服务能力不足。

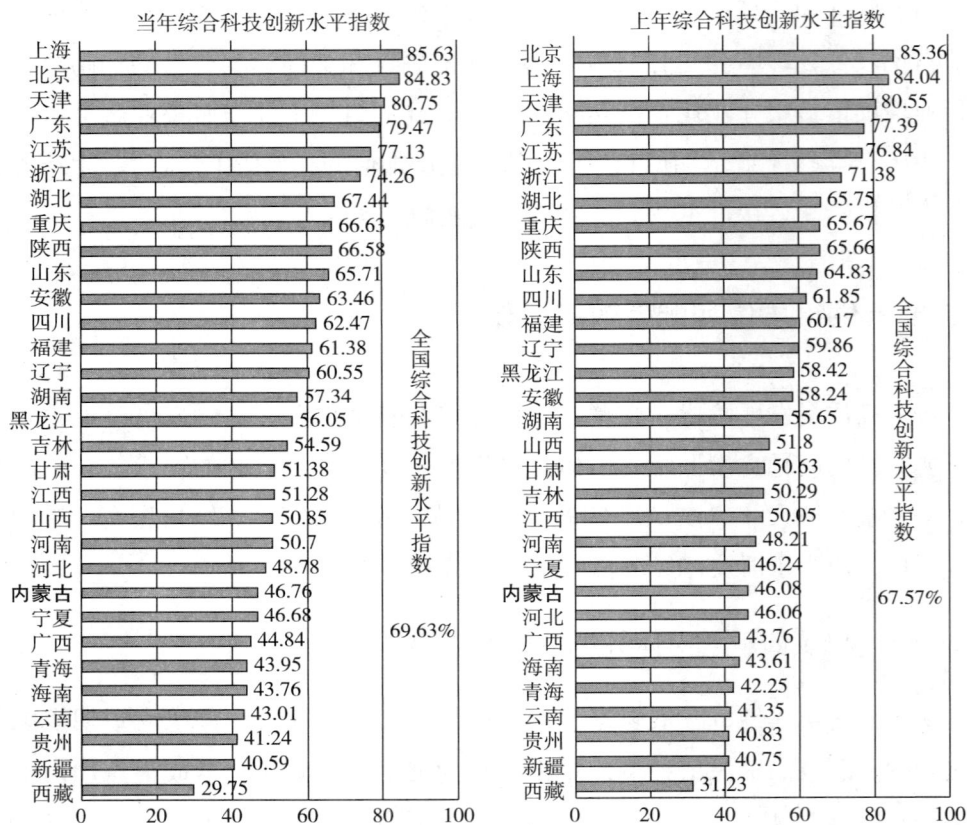

图 2　2017 年区域综合科技创新水平指数排序图①

（二）现代金融服务实体经济能力较弱

金融是发展的最终目的是通过构建有效的金融体系，来降低隐性交易成本和风险，提高投融资效率，促进实体经济的发展。但从内蒙古金融发展现状看，

① 中国区域科技创新评价报告 2018，中国科技网，http://www.sohu.com/a/271960504_160309。

还存在以下问题：一是金融服务效率较低。2016 年，全区金融业完成增加值 992 亿元，占 GDP 的比重为 5.32%，比全国平均水平低 3.03 个百分点。2017 年，全区银行业资产总额为 3.4 万亿元，占全国的比重仅为 1.34%，内全区共有境内上市公司 26 家，全年 A 股募集资金 84.5 亿元，同比下降 50.6%；全年债券筹资 390.3 亿元，同比下降 21.5%。证券、期货、基金等中介机构的服务能力与创新能力还远远不足。目前，全区仅有两家证券公司，规模小，市场影响力不强。工业中小企业融资难问题突出，由于内蒙古中小企业以冶金、建材、机械、煤炭、食品加工、纺织、电力、石化等传统产业和资源型产业为主，存在技术单薄，适应市场环境能力差等内部问题，通过直接融资获得资金的难度较大，企业在转型升级、科技创新、绿色低碳等方面得到的资金支持较为匮乏。二是存在"脱实向虚"倾向。从贷款结构看，2018 年以来企业贷款同比增长 5.4%，增速下降 6.9 个百分点。高新服务业贷款新增 39.3 亿元，仅占全部行业新增贷款的 1.9%。相比于实体经济的表现，全区房地产市场呈现出较强的金融属性，2016 年，全区房地产贷款余额 3306.4 亿元，占各项贷款余额的 16.99%，同比增长 26.7%，高于同期各项人民币贷款增速 13.8 个百分点，2017 年，全区房地产贷款余额增长 15.1%。

（三）人力资源对实体经济发展的支撑作用发挥不够

人力资源不仅是经济发展的前提，更是经济增长的重要源泉。从全区人力资源的实际发展情况来看，长期存在人才供需结构性矛盾日益突出、人才资源配置不合理、人才支持与保障政策力度低等问题。一是科技人才的总量及投资强度偏低。内蒙古创新人才特别是高层次领军人才匮乏，创新主体企业中从事研发人员数只占全区专业技术人员总数的 1.3%。从 R&D 经费总支出人均投资强度看，内蒙古每个 R&D 人员全时当量占有的 R&D 经费为 39.04，低于全国及西部地区的平均水平；万人 R&D 人员人数仅为全国 0.36 倍，也低于陕西、山西、宁夏等中西部地区。二是人才与产业发展的匹配度低。从人才数量结构上看，科技人才的专业结构与经济结构匹配度差，与高新技术产业和战略性新兴产业密切相关的工程学科及专业人才呈结构性短缺，以地方公有经济企事业单位专业技术人员为例，内蒙古工程技术人员占比仅为 13.51%，低于全国平均水平 12.54 个百分点，也低于西部平均水平；科学研究人员占比仅为 0.69%，而教学人员及卫生技术人员占比为80.69%，高于全国平均水平11.49个百分点。以"草原英才"工程为例，第一产业、第二产业、第三产业资助人才占比30.16%、26.42%、43.42%，草原英才在第三产业中卫生、社会保障、社会福利、文化、体育、公共管理等领域的资助占比较高，这与全区以第二产业为绝对优势的产业分布不相符①。三是人才培养理念落后。在重视引进外部高端人才的同时，忽视本土人才的培养与支持，容易造成"存量人才"的流失。例如为了"大干快上"，在资源型产业高速增长时期，大部分项目规划实施以区外力量为主，本土的科研院所及大学的参与程度较低，人才链—技术链—产业链严重脱节。与此同时，与其他省市相比，内蒙古在工作生活环境、文化环境、人文环境均不占优势，工资收入低、福利待遇差的问题长期存在，特别是高端人才生活配套落实措施进度缓慢，导致了部分人才的流失。

表1　　　**2016年内蒙古公有经济企事业单位专业技术人员构成比例比较情况表**　　　单位:%

地区	工程技术	农业技术	科学研究	卫生技术	教学人员
全国	26.05	2.89	1.85	17.54	51.66
东部地区	16.24	2.08	0.94	21.63	59.11
中部地区	13.15	2.70	0.47	19.23	64.45
西部地区	13.54	4.76	0.65	18.33	62.72
东北地区	15.72	5.50	1.16	20.68	56.93
河北	12.53	2.53	0.41	17.75	66.78
山西	25.33	3.00	0.59	16.59	54.48
内蒙古	13.51	5.10	0.69	18.76	61.93

数据来源：中国科技统计年鉴2017。

（四）灵活高效的协同机制和传导机制亟待建立

对比于长三角、珠三角等经济发达地区，内蒙古市场体系发育较为不健全，尤其是要素市场化程度较低，突出表现为金融、人才与科技创新三者之间发展不协调、传导机制不畅。一是科技创新体制关键环节没有打通，导致科技创新潜能尚未被充分激发。全区以企业为主体的创新体系建设尚不健全，产学研脱

---

① 长青等："内蒙古科技创新的人才瓶颈与对策"，载于《内蒙古智库成果要报》，2018年第1期（总第38期）。

节现象突出，科技服务体系建设滞后，协同创新和成果转化效率较低，科技资源受部门壁垒限制难以实现高效集约使用。二是人才管理机制僵化导致人才资源流动，人才资源与其他要素组合效应受限。受人才机制不完善、人才资源开发投入不足、人才成长的运行机制不够完善以及人才引进与配套服务政策不到位等因素影响，全区人才流动机制灵活性差，编制、单位所有制、户籍等因素仍然极大地制约着人才的有效流动，存量的人才资源亟待有效盘活利用。

第三节　主要方向与重点

构建"四个协同"的产业体系，根本上就是要使科技创新在实体经济发展中的贡献份额不断提高，现代金融服务实体经济的能力不断增强，人力资源支撑实体经济发展的作用不断优化。而结合发展的阶段性特征以及区域禀赋，内蒙古构建创新引领、协同发展的产业体系，重点要从产业引领导向、要素升级和配置效率提升三个方面进行统筹设计，一体推进。

一、明确产业战略引领导向

当前，经济发展进入新常态，现代产业体系建设应适应宏观经济背景的这一重要变化，依据新的阶段性特征来推进。实践中就是要注重提质增效，改变过去主要依靠投资拉动扩张产业规模的做法，更多强调结构调整、产业素质提升和产业转型升级，在此过程中逐步降低低技术水平、低市场份额和低附加值产业的比重，将产业增长的动力更多转到技术进步和生产率提高上。而从区域结构看，内蒙古建设协同产业体系，根本上要立足于资源禀赋和特色产业上，通过强化创新，实现产业特色化与规模化发展。

（一）着力发展战略性新兴产业

要通过创新引领，大力发展新兴产业和高技术产业，按照产业需求部署创新链，突破技术瓶颈，加快掌握核心关键技术，使科技创新成为支撑新能源、新材料、节能环保、高端装备、大数据云计算、生物科技、蒙中医药等战略性新兴产业发展的主体力量，成为现代物流、金融、科技服务等生产性服务业向专业化、高端化发展的关键动力，成为推动旅游业、教育、医疗等生活性服务业供给体系向便利化、精细化、品质化和智能化方向发展的关键引擎，在战略性新兴产业和现代服务业领域打造新支柱产业，从而加快自治区产业结构升级步伐。

（二）加强传统产业结构转型与升级

顺应消费升级和供给侧结构性改革的大趋势，重点以新技术、新业态、新模式推动传统产业生产、管理和营销模式变革，充分提升三次产业中的传统产业创新能力和竞争力。借助信息化、智能化技术助力工业企业打破产业边界的技术契机，突出抓好现代能源经济这篇大文章，大力推进服务业与制造业融合，加快产业业态和价值链升级，推动制造业智能化，着力改变传统产业多新兴产业少、低端产业多高端产业少、资源型产业多高附加值产业少、劳动密集型产业多资本科技密集型产业少的状况，构建多元发展、多极支撑的现代产业新体系，从而为构建四个协同产业体系和建设现代化经济体系夯实根基。

（三）不断提升现代农牧业保障水平

把现代农业作为构建"四个协同"产业体系的重要保障和关键内容，按照产业兴旺、生态宜居、乡风文明、治理有效、生活富裕的总要求，大力实施乡村振兴战略。优化农业生产的品种结构，推动粮经饲统筹、农林牧渔结合、种养加一体、一二三产业融合发展。坚持以产业发展为着力点，引导和推动更多资本、技术、人才等要素向农业农村流动，调动广大农民的积极性、创造性，形成现代农业产业体系。

（四）把发展现代服务业放到更加重要位置

大力发展现代物流、现代金融、信息服务、研发设计等产业，推进生产性服务业向专业化和价值链高端延伸。着力培育科技服务、商务服务、会展服务、服务外包、居民家庭服务等新兴产业，促进生活性服务业向精细化和高品质转变。努力创新生产服务模式，积极发展平台经济、众包经济、创客经济、跨界经济、分享经济，全面提升发展质量和效益。适应人民群众对美好生活向往的需要，把大力发展旅游、文化、体育、健康、养老、教育培训等幸福产业放在服务业发展的优先位置，引导社会资本加大幸福产业投资力度，并着力丰富服务产品、提升服务质量、打造知名服务品牌，让服务业尤其是幸福产业成为推动全区构建"四个协同"产业体系的新引擎。

二、夯实要素质量支撑

生产要素质量决定着产品质量，也由此决定着产业发展质量、供给体系质量和整个经济质量。基于此，构建协同发展产业体系，推动生产要素（产品或服务）质量变革既是转向高质量发展阶段的微观基础，也是构建协同发展产业体系的关键抓手。

（一）通过内培外引构建良好的人才生态系统

首先，要统筹做好人力资本在通用知识与专业知识方面的动态平衡。一方面要充分尊重劳动力追求更高就业质量的需求，在生产人力资本的教育培训体系中，大力增加适用面更广的通用性知识技能的比重；另一方面，为了保证今后自治区高质量发展可以得到更为匹配的人力资本的支撑，要加强专业技术人才方面的培育与引进力度，尤其要遵循"刚性引进"与"柔性引进"并举的原则，尽快培育和引进一批高端产业创新人才（尤其是重大项目投运的高管，注重团队形式或整体解决方案），对于顶尖人才领衔的重大项目应给予有吸引力并能及时兑现的资助及配套。应深切关注高级技工的尽早培养与快速提升问题。

其次，要加大人力资源健康和公共服务等方面的投入；要突破政府垄断公共服务供给的窠臼和资源困境，积极引入社会力量、发挥社会参与公共服务供给的热情和特点，撬动社会资源，建立公共服务多元主体供给的新格局；要大力推进政府职能转变和事业单位改革，引入市场竞争，以公共利益为导向，平等对待社会组织参与提供公共服务，逐步建立政府与事业单位和社会组织以服务为轴心的新型政社关系；要积极培育社会组织，使其成为公共服务供给的重要主体，建立政府投入、社会参与的社会组织孵化平台，加强制定和落实各类社会组织扶持政策。最后，要充分提升创新型人才积极性。要建立适合各类人才发展的多层次人才政策。既要培养适应创新需求的多层次人才，还要建立分层次的人才激励机制，改进人才评价机制，在收益分配上充分体现知识和创新的价值，调动各类人才的创新积极性。

（二）全力提高创新成果质量及效率

善于"借力"与"发力"，学会嫁接特色。延伸产业链在创新环节的长度，并有针对性地对产业链的核心环节进行科创资金扶持和人才政策倾斜。以重点产业项目为引领，深入开展本地龙头企业创新发展试点计划，加快创新资源与创新政策向这类企业集聚。同时，以新技术研发、新业态培育、新模式创造为方向，推动跨行业合作和股权兼并，壮大以高新技术企业为骨干的创新集群。鼓励大中型企业和规模以上高新技术企业建设高水平研发机构（跨地区、跨行业联合），实现大中型工业企业和规模以上高新技术企业研发机构全覆盖，并以产业数据平台的共建共享来进一步优化创新平台（载体）的空间布局。通过"多方共建、多元投入、混合所有、团队为主"的运行新机制打造具有区域影响力的公共研发平台与技术交易平台，专注于技术孵化及其产业推广。要加大对创新成果和创新技术的知识产权保护，健全知识产权保护法律体系，完善知识产权维权援助体系，形成有利于创新创造创业的社会环境。

（三）提高金融资本质量及效率

首先，金融发展不充分方面，要加快探索专项债券等规范化的融资渠道，稳步推进地方债置换，重点在土地储备、政府收费公路等领域争取专项证券发行额度，合法合规举债融资。加快发展普惠金融、科技金融、绿色金融，大力发展多层次资本市场，引导和支持更多的企业上市、挂牌，扩大直接融资规模。

其次，要提高金融资本质量。要通过改善金融与实体经济失衡、完善金融监管、抑制金融过度膨胀等方式抑制资金空转和自我循环；同时，还需要通过引入有效竞争、推动金融智能化转型等方式提升金融体系效率，推动金融资源更多配置到实体经济的薄弱环节和重点领域。此外，坚持靶向递送，把解决实体经济融资难、融资贵问题作为深化金融改革的出发点和落脚点。积极探索和扩大知识产权、应收账款等抵质押方式，提供股权质押、信用贷款、认股权贷款等多元化融资服务，同时要配套建立健全科技金融协同服务体系，建立专业化的科技金融担保、科技租赁、知识产权评估与转让平台等。针对实体经济生命周期不同阶段的融资偏好，金融机构应设计出一些可操作、可持续、可管控的金融产品，建立专营的科技银行，提升金融服务科技型中小企业的精准性。尽快出台相关政策鼓励本土企业善于科学灵活地使用直接融资方式，让实体经济能更多地分享资本市场发展红利。发展普惠金融，加大对小微企业的金融支持，诸如在信用评价体系、担保体系、抵押贷款等方面要能打通金融活水流向中小微企业的"最后一公里"。

最后，应积极发挥各类产业投资基金的撬动作用，逐步完善产业链金融服务。强化服务意识，整合现有资源，从深度和广度上提升服务水平。现阶段，应重点围绕重点行业导向，对产业链各环节发展供应链金融，特别是对一些国家支持的重大项目，智能化、绿色化、两化融合技改类项目要加大支持力度，进行跟踪服务，并在贷款额度、期限及利率等方面予以倾斜。

三、聚焦要素配置效率提升

构建协同发展产业体系和推动高质量发展的重点是提高全要素生产率，而全要素生产率提高的一个重要途径就是资源配置效率的改善。

（一）打破生产要素自由流动障碍

要坚持深化垄断行业改革，打破行政性垄断，消除地区、部门分割，清理废除妨碍统一市场和公平竞争的各种规定和做法，加快建立和完善负面清单制度，使生产要素能够充分自由流动，优化配置。要坚持深化国有企业改革，优化国有资本布局结构，积极推进混合所有制改革，不断提高国有资本运营效益。要加快要素市场化改革，推动利率市场化，提高直接融资比重，促进多层次资本市场发展。

（二）把盘活存量资本和优化增量资本统一起来

建设"四个协同"发展的产业体系一定要建立起正常的基于市场原则的退出机制。为此，要深入推进去产能，抓住处置"僵尸企业"这个"牛鼻子"，将存量资本尽快释放出来，转移到更有效率的使用方向上。在盘活存量资产的过程中，金融需要更好发挥作用，比如，借助债转股深化企业改革、提升公司治理水平；证券行业可以通过建立并购重组基金参与资产处置和产业整合，等等。

（三）着力解决金融"脱实向虚"倾向

"脱实向虚"的原因在于行业间报酬结构失衡，即金融与实体经济失衡，房地产与实体经济失衡。为此，需要推动金融与实体经济、房地产与实体经济再平衡，消除金融和房地产的"虹吸效应"。一方面，要积极推动金融业薪酬激励机制改革；另一方面，要充分考虑到房地产市场特点，紧紧把握"房子是用来住的、不是用来炒的"的定位，深入研究短期和长期相结合的长效机制和基础性制度安排，建立促进房地产市场平稳健康发展长效机制。

第四节　对策建议

　　着力加快建设实体经济、科技创新、现代金融、人力资源协同发展的产业体系，并不仅仅是一个产业发展的问题，而是涉及从微观生产要素到宏观经济环境的一个系统性、全局性问题，需要多措并举，从理念认同和实践创新等方面统筹予以推进。

一、强化产业协同发展的理念认同

　　当下，全区各级对建设现代经济体系和四个协同产业体系助推高质量发展的内涵、意义与紧迫性等方面的认识存在不深不透不系统，"一谈发展就谋资源、就论经济层面"等旧的观念仍禁锢着许多干部的思维。所以，有必要来一次解放思想大解放、大讨论，深入领会习近平新时代中国特色社会主义经济思想，进一步厘定内部四个协同产业体系发展不充分与不协调的表现、深层次原因及关键症结所在；聚焦自治区突破传统路径依赖、思维定势和工作惯性的关键点和突破口。与此同时，协同发展产业体系构建有其自身的特点、规律和特殊性，为顺应发展要求，必须组织力量加强对自治区产业发展问题的研究，研究清楚今后全区各个主导和特色农业产业如何应对市场层次化、多样化需求问题，并在研究的基础上做好重点产业发展规划制定及修编工作，提高产业协同体系发展质量和效率。

二、优化产业协同发展的制度环境

首先要创新和完善宏观调控。发挥发展规划的战略导向作用，健全财政、货币、产业、区域等经济政策协调机制；深化投融资体制改革，发挥投资对优化供给结构的关键性作用；加快建立现代财政制度，加快完善现代产权制度，联动推进国有企业混合所有制改革、完善产权保护制度和激发企业家精神，最大程度激发各类市场主体活力。继续完善要素市场化配置，通过财税、金融、投融资、户籍制度等方面改革，促进要素自由流动，提高资源配置效率，优化生产力布局。其次，完善监管体制，深化金融体制改革，健全金融监管体系。深化"放管服"改革，大力简政放权减税降费，减轻企业和个人税负，大幅降低企业非税负担。加快探索推行负面清单或产业准入的审管分离制度，实现"法无禁止即可为"。完善公平竞争审查制度，加快建立以信用为核心的新型监管机制。建立并提升适合产业发展的政府监管新理念、新能力和新服务。

三、构建产业协同开放发展新格局

促进外贸优进优出，提升传统优势产品出口竞争力，支持先进技术设备、关键零部件进口，推动货物贸易和服务贸易融合发展。坚持引进来和"走出去"并重，推进重点产业领域国际化布局，深化同俄罗斯的互利合作，扩大贸易投资规模，在能源资源、装备制造、现代农牧业、跨境旅游等领域取得重大成果；主动融入长江经济带建设，深化与长三角、珠三角、港澳台的合作交流，加强资本、技术、管理、人才引进；深度融入京津冀协同发展，扩大清洁能源供应和绿色农畜产品供给，积极承接优势产业转移和科技成果转化。深化京蒙对口帮扶和区域合作。深化同西部省区在交通、能源、特色农牧业、生态建设、环境保护等领域合作。扩大与中亚、西亚国家在装备制造业、有色金属、化工、新能源、商贸物流、农牧业、生态环保等领域的合作交流。加强同欧盟等发达经济体的开放合作。全面实行准入前国民待遇加负面清单管理制度，大幅度放宽外资市场准入，扩大服务业和一般制造业开放。完善"走出去"服务保障机制，以"一带一路"建设为重点促进国际技术和产能合作，支持企业更好融入全球产业分工体系，为各国提供更加优质的产品和服务。

四、优化产业协同的政策体系

把政策资源向结构优化、创新引领、企业做强、集群培育、人才支撑、公共平台建设等产业持续健康发展的关键环节、薄弱环节倾斜，引导生产要素向重点产业薄弱环节、高端环节集聚，着力解决企业在创新驱动、技术改造、质量提升、品牌培育、渠道建设、新产品新业态培育等方面的难题，提高重点产业产品和服务供给质量。建立多层次政策协调机制，推进政策协同配套，实现政策功能互补，形成推动构建协同发展产业体系的政策合力，推进发展政策与国家产业政策、环保政策、社会政策、贸易政策、宏观经济政策协调；推进科技、金融、人才、土地等政策协同配套；推进关联产业的政策衔接，为产业协同发展创造政策环境。

五、建立体现产业协同发展的评价与考核体系

完善指标统计和监测体系，结合五大理念以及高质量发展新内涵，围绕协同发展产业体系，从结构、质量和效益方面研究和制定体现产业协同方面的指标统计和监测体系，以高质量统计和监测规范和引导现代产业体系协同发展。与此同时，要加快研究制定绩效评价与政绩考核体系，引领和驱动协同发展产业体系加快构建。

参考文献：

[1] 蔡昉. 以提高全要素生产率推动高质量发展［OL］. 人民网，2018–11–9.
[2] 刘志彪. 建设四位协同发展的现代产业体系［OL］. 长江产经智库，2018–9–18.
[3] 西奥多·舒尔茨. 对人进行投资［M］. 北京：商务印书馆，2017. [4] W. W. 罗斯托. 经济增长理论史：从大卫·休谟至今［M］. 杭州：浙江大学出版社，2015.

［5］李小胜. 创新、人力资本与内生经济增长的理论与实证研究［M］. 北京：经济科学出版社，2015.

［6］路易吉·帕加内托，埃德蒙·S·费尔普斯. 金融、研究、教育与增长［M］. 北京：中国人民大学出版社，2012.

［7］袁富华，张平等. 全要素生产率提升与供给侧结构性改革［M］. 北京：中国社会科学出版社，2017.

［8］黄群慧，李芳芳. 中国工业化进程报告（1995 – 2015）［M］. 北京：社会科学文献出版社，2017：522 – 524.

［9］迟福林. 动力变革：推动高质量发展的历史跨越［M］. 北京：中国工人出版社，2018：161 – 174.

［10］中共国家发展改革委党组. 以新理念引领新常态 推动高质量发展［OL］，中国共产党新闻 – 经济日报，2017 年 11 月.

［11］林兆木. 关于我国经济高质量发展的几点认识［OL］，中国新闻网 – 人民日报，2018 年 1 月.

［12］宁吉喆. 建设现代化经济体系 实现新时代高质量发展［OL］，中国经济网 – 经济日报. 2017 年 11 月.

［13］黄汉权. 建设支撑高质量发展的现代产业体系［OL］，新华网 – 经济日报. 2018 年 5 月.

［14］长青等. 内蒙古科技创新的人才瓶颈与对策.《内蒙古智库成果要报》，2018 年第 1 期（总第 38 期）.

第六章

加快建设创新型内蒙古

创新是引领发展的第一动力，是实现经济高质量发展的重要途径。习近平总书记在主持中央政治局第三次集体学习时强调，要建设创新引领、协同发展的产业体系，使科技创新在实体经济发展中的贡献份额不断提高。创新能力不足一直是制约内蒙古高质量发展的突出短板，要实现内蒙古经济的高质量发展，必须进一步提高内蒙古创新能力，加快建设创新型内蒙古。本章节立足于内蒙古的基础和条件，根据内蒙古新时期高质量发展的要求和任务，在深刻认识科技创新的理论内涵及对高质量发展重大意义的基础上，对内蒙古科技创新现状和面临的主要问题进行深入研究，从构建高效协同的创新体系、创新平台建设、体制机制创新、完善科技人才发展机制、畅通成果转化渠道等六个方面对建设创新型内蒙古提出对策建议。

在新工业革命与我国高质量发展形成历史性交汇的大背景下，加快形成创新驱动新格局已成为动力变革的首要任务，由经济大国走向经济强国，全面提升综合国力，根本途径是让创新成为引领高质量发展的第一动力。当前，内蒙古正处于推进转型发展、创新创业的攻坚阶段，对创新驱动发展的要求日益紧迫，推进创新型内蒙古建设，需要加快补齐科技创新这一突出短板，实现发展驱动力的根本转换，使科技创新成为引领高质量发展的核心驱动力，进而为高质量发展提供新的成长空间、关键着力点和主要支撑体系。

第一节
科技创新的理论内涵及对高质量发展的重大意义

随着大数据、人工智能等新一轮技术革命的加快推进，科技创新在经济发展中的地位日益凸显，经济发展加快从要素驱动向创新驱动转变，是高质量发展最鲜明的特征和路径选择。加快建设创新型内蒙古，已成为新时代内蒙古实现高质量发展、建设现代化经济体系的战略支撑。

一、科技创新的理论内涵

对创新概念的理解最早主要从技术与经济相结合的角度，探讨技术创新在经济发展过程中的作用，主要代表人物是现代创新理论的提出者约瑟夫·熊彼特。熊彼特认为，所谓创新就是要建立一种新的生产函数，即生产要素重新组合，把一种从来没有的关于生产要素和生产条件的新组合引进生产体系中，以实现对生产要素或生产条件的新组合。企业家的职能就是实现创新，引进新组合。所谓经济发展就是指整个社会不断地实现这种新组合，而这种新组合的目的是获得潜在的利润，即最大限度地获取超额利润。周期性的经济波动正是起因于创新过程的非连续性和非均衡性，不同的创新对经济发展产生不同的影响，由此形成时间各异的经济周期，当经济进步使得创新活动本身降为"例行事物"时，企业家将随着创新职能减弱，投资机会减少而消亡。

熊彼特进一步明确指出科技创新的五种情况：一是采用一种新的产品也就是消费者还不熟悉的产品或一种产品的一种新的特性；二是采用一种新的生产方法，也就是在有关的制造部门中尚未通过经验检定的方法，这种新的方法不需要建立在科学上新的发现的基础之上，并且，也可以存在于商业上处理一种产品的新的方式之中；三是开辟一个新的市场，也就是有关国家的某一制造部门以前不曾进入的市场，不管这个市场以前是否存在过；四是掠取或控制原材料或半制成品的一种新的供应来源，也不问这种来源是已经存在的，还是第一次创造出来的；五是实现任何一种工业的新的组织，比如造成一种垄断地位，或打破一种垄断地位。后来有关研究人员将熊彼特提出的这五种情况归纳为五个创新，依次对应产品创新、技术创新、市场创新、资源配置创新、组织创新，其中组织创新也可以看成是部分的制度创新。

十八大以来，以习近平同志为核心的党中央把科技创新作为提高社会生产力和综合国力的战略支撑，摆在国家发展全局的核心位置，深入实施创新驱动发展战略，加速推动我国从科技大国向科技强国迈进，在理论创新和实践创新上不断取得丰硕成果。从确立"两个一百年"奋斗目标到提出"中国梦"，从统筹推进"五位一体"总体布局到协调推进"四个全面"战略布局，建设中国特色社会主义的"路线图"日渐清晰；从确立创新驱动发展战略到贯彻落实"创新发展"的新发展理念，从加快创新型国家建设步伐到向着世界科技强国不断前进，以科技创新为核心的全面创新蓝图正在加快绘制。对科技创新进行战略性、全局性、长远性系统谋划，是习近平总书记治国理政新理念新思想新战略的重要组成部分，是对马克思主义科技学说的重大发展，更是中国特色社会主义理论的重大创新。这是在全面建成小康社会的关键历史节点上，在我们党进行具有许多新的历史特点的伟大斗争的重要时代背景下提出来的，具有鲜明的时代特征和丰富的理论内涵。

二、科技创新对于推动高质量发展的重大意义

（一）适应新一轮技术革命和产业变革，提升内蒙古竞争力的主要路径

历史上科技领域的每次革命性突破，都会引发生产力、生产关系的重大调整，创新已经成为塑造经济结构和竞争格局的关键。当前，科技创新进入空前密集活跃期，人工智能、物联网、信息技术等新技术的应用，加快推动经济发展向网络化、数字化、智能化、绿色化转变，各省市都在大力推动科技创新，以适应日新月异的技术变革，以求在未来更加激烈竞争中获得更加有利的区域分工。科学能孕育变革性技术，变革性技术能形成新产业，而新产业能催生出新时代，自治区作为欠发达地区，要想在新时代实现高质量发展，必须在科技竞争中抢占先机，提升自治区的竞争力，为高质量发展占据"桥头堡"和"制高点"。

（二）转变发展方式，实现动力变革的重要举措

21 世纪以来，依靠煤炭等资源型产业的发展，自治区取得了举国瞩目的发展成就，但经济发展进入新常态以来，这种依赖资源的发展方式已经难以为继，引进技术的空间逐步缩小，上一轮改革带来的资源配置红利效应逐步减弱。因此，要实现内蒙古高质量发展，必须通过创新，带来思想和技术的变革，培育新动能，转换发展动力，使创新成为推动自治区经济增长的主要驱动力；改变经济发展方式，以创新取代传统的资源要素投入模式，切实改变经济增长主要依靠资源型产业的局面，促进经济结构优化和产业升级，使创新成为自治区实现经济再次起飞的引擎。

（三）增加有效供给，满足人民日益增长的美好生活需要的重要途径

随着城乡居民收入不断提高，广大人民群众的消费需求快速升级，多样化个性化发展，对环境安全、食品安全、信息安全等方面的生活质量要求更高。尽管近年来自治区大力推动供给侧结构性改革，但仍存在低水平供给能力过剩与中高端有效供给不足的现象，难以充分满足不断升级和多样化需求增长的需要。大力推动工业、农业、服务业等各领域面向市场需求积极开展创新，增加

有效供给，不断适应和满足消费需求的变化，不仅有利于培育新的经济增长点，也有利于满足人民日益增长的美好生活需要。

（四）推进产业转型升级，提高综合竞争力的关键举措

近年来自治区下大力气推动产业结构转型升级，鼓励运用高新技术和先进适用技术改造能源、化工等传统产业，加快培育打造新能源、新材料等战略性新兴产业，尽管取得了一定成效，但由于核心、关键技术不足，自治区新兴产业发展缓慢，产业结构仍以传统产业为主，自治区大部分企业仍徘徊于产业价值链中低端环节。面对新一轮科技革命和产业变革，自治区亟待通过创新发展，进一步提高实体经济的综合创新能力，增强全区产业竞争力，使产业从价值链中低端环节迈向高端环节，逐步使自治区产业在区域竞争中获得先发优势和竞争优势，甚至能够主导产业的发展方向和规则的制定。

（五）打造区域经济增长极，促进协调发展的现实选择

当前，全国各地大力推动大众创业、万众创新，积极构建区域创新体系，一些国家级高新技术产业园区已经成为地区经济发展的增长极。近年来，自治区整体创新能力普遍提升，在呼包鄂地区、乌海小三角地区、赤峰等地区形成了一批各具特色的创新高地，带动了区域经济的快速发展，但由于自治区地区间差距较大，呼包鄂地区的创新要素集聚度和创新能力优于其他地区，创新发展对高质量发展的支撑能力也相对较高。因此，新时代实现自治区经济高质量发展，就必须推动创新能力均衡提升，打造多个各具特色的区域创新中心，增强各创新中心的创新能力，培育区域增长极，进一步促进全区协调发展。

第二节　内蒙古科技创新现状分析

21世纪以来，特别是党的十八大以来，内蒙古大力实施创新驱动发展战略，创新意识不断加强、创新能力不断提升，带动传统产业转型升级，支撑引领经济社会发展，创新型内蒙古建设取得丰硕成果，创新对内蒙古高质量发展中的

引擎作用不断增强。

一、创新动力、活力增强

（一） 创新意识不断增强

近年来，自治区把实施创新驱动发展战略作为推动产业转型升级的重要抓手，促进发展方式从要素驱动、投资驱动向以创新驱动为主转变。部分盟市以创新为引领，主动寻求转型发展，例如乌海市是自治区资源枯竭型城市，过去过度依赖资源的发展方式已不适应当前的发展形势，乌海市创新发展思路，主动寻求转型发展新路径，实现了"中国赏石城"和"中国书法城"花落乌海，建成乌海湖水利工程等多个"无中创有"。

（二） 企业创新活力不断增强

企业在创新活动的重要主体，在实用技术研发和推广应用中更具有不可替代的作用。近年来，自治区开展 R&D 活动的企业总数稳定提高，保持了良好的可持续发展势头。2016 年，全区 4295 个规模以上工业企业中，有 R&D 活动的企业 415 个，占总数的 9.66%；有研发机构的企业有 170 个，占总数的 3.96%。企业 R&D 项目数达到 2260 项，分别比 2010 年增加了 320、73 和 1230 个（项）。

（三） 高校及科研院所创新主体地位更加突出

高校和科研院所集中了区内大部分的优质创新资源，在实施创新驱动发展战略、转变经济发展方式、推动创新体系建设中发挥了重要作用。近年来，自治区高校及科研院所科技创新活动明显增加，2016 年，全区 53 个高等院校和 98 个研究机构，分别进行了 8223 和 716 项 R&D 课题研究，比 2010 年分别增加 3192 和 58 项，是全区规模以上工业企业的四倍。

（四） 政策环境不断优化

近年来，自治区在优化创业创新融资环境、引进培养创新人才、完善研发孵化体系、加强创新成果转化等方面出台了一系列政策措施，科技体制改革向纵深推进，重点领域和关键环节取得实质性突破，创新创业环境进一步优化，创新要素不断集聚，极大促进了创新活动的开展。自治区部分企业、部分研究机构，也因地制宜出台了创新发展的激励措施，例如包头稀土研究院和包钢相继出台了《包头稀土研究院科技成果转化实施办法》《包钢（集团）公司科技创新实施方案》等，大大激发了科研人员创新和创新成果转化的积极性。

二、创新要素投入持续加大

近年来，自治区不断加大资金、人才等创新要素投入，加强创新人才体系、创新平台建设，科技创新整体实力显著增强，为高质量发展提供了强有力的支撑保障。

（一）创新资源投入规模逐年扩大

近年来，全区 R&D 经费投入显著增长，为科技创新活动的顺利开展提供了保障，R&D 经费支出由 2010 年的 63.7 亿元提高到 2016 年的 147.5 亿元，年均增长 15%，R&D 经费投入强度由 2010 年的 0.55 提高到 2016 年的 0.79，年均增长 6.2%。从各类创新主体投入情况看，企业创新活动经费投入规模与增速均远高于其他主体，2016 年全区有创新活动的规模以上工业企业 R&D 经费总投入达到 133.7 亿元，比 2010 年增加 84.3 亿元，年均增速达 18.03%；高校 R&D 经费总投入 4.3 亿元，比 2010 年增加 1.3 亿元，年均增长 6%；其他研究机构 R&D 经费总投入 8.9 亿元，比 2010 年增加 3.6 亿元，年均增长 9.2%。

（二）科研人员队伍发展壮大

人才是科技创新的核心要素，也是各创新主体开展创新活动的最活跃因素。近年来，自治区不断加大创新人才的培育和引进力度，组织开展了"广纳英才·智汇草原"系列招才引智活动，新培育自治区级产业创新创业团队 91 个、高层次人才创新创业基地 5 个，签订人才项目合作协议 91 个，全区创新人才队伍不断壮大，人员素质进一步提升。2016 年，全区 R&D 人员全时当量达到 39480 人/年，比 2010 年增加 14715 人年。从创新主体看，企业、高校及研究机构的 R&D 人员与分别比 2010 年增长 135%、13%、−2.8%，企业逐步成为全区创新人才的"聚宝盆"，汇聚了全区76%的创新人才，且增速在各创新主体中也遥遥领先。

（三）创新平台建设日益完善

科技创新平台是集聚创新要素、实施创新活动、转化创新成果的核心载体，能够为全面实施创新驱动战略提供有力支撑。近年来，围绕重点行业发展，自治区以大型企业和科研院所为依托建成了一批研发平台，各类重点实验室和研发中心数量快速增多，创新平台载体有序发展，体系初具规模。截至2017年底，全区共拥有国家级高新区3个，自治区级高新区9个；国家级各类高新基地10个，自治区级高新技术特色产业基地39个；国家级科技企业孵化器11家，自治区级科技企业孵化器35家；自治区级企业研发中心340家。全区创新平台的层次也在不断提高，一机集团"特种车辆及其传动系统智能制造实验室"和包头稀土院"白云鄂博稀土资源研究与综合利用重点实验室"晋升国家重点实验室，实现了自治区国家级重点实验室零的突破；2017年，依托内蒙古大学的"省部共建草原家畜生殖调控与繁育国家实验室"的正式获批，也实现了内蒙古省部共建国家重点实验室零的突破，为自治区凝聚创新能力、集聚人才和产出创新成果创造出高层次的创新平台。科技创新平台数量的增长、层次的提高为创新创业营造了良好的环境，大大激发了创新活力。

三、创新成果不断丰富，为高质量发展提供了高水平创新供给

随着近年来全社会创新意识的不断提高，创新要素投入力度的加大，自治区在基础研究、前沿技术领域实现多点突破，企业技术装备实现整体跃升，创新内容越来越丰富，尤其是在生态保护、环境治理、中蒙药开发、生命科学等领域取得了积极进展，自治区科技创新的整体实力显著增强，正在从量的积累向质的飞跃、从点的突破向系统能力提升转变，逐步向引领型发展目标迈进。

（一）技术改造升级成为企业创新的重要支撑

近年来，自治区通过科技创新推动产业层次不断升级，注重运用高新技术和先进适用技术改造提升能源、化工、装备制造等产业，通过高新技术改造和

先进技术装备的引进消化再创新，技术层次大幅度提升，产品结构得到不断优化。2016 年，全区规上工业企业购买、引进、消化吸收和技术改造经费支出总计达到 34 亿元，其中技术改造经费支出占比达到 68%。通过技术改造和技术创新，大部分企业技术进步速度加快，煤化工、羊绒纺织、煤炭开采等领域的成套加工设备和工艺装备技术水平达到了国际、国内先进水平，企业创新能力的提升对企业技术升级的支撑作用逐渐加强。

（二）创新成为企业提高核心竞争力的重要途径

伴随市场竞争日趋激烈，企业必须积极开发高技术含量、高附加值的新产品来提高市场竞争力。2016 年，全区规模以上工业企业共有 1509 项新产品开发项目，新产品开发经费支出 72.8 亿元，全年新产品销售收入达到 779.6 亿元，分别比 2010 年增加 573 项、37.4 亿元和 253.5 亿元。随着企业创新成果的不断增加，知识产权保护意识同步提高，企业专利申请量快速增加，2016 年全区规模以上工业企业的专利申请量为 2970 件，其中发明专利达到 1321 件，2010～2016 年年均增速分别达到 26.6% 和 27.1%。通过不断的产品创新，自治区企业的产品结构得到进一步优化，已有一批企业拥有了主导产品关键技术的知识产权，市场竞争力进一步提高，例如近年来自治区蒙医药产业大力推动科技创新，不仅成功研发出一批蒙药新药，而且在民族医疗特色疗法疗效关键技术及应用研究方面形成了规范。

（三）高校及研究机构创新成果量质齐升

高校和科研机构不仅汇集了众多高质量创新专家人才，也拥有众多先进的科研仪器，能够产出一些更加前沿的创新成果。近三年，全区高校及科研院所共获得自治区级科学技术奖 195 项，占全部奖励的 56%；62% 的自治区级科学技术一、二等奖由高校及科研院所获得。高校等研究机构的科技成果加快向现实生产力转化，在专利申请方面，2016 年，全区高校和研究机构共申请专利数 909 件，其中发明专利 315 件，分别比 2010 年增加 682 件和 134 件；专利所有权转让及许可数 4 件，总收入 125 万元，约为 2010 年的 3 倍。

第三节　面临的主要问题

经过多年来不懈努力，自治区人均 GDP 不断提高，但科技创新体系不完善、综合创新能力低一直是制约自治区发展的突出短板，主要科技创新指标在全国的位次都比较靠后。2016 年自治区科技进步贡献率为 45%，综合科技实力位列全国第 23 位；全区发明专利授权数量为 871 件，仅占全国总量的 0.3%，居全国第 27 位；企业技术创新能力仅列全国第 29 位；高新技术产业化水平仅为 14.17%，列全国第 28 位；高水平的创新平台和载体严重缺乏，317 家国家级重点实验室，自治区仅有 2 家；332 个国家工程技术中心，自治区仅有 2 家，总体科技创新能力位于全国靠后的位置，与自治区经济发展水平不相适应，建设创新型内蒙古存在较多薄弱环节，难以满足内蒙古高质量发展的需要。

一、高校等研究机构研究支撑不足，缺乏原始创新

（一）研究机构基础创新研究经费投入明显不足

从投入总量看，尽管近年来自治区高校等研究机构科技投入保持较快增长，2016 年，高校及其他研究机构研究与试验发展（R&D）经费投入达到 13.2 亿元，比 2010 年增加 4.9 亿元。但是与全国相比仍差距明显，2016 年，自治区高校 R&D 经费投入仅占全国的 0.37%，位列全国第 27 位，其他研究机构 R&D 经费投入仅占全国的 0.38%，位列全国第 26 位。

（二）研究经费结构不合理

从研究经费来源上看，自治区高校及其他研究机构研究经费来源不合理，自治区研究机构中 85% 的 R&D 经费中来源于政府资金，比全国高出 9 个百分点，企业资金只占 7.7%，低于全国 4.3 个百分点。从研究经费投入领域上看，自治区理工农医类高校研究经费占高校研究经费的比例高达 86%，人文社科类

的科研经费严重不足，而在综合性高校中，对人文社科类的科研投入更是远低于自然科学研究的投入。另外，由于技术的突破依赖于长期的积累，短期的投入难以取得明显成效，自治区对科研项目资金投入的针对性和持续性不足，导致一些有发展前景的科研团队难以获得稳定的资金支持，也不利于研究的开展，科技的创新。

（三）科研评价体制机制不利于科技创新

由于当前高校和科研院所的评价机制主要侧重于科研课题的立项级别，学术论文的发表数量和级别，使得科研中普遍存在重数量、轻质量，重短期利益、轻长期效果的现象，导致高校和科研院所的科技人员热衷于写论文发论文等数量指标，而对科技成果的转化、应用和创造效益的情况关注较少，缺乏重大的科研突破。另外，高校等研究机构在职称评定及人才工程遴选中，对不同领域、不同门类的人才都使用学历、资历、论文数量、外语和计算机水平等进行简单量化衡量，过于强调论文、课题、获奖、专利等显性指标，对人才的实际贡献和成果转化能力有所忽视，导致科研人员更多地追求成果数量而较少顾及成果的质量和成果转化。

（四）产学研脱节现象突出

近年来自治区高校等研究机构高度重视科技创新，承担了大量的科研课题，但在现有的评价体系指引下，高校在科研方面更多注重基础研究或应用基础研究，科研项目研究方向与市场需求不能有效对接，存在"重研发，轻转化""重基础，轻应用"等问题，创新链与产业链处于脱节状态。尽管一些企业与高校、科研院所建立了产学研合作关系，但合作层次大多停留在技术咨询层面上，建立稳固、长期的技术合作的较少，更多的研究成果因与市场需求脱节、经济效益和社会效益不佳而被束之高阁，研究成果难以充分转化为现实生产力。

二、企业创新水平不高，能力受限

（一）企业创新活力不够，创新型企业匮乏

由于开展科技创新往往需要投入大量的人、财、物，并且面临较高的技术风险、市场风险和技术流失风险等，导致部分企业虽然有创新热情，但由于实力弱、资源整合能力有限，很难依靠自身力量独立进行科技创新。2016年，全区有R&D活动的规模以上企业占比仅为9.7%，不到全国平均水平的一半，全区规模以上工业企业中设有研发机构的企业所占比重仅为4%，低于全国平均水平12.3个百分点，全区大部分的企业并未设立研发机构，一些企业虽然建立了研发机构，但仅限于挂牌子、搭架子，科技创新能力不强。在科睿唯安公司基于对企业发明总量、专利授权率、全球化和影响力等指标评价公布的"中国大陆创新企业百强"榜中，大部分是北京、广东等发达地区企业，2016年及2017年，自治区没有一家企业入围。另外，自治区企业大多以引进消化吸收、技术集成等改进式创新为主，突破性和颠覆性创新很少。

（二）硬件条件相对落后，未能有效利用优质的创新资源

随着全国创新资源加速流动，开放创新将成为创新新趋势，但是由于体制机制等方面的制约，自治区企业、高校等创新主体开放程度不够，未能使优质创新资源得到充分利用。自治区企业尤其是科技型中小企业，实验设备数量不足、装备老旧、缺少高层次创新平台等问题一直制约着企业科技创新，而沉睡在高校和科研院所实验室里的科研设备，不仅种类齐全，而且技术先进，但受制于体制问题，一些国企、高校和科研机构，担心"踩入雷区"，导致对设备开放的积极性不大，设备开放共享程度较低。

（三）企业创新资金来源渠道有限，资金投入不足

持续稳定的资金投入是企业开展科技创新的重要保障，2016年，自治区R&D经费投入强度仅为0.79%，位于全国第25位，仅为全国平均水平的三分之一，资金投入严重不足。企业研发经费大部分来自于企业自筹资金，但由于近几年经济进入新常态，部分企业经营状况欠佳，而科技创新往往需要进行长期持续的资金投入，并且不能带来立竿见影的收益，导致企业在主观上不愿投入过多的资金开展科技创新活动。在企业资金有限的情况下，融资就成为保障企业创新资金的重要途径，但由于自治区资本市场发育滞后，知识产权融资方面缺少相应的评估机构，科技金融缺乏风险分担机制不完善，导致企业尤其是一些轻资产的中小型企业在融资方面存在一定困难。另外，尽管近年来自治区财

政方面的创新资金投入总体有所增加，但仍难以满足科技创新需求，政府、银行、风险投资等各类资金多元投入的科技金融体系尚未形成，导致创新资金来源比较单一。研发经费缺乏长期稳定的投入，将阻碍大部分企业的核心技术和前瞻性技术研究，使得技术创新活动普遍维持在跟踪模仿和对一些低端技术的研发上，这不仅严重阻碍自治区企业的生存壮大，影响自治区产业结构的转型升级的步伐，阻碍创新型内蒙古的建设，甚至会影响内蒙古高质量发展。

三、创新人才匮乏、结构不合理，制约创新开展

人才是科技创新第一资源，要建设创新型内蒙古，实现高质量发展，必须依靠创新人才。尽管近年来自治区在人才工作上投入了很大力量，取得了积极成效，但同时自治区创新人才匮乏、人才质量不优、分布不均、支撑作用不明显等问题比较突出，制约了创新型内蒙古建设的进一步深入。

（一）创新人才"两头短缺"，难以满足创新型内蒙古建设的需要

建设创新型内蒙古离不开"顶天立地"的人才结构，但当前自治区的人才结构存在高端领军人才不足、高端科技创新人才缺乏和高素质技能人才短缺的情况，难以满足创新型内蒙古建设的需要。一个团队的创新能力关键在于团队领军人才的创新能力，创新领军人才往往是拥有敏锐的市场嗅觉和整合资金、人才、设备等要素能力的优秀企业家，但自治区企业大多是从资源采掘和初级加工等领域起步，这种资源依赖型企业在发展过程中对科技创新的需求较小，企业家的创新意识相对薄弱。拥有自主知识产权或核心技术，能够引领产业发展的高端科技创新领军人才是企业创新的中坚力量，但是自治区高水平的高校、科研院所先天不足，企业研发机构、人才后天羸弱，高端创新人才的缺乏使得自治区企业创新后劲乏力。另外，引领装备制造、高新技术等产业创新发展的科技骨干人才、实用性工艺人才、生产一线人才等中间人才不足，也是制约自治区创新发展的因素之一。

（二）优质人才引进困难，创新人才质量不优

自治区地处北部边疆，发展水平相对落后，尽管国家、自治区出台了诸多

吸引人才的政策，但受历史原因、自然环境、生活环境、创新条件等多方面因素的影响，自治区在经济总量、产业结构、创新环境、人才发展空间等方面与东部乃至全国发展的平均水平仍然存在较大差距，缺乏干事创业平台，导致自治区在引进和留住优质创新人才时困难重重，优质创新人才屈指可数。据统计，自治区入选国家"千人计划"和万人计划的仅有 39 人，"两院"院士仅有 1 人，与发达地区差距十分明显。

（三）人才分布不均衡，难以人尽其才

在自治区人才资源短缺、优质人才稀缺的现实情况下，要想实现创新发展，必须让每位人才充分发挥出自身的潜能，但是自治区创新人才分布不均衡，难以人尽其才。自治区博士、硕士等高层次的创新人才多分布于高校、科研院所等单位，企业所需的应用型创新人才严重短缺。2016 年，全区规模以上工业企业 R&D 人员全时当量约为高校的 9.1 倍，但企业科技人员中本科及以上学历人员的比例仅为高校的三分之二。人才分布的不均衡导致企业在技术开发和技术改造方面心有余而力不足，严重影响企业的技术创新。

四、科技服务体系建设滞后，影响创新成果

近年来，国家及自治区出台了一系列鼓励科研成果转化、促进科技创新服务体系建设的政策措施，尽管取得了一定成效，但依旧有一些关键环节尚未打通，政策落实的效果不尽如人意，制约了成果转化效率的进一步提升。

（一）成果转化环节投入过少，创新链条缺失

创新链条一般包括基础研究、应用开发、中间试验、商品化和产业化四个过程。通常高校等研究机构多注重于前两个环节的研究，企业则更多关注后两个环节，而中试环节因其投资大、周期长、风险高的性质，使得企业、研究机构、政府都对中试缺乏投入，导致一些创新成果难以走向市场，创新链出现断裂。

（二）科技中介服务体系不完善，技术转移出现断层

科技中介服务体系是连接产业与技术的桥梁，是将科技成果进行产业化、

社会化的重要手段，由科技中介服务机构和科技服务组成。但目前自治区科技中介服务机构的数量少、层次低、专业性机构紧缺，科技服务能力薄弱，创新链与产业链割裂。

（三）科技创新服务平台小而散，使用方便性不足

近年来，自治区搭建了内蒙古科技创新综合服务平台、内蒙古科技创新综合信息系统、内蒙古科技大市场等多个网上科技创新信息服务平台，一些盟市也建立了自己的科技服务网上平台，但是在技术转移、检验检测认证、创业孵化、知识产权、科技咨询、科技金融等方面信息整合力度不够，不能充分汇聚资源和信息。另外，由于政府对信息服务平台的宣传力度不足，导致创新主体对平台的了解不够深入，不能充分利用信息服务平台促进企业创新。

（四）知识产权保护体系不完善，保护力度不足

保护知识产权就是保护创新动力，但由于目前知识产权保护相关的法律法规不完善、监管不到位、执法缺失、信用管理不健全，导致侵权成本低、维权成本高，知识产权侵权问题时有发生，尤其是外观专利方面的侵权现象泛滥，严重损害了创新者的权益，大大挫伤了创新的积极性。

五、体制机制不完善，创新型政府建设不到位

（一）资金管理使用机制不完善，财政扶持政策亟待改进

财政扶持资金是引导创新的重要方式，尽管近年来政府不断加大对创新的投入，但资金投入仍存在集中性和持续性不足、资金到位慢等问题，使得扶持资金的作用大打折扣。在资金管理上，由于服务企业创新相关的机构分散于各个部门，创新扶持资金不能集中汇聚在一个"资金池"，资金管理比较分散。在资金投放方式上，传统的"撒胡椒面"式、"扶贫"式的投放方式导致资金投放过于分散，对于重点项目的支持不够。在项目选择上，通常不会连续多年选择同一个企业予以扶持，这种搞平衡式地选择企业，导致对部分项目的持续性扶持不足。在资金的落实上，部分财政资金到位缓慢，可能使部分企业陷入资金

困境。另外，企业在项目申报、资金配套、资金使用、验收审计的过程中往往面临复杂繁琐的程序，需要花费企业大量的时间和精力，导致一些企业对申请财政扶持资金的积极性不高。

（二）人才管理使用体制机制不健全，影响创新积极性

目前自治区对人才的创新政策不够宽松，一方面，对本土人才的创新激励不足，尽管国家和自治区出台了一系列鼓励人才创新的政策措施，但不够细化，相关的法律法规不够完善，部分单位和企业在对人才的奖金激励方面仍有一些顾虑，导致相关激励政策不能实施。另一方面，对海外人才的管理体制不畅。近年来自治区引进了一些海外人才，但由于海外人才引进工作涉及众多部门，存在政策协调难度大、工作效率低，管理服务不到位等问题，导致一些外籍人才创办企业、居住、就业等方面难以享受与中国国籍公民同等的待遇，给外国专家来自治区创新创业带来诸多不便。

第四节　主要措施建议

抓创新就是抓发展，谋创新就是谋未来。在新的历史起点上，必须要以习近平新时代中国特色社会主义思想为统领，立足更高站位，把创新摆在发展全局的核心位置，坚持以科技创新为引擎，释放科技创新红利，培育经济发展新动能，形成以创新为主要引领和支撑的经济发展新格局，推动内蒙古经济高质量发展。

一、增强各类创新主体地位，构建高效协同的创新体系

使创新成为内蒙古发展的第一动力，关键是要消除抑制创新的制度和政策壁垒，降低创新成本，保护创新者的权益，让创新者能够从创新中获利，全面激发全社会的创新动力和活力，加快构建产学研紧密结合的创新体系。

（一）强化企业主体地位，进一步提高创新能力

强化企业创新主体地位，将更多有明确产业化目标的科技计划交由企业主导，对于面向重大战略产品或大型工程的计划，采取政府补贴、贷款、上市融资等多元化投入方式，让企业成为资源配置的主体。组织实施企业技术创新工程，引导各类创新要素向企业集聚，培育一批有影响力的创新领军企业，支持有条件企业开展基础研究和前沿技术攻关。鼓励高成长性创新型中小企业发展，培育一批掌握产业"专精特"技术的隐形冠军。探索通过购买公共服务等方式，构建为科技型中小企业创新不同环节、不同阶段提供全程服务的专业化、网络化平台。

（二）发挥优势，增强高校支撑自治区创新发展的能力

推进自治区高水平大学建设，进一步增强创新和成果转化能力，充分发挥高校在创新中的骨干和引领作用。全面提升自治区高校的创新能力，推进一流大学和一流学科建设，鼓励各院校择优建设若干重点学科，进一步优化学科布局结构，重点推动一批基础学科、新兴学科和重点应用学科发展成为国内具有领先地位和竞争力的一流学科，加快形成支撑自治区创新能力持续提升的学科体系。充分发挥高校聚集创新人才的优势，打造一批学术领军人才和中青年科研骨干，创新大学生、研究生培养模式，深化产教融合、科教协同，培养富有创新精神和实践能力的各类创新型、应用型、复合型优秀人才，为自治区创新发展形成人才支撑。

（三）明确重点，大力培育新型研发机构

围绕低碳技术与清洁能源、新材料、生态与环境、蒙中药等重点领域，加大新型研发机构的培育和支持力度，鼓励和引导自治区各创新主体以产学研合作的形式与国内外高等学校、科研院所等共建新型研发机构。围绕自治区重大创新任务，有效整合优势科研资源，建设综合性、高水平的科技创新基地，在自治区优势领域形成一批具有鲜明特色的高水平科学研究中心。围绕区域性、行业性重大技术需求，实行多元化投资、多样化模式、市场化运作，发展多种形式的先进技术研发、成果转化和产业孵化机构，最终形成一批在基础前沿和

行业共性关键技术具有骨干引领作用的新型研发机构。

二、强化创新平台建设，提升自主创新能力和水平

高效协同的创新体系和开放包容的政策环境是建设创新型内蒙古，实现内蒙古高质量发展的重要保障。创新作为现代化经济体系的战略支撑，不但体现在强大的科技创新能力引领上，更体现在高效的体制机制和良好的创新环境支撑上。加快实施科技创新平台升级工程，加速扩大创新主体规模，构建与自治区经济运行息息相关的创新平台载体新框架，实现创新资源的整合集聚和高效配置，促进科技创新由粗放型向规模化、集约化、配套化转变。

（一）提升重点实验室建设水平

紧跟国家部署和自治区产业发展重点，确认重点实验室新定位，重视重点实验室建设的综合性、交叉性和多学科集成性，强化围绕自治区战略解决区域重大科学问题的功能，加快培育以应用基础研究和前沿技术创新为主要方向的省部共建重点实验室，积极培育几家重点实验室进入国家级序列。按照"扶强、补缺"目标，采取动态管理、定期评估、后补助支持等方式，加强重点实验室的动态评估和管理。进一步强化重点实验室资源整合功能和社会化程度，选择一批具有学科领先优势、研究基础和发展潜力的专业方向进行重点提升，建设一批部门实验室。

（二）加强工程技术研究中心建设

强化自治区工程技术研究中心建设，加强实验室成果向生产力转化的中间环节，形成对自治区重大产业创新成果进行系统化、配套化和工程化研究开发的能力。重点巩固、发展和提升一批行业影响力大、创新优势明显的工程技术中心，集中配备先进的试验装备条件，提高现有成果的成熟性和配套性，促进产品更新换代。

（三）加快发展产业技术创新战略联盟

围绕自治区优势产业、重点培育的新兴产业、有发展潜力的地方特色产业，

联合和引进国内高端要素，巩固和新组建一批产业技术创新战略联盟，发展一批联盟区域分中心。构建产业技术创新链，汇聚行业高端人才、顶尖技术、先进创新能力，抢占产业技术创新领先优势。积极探索联盟核心圈的组织模式和运行机制，推动联盟组织化、制度化和规范化运行。

（四）加快院士专家工作站发展

加强对院士工作站建设与发展的统筹协调和宏观指导，推行"引来一个人才，带动一个项目，吸引一个团队，催生一个产业"工作站运行模式，为企业、基层提供贴身服务。重点跟踪和扶持一批科技含量较高、项目实施预期较好、产业升级带动作用明显的院士专家工作站，建立与院士专家的沟通机制。合理设置建站标准，明确拟建站企业的技术需求和可供合作的技术项目。协助企业做好院士专家工作站建站规划与院士专家选聘，抓好项目对接。为院士专家及其团队提供必要的工作条件，保障合作项目的资金投入。保护院士专家和建站企业的知识产权，对已建工作站实行动态管理，加大追踪问效力度。

三、大力推进体制机制创新，激发创新动力和活力

科技创新是内蒙古发展的新引擎，改革是点燃这个新引擎必不可少的点火系统。要依靠改革驱动创新，引领科技体制及其相关体制深刻变革，破除一切制约科技创新的思想障碍和制度藩篱，把体制机制创新的"轮子"同步转动起来，以体制机制改革激发创新活力，营造有利于创新的政策环境和制度环境。

（一）优化配置，改革资金投入和管理方式

进一步提高全区创新领域的资金投入，保持政府科技投入的稳定增长，发挥好财政投入特别是各类科技创新基金的引导作用，带动社会资本投入创新，鼓励金融机构创新金融产品，探索建立符合区情的金融服务模式，拓展多层次资本市场支持创新的功能，逐步形成财政资金、金融资本、社会资本多元化投入格局。改革科技资金管理制度，成立科技创新资金管理中心，统管政府科技创新相关资金，改变"撒胡椒面"的投入模式，提高资金使用效益，针对重点创新项目，要形成后期持续管控与投入机制，根据科技项目实际情况，分阶段

注入资金，避免资金一次性投入，确保资金投入的持续性。

（二）化繁为简，推进科技项目管理体制改革

规范和简化项目申报，简化科研项目申报和过程管理、精简科研项目申报要求、减少不必要的申报材料，避免频繁考核，保证科研人员的科研时间。建立科学的立项机制，按竞争择优形式，以市场为导向，围绕自治区支柱产业、战略性新兴产业和传统优势特色产业技术，依托行业龙头企业和高端研发平台等核心主体，加大研究力度。规范项目监督，避免重复多头检查。充分利用大数据等信息技术提高监督检查效率，实行监督检查结果信息共享和互认，最大限度降低对科研活动的干扰。严格项目验收，适当扩大区外评审专家比例，由第三方机构严格按目标任务组织验收。

（三）推进经费自主，提高科研经费使用效率

建立健全符合科研规律的科技项目经费管理机制和审计方式，增加项目承担单位预算调整权限，提高经费使用自主权，减少频繁的检查、审计等政府干预。探索实行充分体现科技人才创新价值和特点的科研经费使用管理办法，允许科研单位从稳定支持科研经费中提取不超过20%作为奖励经费，保障合理的薪酬待遇，使科研人员潜心长期从事基础研究。建立健全科研经费监督管理机制，完善科技相关部门预算和科研经费信息公开公示制度，强化对科技经费使用过程的监管，依法查处违法违规行为，健全科技项目管理问责机制，依法公开问责情况，提高科技经费使用效益。

四、完善科技人才发展机制，强化创新人才保障

树立科学的人才观，破除束缚科技人才发展的思想观念和体制机制障碍，加快构建科学规范、开放包容、运行高效的科技人才发展治理体系，完善灵活开放的科技人才培养、引进和使用机制，坚持不唯地域引进人才、不求所有开发人才、不拘一格用好人才的原则，确保急需高端人才引得进、留得住、用得好。

（一）加快推进创新型人才结构调整

促进科学研究、工程技术、科技管理、科技创业和技能型人才协调发展，

形成各类科技人才衔接有序、梯次配备、合理分布的格局。突出"高精尖缺"导向，重视高层次创新人才队伍建设，突出顶尖科学家、科技领军人才的引进、培养。加强创新团队建设，形成科研人才和科研辅助人才的合理配备。加大对优秀青年科技人才的发现、培养和资助力度，增强科技创新人才后备力量。加大面向生产一线的实用工程人才、卓越工程师、专业技能人才和乡土科技人才的培养，造就一批具有全球战略眼光、管理创新能力和社会责任感的企业家人才队伍。加强知识产权和技术转移人才队伍建设，提升科技管理人才的职业化水平。

（二）改进科技人才培养支持机制

突出需求导向，加快建立高校学科、专业、层次和区域布局动态调整机制，探索启发式、探究式、研究式教学方法的应用。推行职业教育和基础教育双线制，拓展职业教育高端发展空间，满足市场对大量高技能人才和农村实用人才需求。加快建立以科学与工程技术研究为主导的导师责任制和导师项目资助制，探索产学研用结合的协同育人模式。改进战略科学家和创新型科技人才培养支持方式，继续实施"草原英才"工程科技子工程，面向海内外引进、培养、集聚高层次创新创业人才和高水平创新团队，完善支持政策，创新支持方式。按照"项目、平台、人才"一体化原则，依托重大科技项目和创新平台，大力培养、引进和使用高层次人才，推动科技人才工程项目与各类科研、平台、基地计划精准对接。建立基础研究人才培养长期稳定支持方式，探索实行充分体现科技人才创新价值和特点的科研经费使用管理办法，推行有利于科技人才创新的科研经费审计方式，推行横向科研课题"明确公权、放开私权"的经费使用模式。

（三）创新科技人才评价机制

克服唯学历、唯职称、唯论文、唯奖项等倾向，积极探索尊重个性、以人为本的评价方法，努力开发、应用科学测评手段，提高科技人才评价的科学水平。探索基础研究类科研人员代表作评议制度，强化应用研究和技术开发类科研人员的成果贡献评估，引导科研辅助和实验技术类人员提高服务水平和技术支持能力。改革完善科技人才职称评价标准和方式。突出用人主体在职称评审中的主导作用，促进职称评价结果和科技人才岗位聘用有效衔接。探索高层次人才、急需紧缺人才职称直聘办法，技能型人才聘用办法，放宽急需紧缺人才职业资格准入。

（四）健全科技人才激励机制

完善科研事业单位收入分配制度改革。健全与岗位职责、工作业绩、实际贡献紧密联系和鼓励创新创造的分配激励机制，重点向关键岗位、业务骨干和作出突出贡献的人员倾斜。各类科技奖励要强化奖励的荣誉性和激励性，突出对重大科技贡献、优秀创新团队的激励。扎实做好自治区杰出人才奖、科学技术奖、突出贡献专家和"草原英才"等评选工作。实施分层分类"人才项目引领支持计划"。

五、畅通成果转化渠道，大力推进科技成果转化应用

促进科技成果转移转化是建设创新型内蒙古的重要任务之一，是加强科技与经济紧密结合的关键环节。科技创新不仅仅是实验室里的研究，需要完成从科学研究、实验开发、推广应用的"三级跳"，才能真正实现创新价值。推进科技成果转化应用，其关键环节是使企业成为科技成果转化应用的真正主体，通过政府、社会、企业共同搭建平台，加强信息共享，提供公平、及时、准确、有针对性的服务，促进成果产生、转化、应用，直到产业化。

（一）建立健全成果转化服务体系

大力发展各类成果转化服务机构，鼓励有条件的高校和科研院所建立专业化、市场化的成果转移转化机构，推动科技成果与产业、企业需求有效对接。健全自治区、盟市、旗县三级科技成果转化工作网络，强化自治区级科技管理部门开展科技成果转移转化的工作职能，加强相关部门之间的协同配合。探索适应地方各级机构成果转化的考核评价机制。以呼和浩特、包头等创新资源集聚、工作基础好的盟市为主导，跨区域整合成果、人才、资本、平台、服务等创新资源，在资源禀赋好的盟市建设自治区级科技成果转移转化试验示范区，带动及服务周边盟市及旗县，形成完善的多级科技成果转化网络。

（二）推动科技成果转化交易平台建设

进一步发展和规范网上技术交易市场，形成连接高校、科研院所、企业以及投融资机构，集聚科技成果、知识产权、资金、人才、服务等创新要素的技术成果转化交易平台，建立科技成果转化推广目录，以需求为导向及时向企业先进适用、符合产业转型升级方向、投资规模与产业带动作用大的科技成果包。建设面向技术需求方的技术产权交易平台，及时发布重大科技成果和重大科技需求，健全成果转化服务链条，不断推广科技成果转化服务能力。

（三）建设科技成果中试与产业化载体

鼓励企业牵头、政府引导，面向产业发展需求开展中试熟化与产业化开发，提供全程技术研发解决方案，加快科技成果转移转化。支持围绕区域特色产业及中小企业技术创新需求，建设通用性或行业性技术创新服务平台，提供从实验研究、中试熟化到生产过程所需的仪器设备、中试生产线等资源，开展研发设计、检验检测认证、科技咨询、技术标准、知识产权、投融资等服务。

（四）建立以科技人员为本的创新激励机制

科技创新的主角是科技人员，提升科技创新能力的首要举措就要建立激励科技人员创新的制度安排。自治区大部分科技人员集中在大专院校、科研院所等体制内单位，改革现行科研管理体制中把科技人员当干部管、把科研经费当行政经费管、科研项目立项和验收与市场需求不对接、成果权属管理不利于科研成果转化等问题，就更显得尤为必要。必须树立知识也是财富的理念，政策上要鼓励科技人员获得更多的收入，建立符合科研规律和科研工作实际的项目立项、验收、经费管理制度，建立适应市场需求的成果转化机制，从动力上解决现有科技人员创新积极性不高和创新能力不足问题。

六、优化环境，营造良好的创新氛围

良好的创新环境是内蒙古创新发展的必要条件，内蒙古作为欠发达地区，必须增强紧迫感，强化政策引领，完善自主创新的法律环境，切实保障创新者的合法权益，营造鼓励创新的氛围，培育量多质优的"种子企业"，打造一批拥有自主知识产权的领军企业、领先技术。

（一）强化政策引领，建立良好的市场环境支撑内蒙古创新发展

创新活动投入多、风险大，必须充分发挥市场在资源配置中的决定性作用，让市场主动选择创新的方向和路径，打破束缚市场活力的枷锁。加大对创新型企业在财税政策方面的支持力度，加快坚持结构性减税方向，积极落实企业所得税加计扣除政策，扩大研发费用加计扣除优惠政策适用范围。组织实施企业创新工程，积极扶持科技型中小企业，引进培育创新型领军企业，推动新技术和新产品核心技术的研发，提升企业的产品附加值。加大各类科技创新计划、资金、人才等创新要素要向企业倾斜的力度。

（二）实施知识产权战略，切实保障创新者的合法权益

大力实施知识产权战略，完善产权保护制度，逐步健全知识产权体系，强化专利代理机构、专利信息中心等服务平台建设，实现企业知识产权托管、专利信息检索、专利分析、专利代办等服务全覆盖，夯实各类创新主体知识产权工作基础。提升知识产权创造、运用、保护和管理能力，形成知识产权市场化产业化的完整机制，保证市场竞争的公平公正，加强知识产权综合行政执法，加大对侵犯知识产权行为的处罚力度，努力营造公平竞争激励创新的法治环境。加大知识产权资助、奖励力度，完善创新成果权益分配机制，探索建立以知识产权为导向的创新驱动评价体系，营造尊重知识、崇尚创新、诚信守法的知识产权文化环境，充分调动创新主体的积极性。

（三）营造氛围，用包容的环境滋养创新

创新活动是一个不断试错的过程，要为各类企业开展科技创新活动提供平等竞争的条件，营造勇于改革、鼓励创新、允许试错的机制和环境，通过发现问题、解决问题，形成好的经验，充分调动创新者的积极性。大力推进自主创新的文化建设，弘扬鼓励创新、崇尚创业、敢冒风险、不惧失败的创新文化，努力营造吸引创新人才、吸纳新事物新思想、宽容和谐的创新环境，使鼓励创

新、支持创新、投身创新成为社会价值取向，推动创新型内蒙古建设，进一步
实现内蒙古高质量发展。

参考文献：

［1］习近平.决胜全面建成小康社会 夺取新时代中国特色社会主义伟大胜利——在中国共产党第
　　　十九次全国代表大会上的报告.中华人民共和国中央人民政府网，2017－10－27.

［2］李纪恒.紧密团结在以习近平同志为核心的党中央周围，把祖国北部边疆这道风景线打造得更
　　　加亮丽——在中国共产党内蒙古自治区第十次代表大会上的报告.正北方网，2016－12－02.

［3］内蒙古国民经济和社会发展"十三五"规划纲要［N］.内蒙古日报，2016－04－27.

［4］《2011－2018 内蒙古统计年鉴》.北京：中国统计出版社.

［5］《2011－2018 中国统计年鉴》.北京：中国统计出版社.

［6］《2011－2017 中国科技统计年鉴》.北京：中国统计出版社.

［7］内蒙古自治区科学技术厅.《内蒙古自治区"十三五"科技创新规划》［EB/OL］.http：//
　　　www.nmg.gov.cn/art/2017/7/4/art_ 2766_ 3361.html.

［8］内蒙古自治区科学技术厅.内蒙古科技与经济社会发展数据资源系统［DB/OL］.http：//
　　　61.138.98.206/nmg/nmg.aspx.

［9］司咏梅，吴露露.《围绕产业链构建创新链 提高内蒙古产业含"新"量》［J］.《北方经
　　　济》.2016（12）.

［10］鲁洁，秦远建.创新链的构建与协同治理研究［J］.武汉理工大学学报（信息与管理工程
　　　版）.2017（01）.

［11］刘皖青.中国产业发展融入全球创新链的机理及路径研究［J］.全国流通经济.2018
　　　（29）.

［12］论产业链、创新链与资金链合理配置［J］.郑文范，关宝瑞.山东科技大学学报（社会科
　　　学版）.2018（02）.

第七章

实施乡村振兴战略

实施乡村振兴战略是从根本上解决"三农"问题的重大举措，为内蒙古推进"三农三牧"发展指明了方向。近年来，自治区党委、政府全面贯彻落实习近平"三农"思想，始终牢记习近平总书记"着力抓好农牧业和牧区工作"和"努力让农牧民过上好日子"的殷切嘱托，农牧业农村牧区发展取得历史性成就。本章按照乡村振兴20字方针要求，立足区情，分析总结了内蒙古乡村振兴的基础和条件、存在的问题，提出了今后落实乡村振兴战略的方向和路径。

习近平总书记在党的十九大报告中首次提出实施乡村振兴战略，体现了以习近平同志为核心的党中央对新时代我国"三农"问题的高度重视，是党中央对"三农"工作的全面部署。按照产业兴旺、生态宜居、乡风文明、治理有效、生活富裕总要求，深入实施好乡村振兴战略，努力实现"农业强、农村美、农民富"，关系广大农牧民的福祉，关系内蒙古全面建成小康社会的成色和现代化的质量。

第一节　战略意义

习近平总书记多次强调，任何时候都不能忽视农业，不能忘记农民，不能淡漠农村。农业强不强、农村美不美、农民富不富，决定着亿万农民的获得感和幸福感。实施乡村振兴战略是从根本上解决"三农"问题的重大举措，这为内蒙古农牧业和农村牧区改革发展指明了方向，对乡村振兴战略在内蒙古落地生根有重要的意义。

一、实施乡村振兴战略有利于推进农牧业现代化

农业现代化是国家现代化的重要组成部分。新时代的农业现代化，不是数量规模型的现代化，是质量效益型的现代化，是高质量发展的现代化。农牧业现代化是内蒙古全面建成小康社会的基础。目前，内蒙古农牧业发展质量不高主要表现为，农产品阶段性供过于求和供给不足并存，农牧业供给质量有待提高；农牧民适应生产力发展和市场竞争的能力不足，新型职业农民队伍建设亟须加强等。要解决这些问题，通过实施乡村振兴战略，提升农牧业发展质量，培育乡村发展新动能。这与当前内蒙古推动高质量发展一脉相承，就是要坚持

质量兴农、绿色兴农，以农业供给侧结构性改革为主线，加快构建现代农业产业体系、生产体系、经营体系，提高农业创新力、竞争力和全要素生产率，加快推进农业由高产导向转向高质量导向，实现农业农村发展的质量变革、效率变革、动力变革，才能加快农业农村现代化的进程。

二、实施乡村振兴战略有利于推进美丽乡村建设

美丽乡村是乡村振兴战略的实现方式之一。美丽乡村建设不是单纯搞好乡村环境，而是要在乡村经济发展基础上建设和谐、宜居、美丽乡村。目前，内蒙古农业和农村发展中的成本约束和环境约束矛盾不断加重，一些乡村仍面临垃圾集中处理、污水治理、道路硬化等问题，致使乡村建设和发展缺乏可持续性。通过实施乡村振兴战略，从发展理念和发展方式变革入手，坚持以绿色发展理念为引领，走融合发展之路；充分发挥市场在资源配置、行为激励等方面的重要作用；以创新生态补偿机制、产权制度、治理体系为重点，发挥体制机制对治理环境、发展经济的引领和保障作用，使农村牧区能够提供清洁的空气、洁净的水源、恬静的田园风光等生态产品，以及农耕文化、乡愁寄托等精神产品，实现美丽乡村建设与经济高质量发展相得益彰。

三、实施乡村振兴战略有利于提高农牧民获得感

习近平总书记明确指出，检验农村工作成效的一个重要尺度，就是看农民的钱袋子鼓起来没有。生活富裕是乡村振兴的根本，就是要满足农民"日益增长的对美好生活的需要"，就是要让农民有持续稳定的收入来源，经济宽裕，衣食无忧，生活便利。近年来内蒙古城乡居民收入绝对数差距呈扩大趋势。2017年全区城乡收入绝对差达到23086元，比2010年的12168元差距扩大了10918元。从城乡基础设施和基本公共服务看，农村牧区基础设施建设滞后于城市，农村牧区的医疗、教育、文化、养老等社会保障等公共产品供给不足，公共服务水平也不高，农牧民共享现代社会发展成果不充分。实施乡村振兴战略，加大农村改革的力度，加大农村基础设施的投入，不断拓宽农民增收渠道，全面改善农村生产生活条件，把维护农民群众根本利益、促进农民共同富裕作为出

发点和落脚点，促进农民持续增收，持续缩小城乡居民生活水平差距，让农民成为有吸引力的职业，把乡村建设成为幸福美丽新家园。

第二节　主要基础与条件

自治区党委、政府始终牢记习近平总书记"着力抓好农牧业和牧区工作"和"努力让农牧民过上好日子"的殷切嘱托，围绕农牧业供给侧结构性改革这一主线，扎实地推进结构调整、绿色发展、创新驱动、深化改革，完善龙头企业与农牧民利益联结机制，农牧业农村牧区取得历史性成就，发生了历史性变革，为推进现代化内蒙古建设提供了有力支撑。

一、农牧业综合生产能力稳步提升

自治区作为国家重要的绿色农畜产品生产加工基地，始终把保障粮食安全和重要农畜产品有效供给当作首要任务，大力实施"藏粮于地、藏粮于技"战略，粮食产量连续5年稳定在550亿斤以上，牲畜存栏连续4年稳定在1.2亿头/只以上，牛奶、羊肉、细羊毛、山羊绒产量居全国首位，牛肉产量居全国第3位，成为全国13个粮食主产区和6个粮食净调出省区之一。2017年，内蒙古肉类、奶类、羊绒人均占有量居全国第一位。其中，奶类人均占有量达到全国平均水平10倍以上。牛奶、羊肉、羊绒、葵花籽、杂粮杂豆等加工产业规模居全国第一，乳业成为超千亿级产业。可以说，农牧业不仅在内蒙古经济发展中处于比较重要的地位，而且对全国经济发展也贡献突出。

二、供给体系质量得到新提高

按照"稳粮优经扩饲草"的思路，积极调整种植业结构，2017年"粮经饲"比例调整为73∶17∶10。积极推动标准化规模化生产，生猪、奶牛、肉牛、肉羊规模化程度达到42.5%、81%、47.7%和65.9%。农畜产品加工率达到 62%。

近年来，自治区农牧业产业结构不断优化，乳、肉、绒毛、粮油、马铃薯等优势特色产业已具雏形，规模化、标准化、规范化的特色农牧业格局基本形成，绿色、天然、优质、无公害的资源优势日益凸显，质量效益大幅提升。截至 2017 年底，全区农畜产品获中国驰名商标达到 72 件；全区"三品一标"农畜产品总数达到 2643 个，总产量达 1148.4 万吨，约占全区同类农畜产品产量的 20.4%，培育有机产品产量居全国第一，农业部地理标志农产品达到 95 件。蒙牛、蒙羊、蒙草、蒙稻等"蒙字号"品牌和锡林郭勒羊肉、科尔沁牛肉、河套小麦、河套瓜子、兴安盟大米、乌兰察布马铃薯、阿拉善双峰驼、鄂尔多斯绒山羊、通辽黄玉米、赤峰蔬菜小米、呼伦贝尔三河牛、乌海葡萄等区域公共品牌越树越亮，其中通辽黄玉米、科尔沁牛、乌兰察布马铃薯 3 个区域品牌价值超百亿元。2017 年，内蒙古的"乌兰察布马铃薯""锡林郭勒羊肉""五原向日葵""科尔沁牛" 4 个农畜产品区域公用品牌荣获"2017 中国百强农产品区域公用品牌"称号。新型农牧业经营主体加快发展，认定各类家庭农牧场 4.3 万户、注册登记农牧民专业合作社 8.21 万家。积极推进农村牧区一二三产业融合发展，大力发展休闲农牧业、农家乐、牧家游、农村牧区电商。农牧业机械化、科技化、良种化、规模化水平明显提高。2017 年，全区农机总动力达到 3454 万千瓦，拖拉机保有量 115.4 万台。全区农作物机耕、机播、机收水平分别达到 92.3%、88.8%、66.4%。农作物综合机械化水平达 83.5%，高于全国平均水平 18 个百分点。家畜良种化率达到 90% 以上。建设运营农畜产品质量安全追溯管理平台，农畜产品总体合格率连续 5 年保持在 96% 以上。

三、农村牧区改革取得新突破

不断完善龙头企业与农牧民利益联结机制，推进土地草原"三权"分置，率先在全国完成草原确权承包，2017 年草原确权面积达到 10.6 亿亩，落实草原承包经营权面积 9.6 亿亩。土地确权实测面积完成 81%。实施玉米生产者补贴，累计发放补贴资金 180.5 亿元。积极推进大豆目标价格补贴试点，累计发放补贴资金 26.38 亿元。推动和林县农村土地制度改革试点，探索农民住房财产权抵押贷款。积极稳妥推进供销社综合改革试点。

四、农牧业绿色发展取得新进展

积极推进农牧业面源污染治理，走绿色兴农之路。实施"控肥增效、控药减害、控水降耗、控膜提效"四大行动，化肥、农药使用基本实现"零增长"，用水用膜实现双控制。畜禽粪污资源化利用有序推进，完成了103个旗县区2566个禁养区划定，面积近5.92万平方公里。加大秸秆肥料化、饲料化、基料化、能源化和原料化等利用力度，秸秆综合利用率达到82.5%。深松深翻面积累计完成1.08亿亩，开展耕地轮作制度试点200万亩，大规模推进高标准农田建设，节水灌溉面积达到4200万亩。实施京津风沙源治理、天然林资源保护、"三北"防护林建设、退耕还林还草、退牧还草、重点区域植树造林等生态保护修复工程，每年完成营造林1000万亩以上、种草3000万亩以上、水土流失治理面积650万亩以上。不断完善草原生态保护补助奖励政策，将10.2亿亩可利用草原全部纳入保护范围，实现禁牧休牧4.05亿亩、草畜平衡6.15亿亩。

五、农牧民收入实现新跨越

2014年，习近平总书记考察自治区时提出先行先试推进农企利益联结机制，自治区党委、政府高度重视，将建立完善农企利益联结机制列入农村牧区重点改革任务，强力予以推进。经过三年多的探索和实践，该项工作取得了积极进展。全区各地总结推广了订单合同型、股份合作型、服务协作型、流转聘用型、农牧业产业化联合体等多元化的紧密型利益联结模式，还探索建立了羊联体、牧草银行、产融结合等联结新思路。2017年，全区与农牧民建立了利益联结关系的农牧业龙头企业比例稳定在81%；其中紧密型联结比例达到47%，比2013年提高17个百分点。2017年，全区销售收入500万元以上企业1802户，实现销售收入3053.1亿元，比2006年增长166.8%，年均递增9.3%；完成总产值3115.1亿元，完成增加值895亿元，实现利润269.8亿元，实际上交税金88.4亿元，出口创汇111693万美元，带动农牧户214万户，全区农牧民人均从产业化实现纯收入5302元。国家级和自治区级重点龙头企业分别达到38家和583家，上市企业达到12家，新三板挂牌企业有20家。脱贫攻坚取得显著成效，全区建档立卡贫困人口由 2013 年底的 157 万人减少到 2017 年底的 37.8 万人，贫困发生率由 14.7% 下降到 2.6%。31 个国贫旗县农牧民人均可支配收入达到 9852 元，增幅高于全区农牧民收入平均增长水平。贫困地区基础设施条件极大改善，公共服务水平显著提升，整体面貌发生巨大变化，经济社会发展后劲不断增强。

六、农牧民生产生活条件明显改善

水电路气房和信息化建设全面提速，人居环境整治加快推进。农村基本公共服务达到新水平，改造农村牧区危旧房 128 万户，2016～2017 年饮水安全巩固提升受益 109 万农牧民，升级改造 11.77 万户、24124 公里无电及低标准用电线路，完成 16840 个嘎查村、81190 公里街巷硬化，实施广播电视户户通 92.89 万户，新建、加固改造校舍 1270 个、74 万平方米，建设嘎查村标准化卫生室 7511 个、文化活动室 10801 个、便民连锁超市 9100 个、商品配送中心 51 个。

第三节　亟待破解的难点

实施乡村振兴战略，关键在于如何有效破解"三农"发展中的三个核心难题：一是农业"找出路"，二是农村"要致富"，三是农民"留得住"。抓准"三农"问题的主要矛盾、关键因素、核心难题，标本兼治，重在治本，久久为功，内蒙古乡村一定能够实现全面振兴发展。

一、现代农牧业发展滞后

当前全区农牧业存在着数量与质量、总量与结构、成本与效益、生产与环境等结构性矛盾，严重制约着农牧业的发展。

（一）农牧业竞争力较低

内蒙古是农牧业大区，却不是农业强区，2016 年内蒙古第一产业增加值、农林牧渔业总产值分别占全国第一产业增加值、农林牧渔业总产值的 2.6% 和 2.5%，在全国均排第 20 位；与排位第一的山东省相比，占比相差 5.1 个和 6.4 个百分点；在西部 12 个省（自治区、直辖市）均居第 7 位。其中：种植业产值占全国种植业总产值的 2.4%，排第 20 位；畜牧业产值占全国畜牧业总产值的 3.8%，排第 14 位。内蒙古农畜产品虽品种丰富，但分散产量小竞争力弱，除粮食、油料、牛奶、羊肉、山羊绒等传统主要农畜产品产量在全国位居前列外，其他农畜产品产量在全国不具有竞争优势。2016 年，水果产量居全国第 22 位；肉类总产量位居全国第 15 位。农畜产品机械化水平偏低，农业科技进步贡献率长期低于全国平均水平，农畜产品生产技术、深加工技术、产品质量与食品安全控制技术，以及电子商务、储运与物流管理技术水平落后，拥有自主产权的专利产品数量少。

同时，农产品同质化竞争严重，产业结构差异化优势不明显。由于内蒙古农业生产专业化水平较低，农业生产仍处于初级阶段。大多数农产品的生产和加工都是粗加工，产业链短，较难形成附加值高的深加工农产品链。在市场上主要以价格战进行竞争，这种竞争方式不可能给农牧民带来更多利润。

（二）农牧业种养结构失衡

一是种植业占比高，畜牧业比重偏低。自治区农业总产值中，种植业占 57%，畜牧业占 43%。畜牧业发展程度是一个国家或地区现代农业发展水平的重要标志，农业发达国家或地区，畜牧业占农业经济中的比重在 60% 以上。

二是种植业中，粮食比重偏高，经济作物、饲料作物比重偏低。目前，内蒙古种植业结构基本上还是粮经二元结构。优质饲草的短缺成为畜牧业转型升级的重要障碍。近十年来，受玉米价格持续上扬、种植比较效益高及种植技术发展等多种因素影响，内蒙古玉米种植面积连年扩大，产量逐年提高。2007 年、2011 年和 2014 年播种面积分别突破 3000 万亩、4000 万亩和 5000 万亩。2015 年，自治区玉米播种面积进一步扩大，达到 5110.9 万亩（图 1），产量达 450.2 亿斤，播种面积和产量分别占到全区粮食作物面积和产量的 59.5% 和 79.6%，占全国玉米播种面积和产量的 8.9% 和 10%，居全国第 3 位，是自治区名副其实的第一大作物。籽粒玉米面积持续增加，既影响了传统优势产业发展空间，又挤占了饲草料发展资源，造成了玉米供求过剩，面临调整；同时也导致是自治区优质饲料缺乏，每年需要大量进口。

　　三是养殖业结构中，"一羊独大"问题仍然突出。从养殖数量看，2017 年内蒙古的羊养殖数量达到 6111.93 万只，是 1998 年的 3712.9 万只的 1.65 倍。而 2017 年内蒙古的牛、猪的养殖数量分别为 656.17 万头和 505.6 万头。从出栏情况看，2016 年内蒙古的羊出栏数量为 5971.3 万只，是 1998 年的 1797.48 万只的 3.3 倍。而 2016 年内蒙古的牛、猪的出栏数量为 339.7 万头和 909.2 万头（图 2）。

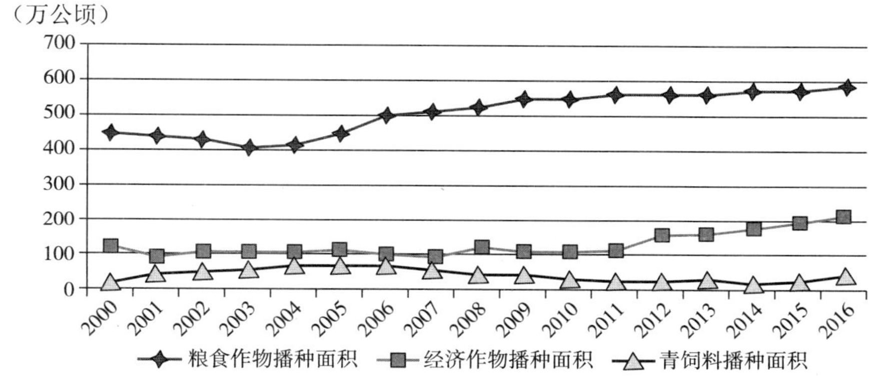

（万公顷）

图1　2000～2016 年全区播种面积变化图

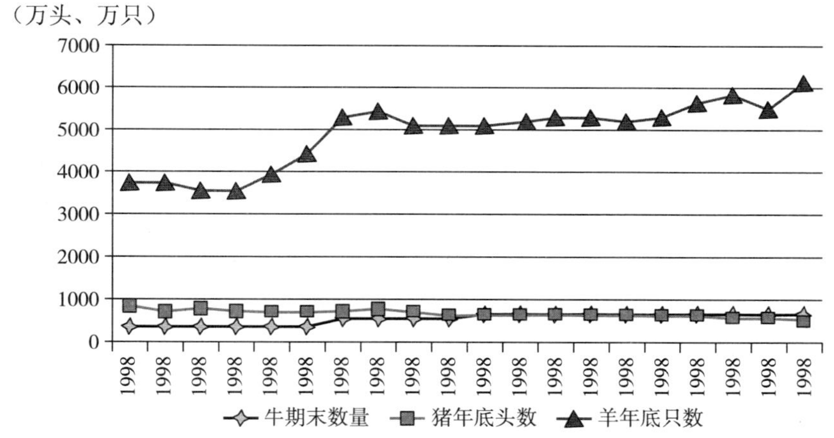

（万头、万只）

图2　1998～2017 年内蒙古牛、猪、羊年底养殖数量变化图

　　品牌建设滞后，绿色农畜产品优质不优价。内蒙古地域辽阔，各地的区域文化和农产品产地的区域差异较大，本来会为内蒙古农产品的品牌建设提供了良好的差异化基础。但是，由于目前内蒙古大部分地区的农产品生产和销售未

能有效地与本地文化相融合，从而忽视了农产品品牌内涵的挖掘和研究，不利于尽快形成农产品的市场品牌。世界品牌实验室发布的2015"中国最具价值品牌500强"中，内蒙古入选品牌仅有3个，分别是鄂尔多斯（排名36位）、伊利（排名87位）、蒙牛（排名100），不及北京、广东的1%。中国优质农产品开发服务协会发布的"2015年100个最受消费者喜爱的中国农产品区域公用品牌"名单中，内蒙古无一上榜。

二、农牧业农牧区环境问题突出

随着内蒙古工业化城镇化快速推进，要占用一部分耕地，还要挤压一部分农业用水空间。工业"三废"和城市生活等外源污染向农业农村扩散，耕地质量退化、地下水超采等问题突出，对农牧业生产的"硬约束"加剧，靠拼资源消耗、拼物质要素投入的粗放发展方式难以为继。

2018年6月，中央第二环境保护督察组对内蒙古自治区第一轮中央环境保护督察整改情况开展"回头看"。专项督察指出，包头市昆都仑区超采区实现地下水压采量152万立方米，东河区超采区实现压采量94万立方米，分别仅占压采目标的48.4%和43.9%；赤峰、鄂尔多斯、锡林郭勒等盟市地下水压采工作均不到位；乌海市乌海热电厂、海勃湾发电厂（三期）、巴彦淖尔市特米尔热电公司等多家企业仍在违规大量取用地下水。专项督察指出，自治区草原生态系统仍然脆弱，2016年全区草原资源资产分布调查报告显示，锡林郭勒、鄂尔多斯、呼伦贝尔等7个盟市草原面积表现为减少趋势。矿山开采破坏草原严重。通辽市及霍林郭勒市党委、政府对严重破坏草原行为没有给予足够重视，霍林河露天煤矿南、北矿2013年至今合计违法占用草原5436亩，占用、损毁土地面积达1.4万亩，但仅投入复垦资金419万元，复垦面积仅1483亩。在种养业生产中，农牧民普遍存在"重产品轻产出"，忽视成本核算，尤其是忽视自然资源成本核算的情况，种地往往是大肥大药，一些缺水地区还在搞大水漫灌，由此造成农业面源污染的蔓延，农业生产成本的上升，自然生态环境的退化。

从农药使用情况看，2015年内蒙古农药使用量为3.3万吨，是2000年的3.71倍，而2015年全区农作物总播种面积为756.8万公顷，仅为2000年的1.28倍，说明单位种植面积的农药用量急剧升高。从全国农药使用情况看，

2015 年全国农药用量为 178.3 万吨，仅为 2000 年全国农药用量的 1.39 倍，远低于内蒙古 3.71 倍，说明内蒙古控制农药使用量效果较差，农药使用量还有较大的削减空间（表 1）。

表 1　　　　　　　　　　　　内蒙古自治区农药使用情况

年份	内蒙古自治区		全国	
	农药使用量（万吨）	农作物总播种面积（万公顷）	农药使用量（万吨）	农作物总播种面积（万公顷）
2000	0.89	591.4	127.95	15630
2010	2.43	700.3	175.82	16067.5
2015	3.3	756.8	178.3	16637.4
2015 年是 2000 年的倍数	3.71	1.28	1.39	1.07

数据来源：2016 年《中国统计年鉴》《内蒙古自治区统计年鉴》。

从化肥使用情况看，近年来内蒙古化肥投入量不断增加，化肥的利用率持续下降，农田土壤环境因施用化肥受到了较大污染。随着内蒙古作物产量的提高，其化肥施用量（折纯）、氮、磷、钾肥及复合肥的施用量均呈明显增加趋势。从化肥历史施用量看，2015 年内蒙古化肥用量达到 229.35 万吨，是 2000 年的 3.07 倍，而 2015 年全区农作物总播种面积为 756.8 万公顷，仅是 2000 年的 1.28 倍，说明单位种植面积的化肥用量在持续增加；从全国化肥施用情况看，2015 年全国化肥用量为 6022.6 万吨，仅为 2000 年全国农药用量的 1.45 倍，远低于内蒙古的 3.07 倍（表 2），说明内蒙古的化肥施用量存在过量使用、盲目使用的问题，不但损耗基础地力，增加种粮成本，而且危及农产品质量安全，总量控制、科学施肥势在必行。

表 2　　　　　　　　　　　　内蒙古自治区化肥施用情况

年份	内蒙古自治区		全国	
	化肥施用量（折纯量）（万吨）	农作物总播种面积（万公顷）	化肥施用量（折纯量）（万吨）	农作物总播种面积（万公顷）
2000	74.7	591.4	4146.4	15630
2010	177.24	700.3	5561.7	16067.5
2015	229.35	756.8	6022.6	16637.4
2015 年是 2010 年的倍数	3.07	1.28	1.45	1.07

数据来源：2016 年《中国统计年鉴》《内蒙古自治区统计年鉴》。

从 12 个盟市来看，2016 年化肥施用量最多的是通辽市，68.4 万吨，排第二位和第三位的分别是赤峰市和兴安盟。这三个地区是自治区的粮食主产区，其化肥施用量占全区化肥施用量的比例分别是 29.2%、15.3% 和 12.5，合计超过全区化肥施用量的 50%（图 3）。

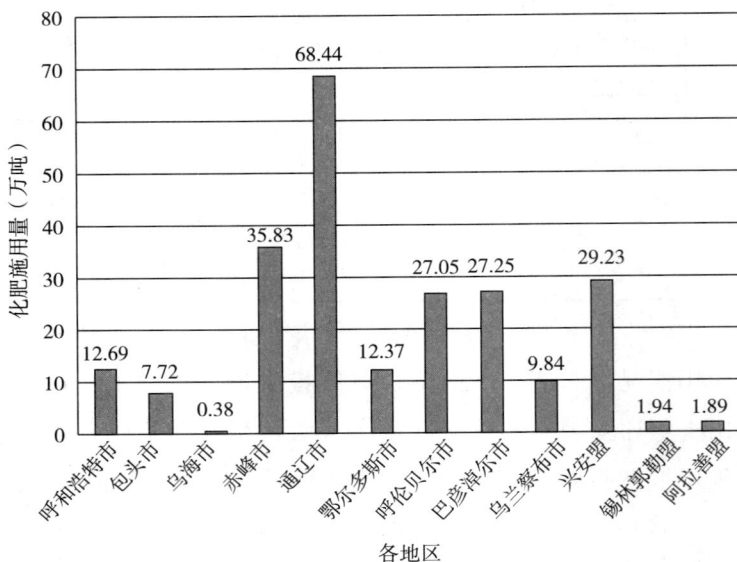

图 3　2016 年各盟市化肥施用量

从地膜使用情况看，内蒙古农用地膜的使用量不断增加，2015 年内蒙古农用地膜使用量达到 95021 吨，是 2005 年的 2.4 倍（图 4）。地膜的使用不仅有效控制了土壤的温度和湿度，减少水分和营养物的流失，促进了农作物的高产和稳产。但与此同时，覆膜农田土壤均有不同程度的残留，破坏了土壤结构，造成土壤板结和肥力下降，影响作物出苗，阻碍根系生长，导致农作物减产；降低播种质量，影响水分和养分吸收，导致作物产量下降。

2016 年自治区地膜覆盖面积为 1919.3 万亩，比上年增加了 146.9 万亩，增长 8.3%。巴彦淖尔市的地膜覆盖面积最广，为 775.5 万亩，占全区地膜覆盖面积的 40.4%；赤峰市地膜使用量为 290.7 万亩，占全区地膜覆盖面积的 15.1%；乌兰察布市与呼和浩特市的地膜覆盖面积分别为 204.3 万亩和 200.7 万亩，各占全区地膜覆盖面积的 10.6% 和 10.5%（图 5）。

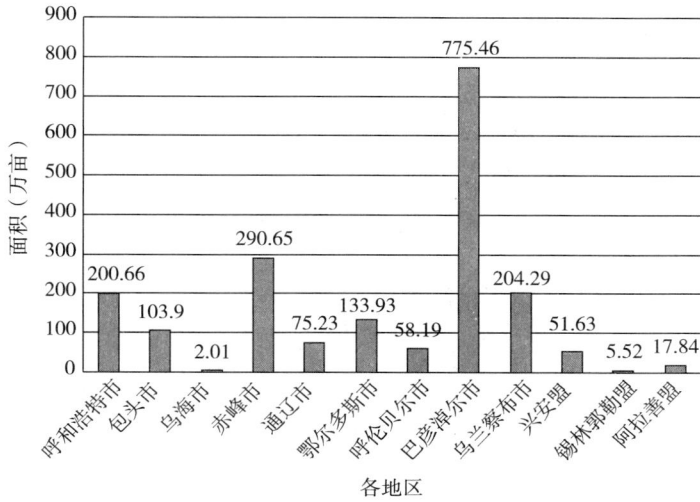

图4　2016年全区各盟市地膜覆盖面积

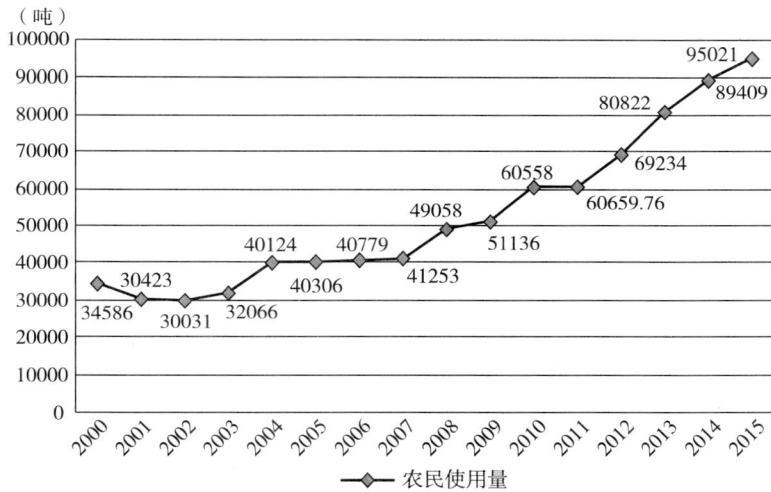

图5　2000～2015年内蒙古农膜使用量变化图

三、农牧民增收压力大

内蒙古农牧民人均收入和农村牧区公共服务同全国平均水平相比还有一定差距，发展不平衡不充分问题在农村牧区体现得非常突出，实现城乡发展一体化、基本公共服务均等化任务艰巨。内蒙古农牧民人均可支配收入由2013年的8596元增加到2017年的12584元，与全国平均水平的差距由2013年的300元进一步扩大到 848 元。其中重要的制约因素在于，内蒙古的农产品加工增值链条短、附加值低制约着农牧民收入增加（图 6）。目前发达国家的农产品加工增值大都是农业产值的三倍多，而我国不到 80%；发达国家加工食品约占食品消费总量的 80%，而内蒙古农畜产品加工转化率 62%。大多以初级产品进入市场，价格不高、竞争力弱，使内蒙古农牧民收入低于全国平均水平。

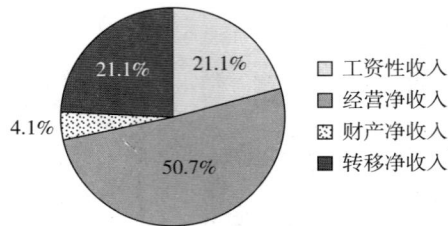

图 6　2017 年内蒙古农牧民人均可支配收入结构比例图

从农牧民人均可支配收入结构情况看，2013 ～ 2017 年内蒙古农牧民工资性收入占可支配收入比例维持在 20% 左右，2017 年内蒙古农牧民工资性收入占可支配收入比为 21.1%，比全国平均水平低近 20 个百分点（图 7）。这也表明，内蒙古农牧民务工收入较少，增收渠道有待拓宽。

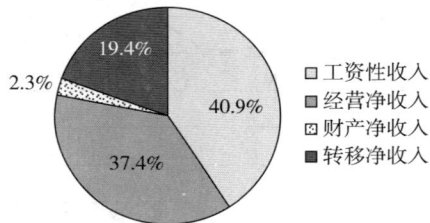

图 7　2017 年全国农村居民人均可支配收入结构比例图

从内蒙古农牧民经营净收入结构看，第一产业净收入是经营净收入的主体。但由于种子、饲料、化肥等农畜生产资料的价格也持续上升，农业生产成本随之加大，农民家庭经营的利润增长空间仍然较小。近年来，第一产业净收入占经营净收入比重虽然有所下降，由 2012 年的 89.1% 下降到 2017 年的 86.8%，但是占比仍非常高。2017 年内蒙古农牧民第三产业净收入虽然有所提高，但占经营净收入比重仅为 12.2%（表 3），表明内蒙古一二三产业融合有待进一步提高，农牧民从事服务业获得的收入仍有很大的挖掘潜力。

同时，截至 2017 年，全区仍有 37.8 万人口尚未脱贫的。这些人口大多分布在集中连片特困地区、革命老区、少数民族聚居区、边境牧区，贫困程度深，产业薄弱、生存条件恶劣、因灾因病因学和无自我发展能力等多种致贫原因并存，是脱贫工作要啃的"硬骨头"。

表3 2012～2017年内蒙古自治区农牧民一二三产业净收入占经营净收入比重变化表

	2012	2013	2014	2015	2016	2017
第一产业净收入	89.1%	89.2%	89.3%	88.9%	88.1%	86.8%
第二产业净收入	1.3%	1.3%	1.6%	0.8%	0.8%	1.0%
第三产业净收入	9.6%	9.5%	9.0%	10.3%	11.1%	12.2%

数据来源：根据2003～2017年《内蒙古自治区统计年鉴》数据计算得出。

另外，内蒙古农牧民组织化程度低也是农牧民增收的制约因素之一。目前，内蒙古农牧民组织化程度仍较低。没有农牧民的组织化，就没有农牧业的现代化。在现代农业发展过程中，提高农民的组织化程度是各国走过的共同道路。如日本的农户加入农协的比率高达90%以上，欧美农场主根据业务需要加入不同类型的合作社。据自治区农业部门统计，截至2017年底，全区有农牧民专业合作社8.21万家，直接参与或通过农牧民专业合作社间接参与利益联结的农牧民214万户。虽然参与利益联结的农牧民户数占全部农牧民户数比重超过50%，但是通过农牧民专业合作社间接参与居多。与发展现代农牧业结合不够紧密。建立农企利益联结机制与推进农牧业产业升级，优化农牧业结构，发展现代农牧业结合的不够紧密。特别是在连接二三产业方面，在全产业链谋划、全要素链投入、全价值链追求方面缺少统一规划，导致推进农牧业向产供销一体化、贸工农一条龙的升级中多走弯路、降低效率。农牧民与龙头企业平等利益分享的格局尚未形成。一些社会资本凭借资金优势和对政府的影响力，强势介入，农牧民往往被动接受，缺乏利益联结的规划参与权和对收益分享谈判权。特别是现阶段，农牧民大多是以松散的订单模式与企业合作，企业发展了，但农牧民得到的实惠并不对等。

四、农牧业人力资本水平低

解决农村人才资源短缺问题，根本在于促进城乡人才流动，支持各类人才留在农村，共同唱好乡村振兴大戏。自治区农牧业人力资本水平仍然偏低，严重制约农牧业的创新支撑能力。内蒙古自治区第三次全区农牧业普查主要数据公报显示，2016 年，全区农牧业生产经营人员 579.59 万人，其中，年龄在 35 岁及以下的 112.44 万人，占 19.4%；年龄在 36 至 54 岁之间的 283.07 万人，占 48.84%；年龄 55 岁及以上的 184.07 万人，占 31.76%。从受教育程度构成看，未上过学的占 5.17%，小学占 38.72%，初中占 46.55%，高中或中专占 7.32%，大专及以上占 2.25%。

同时，内蒙古农牧业劳动力资源对促进农牧业生产经营的作用未得到充分发挥。2016 年，内蒙古第一产业生产总值指数为 2177.1（1952 年 = 100），农牧业生产经营人员中每万人生产指数为 3.76；2006 年内蒙古第一产业生产总值指数为 1396.1（1952 年 = 100），农牧业生产经营人员 755.6 万人，每万人生产指数仅为 1.85。十年间，内蒙古地区单位农牧业劳动力资源创造价值实现翻一番。而农牧业劳动力在此期间的发展并不明显，可见，其他资源在促进内蒙古农牧业发展的过程中起到了更为重要的作用，农牧业劳动力资源对促进农牧业生产经营的作用未得到充分发挥。

五、农村牧区支撑保障能力不足

科技支撑能力不足。当前，内蒙古农牧业科技投入不足，农业农村科技服务力量薄弱，农产品技术含量低，已经成为农业转型升级和乡村振兴的主要制约因素。2017 年，全区农牧业科技进步贡献率达到 54%，比全国平均水平低 3.5 个百分点。

基础设施相对落后。2017 年，全区共有 272 个乡、苏木，503 建制镇，村委会 10921 个。截至 2017 年底，全区 33.4% 的村（嘎查）不通公共交通，造成居民出行困难；27.7% 村（嘎查）没有安装自来水，导致居民、牲畜饮水困难，难以保证饮水安全；垃圾、污水集中处理的村覆盖率仅为 38% 和 6.4%，绝大部分农村牧区还未能摆脱"垃圾靠风刮，污水靠蒸发"环保方式。2017 年，全区 5814 个行政村对生活垃圾进行集中收集处置，占行政村总数的 52.5%。其中，收集后露天堆放及未集中收集处置的行政村 5259 个，占行政村总数的 47.5%；对生活污水进行处理的行政村 615 个，占行政村总数的 5.6%（表 4）。

表 4	2017 年内蒙古自治区乡村基础设施现状	
项目	数量（个）	覆盖率（%）
乡、镇村民委员会	10921	
其中：通公共交通的村	7278	66.6
通宽带的村	8259	75.6
通有线电视的村	8324	76.2
通自来水的村	7782	72.3
垃圾集中处理的村	4152	38.0
污水集中处理的村	703	6.4

数据来源：内蒙古自治区统计局官网。

农村社会保障覆盖面低。全区乡镇人口中参加城乡居民基本养老保险人数679.0 万，覆盖率仅为 45.3%。养老保险是最重要的社会保障之一，而这一重要的社会保障在农村牧区没有得到重视，绝大多数农牧民养老模式仍然是以靠子女赡养为主。

医疗卫生事业落后。这些年随着自治区各项惠农政策的实施，大部分农村牧区拥有了小型的基层卫生医疗机构，但医疗人才却"人往高处走"，留守农村牧区的卫生工作人员水平不高，严重影响农牧民健康。另外，仍有相当一部分边远山区、牧区的农牧民，有病不去就诊，导致小病酿大病。

城乡教育资源不均衡。由于农村教学条件比较差，且教育经费及高质量的教师人才与城镇相比比较紧缺，造成大部分农村牧区孩子远离家乡选择在城镇上学，加之受近年出生人口下降的影响，致使农村办学规模呈萎缩趋势。

第四节 需要妥善处理好的关系

实施好乡村振兴战略，必须立足于内蒙古农村牧区的历史传统和社会现实，按照产业兴旺、生态宜居、乡风文明、治理有效、生活富裕的总要求，注重协同性、关联性、整体性，正确处理好以下四大关系。

一、处理好乡村振兴与新型城镇化的关系

乡村振兴不是封闭的，不能只是局限在乡村内部重建和提升。新的历史条件下的乡村振兴必然是开放性的，必须有城乡双重资源的集合和集成，既有农村内部资源的激活集聚，也有城市外部资源的整合进入。可以说，乡村振兴与以人为核心的新型城镇化是推进现代化、解决"三农"问题的重要途径，二者相互促进、相辅相成。当前，城乡发展不平衡是内蒙古最大的发展不平衡，已成为最大的社会结构性矛盾之一，统筹推进新型城镇化与乡村振兴战略进而实现城乡融合发展已迫在眉睫。一方面，内蒙古城镇化发展质量不高。随着城镇化的快速推进，城镇数量不断增加，城市建设规模不断扩大，2017年内蒙古常住人口城镇化率已达到62.0%，高于全国同期的58.5%。但同时，内蒙古的户籍人口城镇化率仅为43.96%，远落后于常住人口城镇化率，农牧业人口"转而不移"的不完全城镇化和多数城市运行发展的亚健康状态并存。另一方面，内蒙古农村牧区的发展相对滞后。城乡基本公共服务标准差距依然较大，其中教育发展和医疗卫生发展不均衡是主要短板。农村建设明显滞后于城市建设、农村居民收入明显滞后于城市居民收入，乡村与城镇的发展差距愈拉愈大。

统筹推进乡村振兴和新型城镇化。坚持乡村振兴与新型城镇化并举，要让进城的人进得放心，留在乡村的人留得安心。将城镇化发展与乡村振兴有机地结合起来，以城乡接合部为切入点，引导一二三产业深度融合，形成城乡产业融合发展态势，有力推动乡村产业发展，实现大中小城市和乡村产业资源要素的流动、交换和融合，实现城镇发展和乡村振兴的协同共进。一是要持续推动新型城镇化，为乡村振兴提供源源不断的动力。城镇化可以为乡村振兴提供更广阔的市场需求、更雄厚的资金后盾和更强大的技术支撑，是乡村振兴重要的动力所在。新时代推进城镇化要坚持以人为本，完善城镇化健康发展体制机制，推动农业转移人口市民化。二是要坚持城乡融合发展，建立健全城乡融合发展体制机制和政策体系，推动城乡要素自由流动，协同推进新型工业化、城镇化、信息化、农业现代化和绿色化，加快形成工农互促、城乡互补、全面融合、共同繁荣的新型城乡关系。三是要坚持农业农村优先发展，在要素上优先满足，

在资金投入上优先保障、在公共服务上优先安排，健全农村牧区基础设施长效机制，努力创造让农村的产业留住人，让农村的环境留住人。四是要打破城乡人才资源双向流动的制度藩篱，畅通智力、技术、管理下乡渠道，建立有效激励机制，以乡情乡愁为纽带，鼓励城市专业人才和社会各界投身乡村建设，参与乡村振兴。

二、处理好实施乡村振兴与打好精准脱贫攻坚战的关系

乡村振兴的前提是摆脱贫困，打好脱贫攻坚战本身就是乡村振兴的重要内容。实施乡村振兴既有利于实现脱贫目标、巩固脱贫成果，也有利于为脱贫之后从根本上改变贫困地区面貌奠定基础。就贫困地区而言，2020 年之前的乡村振兴，核心还是脱贫攻坚。当前，内蒙古精准脱贫进入攻城拔寨的关键阶段，脱贫攻坚面临的任务仍然十分艰巨。脱贫攻坚越到后面，越是贫中之贫、困中之困。从总量上看，2017 年全区 103 个旗县（市区）中，有 31 个国贫旗县（市区）、26 个区贫旗县（市区），贫困人口 37.8 万人。从结构上看，现有贫困大都是自然条件差、经济基础弱、贫困程度深的地区和群众，是越来越难啃的"硬骨头"。全区有四子王旗、巴林左旗、科尔沁右翼前旗等 15 个深度贫困旗县和 258 个深度贫困嘎查（村），约有 12.9 万深度贫困人口。在群体分布上，主要是残疾人、孤寡老人、长期患病者等"无业可扶、无力脱贫"的贫困人口以及部分教育文化水平低、缺乏技能的贫困群众。与此同时，我们还必须兼顾脱贫人口的巩固脱贫、稳定脱贫、防止返贫。

把坚决打好精准脱贫攻坚战作为实施乡村振兴战略的优先任务，推动脱贫攻坚与乡村振兴有机结合、相互促进。因此，内蒙古要在深度贫困地区发力。习近平总书记在参加十三届全国人大一次会议内蒙古代表团审议时强调，打好脱贫攻坚战，关键是打好深度贫困地区脱贫攻坚战，关键是攻克贫困人口集中的乡村。加大对深度贫困地区的政策、资源倾斜力度，解决区域性整体贫困。重点围绕贫困旗县和深度贫困乡镇，在改善发展条件上集中突破。着力破解深度贫困地区基础设施和公共服务滞后的难题。要把脱贫攻坚与新农村新牧区建设结合起来，与推进"七网"建设结合起来。同时，在加强公共服务上下硬功夫。把就业作为脱贫之要，大力改善贫困地区办学条件，切实解决好贫困人口

看病就医等问题，加快推进低保与扶贫在政策、对象、标准、管理等方面的有效衔接，做到应保尽保。在提高脱贫质量上发力。要把握目标又要把握标准，不赶进度、讲求实效，不降低标准、不吊高胃口。保证脱贫质量，减少返贫数量。确保2020年现行标准下农村贫困人口实现脱贫，贫困县全部摘帽，解决区域性整体贫困。

三、处理好内生动力和借助外力的关系

农牧民是乡村振兴的主体，是乡村振兴的源源动力。乡村振兴的基石在农村，动力在农民，只有从激发乡村振兴的内生动力由上至下，由内而外下功夫，才能凝聚起推动乡村振兴的强大合力。当前，内蒙古农村牧区改革发展已经进入新时代、到了关键期，农村牧区发展面临的制约因素更多更复杂，有些问题还涉及深层次矛盾，仅靠内生动力是解决不了的，需要注入新动能、打造新引擎，借助外部力量来强力推动乡村振兴。目前，自治区农牧民生活物质已经相对满足，但是思想、意识、理念等方面却相对较为落后，造成内生动力不足。自治区农村牧区发展，存在多种问题：一是发展不平衡。总体来看，临近产业、交通便利、自然资源丰富的乡村，总体经济发展较好，资源项目多，政策优惠多，政府投入大；而位置偏远、交通不便、资源缺乏的乡村，经济发展相对滞后，引进项目困难，资金争取困难。二是经济基础薄弱。有相当一部分的农村牧区"家底"不厚，除传统的种植业，养殖业和村活动场所等公益性资产外，能够获得经营收入的项目较少。特别是在地理位置偏僻，既无资源可供开发，又无人才资金等优势的村，更是难上加难。

激发内生动力，主要在塑造主体、提升能力、发掘内在价值和重视组织力量四个方面切实发力。塑造主体就是要通过宣传、教育等方式，使农牧民认识到，乡村振兴的最终实现取决于农牧民自身的主体性和能动性，取决于农牧民自身的广泛参与和主动作为。提升能力就是要通过知识辅导、技能培训等方式，使农牧民掌握农牧业或农业生产的知识和技能，提升其适应环境、掌控环境的能力，健全新型职业农民的综合素质。发掘内在价值就是要使农牧民认识到他们自身以及农村的乡土价值，农村牧区的资源禀赋是极其宝贵的财富，这些财富对乡村振兴战略的实施具有重要意义。重视组织力量就是要通过各种农村经

济组织、农村文化组织、农村社会组织将农民组织起来，推动乡村振兴战略更好实施。更好的借助外力，主要把政府资源、市场资源和社会资源作为优势资源，以各种方式进入农业和农村，更好激发乡村振兴的内生动力。用好政策制度、技术与资源推动农业、农村、农民发展，通过提供农村扶持优待政策，引进先进技术、优质人力资源和物质资源。

四、处理好统一推进和因地制宜的关系

乡村振兴，因地制宜是大原则。内蒙古地域辽阔，包括农区、牧区（33 个牧区旗县）、半农半牧区（21 个半牧旗县）、林区、垦区等不同功能类型。同时，内蒙古还有分布于 7 个盟市的 19 个边境旗市（15 个旗、4 个市）、分布于 9 个盟市的 46 个传统村落、2 个中国历史文化名村，以及在推进城镇化出现的空心村、"三无"村（无农业、无农村、无农民）、拆迁村等不同类型村庄，情况差异较大，千差万别。推进乡村振兴战略，就要科学把握各地的差异、特点和多样性。把握各类村庄的特征，充分尊重农牧民群众的意愿，在统一规划、统一推进的总体部署下，充分发挥各地积极性和创造性，精准施策，分类推进，不能用一把尺子量、搞统一模式和"齐步走"。

统一推进乡村振兴必须强化规划引领。要科学编制包括总体规划和专项规划在内的乡村振兴规划，细化工作重点和政策措施，部署若干重大工程、重大计划、重大行动。加强各类规划的统筹管理和系统衔接，形成城乡融合、区域一体、多规合一的规划体系。一是要根据发展现状和需要分类有序推进乡村振兴，对具备条件的村庄，要加快推进城镇基础设施和公共服务向农村延伸。二是随着推进城镇化和人口老龄化，内蒙古一些农村牧区呈现出从事农牧业生产的劳动力老年人口增多的趋势，老年劳动力已经成为农牧业劳动力资源的重要组成部分。关注留守老人，为其提供医疗保障，增加娱乐设施，丰富留守老人生活，特别是加强精神文化方面的建设十分必要。三是对自然历史文化资源丰富的传统村落，要统筹兼顾保护与发展。加强对古村落、古建筑、历史遗迹的保护，发掘其历史文化价值，传承社会文明，同时要注重挖掘和整合旅游资源。四是对生存条件恶劣、生态环境脆弱的村庄，要加大力度实施生态移民搬迁。五是实施兴边富民等工程，加大财政转移支付力度，继续发放边民补助，并建

立动态调整机制，鼓励边境地区群众搬迁到具有边境线的嘎查村居住，持续保持边民不流失、守边不弱化、边境和谐稳定繁荣发展。

第五节　实施乡村振兴战略的方向和路径

习近平总书记指出，实施乡村振兴战略是一篇大文章，要统筹谋划，科学推进。2017 年 12 月，中央农村工作会议及 2018 年 2 月发布中央一号文件《中共中央国务院关于实施乡村振兴战略的意见》均对实施乡村振兴战略进行安排部署。2018 年 7 月，中共中央、国务院印发了《国家乡村振兴战略规划（2018—2022 年）》，细化实化了工作重点和政策措施，部署了一系列重大工程、重大计划、重大行动。2018 年以来，内蒙古已初步构建起乡村振兴政策体系的"四梁八柱"，先后印发了《内蒙古自治区党委自治区人民政府关于实施乡村振兴战略的意见》《内蒙古自治区乡村振兴战略规划（2018—2022 年）》以及《自治区实施乡村振兴战略考核暂行办法》，旨在推动乡村振兴战略落地生根，奋力谱写新时代内蒙古"三农"工作追赶超越的新篇章。各盟市、旗县区正在按照此规划研究"三农三牧"工作，编制乡村振兴实施方案。倒排工期，实施乡村振兴战略时间表已经非常紧迫：到 2020 年，乡村振兴取得重要进展，制度框架和政策体系基本形成；到 2035 年，乡村振兴取得决定性进展，农业农村现代化基本实现；到 2050 年，乡村全面振兴，农业强、农村美、农民富全面实现。这更需要我们把这些战略部署落到实处，把宏伟蓝图一步步变为现实。

乡村振兴是一项系统工程，要按照产业兴旺、生态宜居、乡风文明、治理有效、生活富裕的总要求，既坚持统筹推进、全面振兴，又着力抓重点、补短板、强弱项。

一、推进农牧业现代化，实现产业兴旺

产业兴旺是乡村振兴的核心。产业兴旺要求从过去单纯追求产量向追求质量转变、从粗放型经营向精细型经营转变、从不可持续发展向可持续发展转变、

从低端供给向高端供给转变。

实现产业兴旺，要从四个方面发力。

（一）坚持质量兴农

紧紧围绕产业兴旺下功夫，推动农牧业高质量发展是大势所趋，也是推进乡村振兴的必然要求。首先，把推进农牧业供给侧结构性改革作为推进产业兴旺的主线，以提高农业供给质量为主攻方向，根据资源禀赋优势条件，围绕城乡居民消费结构升级和市场需求进行生产，优化农牧业产业结构、产品结构，减少无效供给，扩大有效供给；大力发展绿色、优质、特色品牌农产品。其次，加快推进农牧业转型升级，以科技为支撑，提高农牧业科技水平、装备水平。第三，突出绿色导向，选择环境友好型、清洁型农业生产方式，着力解决土地板结、土壤污染等问题，大力推进农牧业投入品减量行动、农业废弃物资源化利用，提高资源利用率和农业生态系统的生产力，着力打造全国重要的绿色农产品供给基地，形成高端优质、绿色有机、标准规范、集约高效的现代农业新优势。最后，抓质量必须树品牌，以品牌引领质量提升，打造具有全国乃至全球知名度的大品牌。构建质量安全追溯机制，并切实加强执法监管，形成食品安全的生产、监管、保障机制。

（二）加快构建三个体系

十九大报告指出，推进产业兴旺，要构建现代农业产业体系、生产体系、经营体系。构建现代农牧业产业体系。以农牧业供给侧结构性改革为切入点，提高农牧业整体竞争力，形成结构更加合理、保障更加有力的农产品有效供给。发挥自治区农牧业资源丰富的优势，做强生产、加工、储藏、包装、流通、销售各环节，促进农牧业产业转型升级，打造农牧业全产业链。优化区域布局，建设优质农畜产品产业带和大宗农畜产品主产区，稳定粮食综合生产能力。抓住国家"粮改饲"和促进草牧业发展的有力契机，调整优化种养结构、农畜产品结构，大力推进"农牧结合"，在农区和半农半牧区实施"为养而种，以种促养，以养增收"，逐步调减籽粒玉米种植面积，增加青贮专用玉米和苜蓿等饲料作物种植面积，促进种养业协调发展。围绕消费需求调整优化生产结构，改变玉米和肉羊两个"独大"现象。扩大具有区域特色、农产品地理标志、绿色食品认证、有机食品认证的农畜产品种植面积和养殖数量。发挥一二三产业融合的乘数效应，培育分享农业、定制农业、创意农业、养生农业等新产业、新业态，提高农牧业质量效益，提升加工业发展水平。加快发展农产品电子商务，拓展农牧民增收领域。构建现代农业生产体系。以专业化生产和标准化生产为依托，转变农牧业资源利用方式，发展设施农业、生态农业、循环农业、低碳农业。加大农田水利等基础设施建设力度，重点建成一批旱涝保收、高产稳产高标准农田。通过建设专业化、规模化、标准化的农业生产基地，大力发展无公害、绿色、有机农产品，从源头上保障农产品质量安全。加强农产品质量安全监管，建立从田间到市场到餐桌的全程监管链条，推进农产品质量安全追溯体系建设，提升农产品质量安全水平。构建现代农业经营体系。坚持和完善农村牧区基本经营制度，扎实推进土地草牧场所有权、承包权、经营权分置，发挥土地流转、土地托管、土地入股等多种形式的规模适度经营引领作用。完善龙头企业与农牧民利益联结机制，全面推广订单合同型、价格保护型、股份合作型、服务协作型、流转聘工型等利益联结模式。在财政、金融、保险、用地等方面加大扶持力度，培育新型农业经营主体。引导和支持种养大户、家庭农场、农民合作社、龙头企业等发展壮大，并使其逐步成为发展现代农牧业的主导力量。鼓励农牧民通过股份制、股份合作制等多种形式参与规模化、产业化经营，使农民获得更多增值收益。

（三）大力推进农村一二三产业融合发展

拓展增值空间。以种养业为基础，大力发展农产品加工业、商贸物流服务业，不断延伸农业产业链，重塑价值链，完善利益联结机制，使现代农业成为有集成特征的"接二连三"的大农业。围绕拓展和提升农牧业多功能性，推进农业与旅游、教育、文化、健康养老等产业深度融合，赋予农业科技、文化和环境价值。大力发展休闲度假、旅游观光、养生养老、创意农业、农耕体验、乡村手工艺等，不断丰富发展"新六产"的各种形式，使之成为繁荣农村、富裕农民的新兴支柱产业，成为推动产业不断兴旺的新增长极。支持鼓励农民就业创业。依托互联网等新技术，大力发展农产品电子商务、众筹农业、品牌农业等新产业新业态。加快"数字乡村"建设，推进电子商务进农村牧区综合示范工程，促进线下产业与线上电商交易平台结合，开展农产品网上批发、零售和产销对接。要大力支持返乡下乡人员创业创新，鼓励利用新理念、新技术、新模式、新渠道开发农业农村资源，发展优势特色产业，开展生产生活服务，拓展农村产业空间和增值空间。

（四）改革创新制度性供给

加强制度性供给方面创新改革的目的是盘活农村内部资源、引领城乡资源要素的双向流动与合理配置，为产业兴旺发展打造良好环境。首先，要落实好土地承包关系稳定并长久不变政策，衔接落实好第二轮土地承包到期后再延长30年的政策，形成农业生产的稳定预期。其次，探索"三权"分置多种实现形式。"三权"分置的核心是激活经营权，将不动的土地资产转化为"流动"的活资产，从而促进土地有序流转。同时深入推进农村集体产权制度改革，实现农村要素资源合理配置。第三，制定激励与约束相结合的科学合理的制度，促使资本、技术、人才等要素向农村流动，为产业兴旺聚集物质条件。最后，建立健全有助于农村产业兴旺发展的政策体系。深化农产品收储制度和价格形成机制改革，加大公共财政对农业生产经营的补贴制度，建立健全市场化、多元化生态补偿机制、功能互补保障有力的农业保险政策、金融支农政策等等。加快建立政府撬动社会资源到农村投资兴业的机制，进一步激活资源要素，为产业兴旺提供不竭动力。

二、建设美丽乡村，实现生态宜居

乡村振兴战略提出要建设生态宜居的美丽乡村，更加突出了新时代重视生态文明建设与人民日益增长的美好生活需要的内在联系。乡村生态宜居不再是简单强调单一化生产场域内的"村容整洁"，而是对"生产、生活、生态"为一体的内生性低碳经济发展方式的乡村探索。

环境是统一的整体，各种要素互相影响，大气污染、水质污染、污泥污染、化肥、农药的污染，这些污染物最终都会渗到土壤里。土壤一旦受到污染，则会因其污染来源复杂、隐蔽性与累积性强等特点，导致修复治理难度大、周期长、投入多。2018年，内蒙古制定实施了《自治区农村牧区人居环境整治三年行动方案（2018—2020年）》，在阿拉善左旗等6个旗县市整建制开展人居环境整治试点。目前，全区各地建设了 926 个生活垃圾处理试点、180 个生活污水治理试点，建成 2.96 万个卫生厕所、1.3 万个无害化卫生厕所，4749 个行政村生活垃圾得到处理。此外，全区各地还开展了畜禽粪污、秸秆综合利用、地膜回收整旗县试点示范，创建国家级休闲农牧业和乡村旅游示范旗县 9 个、最美休闲乡村 18 个、自治区级乡村振兴示范村 114 个。

实现生态宜居，要发挥农牧业多种功能，融生产生活生态于一体，发展观光休闲农业和智慧农业。持续改善农村人居环境，将农村人居环境整治与美丽乡村建设等工作紧密结合，坚持因地制宜、村民主体、建管并重、有序推进，重点做好农村生活垃圾处理、厕所粪污治理、生活污水处理等工作，推进改善农村人居环境示范县、示范村建设，以典型引路，促比学赶超。通过调整农产品结构，提升有机农产品、绿色农产品和无公害农产品的比重。推进标准化生产、品牌化营销，着力提升农产品质量安全水平。加强农业生态资源的保护和修复，推进农业污染治理，发展生态农业，生态循环农业。积极推进化肥农药零增长行动，实施畜禽粪便循环利用和病死畜禽无害化处理，加快农作物秸秆资源化利用。继续推进退耕还林、还草工程的实施，加强农业水土保护和耕地质量的提升。改变以往针对农产品价格、农民收入，或者牲畜、种子、肥料、灌溉等投入品的农业补贴政策，今后要强调以绿色生态为导向进行农业补贴，包括在减肥、减药，残膜回收、粪便处理、秸秆综合利用等方面加大补贴力度。

三、繁荣发展乡村文化，实现乡风文明

乡风文明是乡村振兴的"灵魂"。在乡村振兴战略五个方面的总体要求中，乡风文明蕴含丰富的文化内涵，从根本上解决农民群众的思想问题，转变过去重经济轻生态、轻文化的发展理念，是乡村振兴战略中最基本、最深沉、最持久的力量。

实现乡风文明，要大力实施好农牧民素质、人居环境、文明创建、移风易俗、文化惠民"五大工程"，以"志智双扶"助力脱贫攻坚，切实增强乡风文明建设的针对性和时效性。具体而言，就是要从以下三方面推进：

以社会主义核心价值观为引领，强化群众思想道德建设。一方面，深入实施公民道德建设工程，挖掘农村牧区传统道德教育资源，发挥"农牧民学习讲

堂"作用，推进社会公德、职业道德、家庭美德、个人品德建设。另一方面，采取符合农村牧区特点的有效方式，深化中国特色社会主义和中国梦宣传教育，大力弘扬民族精神和时代精神。提振农牧民群众"建设亮丽内蒙古、共圆伟大中国梦"的信心和热情。推进诚信建设，使农牧民的社会责任意识、规则意识、集体意识、主人翁意识进一步增强。注重典型引导，用榜样的力量激发向上向善向美的力量。同时，牢固树立精品意识和品牌意识，要规范标准和要求，着力打造乡村文明建设示范点，让乡村居民享受到经济社会发展成果，提升生产生活质量，体会到获得感、幸福感、安全感。

注重培育良好家风，以家风促民风，以民风带乡风。首先，开展家风评议活动，以此培育家庭美德、家庭文化，弘扬家庭和睦、尊老爱幼、科学教子、勤俭持家、邻里互助的良好家庭新风尚。其次，注重培育新型农民，以培育"四有"新型农民为目标，加强对农民的技能培训，帮助农民提高科学文化素质，造就有文化、懂技术、会经营的新型农民。最后，注重培育新型农村领头人，加强村"两委"班子的思想、组织、作风建设，努力营造"风清气正"的浓厚氛围，进一步提高乡风文明。

按照有标准、有网络、有内容、有人才的要求，健全乡村公共文化服务体系。一方面，通过新建、改造、置换等方法，加强基层文化设施建设，支持"三农"题材文艺创作生产，努力实现"文化活动人人参与、文化产品送到身边、文化场馆免费开放、文化成果人人共享"；另一方面，充分展示新时代农村农民的精神面貌，以此实现乡村两级公共文化服务全覆盖，提升服务效能。同时，培育挖掘乡土文化本土人才，开展文化结对帮扶，引导社会各界人士投身乡村文化建设，在保护传承的基础上，创造性转化、创新性发展，不断赋予时代内涵、丰富表现形式。

四、健全乡村治理体系，实现治理有效

乡村是最基本的治理单元，是国家治理体系的"神经末梢"，也是实现乡村振兴战略的基石。为此，中共十九大报告提出了加强农村基层基础工作，健全自治、法治、德治相结合的乡村治理体系的具体要求，为乡村振兴指明了方向。现阶段，在内蒙古农村牧区治理过程中，仍存在治理结构不科学、农牧民参与

程度低、公共服务供给失衡等问题，对农村牧区的经济发展形成制约。实现治理有效，可以从以下四方面着力：

（一）强化乡村基层党组织的领导核心作用

习近平总书记强调，办好农村的事情，实现乡村振兴，关键在党；党管农村工作是我们的传统，这个传统不能丢。作为农村牧区各项事业的领导核心和乡村治理的根本力量，基层党组织的治理能力直接决定乡村治理的成效。通过"两委"换届等渠道，选好配强组织带头人，特别是针对村党组织书记，能力素质上要把好关。针对目前农村牧区情况，实施软弱涣散基层党组织整顿专项行动。把基层乡村党组织打造成在乡村社会具有政治领导力、思想引领力、群众组织力和社会号召力的坚强战斗堡垒。

（二）发展壮大村级集体经济

村级集体经济没有实力，就会导致治理没底气、政治少根基、提升缺抓手。因地制宜、因村施策，围绕"名、优、稀、特"产品产业，探索创新集体经济发展路子。加强对农村集体经济的组织指导、专项服务和资金扶持，在立项、办证、用地、税收以及对集体经济薄弱村居的财政扶持等方面给予支持。

（三）健全完善"三治"结合的乡村治理体系

首先，完善村民自治。创新村民自治形式。依托村民会议、村民代表会议、村民议事会等，完善群众自主议事、自治管理、自我服务机制。持续推进"阳光议事日""三务公开"等村级基本制度落实。发挥新乡贤在乡村产业发展、乡风涵养、矛盾化解、提升治理水平等方面的积极作用。其次，建设法治乡村。加强农村法治宣传教育，增强基层干部法治观念，提高农民群众法治素养。大力运用"板凳法庭"这样接地气的法治方式和法治手段解决农村改革发展稳定中遇到的问题。建立健全县镇村公共法律服务平台，为农民群众提供优质高效的法律服务，提高矛盾纠纷化解效能。最后，提升德治水平。以德治为先，强调道德教化作用，弘扬真善美，传播正能量。

（四）培养造就高素质乡村治理工作队伍

乡村治理工作队伍，是实现"治理有效"的实践者和推动者。面对新时代乡村治理问题和治理要求，要实施乡村带头人素质整体优化提升行动，通过引导高素质能人返乡、选调生到村任职、选派第一书记和机关干部下派等多种途径，强化基层工作者人才力量。

五、保障和改善乡村民生，实现生活富裕

习近平总书记强调，要构建长效政策机制，通过发展农村经济、组织农民外出务工经商、增加农民财产性收入等多种途径，不断缩小城乡居民收入差距，让广大农民尽快富裕起来。生活富裕就是要让农民有持续稳定的收入来源，经济宽裕，衣食无忧，生活便利，共同富裕。如何拓宽农牧民增收渠道，提高农村牧区民生保障水平，是内蒙古在乡村振兴战略中的重要发力点。

习近平总书记强调，检验农村工作实效的一个重要尺度，就是看农民的钱袋子鼓起来没有。近年来，内蒙古农牧民收入保持快速增长态势，增速持续超过城镇居民收入。但城乡居民收入差距仍然较大，经营净收入、工资性收入等农民增收的传统动力有所减弱，亟待培育农民增收新动能。

实现生活富裕，可以从以下五方面着手。

（一）大力发展农村新产业新业态，提高农民家庭经营收入

一是发展农村农产品加工业。鼓励和引导新型农业经营主体延长农业产业链，对农产品进行深加工，把农业附加值留在农村内部。二是充分利用农业的多功能性和农村闲置房产，完善农村基础设施，发展乡村旅游、乡村养老、乡村养生等绿色康养产业。三是发展农村电商。合理布局生产、加工、包装、品牌，打造完整农村电商产业链。

（二）持续稳定农民工外出就业，提高农民工资性收入

一是改革户籍制度及其配套制度，为农民进城务工创造良好环境；二是建立健全合理公平的收入分配格局，提高劳动报酬在初次分配中的比重；三是加大教育培训，提高农民工素质和技能，提高其就业稳定性和工资收入水平；四是建立健全农民工工资支付保障制度，遏制恶意拖欠、克扣农民工工资行为。

（三）充分激活农村要素资源，提高农民财产性收入

增加农民财产性收入，核心是要深化农村产权制度改革：一是推进农村宅基地确权改革；二是建立统一的建设用地市场，允许农村宅基地转让、抵押，探索宅基地入市办法；三是对农村闲置并丧失公共服务功能的公益性基础设施，按照经营性建设用地确权给集体，由集体统一经营；四是对农村丧失居住功能的空置房宅基地拆旧复垦，再利用交易平台进行交易，交易所得费用可用于发展乡村旅游等非农产业；五是推广发展土地股份合作和农业共营制，实行"集体股权、个人股东、按股分红"，创新市场化投资途径。

（四）不断完善农业支持保护体系，提高农民转移性收入

一是建立农业农村投入稳定增长机制，用财政资金撬动金融和社会资本投向农村。二是采取"分品种实施、渐进式推进"的办法完善农产品价格形成机制。三是完善农业补贴制度，调整农业补贴的方向和结构，提高农业补贴效能。

（五）深入推进精准扶贫精准脱贫，提高农村贫困人口收入

一是对有外出务工能力的贫困人口，引导走劳务输出的增收路子。二是对具有一定劳动能力、但不便或不想外出务工的贫困人口，引导走产业扶贫的增收路子。通过发展特色种植养殖产业、在园区企业开辟就业扶贫车间、开发就业扶贫公益性岗位等，让贫困人员就近就业。三是对劳动能力相对较弱的贫困人口，引导走能人带动的增收路子。鼓励这类贫困人口加入农民专业合作社，或者通过土地入股等方式增加财产性收入。四是对完全丧失劳动能力的贫困人口，充分发挥低保、五保、医疗救助、临时救助等社会保障救助制度的救急难、兜底线功能。

参考文献：

[1] 党国英. 乡村振兴长策思考 [J]. 农村工作通讯，2017 (21)：15 – 17.

[2] 朱泽. 大力实施乡村振兴战略 [J]. 中国党政干部论坛，2017 (12)：32 – 36.

[3] 温铁军. 生态文明与比较视野下的乡村振兴战略 [J]. 上海大学学报（社会科学版），2018，35 (1)：1 – 10.

［4］张强，张怀超，刘占芳．乡村振兴：从衰落走向复兴的战略选择［J］．经济与管理，2018（1）：6－11.

［5］孔祥智．产业兴旺是乡村振兴的基础［J］．农村金融研究，2018（2）．

［6］熊小林．聚焦乡村振兴战略探究农业农村现代化方略——"乡村振兴战略研讨会"会议综述［J］．中国农村经济，2018（1）：138－143.

［7］郭晓鸣．乡村振兴战略的若干维度观察［J］．改革，2018（3）．

［8］姜长云．实施乡村振兴战略需努力规避几种倾向［J］．农业经济问题，2018（1）：8－13.

［9］李凤．实施乡村振兴战略加快推进农业农村现代化［J］．农村经济与科技，2018（8）．

［10］曾福生，蔡保忠．以产业兴旺促湖南乡村振兴战略的实现［J］．农业现代化研究，2018，39（2）．

［11］郭玮．乡村振兴：战略意义和历史机遇［J］．中国发展观察，2018（Z1）．

［12］刘合光．激活参与主体积极性，大力实施乡村振兴战略［J］．农业经济问题，2018（1）：14－20.

［13］陈锡文．乡村振兴开启"三农"现代化路径［J］．农村工作通讯，2018（3）：38－39.

［14］陈锡文．从农村改革四十年看乡村振兴战略的提出［J］．行政管理改革，2018（4）．

［15］范建华．乡村振兴战略的时代意义［J］．行政管理改革，2018（2）．

第八章

实施区域协调发展战略

实施区域协调发展战略作为新时代推动经济高质量发展的关键举措，是新发展理念下内蒙古必须面对和解决的重大议题。内蒙古是我国重要的边疆省区，改革开放 40 年来，在经济发展取得了显著成就的同时，东中西部之间也出现了较大发展差距，区域发展不平衡的问题已经成为制约内蒙古经济高质量发展的主要障碍。在此背景下，加快推进区域协调发展成为当前内蒙古推动经济高质量发展的必然选择。本章主要内容包括：区域协调发展战略提出的背景，区域协调发展的目标和机制，以及内蒙古实施区域协调发展战略的意义；从区域发展差距、经济联系、一体化水平，核心城市辐射带动能力等方面分析，提出内蒙古区域发展中存在的主要问题；从融入国家重大区域发展战略、加强与周边省市协同发展、强化区内各盟市内部优化等三个层面提出内蒙古实施区域协调发展的对策建议。

　　党的十九大报告将区域协调发展战略列为新时代我国的七大战略之一。区域协调发展是贯彻落实新发展理念的重要组成部分，是经济向更高层面、更高质量发展的重要突破口，体现了高质量发展的重要内生特点。实施区域协调发展战略，是新时代推动高质量发展的关键，对于促进自治区经济社会持续健康发展具有重要而深远的意义。随着我国区域协调发展战略的深入实施，国家将会加大对民族地区和边疆地区发展的支持力度，推动西部大开发和加快东北老工业基地振兴，这将进一步开创自治区区域协调发展的新局面，为自治区发展提供重大机遇。新时代推进区域协调发展，要以新发展理念为指导，深刻理解区域协调发展的内涵，设计出符合新发展理念要求的区域协调发展评价机制，构建高质量、多维度的区域协调发展体系，全面落实区域协调发展战略的各项任务，促进区域协调发展向更高水平和更高质量迈进，推动自治区经济在实现高质量发展上不断取得新进展。

第一节　区域协调发展战略的提出

　　区域协调发展，是对一国或一个地区经济持续健康发展的必然要求和必要保障，它强调要在区域发展中协调和处理好涉及的各种重大关系，消除扭曲、缩小差距、补齐短板，实现各区域的持续、协调、健康发展，推动形成生产要素自由有序流动、主体功能约束有效、生产力布局合理优化、基本公共服务均等共享、资源环境可承载的区域协调发展新格局。

一、区域协调发展的背景

　　在经济全球化和区域经济一体化进程加快的大背景下，经济活动在空间上也呈现出新的布局，在经济分散化现象产生的同时，生产要素配置在空间上又呈现新的集聚现象。从经济发展的角度看，区域经济发展不均衡是世界各国经济发展过程中的重要现象，无论是发达国家还是发展中国家都曾经历或正面临着的问题，特别是在经济转型或经济起飞时期更是一个普遍规律。

我国疆域辽阔，地形复杂多样，各地经济社会发展程度千差万别，区域发展的不均衡性较为明显。改革开放40年来，我国国民经济保持了持续快速增长，与此同时，也伴生了一系列不平衡、不协调问题，区域发展差距呈现不断扩大的趋势。随着我国经济发展进入新常态，区域发展不平衡、不协调、不可持续问题仍然十分突出，这对全面建成小康社会、不断推进社会主义现代化建设构成了重大的挑战。一直以来，我国政府都高度重视区域协调发展问题。早在新中国成立初期就提出处理好沿海工业和内地工业关系，形成了指导全国区域经济发展的均衡发展政策。上世纪80年代邓小平提出"两个大局"的战略构想，实行"先富"带"后富"的非均衡发展政策。在此之后，又分别实施了西部大开发、振兴东北老工业基地和促进中部地区崛起等区域发展战略。党的十八大以来，以习近平同志为核心的党中央提出并推进"一带一路"建设、京津冀协同发展、长江经济带发展和粤港澳大湾区建设，在区域协调发展方面作出一系列新的重要决策，谱写了我国区域协调发展新篇章。

改革开放以来，自治区针对区域协调发展这一重大议题进行了一系列的探讨和实践，除了积极融入国家协调发展大战略外，也在各个地区进行了自上而下的推动和自下而上的自发协同协作。相继出台了"呼包鄂""锡赤通""乌大张""乌海及周边地区一体化发展"等一系列区域协调发展方案，区域协作不断深化，区域经济发展协调性明显增强，这都有效的推动了自治区经济社会的全面发展，既实现了经济总量的扩张，又推动了经济结构的不断优化。但同时也应注意到随着自治区经济的飞速发展，各个盟市之间的发展差距日益显著，区域发展不平衡的问题愈加突出，这已经成为制约自治区经济高质量发展的主要障碍。在这样的背景下，加快推进区域协调发展成为当前自治区推动经济高质量发展过程中必须面对的重大现实选择。

二、区域协调发展的目标

随着我国经济发展进入新时代，中华民族实现了从站起来、富起来到强起来的伟大飞跃，这种情况下不能任由区域、城乡、群体之间差距继续扩大。实施区域协调发展战略有利于缩小不同地区间发展差距，让各地区人民能共享改革开放的发展成果，全面提升不同区域人民的幸福水平。

（一）实现基本公共服务均等化

基本公共服务是最基本的民生需求，范围包括公共教育、就业创业、社会保险、医疗卫生、社会服务、住房保障、文化体育、残疾人服务等八个领域。基本公共服务均等化是指全体公民都能公平地获得大致均等的基本公共服务。基本公共服务的均等化是区域协调发展要实现的目标，是促进区域协调发展的重要手段。推进基本公共服务均等化是区域协调发展战略的一项艰巨任务。"十二五"以来，自治区基本公共服务水平和均等化程度有了很大程度的提高，但是与社会公共需求的强劲增长相比较，公共产品的供给还不能满足社会公共需要。在基本公共服务水平上与发达地区存在着较大的差距，而且这种差距还在不断的扩大。积极推进基本公共服务均等化有利于缩小自治区的城乡发展差距、贫富差距和环境社会对立与矛盾，有利于营造和谐有序的社会环境。实施区域协调发展战略，要紧扣实现基本公共服务均等化这个目标，去除城乡区域间资源配置不均衡、硬件软件不协调、服务水平差异较大等短板，缩小基本公共服务差距，使各地区群众享有均等化的基本公共服务。

（二）实现基础设施通达程度比较均衡

基础设施对经济增长有重要影响。基础设施水平的高低往往决定了一个地区贸易成本的大小，各地区内以及地区间贸易成本的不同又决定了产业的空间分布，进而影响各地福利水平与社会总效率。推动基础设施均衡发展是区域协调发展战略的一个重要目标。随着大规模基础设施特别是交通网络的建设，自治区区域间互联互通达到前所未有的水平，基本形成了以铁路、公路、航空三大网络为支撑的立体交通网络。但是，自治区的基础设施网络覆盖面较低，道路技术等级不高，基础设施建设方面与发达地区的差距还很明显。加快建设内外通道和区域性枢纽，完善基础设施网络，依然是自治区区域协调发展的重要任务。

（三） 实现人民生活水平大体相当

实施区域协调发展战略，要践行以人民为中心的发展思想，坚持共享发展，解决好收入差距问题，使发展成果更多更公平惠及全体人民。当前，自治区地区之间发展水平的差距比较大，不同区域间的人均财政收入、人均占有财富等重要指标继续分化，人民生活水平的区域差距明显。要落实好区域协调发展战略，促进各区域协同推进现代化建设，努力实现全体人民共同富裕。最大限度地创造机会公平，调动各区域人民群众的积极性和主动性，共同创造财富，促进各地区人民的收入水平和生活质量在不断提高的过程中趋于一致，最终实现国民收入大体相当。

三、区域协调发展的机制

党的十九大报告指出，要"实施区域协调发展战略，建立更加有效的区域协调发展新机制"。新时代在认清区域协调发展的新形势和新内涵的基础上，需要建立更加有效的区域协调发展新机制。

（一） 市场机制

区域协调发展的市场机制是指遵循市场规律，清除各种显性和隐性的市场壁垒，推动区域市场开放，引导生产要素跨区域自由流动、企业跨区域发展和产业跨区域转移，从而增强区域之间的联系，促进区域之间的分工，提高经济发展的效率。市场机制是实现区域协调发展的根本途径，能够最大限度地释放经济发展的能量，增进区域经济发展的效率。构建区域协调发展的机制体系，一方面要充分发挥市场机制的作用，促进生产要素自由流动，实现各类资源的高效均衡配置。另一方面也要和其他机制相互联系，克服"市场失灵"导致的"协调失灵"。

（二） 合作机制

区域合作机制是行政区运行的行政机制和经济区运行的市场机制的有机结合。区域合作机制是实现区域经济、社会与环境协调发展的基本途径，可以确保区域内部各级政府以及非政府组织进行高效的协商对话。建立有效的区域协调发展合作机制，需要在多层次政府合作机制、非政府组织合作机制等方面进一步健全和完善。首先要加快建立与完善多层次政府合作机制。在区域地方政府间设立专门的合作机构，作为区域协调发展的制度化运行平台。建立高层的党政首脑会晤机制、部省级联系会议制度、经济协调会议制度。其次要大力发展非政府组织合作机制。区域性非政府组织的合作机制是维护区域市场秩序、减少区域利益冲突和优化区域资源配置的重要治理机制。要支持行业协会、商会、基金会、智库组织、公益团体等社会组织利用其组织资源，通过社会动员、制度供给、资本投入等手段推动地区间的合作。

（三）援助机制

发展援助机制主要是对那些依靠市场和自身力量发展艰难的地区提供人财物的支持。主要的政策工具有：设立区域发展援助基金、重大项目倾斜、对口帮扶以及引导企业和社会力量投入等。要制定优先援助问题区域的政策体系，把"扶弱济困"作为区域政策的优先选项，为集中连片特困区、产能过剩衰退区以及"乡村病"等"问题区域"雪中送炭。设立区域发展援助基金，重点用于扶持欠发达地区的发展，统一集中分配使用，以提高援助资金的使用功效。进一步规范完善区域对口援助制度，使发达地区对欠发达地区在教育、科技和人才等方面的援助具有法律依据。

（四）利益分享机制

区域之间协调、协同的难点在于利益关系的调整，通过建立合理规范的区域利益关系，形成区域发展的自我协调机制。目前应侧重在转移支付、税收分成、生态补偿等方面积极探索。首先要继续增大一般性财政转移支付的额度，充分发挥财政促进区域协调均衡发展的应有作用。其次要实行以"税收分成"为重点的产业转移与承接模式。探索产业转出区与产业承接区实行"税收分成"的办法，实现转出区与转入区的利益分享，有利于城市群协同发展和"飞地经济"的发展。最后要实行"生态补偿"和"生态共建"并举的区域生态合作模式。针对流域上中下游、重点生态功能区、资源开采地区及利用地区和农产品主产区建立生态补偿机制。同时可以推广实行生态共建机制，上下游地区把流域环境保护作为共同的责任和义务，特别是受益方要主动投入环保治理和建设中。

（五）组织协调机制

从我国国情和国际经验来看，促进区域间协同发展，必须要有权威的协调机构和相应的法律保障。首先要设立职能性机构"区域协调发展委员会"或"区域政策委员会"。主要职能为：区域发展战略和跨区域规划编制及其监管评估实施、跨区域政策和利益协调、管理使用区域协调发展基金。其次要制定区域协调发展法案，为落实区域协调发展战略提供法律依据和保障。

四、内蒙古实施区域协调发展战略的意义

随着自治区经济平稳较快的发展、经济结构的持续改善，区域发展相对差距正在逐渐缩小、协调性不断增强。但同时，自治区各地发展不平衡不充分的问题也仍然较为突出，不符合新时代发展要求。推进区域协调发展，是不断增强自治区综合实力的内在要求，也是再次释放发展动力的重要保证，对于促进自治区经济高质量发展具有重大意义。

（一）解决区域间发展不平衡的必由之路

区域发展不平衡是实施区域发展战略的根本原因。自治区东西横跨 2400 多公里，各盟市中心城区相隔较远，经济社会发展程度千差万别，在区位条件、资源禀赋、基础设施、人口条件、市场环境、科技创新能力等方面都存在一定差异。东西部发展不平衡，城乡发展水平差距较大。部分地区存在过度开发的问题，经济社会活动超出了资源环境承载能力。而部分地区由于发展不足，使得资源利用率低下，阻碍区域经济发展。区域经济发展的不平衡还会引发收入差距扩大等一系列社会问题。实施区域协调发展战略，引导资金、资源、人口等要素在区域间合理布局和流动，对促进自治区各地均衡发展，缩小区域发展差距，增强区域发展的协同性和整体性具有重要意义。

（二）构建现代经济体系的必然选择

一是促进现代化经济体系空间布局的形成。过去几十年，自治区经济高速

增长主要是以高耗能的资源开发为代价的，经济空间布局受制于资源禀赋。随着经济发展进入新常态，高耗能等落后产能逐渐淘汰，绿色低碳、创新引领成为现代化经济体系的重要标志。通过实施区域协调发展战略，促进人口、经济和资源、环境的空间均衡，进而实现各区域更高质量、更有效率、更加公平、更可持续的发展，有助于构建现代化经济体系的战略空间。二是将促进现代化经济体系产业结构的形成。在经济发展进入新常态的情况下，自治区经济下行压力较大，通过区域协调发展可以有效地推动产业结构的优化升级，通过不断改造提升传统产业，促进新兴产业加快发展，使区域间产业布局更加合理，推动经济发展更加协调，进而增强适应经济新常态、抵御经济新风险的能力。

（三）加快形成全面开放新格局的客观需要

实施区域协调发展战略可以加快自治区对外开放的步伐，使得自治区"全方位、多领域、深层次"对外开放格局不断完善。自治区横跨"三北"，毗邻山西、河北、辽宁等八省，承东启西，连贯南北，是沿海开放的重要腹地，也是向北开放的前沿。积极推进自治区与区外省市间的协调发展，不断深化区域协作，完善战略发展布局，加强与周边地区在基础设施互联互通、承接产业转移、环境保护等方面对接合作。持续推进"一带一路"建设与中蒙俄区域合作，创新合作机制，建设边境经济合作区和跨境经济合作区，不断深化国际间产能合作、人文交流等多方面合作，形成全方位对外开放新局面，拓展内蒙古经济发展新空间。

第二节　存在的主要问题

目前，随着区域协调发展战略深入实施，内蒙古的区域发展现状得到明显改善，不同地区比较优势有效发挥，区域发展协同性不断增强，发展新空间进一步拓展。但是由于历史人文、地理条件、自然环境、资源禀赋、体制机制等诸多方面原因，自治区发展不平衡、不充分的主要矛盾仍然存在，区域协调无论是在水平上还是层次上都还存在很多问题。

一、东西部发展差距增大

从区域发展看，自治区东西部发展不平衡，东西部整体经济发展水平差异显著。以呼、包、鄂为代表的西部地区依托资源优势和产业基础率先发展，经济发展速度极其迅猛，成为自治区经济发展的重要区域。而以呼伦贝尔市、兴安盟等地为代表的东部地区发展缓慢，区域内经济发展水平较低。虽然东部地区人口、土地都占全自治区的50%以上，有的占到56%，但GDP仅占到全区的30%，财政收入仅占到全区的20%。从地区生产总值、农牧民人均可支配收入、城镇居民人均可支配收入和财政收入等四项主要经济指标来看，西部与东部地区最大差距达到了8.5倍、1.96倍、1.67倍和12.34倍，整体差距仍在拉大（表1和表2）。从区域公共服务水平来看，由于西部地区经济相对较为发达，财力增加较快，能够相应较多地增加对公共事业的投入。而东部地区受到自身财力的约束，与西部地区相比，在公共服务水平上还存在较大差距。

表1　　　　　2017年内蒙古西部地区七个盟市经济社会发展指标

指标	呼和浩特	包头	鄂尔多斯	乌海	巴彦淖尔	阿拉善
GDP（亿元）	2743.7	3450	3579.1	602.5	740.1	355.6
人口（万人）	311.5	287.8	206.87	56.11	168.5	24.8
公共财政预算收入（亿元）	201.6	137.6	356.8	37.79	57.2	21.74
城镇居民人均可支配收入（元）	43518	44231	43559	39400	28308	37585
农牧民人均可支配收入（元）	15710	15901	16729	16821	15704	18186

表2　　　　　2017年内蒙古东部地区五个盟市经济社会发展指标

指标	通辽	赤峰	呼伦贝尔	兴安盟	锡林郭勒盟
GDP（亿元）	1222.6	1406.8	1185.86	417.92	1090.46
人口（万人）	312.87	431.5	252.92	160.42	105.16
公共财政预算收入（亿元）	70.46	100.7	160.08	28.9	74.33
城镇居民人均可支配收入（元）	29667	29660	31195	26367	35634
农牧民人均可支配收入（元）	12566	10352	13581	9242	14309

二、地区间经济联系不紧密

由于自治区国土空间面积广大，版图东西狭长，盟市之间的空间距离较大，重点城市基本布局于一条轴线上，没有形成"点—线—面—网"的格局，而且多个盟市距离首府呼和浩特上千公里，中心城市的辐射带动作用难以扩散到偏远地区，相互之间的经济联系较少。自治区铁路、公路、机场规模总量和国土面积相比明显不足，道路的技术等级不高，运输网络覆盖较低，路网密度仅为全国平均水平的一半。快速交通网络不健全，航空出行成本较高和航线网络不完善，铁路出行不便和缺乏快速铁路，公路设施不完善和出行时间较高，制约了地区之间人员、信息、物质联系和沟通，导致区域间发展空间相关性不足。

三、区域经济一体化水平较低

近年来，自治区积极推动区域经济一体化发展，区域经济发展协调性明显增强。但在区域经济开发的均衡性、合理性方面仍然做的不够，很多地方的效益没有得到充分的发挥。有些城市群一体化建设相关重点领域的配套规划滞后，区域统筹协调机制尚未形成，合作机制构建不顺畅。已经实施的部分区域协调协同发展推动效果不明显，各城市发展格局仍是自成体系，招商引资各自为战，中心城市和周边城市之间并未形成合理的分工和合作，难以实现产业错位发展和互补提升，区域整体竞争实力不强。

四、核心城市辐射带动能力较弱

与对标省份相比，自治区缺少带动能力强的核心城市，经济总量位于前两位的鄂尔多斯、包头 2017 年分别排在全国城市的 43 位和 64 位，省会呼和浩特排在 73 位。由于城市能级还不够大，在科技创新、对外开放、制度探索等方面的内生动力明显不足，对高端要素资源的聚集能力较弱，新旧动能转换缓慢，对区域经济发展的带动作用有限。首府呼和浩特 GDP 占全区比重为 18%，排在全国 27 个省区（直辖市除外）的倒数第三，城市首位度远低于银川、西宁、太原等邻近或同类城市。呼包鄂作为一个整体，虽然已经形成了城市群、增长极，经济占到了全区的 56.4%，但还面临着空间距离远、现代化交通设施建设滞后、一体化发展机制刚起步等诸多问题，不能在全区范围有效发挥辐射带动作用，尤其是对东部地区的经济辐射作用有限，作为整体带动全区的能力还未发挥。

五、区域之间优势要素不叠加

自治区拥有能源、有色金属、向北开放等优势，但这些优势并未形成空间叠加效应，而是呈现文化科技资源、经济资源、开放资源的分离，文化、教育、科技、行政、人力资源主要在首府呼和浩特，而经济资源如国家级高新区、综合保税区等主要集中在包头、鄂尔多斯两市，对外开放主要集中在蒙东北呼伦贝尔市。从区域发展的总体规律看，优化分工需要在一定的发展水平上形成，在自治区整体发展水平不高的情况下，政府可配置的资金、项目、政策有限分散投放难以实现要素的聚合效应。同时由于自治区空间尺度大，各优势要素之间难以建立起密切关联，只能低水平"各自为战"，是制约区域协调发展的关键。

第三节　内蒙古实施区域协调发展的对策建议

一、加快融入国家重大区域发展战略

（一）发挥好"一带一路"建设向北开放的重要窗口作用

国家"一带一路"战略的深入实施，使自治区实现了由沿海开放腹地到沿边开放前沿的角色转变。自治区应该抓住这一战略机遇，积极先行先试，深度融入"一带一路"倡议，优化对外开放格局，将区位优势转化为开放优势，继而转化为经济优势，提高开放型经济发展水平。

一是聚力参与中蒙俄经济走廊建设。自治区在中蒙俄经济走廊建设中有着得天独厚的地缘优势、交通优势和人文优势，要积极主动作为，成为中蒙俄经济走廊建设的主要推动者。积极引导对外开放的区域重心向呼包鄂地区转移，使呼包鄂地区成为自治区对外开放、尤其是对蒙俄开放的核心区和引领区。加快打造"海赤乔"次区域国际合作金三角，加强口岸设施和综合保税区、跨境合作区建设，挖掘口岸落地加工、深加工的产值，加快推动出口产品加工产业园区建设，促进通道经济向口岸经济转变，逐步建成以满洲里国家重点开发开放试验区、其他口岸为支撑的沿边经济带。

二是以阿拉善盟为轴心，打造向北开放的西通道。进一步完善我国对外开放体系，优化"南强北弱"对外开放格局，联合宁陕甘川青渝，以乌力吉口岸为依托构建一条北至乌兰巴托、俄罗斯、欧洲，南至巴彦浩特镇、中卫、重庆，连通欧亚大陆桥，链接长江经济带，北开南联的交通大动脉，并在此基础上推动各节点城市的经济发展，形成我国向北开放的新廊道和西部开发战略的新轴带，进一步提升西部地区内陆开放水平。

三是促进"一带一路"的东西双向互济。自治区东西狭长，具有东联西接的先天优势，在"一带一路"建设中可发挥空间资源优势进一步加强东西向通道建设，依托京兰通道升级功能，打造渤蒙新发展轴，形成又一条东西双向互动的发展带，形成亚欧大陆桥和新亚欧大陆桥的联动效应，增强对地缘政治波动风险的应对能力。

（二）主动对接京津冀协同发展

目前，京津冀协同发展正在进入实质性推进阶段，交通、生态、产业三大领域协同进展显著，协同效应不断放大，面对京津冀协同发展战略机遇，自治区应该加快对接融入。

一是参与微中心建设。京津冀协同发展规划纲要明确提出建设集中承接地和"微中心"，其中后者是指沿重要交通干线选择一些中小城市，规划建设若干个定位明确、特色鲜明、职住合一、规模适度、专业化发展的"微中心"。自治区要积极争取到"微中心"在自治区境内的布局，争取在城际铁路、市郊铁路等基础设施上获得更大支持。

二是加强京蒙合作。北京与内蒙古地缘相近，资源禀赋各异，经济社会互补性强，合作发展空间巨大。加强京蒙合作，有利于北京拓展发展空间，疏解非首都功能，优化发展环境和空间布局；有利于内蒙古承接北京产业转移、要素外溢，增强发展活力，转换增长动力，实现经济社会持续健康发展。深化京蒙合作，要重点围绕绿色生态屏障、清洁能源保障基地、绿色农产品基地和通道等方面，把北京的人才、技术优势和自治区的资源、空间优势整合起来，在产业承接、公共服务提升等方面取得新进展。

三是主动承接产业、产能转移。进一步搭建政府间高效便捷的对接平台，加强交流协作，有效承接京津冀地区特别是非首都功能的产业转移，做好商贸物流、影视动漫、呼叫中心、后台服务等项目转移承接。在京津冀地区环境门槛不断提升的背景下，自治区可以发挥自身优势，主动承接部分耗能较大的行业目录。抓住京津冀能源结构调整机遇，加强与京津冀清洁能源合作，为其提供安全稳定的清洁能源。共同营造统一大市场，减少要素和商品流动障碍。

（三）借力东北全面振兴促进东部地区崛起

当前，新一轮的东北振兴战略已经上升到国家发展大局的高度，这为自治区全面发展提供了重大机遇，下一步，自治区应该结合实际，更加积极主动地参与和服务东北振兴，加强区域合作，推动全区特别是东部盟市加快发展。

一是优化开放发展空间格局。构建东北地区陆海内外联动开放发展新格局，提升东北三省和自治区东部盟市协调协同发展水平，进一步发挥各地区位、交通、口岸、资源、产业等优势，对内主动融入京津冀、长江经济带、粤港澳大湾区，对外对接蒙古国、俄罗斯及欧洲地区，突出分工协作，共同构建赤峰—齐齐哈尔、满洲里—绥芬河、阿尔山—珲春、霍林郭勒—丹东、锡林浩特—锦州等"一横四纵"的开放发展空间格局。

二是积极参与生态建设。抓住国家支持东北地区生态建设和粮食生产政策机遇，争取进入松花江、辽河、海滦河、呼伦湖等重点流域、重点湖库生态环境综合治理项目，加强大兴安岭、呼伦贝尔等重点生态功能区保护，提升生态功能。

三是进一步融入东北地区的基础设施网络。利用好国家和自治区对边境地区、少数民族地区的政策，推进东部盟市出疆达海的交通通道、区域联通的输水输电通道、紧密联结的物流网络等重大基础设施建设，强化与东北地区中心城市的连接。

四是深度融入东北经济一体化发展，加强现代化产业体系合作共建。东部盟市必须坚持质量第一、效益优先，以供给侧结构性改革为主线，改造升级传统优势特色产业，培育发展战略性新兴产业，加快发展现代服务业，与东三省共同构建多元发展、多极支撑、分工协作、协调联动的东北地区现代产业体系，推动陆海联动开放发展质量变革、效率变革、动力变革。

（四）争当新一轮西部大开发的排头兵

近几年，西部地区保持了较好的增长势头，基础设施保障能力全面增强，国家重要的能源基地、资源深加工基地、装备制造业基地和战略性新兴产业基地地位进一步巩固。下一步，国家将继续加大西部开放力度，自治区要用好边疆民族地区发展机遇，通过加大基础设施建设力度和强化管理水平等措施，进一步提升内陆开放水平。积极争取国家支持，进一步补齐基础设施短板，推进一批自治区急需的、符合国家规划的交通和信息网络、生态环保、城镇污水、垃圾处理、能源通道等领域重大工程建设。运用"互联网＋"等新模式推进教育扶贫、产业扶贫、旅游扶贫，使边远贫困地区享有更多优质教育、医疗资源，着力推动基本公共服务均等化。

（五）积极融入长江经济带、粤港澳大湾区发展

主动融入和服务长江经济带、粤港澳大湾区建设，密切同长江流域地区、珠三角地区、港澳台及东南亚地区的交流合作，拓展向南开放的新空间，有助于提升自治区南北开放贯通的水平。要以通道建设为重点，加大对南北贯通通道建设的支持力度，争取扩大南向通道建设范围，大力推动交通互联互通，强化节点衔接，推动内陆与沿海、沿边、沿江地区协同开发，构建陆海内外联动、东西双向互济的开放新格局。

二、加强与周边省市协同发展

（一）推动"乌大张"合作区建设

"乌大张"合作区包括乌兰察布市、大同市和张家口市，三市地缘关系密切，自然条件相似，生态环境相同，人文习俗相近，有着较强的产业互补性。推动"乌大张"长城金三角合作区建设，一是要着力在基础设施相联相通、产

业发展互补互促、资源要素对接对流、公共服务共建共享、生态环境联防联控、区域旅游一体化等方面开展实质性合作，把"乌大张"长城金三角合作区建设成为东、中、西区域协调发展的试验区、承接京津产业转移的示范区、产业升级的助力区、现代信息服务业聚集区；二是通过"乌大张"区域协调发展，为乌兰察布市搭建一个外部要素整合平台，通过优势互补，更好地承接其他地区产业转移，增强乌兰察布市发展活力，促进产业转型升级，推动形成新的区域经济增长极。

（二）促进呼包银榆经济区一体化发展

呼包银榆经济区既有经济发展的协同性，又有产业发展的差异性，还有地理位置的连接性。促进呼包银榆经济区一体化发展，要根据经济区不同城市的资源禀赋、产业基础、发展优势，优化产业空间布局，推进产业结构调整，加强区域内产业体系建设规划的协调对接，强化产业分工协作，形成城市间传统产业互补、优势产业合作、新兴产业共建、错位发展和差异化发展的新格局。强化基础设施互联互通建设，增强协同发展的保障能力。加强生态建设与环境保护，共同构筑国家生态安全屏障。扩大对内对外开放，增强发展活力、拓宽发展空间，实现资源型地区经济主动转型，把经济区打造成为国家综合能源基地和西部地区重要的经济增长极。

（三）推动环渤海经济区协同发展

自治区作为环渤海地区的重要组成部分，与环渤海其他省市生态关联性强、资源禀赋各异、经济社会互补性强，合作发展空间巨大。但与环渤海各省市相比，自治区综合发展水平相对较低，必须要充分发挥自治区区位、资源、能源优势，立足现有产业基础，全面融入环渤海地区发展，不断提升产业层次，优化经济结构，加强生态保护和基础设施建设，不断提高公共服务能力和要素资源高效配置能力，实现科学发展、和谐发展，增强自治区发展活力和综合竞争力。

（四）加强蒙鲁对口合作

内蒙古与山东对口合作具备良好的基础和条件，两地资源互补性强，产业层次梯度明显，区位条件各具特色。加强蒙鲁对口合作，有利于整合发展优势，开拓两省区经济社会发展新空间，增强经济社会发展的新动能，促进两省区经济社会快速发展。要立足蒙鲁之间已经奠定的良好合作基础，以共建多层次的合作体系为抓手，进一步加强功能区、园区、重点城市对接合作，推动产业对接、基础设施互联互通、市场要素对接共享、对外开放协作等关键领域对口合作实现新突破。

三、促进区内各盟市内部优化和合作发展

（一）推进呼包鄂协同发展

呼包鄂地区空间相连、经济基础好、交通联系密、协同程度高，是自治区发展的主核。推动呼包鄂协同发展，要积极把握中蒙重要交通廊道和融入京津冀城市群的战略机遇，统筹协调区域功能格局，重点发展绿色农畜、能源化工、稀土新材料、大数据、装备制造、文化旅游七大产业集群，谋求在产业分工、交通衔接、生态共育、设施共享和机制创新等领域实现新突破，积极谋划建设对外开放功能区，建设成为中蒙俄经济走廊的对外开放核心区和对接京津冀城市群的重点功能区。要突出呼和浩特核心地区，强化包头、鄂尔多斯副中心城市建设，加快改革创新，消除制约协同发展的行政壁垒和制度障碍，促进要素自由流动和产业协作，进一步优化配置区域内创新资源和集聚高端人才，增强自主创新能力。支持呼和浩特建设新兴的世界乳业中心，中国北部沿边地区重要中心城市，自治区现代服务业中心和优势特色战略性新兴产业基地、电子商务基地。支持包头建设世界级稀土产业中心、国家稀土新材料基地、自治区冶金和特色装备制造业中心，创新型企业孵化基地和产业转型升级试验区。支持鄂尔多斯建设国家清洁能源输出基地和现代煤化工基地、跨境电子商务综合试验示范区、统筹城乡发展试验区、自治区资源型地区转型升级示范区。

（二）推进乌海及周边地区一体化发展

乌海及周边地区地处蒙宁两区通衢的战略要地，区位优越，资源丰富，人口相对密集，经济持续快速发展，城市和产业基础较好，是国家呼包银经济带的重要组成部分，蒙西地区重要的发展极。推动乌海及周边地区一体化发展，

要坚持以深化改革为统领，以同城化发展为指向，以资源要素空间统筹规划利用为主线，以交通同联、能源同网、金融同城、信息同享、生态同建、环境同治、服务同创为重点，以构筑区域协同发展新体制、新机制为保障，有序推进区域内经济社会发展、基础设施建设、生态环境保护和公共服务一体化进程，实现产业和城市同步转型发展，把乌海及周边地区建设成为经济高效、布局优化、环境宜居、配套宜业、滨水宜游、城乡协调、开放合作的产城融合示范区。

（三）推进沿黄沿线经济带建设

沿黄沿线经济带区位优越、资源富集、产业基础较好，是国家"呼包银榆"经济区的重要组成部分。推进沿黄沿线经济带建设，要重点解决区域经济内在联系不紧密、产业同构化、整体竞争力不强、创新能力不足、利益分配机制不健全等矛盾和问题，加强资源要素整合，集中布局能源、化工、农畜产品加工、装备制造、高新技术等优势特色产业，建设多元发展、多级支撑的现代产业体系。要进一步加强铁路、公路、航空、电力、管道等综合运输体系建设，积极推进节水、节能、节材、节地的发展模式，加强资源综合利用，全面推进清洁生产，形成低投入、低消耗、低排放和高效率的循环经济发展方式。

（四）推动"锡赤通"经济合作区建设

锡林郭勒盟作为国家重要的能源化工和绿色农畜产品基地，是东北地区重要的资源接续地和能源后备区。赤峰市冶金工业已经形成了集采、选、冶、加配套生产，有色金属、黑色金属竞相发展的产业格局。通辽市在煤电铝循环经济产业、玉米生物产业、绿色生态农牧业等优势产业基本实现了产业链条的延伸和循环利用。"锡赤通"经济合作区建设有利于提高区域协调发展水平，有利于加快东部盟市发展步伐，有利于培育自治区新的经济增长极。推进"锡赤通"经济合作区协同发展，要按照"绿色高效、链条延伸、品牌支撑、转型升级"的发展思路，以资源环境承载力为前提，以改变低端粗放资源加工型产业结构为主攻方向，重点推动能源冶金、农畜加工、蒙医药加工等主导产业转型升级，加快推动完善资源深加工的产业链条，提高高端产品比重，打造一批国家级甚至国际级的工业制成品品牌，加强向东对接沈阳经济区和哈长城市群、向西对接珠恩噶达布其口岸，推动形成双向开发开放新格局，打造成为国家转型升级试验区。

参考文献：

［1］郭勤．内蒙古地区经济协调发展问题研究［D］．西安工业大学硕士学位论文，2013.

［2］冯中跃．内蒙古区域经济协调发展研究［D］．内蒙古大学硕士学位论文，2017.

［3］曹洪峰．山东省区域经济协调发展状况评价与分析［J］．山东经济，2005，（2）：95－99.

［4］袁惊柱．区域协调发展的研究现状及国外经验启示［J］．区域经济评论，2018 年第 2 期.

［5］徐康宁．区域协调发展的新内涵与新思路［D］．江海学刊，2014，（2）.

［6］钟世坚．区域资源环境与经济协调发展研究——以珠海市为例［D］．吉林大学博士学位论文，2013.

［7］王波．城乡基本公共服务均等化的空间经济分析［D］．首都经济贸易大学博士学位论文，2016.

［8］《2011—2018 内蒙古统计年鉴》．北京：中国统计出版社.

第九章

推动全方位高水平对外开放

按照党的十九大重大战略部署，内蒙古自治区需要进一步树立全方位高水平对外开放的意识，科学谋划新时代改革开放新格局，以构建高水平开放型经济新体制为抓手，充分发挥对外开放新优势，奋力开创全方位对外开放新局面。基于此，本章从历史、区位、战略布局、合作基础、人文、合作政策、区域合作等方面，全面分析了内蒙古自治区对外开放新定位和新优势，深入挖掘分析存在的问题，研判推动全方位高水平对外开放的重点与政策取向。

内蒙古自治区正以前所未有的开放姿态，深入实施共建"一带一路"倡议，推动全方位高水平对外开放。回眸历史，70年来，内蒙古的对外开放和发展与自治区同成长、共命运。特别是十八大以来，自治区建设向北开放桥头堡步伐稳健，对外开放水平全面提升。"加快形成北上南下、东进西出、内外联动、八面来风的对外开放新格局"，内蒙古第十次党代会绘就的对外开放新蓝图，指引着内蒙古对外开放的程度不断深化、前进的步伐更加铿锵、世界各国的朋友圈持续扩大。

第一节　新定位和新优势

习近平总书记在党的十九大报告中指出，开放带来进步，封闭必然落后。中国改革开放40年波澜壮阔的生动实践证明，对外开放是实现国家富强、民族复兴的必由之路。内蒙古地处祖国北部边疆，外接俄蒙、内联八省、紧邻京津，在国家对外开放大格局中具有重要战略地位。改革开放40年来，内蒙古逐步实现了由封闭半封闭到全方位开放的历史性转折。面向未来，内蒙古将走进全面对外开放新时代，谱写服务全国、同世界交融发展的时代画卷。

一、丝绸之路经济带的重要通道

广义的丝绸之路是连接亚洲和欧洲古代商业贸易和文化交流路线的统称，包括"陆上丝绸之路""海上丝绸之路"和"草原丝绸之路"。历史上的草原丝绸之路主体线路是由中原地区向北越过阴山一带，西北穿越蒙古高原、中西亚北部，直达地中海北部的欧洲地区等。蒙元时期建立驿站制度，设置了帖里干、木怜、纳怜三条驿路，构筑了经蒙古高原连通漠北至西伯利亚、西经中亚通达欧洲的交通网络，至清末演变为从福建出发，经呼和浩特—二连浩特—乌兰巴托—恰克图—秋明—圣彼得堡、呼和浩特—包头—额济纳—乌里雅苏台—秋明—圣彼得堡和呼和浩特—包头—额济纳—乌鲁木齐—阿拉木图—莫斯科—圣彼得堡三条"茶叶之路"，这些都是丝绸之路经济带经过内蒙古地区的通道。

二、我国向北开放的重要窗口

习近平总书记指出，内蒙古要通过扩大开放促进改革发展，完善同俄蒙的合作机制，深化各领域合作，把内蒙古建成我国向北开放的重要门户。在《推动共建丝绸之路经济带和 21 世纪海上丝绸之路的愿景与行动》中明确提出"发挥内蒙古联通俄蒙的区位优势，完善黑龙江对俄铁路通道和区域铁路网，以及黑龙江、吉林、辽宁与俄远东地区陆海联运合作，推进构建北京—莫斯科欧亚高速运输走廊，建设向北开放的重要窗口"。

内蒙古由此正式成为"一带一路"建设实施过程中的中蒙俄经济走廊建设的窗口地区。内蒙古总面积 118.3 万平方公里，占全国国土总面积的 12.3%，外与蒙古国、俄罗斯接壤，边境线总长约 4261 公里，占全国陆地边境线的 19.4%。其中，与蒙古国边境线长约 3210 公里，与俄罗斯边境线长约 1051 公里，分别占我国与蒙古国、俄罗斯边境线的 68.7% 和 28.8%，涉及 19 个边境旗市（15 个旗、4 个市），57 个边境乡镇（苏木）。内与黑吉辽晋冀陕甘宁等八省区毗邻，横跨我国东北、华北、西北，紧邻环渤海地区，是推进"北开南联、东进西出"战略的重要枢纽，具有陆海联运的优越条件。内蒙古现已建成 18 个对外开放口岸，其中对俄口岸 4 个，对蒙口岸 10 个，国际航空口岸 4 个，目前年过货能力达到 18600 万吨，口岸通关能力在全国边境陆路口岸中处于领先水平。以满洲里、二连浩特作为节点，能够联通连接欧亚最便捷的运输通道——欧亚大陆桥。

三、中蒙俄经济走廊的重要支点

习近平总书记在考察内蒙古时强调，通过扩大开放促进改革发展，发展口岸经济，加强基础设施建设，完善同俄罗斯、蒙古国合作机制，深化各领域合作，把内蒙古建成我国向北开放的重要桥头堡。"一带一路"倡议和相关规划明确提出内蒙古要"发挥联通俄蒙的区位优势……建设我国向北开放的重要窗口"，在中蒙俄经济走廊中发挥重要作用。

（一）经济互补性较强，合作空间大

内蒙古与俄蒙在资源结构、产业结构、市场结构、技术结构、劳动力结构等方面具有较强差异性和互补性，经济相互依存度及相互关联度较高。从贸易结构看，内蒙古从俄罗斯、蒙古国进口煤炭、铁矿石、木材、铜矿砂等资源性商品，出口俄罗斯和蒙古国市场短缺的建材、机电、轻工、日用品、果蔬等商品。

（二）经贸往来历史悠久、交流密切

内蒙古分别于1983年和1985年恢复与俄罗斯、蒙古国的边境贸易，恢复后当年贸易额分别为110万美元和46万美元。近年来，随着内蒙古加快融入"一带一路"建设，积极推进中蒙俄经济走廊建设，内蒙古对俄、蒙贸易不断扩大，2018年对蒙古国和俄罗斯的贸易额分别达327.73亿元和197.04亿元。

（三）区域内资源富集，合作互补性强

改革开放40年来，内蒙古各项事业跨越发展，取得了举世瞩目的辉煌成绩。经济实力显著增强，建立起门类比较齐全、三次产业均衡发展的现代经济体系，尤其内蒙古作为能源大省，目前煤炭产能、产量居全国之首，风电、光伏装机持续领跑，电力外送遥遥领先，发展能源产业的基础雄厚。俄罗斯是能源矿产资源自给自足的国家之一，其境内集中了世界储34%的天然气、33%的煤、31%的铁、约35%的镍、10%的铜和铅、35%强的钾盐、50%以上的金刚石。蒙古国的矿产资源仅次于俄罗斯、美国和中国，其中煤炭蕴藏1520亿吨、石油80亿桶、铜2.4亿吨、铁20亿吨，矿产资源主要分布在与我国接壤的各省。目前中蒙俄三国能源资源合作已经取得长足进展，已建成那林苏海图煤矿等一批重点能源资源合作项目。内蒙古正在与蒙古国共同推动建立巴彦淖尔中蒙能矿合作示范区，拟利用塔本陶勒盖煤矿资源进行加工。目前内蒙古与蒙古国合作的三大产业——矿产业、农牧业和草原生态旅游业均有合作项目，其中能矿产

业合作更为广泛。中俄方面，满洲里市是我国目前对俄木材和能矿资源进口最大的陆路口岸，口岸年过货能力达到 700 吨左右，目前俄罗斯已成为内蒙古矿产业的第二大对外投资国，投资总额为 1.85 亿美元，占到内蒙古对外矿产投资总额的 13.9%。

第二节　主要进展

改革开放 40 年来，内蒙古结合自身实际，充分发挥优势，抢抓重大机遇，在探索中不断深化和扩大开放，取得了长足进展。

一、内蒙古对外开放历程

内蒙古改革开放大致分为起步阶段—拓展阶段—新世纪发展阶段—新时代跨越发展阶段。

（一）起步阶段

以 1980 年自治区成立了内蒙古进口公司为标志的内蒙古进出口业务同时起步。1984 自治区党委决定，开展区内外多方面的经济联系，扩大对外经济、技术方面的交流，大力引进资金和技术，吸引国内外投资。1991 年，国务院批准《关于积极发展边境贸易和经济合作，促进边疆繁荣稳定的意见》，授予内蒙古等 4 个边境省区管理边境贸易和经济合作部分权限，内蒙古的边境贸易和对外经济合作从此进入快速发展期。

（二）对外开放拓展阶段

1992 自治区出台了比沿海开放区更优惠的政策。自治区党委五届五次全委（扩大）会议提出"以开放驱动全区"的"两带一区"总体发展战略，加速全区经济发展。1998～2002 年，内蒙古认真贯彻落实"走出去"战略，利用国家和自治区的优惠政策措施，扶持有实力、有条件的企业到境外投资办厂，在加强国际经济技术合作方面取得了较为突出的成绩。在兄弟省市的经济技术协作方面，内蒙古通过发展旅游业、举办蒙交会等形式，招商引资取得了丰硕的成果，横向经济联合与协作取得新进展。内蒙古通过与北京市合作办电，大大推动了能源工业的发展，加速了资源优势向经济优势转化。

（三）新世纪发展阶段

进入 21 世纪以来，内蒙古紧紧抓住国家实施西部大开发战略和中国加入世界贸易组织的有利时机，在对内搞活、对外开放的方针指引下，全面推进对外开放，外向型经济取得新成就。2011 年 6 月，国务院出台《关于促进内蒙古经济社会又好又快发展的若干意见》，明确了内蒙古是"我国向北开放的重要桥头堡"。2012 年，满洲里成为首批国家重点开发开放试验区。这一时期，内蒙古口岸建设得到加强，过货量成倍增长，形成了年进出境货运量在 1000 万吨以上的满洲里、二连浩特、策克和甘其毛都四大口岸。对外经济技术合作取得新进展，合作领域不断拓宽。同 100 多个国家和地区建立了贸易往来及经济技术合作关系，特别是内蒙古企业积极参与国际市场竞争，走出国门，在境外建厂创业并取得成功。内蒙古东部五盟市与黑龙江、辽宁、吉林三省携手加强区域协作，为东北老工业基地振兴发展提供了重要支撑，取得明显成效。

（四）新时代跨越发展阶段

2013 年，习近平总书记在访问中亚和东南亚时，分别提出建设"丝绸之路经济带"和"21 世纪海上丝绸之路"的倡议。2014 年 1 月，习近平总书记在考察内蒙古时要求，通过扩大开放促进改革发展，发展口岸经济，加强基础设施建设，完善同俄罗斯、蒙古合作机制，深化各领域合作，把内蒙古建成我国向北开放的重要桥头堡。为内蒙古对外开放进一步指明了方向。自治区党委、政府为积极推进全方位开放战略、配合实施国家"一带一路"建设，深入推进中蒙俄经济走廊建设，先后出台了 12 项配套政策文件，为加强与周边国家合作建立了良好的政策保障。内蒙古对俄罗斯、蒙古国贸易实现了持续增长，在实施向北开放战略中取得明显成效。国内区域合作方面，内蒙古先后与 16 个省（自治区、直辖市）、30 多个国家部委签订战略合作协议，引进 40 多家中央大企业。

二、对外贸易规模不断扩大

新中国成立初期，自治区对外贸易主要以"以货易货"方式对苏联和蒙古国出口少量的冻牛羊肉，换取一些医疗器械、药品、布匹、运输工具等商品。改革开放以来，内蒙古对外经济技术合作逐步发展。在承包工程、劳务合作、海外投资和外援项目等方面均取得显著成绩。同时，不断开拓国际贸易市场，贸易伙伴不断增加，贸易规模日益扩大。内蒙古自治区成立初期到70年代末，主要贸易伙伴不足10个国家，目前已增加到160多个。全区外贸进出口总额由1978年的0.16亿美元增加到2018年156.9亿美元，增长981倍。其中，外贸出口由1978年的0.10亿美元增加到2018年的55.9亿美元，增长559倍，年均增长17.1%。贸易形式由20世纪70年代以前的以易货贸易、委托外省代理出口为主，转变为现汇贸易、记账贸易等相结合，以自营出口为主，贸易形式进一步多样化。2018年，内蒙古实际利用外资31.60亿美元，同比增长0.29%。海关进出口总额1034.4亿元，同比增长9.9%。2017年对"一带一路"沿线国家意向投资项目27个，约占全区新设对外投资项目的60%，中方协议投资额2.33亿美元，占中方协议投资总额的62.1%。全区新设对外投资企业（机构）47家。投资国别（地区）主要涉及俄罗斯、蒙古国、香港特区、德国、美国、日本、澳大利亚等20多个国家和地区。全区外贸备案登记企业累计达到11593家。2018年，自治区前十大贸易伙伴中，除俄罗斯外，与其他贸易伙伴贸易额均呈现增长，其中，自治区与蒙古国、澳大利亚、越南、美国、日本、德国、荷兰贸易额增速均在2位数以上。自治区与蒙古国贸易额达到327.73亿元，同比增长24.1%，蒙古国继续保持第一大贸易伙伴地位；与俄罗斯贸易额197.04亿元，同比下降4.2%；美国由上年的第四大贸易伙伴回落为第五大贸易伙伴，贸易额实现40.89亿元，同比增长11.8%。内蒙古与"一带一路"沿线国家贸易额达到699.36亿元，同比增长14.5%，增幅高于全区4.6个百分点，占全区比重67.6%，较上年提升2.8个百分点①。

---

① http://swt.nmg.gov.cn/news-93f80d64-488c-4e81-ac27-8081a75a30db.shtml.

三、进出口商品结构持续优化

改革开放以来，内蒙古在努力扩大对外贸易规模的同时，不断优化进出口商品结构，加快转变外贸增长方式，从规模速度型向质量效益型转变。改革开放前，内蒙古自治区出口产品中粮油、土畜产品占70%以上，另外还有少量的矿砂及少量的工业品及中药材，经过40年改革开放，内蒙古产业结构渐趋完善，发生了历史性变化，进出口商品结构随之得到不断调整和优化，目前已增至10多个大类，按海关进出口商品量值表分类，多达几千种。工业制成品出口提升速度加快。在出口商品中，毛纺服装、五金交电、机械设备、运输工具以及高新技术产品等已成为主角。同时，进口商品结构也随着国内市场需求的变化而不断调整，特别是一些国家建设急需的资源能源类产品进口占比明显加大，从俄、蒙进口最多的是原木、原煤、金属矿砂等资源型商品和工业原料。2018年，自治区出口前十大商品中，有九种商品呈现上涨；进口前十大商品中，有七种商品呈现上涨。机电、高新技术产品进出口同比增长28.9%，高于全区增速19个百分点；占全区进出口总额比重达到20.1%，较上年提升3个百分点，其中，出口占全区出口总额比重33%，较上年提升3.4个百分点。

四、口岸通关能力和水平显著提升

改革开放40年来，内蒙古口岸数量不断增加，口岸基础设施和现代化建设日新月异，过货能力成倍增长，通关便利化水平大幅提升。目前，内蒙古拥有对外开放口岸共18个，其中千万吨级别的共有4个，分别为满洲里、二连浩特、甘其毛都和策克，这四大口岸为中蒙俄经济走廊建设发挥了重要作用。《建设中蒙俄经济走廊规划纲要》规划的7条铁路有6条经过内蒙古，规划的3条中欧班列线路中有2条从内蒙古进出境，凸显了内蒙古在中蒙俄经济走廊建设中的重要地位。数据上看，从1996年内蒙古口岸货运量414.4万吨、客运量90.09万人次、进出境交通工具18.72万辆、贸易额124980万美元到2018年全区口岸进出境货运量9133.56万吨、约增长22倍，客运量612.15万人次、约增长6.8倍，进出境交通工具184.44万辆、约增长9.9倍，贸易额1034.35亿元、约增长 12.4 倍。

2018 年经内蒙古满洲里、二连浩特口岸进出境中欧班列 2853 列，同比增长 52%，经内蒙古口岸出境的班列线路有苏满欧、粤满欧、营满欧、郑连欧等 56 条，内蒙古组织开行中欧（中亚）班列 89 列（其中返程班列 16 列），同比增长 170%。

五、区域经济合作日益深入

近年来，内蒙古加快了各类经济合作区建设步伐，满洲里、二连浩特国家重点开发开放试验区、呼伦贝尔中俄蒙合作先导区获得国家批复，赤峰保税物流中心、满洲里综合保税区实现封关运营，《中华人民共和国商务部和蒙古国工业部关于中蒙二连浩特—扎门乌德经济合作区建设共同总体方案》文本达成一致，项目正在积极推进。目前内蒙古已同 160 多个国家和地区建立了贸易往来及经济合作关系，投资国别（地区）主要涉及俄罗斯、蒙古国、香港特区、德国、美国、日本、澳大利亚等 20 多个国家和地区。2017 年，全区新设对外投资企业（机构）50 家。投资国别（地区）主要是美国、蒙古国、俄罗斯、澳大利亚、香港特区等，投资领域主要是制造业、农林牧渔业、采矿业、餐饮业、批发业、电力热力生产和供应业、互联网和相关服务业等。改革开放以来，内蒙古大力开展区域经济合作，积极扩大对内开放，取得明显成就。40 年来，自治区不断加强与其他省（自治区、直辖市）的经济技术交流合作，围绕重点领域和重点产业，积极引进国内外资金和优质企业参与全区的改革发展，形成了对全区经济增长的较强拉动作用。

第三节　存在的主要问题

内蒙古承载着中蒙俄经济走廊建设与发展的重要功能，受地理气候条件和经济结构等因素影响，还存在有待破解的诸多问题。

一、口岸同质化竞争趋烈

自治区外向型经济的困境主要是市场经济发展质量不高、内部经济结构不平衡、经济发展活力不足。内蒙古口岸众多，但是口岸同质化现象较为严重，全区 18 个对外开放口岸中只有满洲里、二连浩特、策克、甘其毛都过货量超过 1000 万吨，而运输的货物大部分以能源资源产品为主，易受国际市场大宗物品交易价格波动与国家相关产业政策的影响。从自身看，口岸资源过于分散、分而治之、重复建设、同质化竞争等问题十分突出。同时，存在口岸基础设施功能现代化水平不高，产业集聚能力不强，上下游配套产业无法在当地拓展与延伸，对周边地区经济和境外市场形成的辐射带动效应不强，腹地与边境口岸之间没有建立起高效的交通通道，难以有效发挥口岸的辐射带动作用等。从外部看，存在俄、蒙方口岸功能不全，级别低、规模小、基础设施陈旧，且口岸查验环节过多，通关手续繁杂、效率低，收取服务费过高，运输成本高等问题。

二、外向型经济发展滞后

长期以来，内蒙古对外贸易水平一直偏低，存在规模偏小、结构比较单一、外贸依存度偏低等问题，而且出口产品加工程度低，初级产品所占比重大，高新技术产品、高附加值产品比重小。在进口领域，边境小额贸易占有重要地位，说明地缘优势在内蒙古对外贸易中所起的作用是巨大的，另外也反映出自治区的边境贸易在出口方面显得相对不足。出口对内蒙古经济增长的贡献率一直是负数。2018 年内蒙古外贸依存度仅为 5.98%，低于全国平均水平 27.72 个百分点，居全国第 25 位；实际利用外商直接投资额 31.6 亿美元，仅占全国的 2.3%；外贸进出口总额 1034.4 亿元，仅占全国的 0.3%。

与发达地区相比，内蒙古对外合作水平存在巨大差距，最明显的标志就是世界 500 强企业落户情况：境外世界 500 强企业落户内蒙古的只有 10 家，而同属西部地区的四川省落户世界 500 强企业达 321 家，居全国第三，中西部第一。

三、通道经济带动效应不明显

中欧班列三条通道有两条经过内蒙古，并且内蒙古拥有全国最大的陆路口岸和对蒙对俄最大铁路、公路口岸，但目前基本上处于"两头在外"的状态：进出口物资很少在当地落地加工，大都流向东部地区进行转化加工增值，出口货源也基本上来自区外。中欧班列更是借道而过，完全"两头在外"。国内外"两种资源""两个市场"优势没能发挥好，导致区域内口岸优势没有转变成经济优势，进出口对本地经济拉动作用十分有限。

（一）产业外向度较差，货品大多"穿肠而过"

多年来，内蒙古"一煤独大"问题没有得到有效解决，产业、产品单一，能走出国门品种和数量还不多。据统计，目前内蒙古开行班列本地集货率为33.5%，低于自治区50%发运本地货物的要求，乌兰察布发运班列只有20%左右为本地企业产品（其余10%来自呼和浩特、包头）。从满洲里、二连浩特出入境班列看，蒙古国、俄罗斯及欧洲市场需求的电子、电器、太阳能设备、服装、机械、食品、化工等产品基本来自京津冀和长三角、珠三角地区。进口板材、汽车整车及配件、酒类、钢材和纸浆大都流向东部地区进行转化加工、使用。

（二）境外集货能力不足，班列"去多回少"

目前，郑州与沿线300多家制造商、贸易商建立合作关系，采取"直采直运直营"方式。武汉通过木材班列和进口商品自营的模式，均实现了班列去程与回程的平衡。内蒙古尚未成功运营海外集货仓，缺少境外组织货源平台和物流运作基地，不能及时为相关企业客户提供贸易、集货、仓储、通关、国际联运等服务。2017年，全区回程中欧班列16列，为去程数量的21.9%，低于全国回程率28.1个百分点。而且回程班列全部为乌兰察布的木材班列，产业结构比较单一，并未有效带动境外产业与自治区的深度合作。由于存在集装箱租用和还箱成本（每箱约700美元），班列双向开行率低，造成运输成本偏高。

四、区域协同发展水平不高

目前，内蒙古区域协同的意识和广度深度发展存在一些新问题和挑战，主要表现在五个方面。一是发展定位、空间布局有待于进一步优化，交通、通信等基础设施还需进一步完善，基本公共服务差距还需进一步弥合，产业协作不配套，整体竞争力不强。二是区域协同发展的思想共识不强，各地区在落实任务中存在畏难情绪和"等靠要"思想，协同发展资源依赖的思维定式和急功近利的心态普遍存在，各城市各地区的"本位思想"严重。三是区域市场一体化水平不高，资金、技术、人才等资源要素难以充分发挥效率，城市群尚未形成合理的分工协作和互补关系，低水平重复建设问题突出。四是公共服务协同水平不高，公共服务事项涉及的管理部门较多，政策不统一、标准不一致、体系不对应、信息不共享等问题，制约了区域协同发展进程。五是推进落实战略仍需继续发力。在区域合作发展中，对于落实《中国东北地区面向东北亚合作规划纲要》《黑龙江和内蒙古东北部地区沿边开发开放规划》《呼伦贝尔中蒙俄合作先导区建设规划》《满洲里国家重点开发开放试验区建设总体规划》等国家赋予内蒙古一系列差别化支持政策和先行先试政策落实工作，与国家要求还有很大差距。

五、基础设施联通能力不足

中蒙俄三国相邻地区，均是本国相对落后地区，均远离当地经济腹地。基础设施建设相对落后。具体表现是：一是蒙俄两国的基础设施建设相对落后。俄罗斯远东地区和蒙古国基础设施落后，交通和供电通讯等设施不配套、不完善，均难以满足走廊建设的现实需求。特别是，蒙古国铁路覆盖率低，铁路线不发达，运输线路少，铁路设备老化，加上采用的是宽轨标准，使二连浩特到乌兰巴托双线铁路改造及阿尔山至乔巴山铁路建设标准衔接上，面临较大的难度。二是三国物流在适用法律、物流技术支撑条件、物流系统、标准规则等方面存在较大差别，造成国际间"接轨"困难，使国际跨境运输、物流以及商贸发展受到很大局限，是中蒙俄经济走廊连接欧洲经济圈和东亚经济圈的主要障碍因素之一。三是内蒙古自身交通基础设施网络覆盖面仍然偏低，快速客运铁路建设严重滞后，网络骨架不完整，集疏运系统不完善。运输服务水平和各种运输方式行业管理也有待加强和提高。运输服务水平不高，运输市场体系不健全，服务方式单一，运输存在"梗阻"现象。具体来讲，2017 年，内蒙古铁路网、公路网密度分别为 104.8 公里/万平方公里、16.86 公里/百平方公里①，其中除铁路与全国水平相近约全国的 4/5 外，公路密度约只有全国的 1/3；2017 年，全区铁路运营里程达到 1.24 万公里，其绝大部分为普通铁路。

第四节　推动全方位高水平对外开放的重点

按照党十九大的重大战略部署，内蒙古需要进一步树立"打开国门搞建设"的意识，科学谋划新时代改革开放新格局，以构建开放型经济新体制为抓手，构筑对外开放新优势，奋力开创高水平全方位对外开放新局面。

一、优化口岸布局和功能定位

（一）优化口岸布局

支持各口岸结合国家和自治区开放战略，研究俄蒙的资源、人口、政策规划等因素，结合自身基础条件、资源禀赋，按照差异化的发展策略重新优化定位，选择适合三国倡议对接的新路子对全区各口岸的功能情况进行研究，进一步优化全区口岸整体布局，形成主体功能清晰、发展导向明确、发展秩序规范的格局，走错位发展、特色化发展和一体化发展的道路。

（二）拓展口岸功能

继续推动呼伦贝尔先导区，满洲里、二连浩特重点开发开放试验区建设和

---

① 数据来源 http：//www.nmgtj.gov.cn/Files/tjnj/2018/indexch.htm。

包头、巴彦淖尔 B 型保税物流中心早日运营，加快呼和浩特综合保税区改造工程。积极推进通辽市、乌兰察布市 B 型保税物流中心申报工作。推动策克和满都拉肉类指定口岸要通过国家验收并投入使用。二连浩特加快推进研究开展活羊进口工作。甘其毛都口岸做好肉类活畜进口指定口岸的申报准备工作。呼和浩特、鄂尔多斯航空口岸做好进口水果、冰鲜水产品指定口岸的申报准备工作。额布都格口岸加快完善进口粮食相关配套设施交流工作等。

（三）优化口岸营商环境

全面落实国家和自治区关于优化口岸营商环境的各项要求，制定工作专项推进方案，建立优化口岸营商环境第三方机构评估机制。按照减单证、优流程、提时效、降成本要求，进一步压缩通关时限，公开口岸作业标准时限。进一步降低进出口环节合规成本，理清全区口岸市场化收费基数，督促收费企业合理定价、明码标价。推进满洲里—后贝加尔斯克、甘其毛都—嘎顺苏海图口岸开通农产品快速通关"绿色通道"。发挥国际贸易"单一窗口"作用，进一步简化通关手续、降低通关成本、提高通关效率。在满洲里关区实现智能卡口全覆盖。

二、发展外向型经济

（一）完善基础设施建设

以满洲里、二连浩特为连接点的国际运输通道已经建立，目前主要的问题是蒙俄边境基础设施薄弱，导致内蒙古与俄蒙互联互通尚不成熟。表现为中蒙俄三个国家之间跨境铁路、跨境公路、油气管道、输电通道等建设均相对落后。而这些基础建设项目正是中蒙俄经济走廊建设中的优先合作项目。为了畅通中蒙俄经济走廊，发挥好内蒙古在中蒙俄基础设施建设领域中起引领作用，主动对接，积极参与到《建设中蒙经济走廊规划纲要》中所涉及的项目的建设中来。只有基础设施得到进一步完善，内蒙古区位优势、运输能力、经济走廊建设的政策优势才能得到最大限度发挥，外向型经济才能得到高质量发展，最终实现共建、共赢、共享的合作目标。

（二）提高企业整体竞争力

设立自治区外向型企业发展扶持基金，扶持在本地注册参与开发开放的"引进来"和"走出去"外向型企业发展壮大。支持鼓励本土企业开展国际物流业务。引导和鼓励拥有独立品牌而且信誉好的大企业"走出去"到蒙俄等国进行直接投资，为自治区开展国际经济合作，奠定良好的基础。支持鼓励中小企业，加大研发投入力度，激发企业的创新能力，增加专利产品，引进国外先进技术，加快提升企业整体竞争力。

（三）优化进出口产品结构

目前，内蒙古主要进出口产品处于原料和初加工产品阶段，高附加值产品比例低。发展外向型经济需要延长产业链，对原材料及粗加工产品进行进一步深加工、精加工，提高产品附加值及国际竞争力。进一步提高二三次产业产品出口的规模和比重，全面优化出口产品结构，增加出口产品附加值。

三、打造宽领域经济合作和文化交流新高地

（一）建设国际物流枢纽

加快推进口岸物流业发展，升级改造和新建一批大型物流园区，发展国际物流，构建集仓储、运输、加工为一体的现代物流体系。发挥自治区向北开放重要桥头堡和丝绸之路经济带重要枢纽作用，充分利用中欧班列两条国际线路过境自治区的有利条件，加强口岸区域物流合作，推动自治区陆运口岸、空运口岸、内陆港之间以及与沿海和内地省区口岸之间的联动发展，构建设施先进、网络完善、支撑有力、运行高效的货运集疏体系，形成国际物流、航空物流、保税物流、特色产品物流、城市商贸物流等各类物流业态门类齐全、一体联动发展的多式联运格局。支持更多国际铁路货运集装箱班列常态化运行。

（二）建设外向型绿色农畜产品生产加工输出基地

绿色农畜产品要主动融入"一带一路"倡议，大力推进"走出去""引进

来"行动。一要引导优势特色农畜产品和企业"走出去"。积极探索发展外向型农牧业增收方式，大力拓展"一带一路"沿线国家农畜产品市场，积极引导优势特色农畜产品出口俄罗斯、蒙古国等国家和地区。鼓励支持地方农牧业龙头企业在国外设立生产基地，利用当地资源，开拓国际市场。

（三）建设国际型旅游观光休闲度假基地

建立跨境旅游合作区，打造"丝绸之路""草原丝绸之路""茶叶之路"古商道等跨境精品旅游线路。搭建国际旅游交流与合作平台，联合开发旅游项目，共同设计旅游产品、线路。鼓励旅游企业跨省跨国经营、连锁经营、双向投资和品牌输出，从精细精准入手打造国内高原、湿地、草原、沙漠等旅游品牌，促进旅游业发展。加强旅游资源共享和客源互送，实现更多旅游免签，推进口岸旅游通道建设。深化跨境旅游合作。共同谋划合作开发跨境旅游线路，建设跨境旅游合作区，打造中蒙俄旅游圈。合作开发满洲里—伊尔库茨克等跨境旅游合作区，共同打造"茶叶之路"跨国精品旅游线路。

（四）建设开放型清洁能源输出基地

立足自治区区位和资源优势，积极参与跨境输电网建设和跨国油气管道建设，推动清洁能源技术创新国际合作，推广应用国内外先进适用技术装备，推进太阳能、风能等新能源技术、装备进入欧美、俄蒙、中西亚及欧洲市场。强化科技创新基础，培育创新合作平台，适应国际化标准和程序，加快能源体制创新，深化落实电力体制改革、石油天然气体制改革。加快清洁化低碳化进程，建设绿色发展新生态，推动区域能源转型示范基地建设。

（五）建设国际人文交流合作平台

我们要进一步健全多层次人文交流机制，全方位开展教育、科技、文化、体育、旅游、卫生、考古等领域的交流活动。深化民间交流合作。一是鼓励院校扩大联合办学和互派教师、留学生规模。依托中心城市和口岸城市，为蒙俄学生提供留学机会，开展与蒙古国、俄罗斯青少年交流互访活动。加强与蒙俄高等院校和科研机构合作。二是积极参与中蒙、中俄文化年活动，提升在蒙古国、俄罗斯举办的文化周、文化日等大型交流活动、文化合作交流内涵。与蒙俄在非物质文化遗产保护、地质遗迹保护、文物考古等领域开展合作。三是加快医疗卫生领域合作步伐，共同推动建立合作医疗机构。开展蒙药制作工艺及新药研发合作和蒙医学术交流。建立疫情信息交换机制。四是加强智库合作。依托中蒙俄智库合作联盟，加强三国智库间的交流与合作，鼓励和支持通过中蒙俄智库国际论坛，吸引三国以及世界各地有志于参与中蒙俄经济走廊建设的智库机构、专家学者为中蒙俄经济走廊建设贡献智慧，为三国政府提供共建中蒙俄经济走廊的智慧方案。五是加强俄语、蒙古语人才的培养。针对当前俄语、蒙古语人才缺乏问题，内蒙古应充分利用已有资源，加强俄语、蒙语人才的培养，为做好对俄、对蒙文化交流储备语言人才。鼓励语言人才融入当地的同时，增强语言沟通能力，加深对相互文化的感受和理解。

第五节　主要政策取向

2015 年 11 月国家批复《内蒙古自治区建设国家向北开放桥头堡和沿边经济带规划》，赋予了内蒙古新的功能定位。内蒙古要按照党的十九大的重大战略部署，科学谋划新时代改革开放新格局，以构建开放型经济新体制为抓手，构筑对外开放新优势，开创全方位对外开放新局面。要深度参与"一带一路"建设，把推进中蒙俄经济走廊建设作为重要抓手，在深化同俄罗斯、蒙古国务实合作上取得新进展。不断拓展对外开放新空间，推动形成陆海内外联动、东西双向互济的开放新局面。

一、明确高水平对外开放政策

（一）强化内蒙古主动融入和服务国家发展战略引领

制定和完善自治区新时代全面对外开放行动纲领，完善配套政策措施。以习近平新时代中国特色社会主义思想为指引，积极主动地融入和服务"一带一路"、京津冀协同发展、长江经济带发展和粤港澳大湾区等国家战略，围绕中蒙俄经济走廊建设，全力打造自治区"北上南下、东进西出、内外联动、八面来风"的对外开放新格局，谱写服务全国、同世界交融发展的时代画卷。进一步密切与京津冀、长三角、珠三角、雄安新区的经济联系，完善区域间协作发展新机制联合沿海省市在自治区共同建设一批"飞地产业园区"、出口产业合作园区。加快推进东部盟市与东北三省深度融合发展，积极探索沿边经济带与沿海经济带联动发展，实现优势互补、陆海统筹。

（二）坚持"跳出当地、跳出自然资源、跳出内蒙古"的思维理念

要敢于先行先试，依托国家级经济技术开发区、高新技术产业开发区和重点开发开放试验区，推广自由贸易试验区可复制改革试点经验。营造更好的招商引资环境，提高全球精准招商能力，坚持引资、引技、引智相结合，下大力气引进世界 500 强、中国 500 强企业落户内蒙古。着力构建开放型产业体系，积极承接产业链整体转移和关联产业协同转移，依托大企业、实施大项目、发展大产业、构建大集群、建设大基地，为自治区发展注入新的生机活力。

二、开展全方位经济合作

（一）在对外开展经济合作

既要经营好俄蒙以及东北亚"近邻"国家，也要与东南亚、欧美等国家地区经济体等"远亲"建立紧密地经济联系。要对标国际国内先进水平，进一步营造更加公平透明便利、更具吸引力的投资环境，促进内蒙古利用外资稳定增长，实现以高水平开放助推经济高质量发展。引导内蒙古自治区有实力的企业"走出去"，到更多的国家和地区投资高端产业、高技术产业，发挥企业优势培育国际竞争力。加大支持自治区始发的中欧班列力度，与欧洲建立长期稳定的商品往来机制，稳定自治区与俄蒙的贸易发展，拓展自治区与南亚、东南亚等地的贸易规模。在区域基础设施利益合理分享和利益补偿机制下，腹地中心城市要加强辐射带动作用，通过多种渠道和方式向沿边地区的发展提供更多的资金、技术、人才及市场等多方面支持。

（二）对内开展经济合作

加强与兄弟省（自治区、直辖市）建立的全方位合作关系，围绕京津冀、环渤海、东北振兴、长江经济带、雄安新区建设等国家区域经济发展战略，主动"走出去"与兄弟省份开展全方位的深入合作，特别要把握好国家实施的区域协调发展政策战略。通过探索深入省际、地市级、区县级合作体制机制、推动重点领域开展经贸往来、构建区域间立体化交通网络、主动承接发达地区产业梯度转移等方式，推动内蒙古深度融入区域一体化发展战略中去，促进合作共赢。更加积极主动增强和拓展新的合作关系，研究探索新的合作模式，推动与更多的省（自治区、直辖市）建立务实合作关系。

（三）建立沿边与腹地经济合作

立足沿边地区与腹地中心城市的资源条件、产业基础和比较优势，统筹规划沿边与腹地中心城市的产业布局，实现产业错位发展，形成既有本地特色，又互动发展的大产业布局体系，构筑陆海联运、沿边口岸与沿海港口内外开放新格局。一方面，探索规划沿边地区与东北、京津冀、长三角等经济区内陆腹地之间的产业布局与专业化分工，打破行政壁垒和地域壁垒，鼓励强强联合，共同打造跨区域、跨行业、优势互补、竞争力强的产业集群；另一方面，充分发挥产业链和主导产业集群的扩散功能，扩大二者互动发展的深度与广度。加快沿边地区物流业的发展，增加对物流业发展的各项政策支持，使口岸与铁路、公路、航运等多种运输方式有机衔接，辐射与连接众多的物流链，将口岸与腹地更紧密地联系在一起，真正形成陆海内外联动、东西双向互济的开放新格局。

三、构建多层次对外开放平台

要充分研究利用好独特的地缘优势和中蒙俄经济走廊建设与发展的有利条件，充分挖掘地处陆海条件优越的东北亚经济圈的核心潜力，立足满洲里、二连浩特、甘其毛都、策克等口岸为节点的沿边经济带，树立与周边国家和兄弟省份建立联动发展的思维，深入实施"陆海联动"开放战略。重点要以国家布局的呼伦贝尔先导区，满洲里、二连浩特重点开发开放试验区建设为重点，统筹全区口岸建设，重新定位各口岸的开发开放顺序，科学规划各口岸的产业布局，避免无序竞争，坚持"科学规划、布局合理、定位精准、发展互补"的原则，盘活自治区沿边经济这盘棋。

（一）探索建立内蒙古自由贸易区

内蒙古具有良好的双边贸易合作基础。结合地区的实际情况，借鉴国际上成熟的自由贸易区建设经验，规划建设内蒙古自由贸易区。争取国家以二连浩特、满洲里等口岸设立沿边经济自由贸区，发挥内蒙古在中欧班列运营和沿边建设中的示范作用，设立沿边经济自由贸区既符合"一带一路"倡议，也符合我国新一轮振兴东北战略要求。自治区重点推进二连浩特—扎门乌德、满洲里—外贝加尔斯克跨境经济合作区建设。发挥二连浩特、满洲里中欧班列国际通道的作用，准确把握中欧班列沿线国家和地区的经济社会发展状况、市场需求等信息，灵活的运用落地加工等方式，组织生产，真正实现沿线沿边地区共同富裕的目标。积极与东亚、东南亚以及我国经济活跃地区建立紧密的经济联系和经济有效互动，带动自治区沿边开放经济带的跨越式发展。内蒙古西部以策克、乌力吉、甘其毛都、满都拉口岸为重点，打造能源资源战略通道、加工和储备基地，积极开拓国内外能源市场，提高为国内外能源用户提供全方位服务的标准；内蒙古中部以二连浩特、珠恩嘎达布其口岸为重点，打造集商贸流通、综合加工、国际物流、人文交往为一体的经济合作示范区；内蒙古东部以阿尔山、额布都格、阿日哈沙特口岸为重点，打造对蒙跨境旅游和生态产业合作区；内蒙古东北以满洲里、黑山头、室韦口岸为重点，打造集商贸流通、综合加工、国际物流、跨境旅游、人文交往一体的经济合作主示范区。

（二）构建陆海内外联动交通运输网络

以贯通东北地区陆海联动的"大哈满（大连—哈尔滨—满洲里）经济走廊"为目标。推进融入东北铁路网、俄罗斯铁路和东北亚铁路的"大铁路网"建设，积极与辽宁、天津等省对接，做好陆海内外联动研究，深入实施陆海联动开放战略，打造国际贸易通道建设，进一步推进互联互通。构建以满洲里为节点的立体交通网络。优先打通国内外陆地短缺路段和瓶颈路段，提升道路畅通水平。加强与俄罗斯欧亚大铁路的联通和蒙古国铁路的衔接，加强与俄罗斯的莫斯科、乌兰乌德、赤塔、伊尔库茨克等重点城市和蒙古国的乌兰巴托等城市的航线建设。建立能源输送网络。推进跨境输电通道建设，大力开展区域电网升级改造合作。依托西伯利亚的天然气、石油资源合作，建设东北亚天然气、石油供应网和电能输送网。建设信息沟通网络。加强信息交流与合作，合作推进跨境光缆等通信干线网络建设，全面提升通信互联互通水平，构建畅通便捷的信息丝绸之路。加强内蒙古陆路口岸与大连、天津等港口的深入合作，加强与东北腹地及内地发达经济区域合作，实施跨省"借道出海"战略，通过租用港口，降低运输成本。

（三）完善中欧班列内蒙古运营平台建设

支持呼和浩特铁路局、沈阳铁路局、中铁集装箱公司和有关地方政府共同组建内蒙古中欧班列运营公司，形成一个利益共同体，推进和开行中欧班列的货源组织、运价协调等。通过内蒙古中欧班列运营公司，积极开拓与周边省份的货源，同时利用天津港和营口港，打通赴欧洲和日韩产品交流的通道，由内蒙古开行的班列实现常态化运行。抓紧制定《关于自治区开行中欧班列的意见》，明确补贴额度和办法，明确开行班列的物流企业的所在地注册和出境班列运输生产货物的比例，加强在呼和浩特、满洲里海关所属海关报关便利化。

四、营造优越营商环境

（一）全面提升营商环境

推进形成与高标准国际经贸规则相衔接的地方法规规章体系，建立透明化的政务公开体系，提供优质的公共服务，营造公平透明、法治化、可预期的营商环境。推进商事集成化改革，全面实行准入前国民待遇加负面清单管理制度。切实进行审批事项清理，促进管理方式转变，深化出入境管理、外国人管理服务改革。推动全区口岸跨部门、跨关区的一体化通关协作，加快推动形成全方位、立体化、网络化的口岸开放新格局。加快构建知识产权保护的工作新格局，切实强化知识产权创造、保护和运用。

（二）做好政策、法律对接服务

加强与"一带一路"沿线国家达成政治互信，要加强对"一带一路"倡议目标和内涵的解读，并提高"一带一路"沿线国家对对外开放的认识水平，使他们认识到对外开放对其经济增长和社会发展的关键作用。在开展"一带一路"合作的过程中，要尊重相关国家的选择，为其留有足够的选择空间。

深化俄、蒙政策和法律研究，积极推动并充分利用俄、蒙法律和商事规则，积极开展务实合作，发挥为中俄、中蒙两国政府及各部门之间现有的合作机制和平台作用，建立内蒙古与俄蒙地方政府间多层次的合作交流机制，尤其是与内蒙古相邻以及有经贸往来的俄蒙地方政府之间要建立起长期有效的政府间对话合作平台，加强相互之间的信息和政策沟通，确保各类合作项目的顺利推进。

参考文献：

[1] 杨臣华，刘军. 内蒙古改革开放四十年：探索与实践［J］. 发展观察，2019（01）.

[2] 张菲. "一带一路"背景下内蒙古对外开放战略探讨［J］. 宏观，2017（11）.

[3] 包思勤. 关于促进内蒙古全面对外开放若干问题的研究［J］. 北方经济，2018（05）.

[4] 史文翔. 关于构建内蒙古全方位对外开放空间布局的思考［J］. 北方经济，2018（05）.

[5] 张永军. 坚持开放发展理念构筑内蒙古对外开放新格局［J］. 北方经济，2015（11）.

[6] 李小艳. "中蒙俄经济走廊"视域下内蒙古对外开放战略格局研究. 广播电视台大学学报（哲学社会科学版）. 2018（03）.

[7] 内蒙古对外开放历程、成就和经验启示［J］. 薛智平. 北方经济，2018（09）.

[8] 丁晓龙. 深化"一带一路"经贸合作开创内蒙古对外贸易新局面［J］. 北方经济，2018（05）.

[9] 内蒙古自治区发展研究中心著. 中蒙俄经济走廊建设重点问题研究［M］. 人民出版社，2016.

第十章

深入推进绿色内蒙古建设

　　推进绿色内蒙古建设，是内蒙古自治区党委、政府作出的重大战略部署，是国家对内蒙古工作的基本要求，也是内蒙古工作重点和努力方向。本章通过阐述绿色内蒙古建设内涵，借鉴国际可持续发展目标，引入绿色发展评价体系，提出绿色内蒙古建设的目标导向。在系统总结绿色内蒙古建设基础、优势条件、已有成效和面临的主要挑战基础上，提出围绕统筹推进主体功能区建设、科学划定并严守三区三线，加强空间体系建设；以建立重大生态修复工程体系、污染防治攻坚体系、生态文化体系、特色功能区保护体系为重点，加强推进体系建设；建设绿色内蒙古制度体系，包括建立资源环境承载力监测预警长效机制、健全完善生态环境补偿机制、建立和完善监督考核机制、建立国际国内合作机制等。探索绿色内蒙古建设的主要路径包括：推进农牧业绿色化，推动传统产业清洁化，推动资源开发利用节约化，倡导绿色生活方式和消费模式等。

内蒙古自治区十三届人大一次、二次会议政府工作报告连续提出，要深入推进绿色内蒙古建设。绿色内蒙古建设是内蒙古推进生态文明建设的重要举措，也是内蒙古以生态优先、绿色发展为导向的高质量发展新路子的有效探索。绿色内蒙古建设不仅是广大内蒙古人民的盼望，更是党中央、国务院一直以来对内蒙古的要求和期望。

第一节　绿色内蒙古建设的提出

一、绿色内蒙古建设的背景与目标

（一）主要背景

1. 绿色内蒙古建设是国家对内蒙古工作的基本要求

党中央、国务院一直以来非常关怀内蒙古、关注内蒙古生态环境建设与保护，改革开放以来，历届国家领导同志曾在内蒙古考察期间，围绕重大生态工程建设、生态资源保护、防沙治沙、祖国北疆生态安全屏障建设等方面做出20余次指示，不仅奠定了内蒙古生态文明建设的思想基础，也为绿色内蒙古建设指明了方向。

特别是习近平总书记对内蒙古生态优先、绿色发展，先后两次考察内蒙古、两次参加全国人大会议内蒙古代表团审议时，围绕保持加强内蒙古生态文明建设的战略定力，守护好祖国北疆这道亮丽风景线作出重要指示。

2009年，中共中央政治局常委、中央书记处书记、国家副主席习近平考察内蒙古时强调，内蒙古全区上下都要进一步深刻认识建设生态文明，保护好、建设好内蒙古这一重要生态屏障的极端重要性和紧迫性，推动形成节约能源资源特别是水资源、保护生态环境的产业结构、增长方式、消费模式，努力实现生产发展、生活富裕、生态良好的有机统一。

2014 年 1 月，习近平总书记在内蒙古考察时强调，内蒙古的生态状况如何，不仅关系内蒙古各族群众生存和发展，也关系华北、东北、西北乃至全国生态安全，要努力把内蒙古建成我国北方重要的生态安全屏障，大胆地先行先试，积极探索建立可持续的生态环境保护制度等。

2018 年 3 月 5 日，习近平总书记在参加十三届全国人大一次会议内蒙古代表团审议时强调，要加强生态环境保护建设，统筹山水林田湖草治理，精心组织实施京津风沙源治理、"三北"防护林建设、天然林保护、退耕还林、退牧还草、水土保持等重点工程，实施好草畜平衡、禁牧休牧等制度，加快呼伦湖、乌梁素海、岱海等水生态综合治理，加强荒漠化治理和湿地保护，加强大气、水、土壤污染防治，在祖国北疆构筑起万里绿色长城。

时隔一年，2019 年 3 月 5 日，习近平总书记再次参加内蒙古代表团审议时重点强调了生态文明建设，提出四点要求"要保持加强生态文明建设的战略定力；要探索以生态优先、绿色发展为导向的高质量发展新路子；要加大生态系统保护力度；要打好污染防治攻坚战"，并再次强调，内蒙古生态状况如何，不仅关系全区各族群众生存和发展，而且关系华北、东北、西北乃至全国生态安全。把内蒙古建成我国北方重要生态安全屏障，是立足全国发展大局确立的战略定位，也是内蒙古必须自觉担负起的重大责任。构筑我国北方重要生态安全屏障，把祖国北疆这道风景线建设得更加亮丽，必须以更大的决心、付出更为艰巨的努力。

2. 绿色内蒙古建设也是内蒙古工作重点和努力方向

内蒙古自治区成立 70 年来，始终把尊重自然作为基本遵循，育森林、保草原、治沙漠，特别是实施西部大开发战略以来，在国家"三北"防护林建设、京津风沙源治理、天然林保护、退耕还林、退牧还草、水土保持等重点工程支持下，把生态建设作为最大的基础建设，使内蒙古生态环境建设实现"整体遏制、局部好转"的历史性转折。

尤其是党的十八大以来，内蒙古全面贯彻落实生态文明建设，加快实施重大生态修复和建设工程，不断加强环境突出问题治理，积极推进生态文明制度建设和改革，大力培育生态文化，坚决筑牢我国北方重要生态安全屏障，绿色内蒙古建设呈现出崭新的局面。内蒙古自治区第十次代表大会把生态文明建设放在新的高度，提出："绿色是内蒙古的底色和价值，生态是内蒙古的责任和潜力。要全面推进绿色发展，像保护眼睛一样保护生态环境，像对待生命一样对待生态环境，进一步筑牢我国北方重要生态安全屏障。"同时，把守住"发展、生态、民生"底线作为重大任务，要求全区一定要走好绿色发展之路，使内蒙古的草原林海、沙漠雪原、湖泊湿地成为聚宝盆，让内蒙古的天更蓝、山更绿、水更清、空气更清新、人民更开心。

正如 2014 年习近平总书记考察内蒙古时指出，内蒙古加大生态文明建设力度，探索出很多保护生态环境的有效做法，实现了"整体遏制、局部好转"的转变，走到了"进则全胜、不进则退"的历史关头。下一步怎么办？内蒙古必须认真贯彻落实习近平总书记要保持加强生态文明建设的战略定力，探索以生态优先、绿色发展为导向的高质量发展新路子，加大生态系统保护力度，打好污染防治攻坚战，加快绿色内蒙古建设，构筑我国北方重要生态安全屏障，把祖国北疆这道风景线建设得更加亮丽。

（二）绿色内蒙古建设内涵

绿色内蒙古建设不仅仅局限于绿化内蒙古，而是涵盖生产生活生态的各个方面，是内蒙古践行绿色发展理念的伟大实践，是通过运用自然、经济和社会规律，保护和修复生态环境，不断增强资源环境承载力，构建有利于资源节约、环境友好的发展理念、增长方式、消费模式，推进生态文明建设，实现人与自然和谐的高质量发展，建设亮丽内蒙古，建设美丽中国。

1. 绿色内蒙古建设就是促进人与自然和谐发展

人与自然的关系是人类社会最基本的关系。自然界是人类社会产生、存在和发展的基础和前提，人类则可以通过社会实践活动有目的地利用自然、改造自然。但人类归根到底是自然的一部分，在开发自然、利用自然中，人类不能凌驾于自然之上，人类的行为方式必须符合自然规律。习近平总书记指出，人与自然是生命共同体，人类必须尊重自然、顺应自然、保护自然。人与自然是相互依存、相互联系的整体，对自然界不能只讲索取不讲投入、只讲利用不讲建设。保护自然生态环境就是保护人类，建设生态文明就是造福人类。

绿色内蒙古建设归根结底是保护内蒙古自然生态环境、修复内蒙古自然生态环境。内蒙古自然生态环境在不同的历史时期受到人类不同程度的干扰或影响，这也是人类发展史上不可避免的普遍现象。进入新时代对内蒙古来讲，新的要求之一就是扎实推动高质量发展，新的目标之一就是建设美丽内蒙古，新的举措之一就是建设绿色内蒙古。因此，必须清醒认识保护生态环境、治理环境污染的紧迫性和艰巨性，以对人民群众、对子孙后代高度负责的态度，加大力度保护和修复生态环境，建设绿色内蒙古，实现人与自然的和谐发展。

2. 绿色内蒙古建设就是发展绿色生产力

保护生态环境就是保护生产力，改善生态环境就是发展生产力。马克思认为，在人类社会发展的任何一个水平上，社会物质生产过程不仅包括人的生产活动，而且包括自然界本身的生产力。马克思主义生产力理论认为，生产力是社会生产力与自然生产力相互作用的统一体，它不仅指社会生产力，还包括自然生产力。也就是说，自然生产力也是生产力。

建设绿色内蒙古归根结底是努力解决社会主要矛盾。建设绿色内蒙古既要创造更多物质财富和精神财富以满足人民日益增长的美好生活需要，也要提供更多优质生态产品以满足人民日益增长的优美生态环境需要。绿水青山就是金山银山。习近平总书记的"两山"理论，很好地解答了如何满足人民日益增长的美好生活需要，也回答了如何满足人民日益增长的优美生态环境需要。因此，全面树立和践行绿水青山就是金山银山，建设绿色内蒙古，发展绿色生产力，避免经济发展对资源和生态环境的竭泽而渔，也要避免生态环境保护舍弃经济发展的缘木求鱼，而是要坚持在发展中保护、在保护中发展，实现经济发展与人口、资源、环境相协调，让老百姓切实感受到经济发展带来的实实在在的生态环境效益和生态环境保护带来的确确实实的经济效益，为广大群众带来美好生活环境和条件，更为子孙后代留下可持续发展的"绿色银行"。

3. 绿色内蒙古建设就是建立绿色发展方式

生态环境问题归根到底是经济发展方式问题。习近平总书记考察内蒙古时强调，着力转变经济发展方式，推动转方式同节能减排相结合，把转方式有效融入绿色循环低碳发展中。转方式，就是要把经济发展的立足点转移到提高质量和效益上来，加快形成新的经济发展方式，实现经济持续健康发展。

绿色内蒙古建设归根结底是坚持绿色循环低碳发展。发展才是硬道理，是解决一切问题的"金钥匙"。抓发展也要讲方法。内蒙古是欠发达地区，建设现代化，走"先污染后治理"的老路已行不通，必须探索出一条绿色低碳循环发展的新路。生态脆弱、资源环境承载力不强，是内蒙古的基本区情。要正确处理好经济发展同生态环境保护之间关系，更加自觉推动绿色发展、循环发展、低碳发展，绝不以牺牲环境、浪费资源为代价换取一时的经济发展。要协调推进新型工业化、城镇化、信息化、农业现代化和绿色化，走出一条经济发展和生态文明相辅相成、相得益彰的新发展之路，让良好生态环境成为人民生活质量的增长点、成为提升内蒙古良好形象的发力点。

4. 绿色内蒙古建设就是创建绿色生活方式

推动形成绿色发展方式和生活方式，是发展观的一场深刻革命。对人类个体而言，各种社会活动特别是对资源的消耗和生态环境的利用等主要体现在生活过程中，也就是一个人的生活方式决定了这个人的资源观、生态环境观。绿色生活方式有利于资源节约、生态环境保护，有利于地区可持续发展。

绿色内蒙古建设归根到底是形成绿色消费模式。人类对物质的开发利用活动可简单归结为生产活动和消费活动，而消费活动被含在人类的生活过程中。要推动形成绿色生活方式，则重点是推进消费模式的绿色转型。实现消费模式的绿色转型，内蒙古要倡导简约适度、绿色低碳的生活方式，反对奢侈浪费和不合理消费，使绿色消费成为每一个公民的责任，从自身做起，从自己的每一个行为做起，自觉为建设绿色内蒙古做贡献。

（三）绿色内蒙古建设目标

总体目标：内蒙古要构筑我国北方重要生态安全屏障，把祖国北疆这道风景线建设得更加亮丽。

阶段目标：到 2020 年，全区主要污染物排放总量减少，空气和水环境质量总体改善，土壤环境保持稳定，生态系统稳定性和服务功能增强，生产方式和生活方式绿色、低碳水平得到上升；生态环境持续好转，森林覆盖率提高到 23%，草原植被盖度提高到 46%，重要江河湖泊水功能区水质达标率达到 71%，主要生态系统步入良性循环；能源资源开发利用效率大幅提高，能源消费总量和强度、水资源消耗总量和强度、建设用地总量和强度、碳排放强度、主要污染物排放总量达到国家要求，打赢污染防治攻坚战。

到 2035 年，基本建成内蒙古特色、生态优先、绿色发展为导向的高质量发展新路子，绿色生产方式、生活方式得到质的提升，生态环境根本好转，实现天更蓝、水更清、山更绿，我国北方重要生态安全屏障更加巩固，为基本实现美丽中国目标做出突出贡献。到 2050 年，内蒙古生态文明建设得到全面提升，亮丽内蒙古建设取得历史性巨大成效，为建成富强民主文明和谐美丽的社会主义现代化强国贡献内蒙古力量。

二、绿色内蒙古评价体系

（一）绿色发展指标体系

2016 年 12 月，国家发展和改革委员会、国家统计局、环境保护部、中央组织部联合出台《绿色发展指标体系》，是当前我国生态文明建设评价考核的主要依据。通过资源利用指数、环境治理指数、环境质量指数、生态保护指数、增长质量指数、绿色生活指数等 6 个方面 56 项评价指标计算各省（区、市）绿色发展指数，进而全面反映各省区绿色发展成果（表 1）。为了使绿色内蒙古建设更好地对接国家绿色发展要求，本研究建议绿色内蒙古评价可用国家绿色发展指标体系。

表 1　　　　　　　　　　　**绿色发展指标体系**

一级指标	序号	二级指标	计量单位
资源利用	1	能源消费总量	万吨标准煤
	2	单位 GDP 能源消耗降低	%
	3	单位 GDP 二氧化碳排放降低	%
	4	非化石能源占一次能源消费比重	%
	5	用水总量	亿立方米
	6	万元 GDP 用水量下降	%
	7	单位工业增加值用水量降低率	%
	8	农田灌溉水有效利用系数	—
	9	耕地保有量	亿亩
	10	新增建设用地规模	万亩
	11	单位 GDP 建设用地面积降低率	%
	12	资源产出率	万元/吨
	13	一般工业固体废物综合利用率	%

一级指标	序号	二级指标	计量单位
环境治理	14	农作物秸秆利用率	%
	15	化学需氧量排放总量减少	%
	16	氨氮排放总量减少	%
	17	二氧化硫排放总量减少	%
	18	氮氧化物排放总量减少	%
	19	危险废物处置利用率	%
	20	生活垃圾无害化处理率	%
环境质量	21	污水集中处理率	%
	22	环境污染治理投资占 GDP 比重	%
	23	地级及以上城市空气质量优良天数比率	%
	24	细颗粒物未达标地级及以上城市浓度下降	%
	25	地表水达到或好于三类水体比例	%
	26	地表水劣五类水体比例	%
	27	重要江河湖泊水功能区水质达标率	%
	28	地级及以上城市集中式饮用水水源水质达到或优于三类比例	%
	29	近岸海域水质量优良（一、二类）比例	%
	30	受污染耕地安全利用率	%
	31	单位耕地面积化肥使用量	千克/公顷
	32	单位耕地面积农药使用量	千克/公顷
生态保护	33	森林覆盖率	%
	34	森林蓄积量	亿立方米
	35	草原综合植被覆盖度	%
	36	自然岸线保有率	%
	37	湿地保护率	%
	38	陆域自然保护区面积	万公顷
	39	海洋保护区面积	万公顷
	40	新增水土流失治理面积	万公顷
	41	可治理沙化土地治理率	%
	42	新增矿山恢复治理面积	公顷

续表

一级指标	序号	二级指标	计量单位
增长质量	43	人均 GDP 增长率	%
	44	居民人均可支配收入	元/人
	45	第三产业增加值占 GDP 比重	%
	46	战略性新兴产业增加值占 GDP 比重	%
绿色生活	47	研究与试验发展经费支出占 GDP 比重	%
	48	公共机构人均能耗降低率	%
	49	绿色产品市场占有率（高效能产品市场占有率）	%
	50	新能源汽车保有量……增长率	%
	51	绿色出行（城镇每万人口公共交通客运量）	万人次/万人
	52	城镇绿色建筑占新建建筑比重	%
	53	城市建成区绿地率	%
	54	农村自来水普及率	%
	55	农村卫生厕所普及率	%
	56	公众对生态环境质量满意程度	%

（二）绿色发展目标实现程度

据国家统计局、发改委、环保部、中组部 4 部委联合公布的《2016 年生态文明建设年度评价结果公报》显示，内蒙古绿色发展指数为 77.9，在全国排第 24 位；其中资源利用指数为 79.99，排第 28 位；环境治理指数 78.79，排第 16 位；环境质量指数 84.60，排第 19 位；生态保护指数 72.35，排第 15 位；增长质量指数 70.87，排第 23 位；绿色生活指数 72.52，排第 13 位；公众满意度 77.53%，在全国排第 22 位（表 2）。

表 2　　　　　　　　2016 年各省区绿色发展指数实现程度

地区	绿色发展指数	资源利用	环境治理	环境质量	生态保护	增长质量	绿色生活
北京	83.71	82.92	98.36	78.75	70.86	93.91	83.15
天津	76.54	84.40	83.10	67.13	64.81	81.96	75.02
河北	78.69	83.34	87.49	77.31	72.48	70.45	70.28
山西	76.78	78.87	80.55	77.51	70.66	71.18	78.34
内蒙古	77.90	79.99	78.79	84.60	72.35	70.87	72.52
辽宁	76.58	76.69	81.11	85.01	71.49	68.37	67.79

续表

地区	绿色发展指数	资源利用	环境治理	环境质量	生态保护	增长质量	绿色生活
吉林	79.60	86.13	76.10	85.05	73.44	71.20	73.05
黑龙江	78.20	81.30	74.43	86.51	73.21	72.04	72.79
上海	81.83	84.98	86.87	81.28	66.22	93.20	80.52
江苏	80.41	86.89	81.64	84.04	62.84	82.10	79.71
浙江	82.61	85.87	84.84	87.23	72.19	82.33	77.48
安徽	79.02	83.19	81.13	84.25	70.46	76.03	69.29
福建	83.85	90.32	80.12	92.84	74.78	74.55	73.65
江西	79.28	82.95	74.51	88.09	74.61	72.93	72.43
山东	79.11	82.66	84.36	82.35	68.23	75.68	74.47
河南	78.10	83.87	80.83	79.60	69.34	72.18	73.22
湖北	80.71	86.07	82.28	86.86	71.97	73.48	70.73
湖南	80.48	83.70	80.84	88.27	73.33	77.38	69.10
广东	79.57	84.72	77.38	86.38	67.23	79.38	75.19
广西	79.58	85.25	73.73	91.90	72.94	68.31	69.36
海南	80.85	84.07	76.94	94.95	72.45	72.24	71.71
重庆	81.67	84.49	79.95	89.31	77.68	78.49	70.05
四川	79.40	84.40	75.87	86.25	75.48	72.97	68.92
贵州	79.15	80.64	77.10	90.96	74.57	71.67	69.05
云南	80.28	85.32	74.43	91.64	75.79	70.45	68.74
西藏	75.36	75.43	62.91	94.39	75.22	70.08	63.16
陕西	77.94	82.84	78.69	82.41	69.95	74.41	69.50
甘肃	79.22	85.74	75.38	90.27	68.83	70.65	69.29
青海	76.90	82.32	67.90	91.42	70.65	68.23	65.18
宁夏	76.00	83.37	74.09	79.48	66.13	70.91	71.43
新疆	75.20	80.27	68.85	80.34	73.27	67.71	70.63

2016 年内蒙古各盟市生态文明建设年度评价结果显示，绿色发展指数排在前三位的是呼和浩特市、鄂尔多斯市、锡林郭勒盟，公众满意度排在前 3 位的是赤峰市、阿拉善盟、鄂尔多斯市（表 3）。

地区	绿色发展指数	资源利用指数	环境治理指数	环境质量指数	生态保护指数	增长质量指数	绿色生活指数	公众满意程度
呼和浩特市	1	3	4	7	5	1	1	12
鄂尔多斯市	2	6	2	5	4	4	3	3
锡林郭勒盟	3	1	7	3	10	9	12	5
乌海市	4	8	1	9	11	3	2	4
包头市	5	9	3	12	9	2	4	8
呼伦贝尔市	6	11	9	4	1	7	11	6
赤峰市	7	2	10	8	3	11	10	1
兴安盟	8	12	5	1	2	8	9	11
乌兰察布市	9	7	6	6	6	10	8	9
阿拉善盟	10	10	12	2	12	5	5	2
巴彦淖尔市	11	4	8	10	7	12	6	7
通辽市	12	5	11	11	8	6	7	10

表3　　　2016年内蒙古生态文明建设年度评价结果排序

数据来源：内蒙古自治区人民政府网站。

注：本表中各盟市按照绿色发展指数值从大到小排序。若存在并列情况，则下一个地区排序向后递延。

三、国际绿色可持续发展目标借鉴

当今的世界面临着巨大的挑战，近几十年来，部分国家面临自然资源枯竭和环境严重恶化的不利影响，包括干旱和不可逆转的气候变化等问题，人类面临巨大挑战，并且严重威胁到人类生存和地球本身的安全。实现绿色可持续发展已经成为全球发展的共识。

2015年9月25日，联合国可持续发展峰会通过具有里程碑意义的《2030年可持续发展议程》，系统规划了2030年世界可持续发展的蓝图，设立了17项大目标、169项子目标，涵盖消除贫困与饥饿、健康、教育、性别平等、水与环境卫生、能源、气候变化等，达成2030年全球可持续发展目标，为未来15年世界各国发展和国际发展合作指引方向。

从绿色发展角度来看，可持续发展目标包括：促进农业可持续发展，到2030年，确保可持续性食品生产供应水平，实现弹性的农业实践生产，提高农业生产率，构建合理可行的生态系统，增强应对气候变化等极端气候的能力。

促进健康生活，到 2030 年，大幅度减少因危险化学品和空气、水和土壤污染而导致的死亡。确保水和卫生设施的可持续性管理；确保清洁能源的可持续性发展，到 2030 年，加强国际合作，促进清洁能源研究和技术的提高，包括可再生能源、以及可再生能源效率的提高和更为清洁的化石燃料技术的研发，促进能源基础设施的投入和清洁能源技术的投资。到 2030 年，扩大对发展中国家和欠发达国家在可持续性能源技术设施和技术升级方面的投资；促进持续性、包容性的经济增长，增加对欠发达国家和发展中国家的贸易援助；建立可持续性的工业化发展，支持发展中国家的技术开发、研究和工业创新。并且建立有利于创新的政策支持，实现其工业化的多元化发展；构建包容性、安全性、弹性和可持续的城市发展，构建适合经济、社会和环境耦合、和谐发展的城市发展，加强城市和城郊与农村地区的合作和交流。构建应对气候变化和极端自然灾害的城市防控预警体系；构建可持续的消费和生产模式，支持发展中国家科学技术能力，使之走向更可持续性的消费和生产模式；采取行动应对气候变化带来的影响，到 2020 年，发达国家按照《联合国气候变化框架公约》的约定，每年筹集 1000 亿美元来支持发展中国家在减排和发展方面带来的困难。提高欠发达国家在应对气候变化方面的管理能力和运行机制；保护和可持续性利用海洋资源，提高对于海洋和海洋资源的研发投入和研发能力，在保护海洋健康和加强海洋生物多样性等方面，要加强与发展中国家，特别是小岛屿类型的欠发达国家和发展中国家的合作。切实履行《国际法》和《海洋法公约》相关法则和约定，加强对各区域海域的海洋资源进行保护，实现其可持续发展；保护陆地生态系统，防治沙漠化和土地退化，保护生物多样性，动员所有可利用的资源和资金来保护生物多样性和生态系统，发展中国家的各级政府要加大对于植树造林和植被保护的资金、人力投入。

　　绿色内蒙古建设目标要参照借鉴《2030 年可持续发展议程》相关可持续发展目标，按照我国绿色发展、高质量发展有关评价要求，结合内蒙古地域、资源、产业、生态环境等特点，建立生态优先、绿色发展为导向的高质量发展的目标评价和考核体系。

第二节　绿色内蒙古建设的基础与挑战

一、主要基础

改革开放特别是党的十八大以来，内蒙古认真贯彻党中央、国务院关于绿色发展的决策部署，深入贯彻习近平总书记系列重要讲话和考察内蒙古重要指示精神，发挥绿色化的引领作用，统筹经济发展和生态环境保护建设的关系，努力探索出一条符合内蒙古战略定位、体现内蒙古特色，以生态优先、绿色发展为导向的高质量发展新路子。

（一）生态综合治理效果明显

内蒙古立足全国发展大局确立的战略定位，坚持把加强生态环境保护、筑牢我国北方重要生态安全屏障作为重大政治责任和战略任务，加强生态保护和修复综合治理力度，努力推进生态文明建设，优化发展理念，积极实施重大生态修复工程，着力推进重点区域、流域污染防治，生态环境状况实现总体遏制、局部好转，美丽内蒙古建设取得明显成效。

深入实施五大生态（京津风沙源治理、"三北"防护林建设、天然林保护、退耕还林还草、水土保持工程）和六大区域性绿化（公路、城镇、村屯、矿区园区、黄河两岸、大青山前坡）等重点生态工程。2017年末，全区森林面积2487.9万公顷，居全国第一，比1982年增长55.5%，年均增长1.3%；森林覆盖率达21.0%，比1982年提高7.4个百分点，森林生态服务功能进一步增强。近两年内蒙古草原植被盖度保持在44%左右，比2008年的38.85%提高了5个百分点，比2000年提高14个百分点，全区草原生态处于退化趋缓、局部好转的恢复起步阶段。

近十年来，全区水土流失治理以每年650万亩的速度递增。截止目前，已实施综合治理的小流域1000多条，1.5亿亩水土流失面积得到了初步治理，每年减少入黄（河）泥沙1.1亿吨。特别是大青山、鄂尔多斯和京津风沙源治理区生态环境明显得到改善，林草植被盖度增加 15% ~ 40%，保水减沙率达到 50% 以上，项目区水、旱、风沙灾害明显减少。实施东北黑土区治理等水土保持重点项目，完成水土流失综合治理面积 930 万亩。

在自然保护区和湿地建设方面，2017 年全区已建成包括森林、草原、湿地、荒漠、地质遗迹等多种类型的自然保护区 182 个，比 2000 年增加 86 个。2017 年，全区湿地面积达到 9016 万亩，占全国 11.2%。在内蒙古普遍干旱情况下，呼伦湖水域面积仍达到了 2069.82 平方公里，东居延海面积达到了 60.32 平方公里，为近几年水体面积最大年份。

（二）低碳循环经济得到快速发展

近年来，内蒙古积极培育循环经济试点企业（园区），带动全区循环经济发展，加大节能减排力度，不断完善政策体系，低碳产业发展取得了显著成效。

1. 构建循环型产业体系

以煤炭、电力、化工、冶金、建材等行业为重点，培育一批国家级循环经济骨干企业，大力发展清洁生产，抓好煤炭、稀土、有色金属共伴生矿产资源综合利用，推进粉煤灰、煤矸石、冶金和化工废渣及尾矿等工业废物利用。以不同行业骨干企业为龙头，围绕资源的循环利用、节能减排和产业链延伸，培育发展横向关联配套、纵向延伸拓展的产业网络，在主要工业行业形成了一批循环经济产业链。同时构建循环型农牧业产业体系，推进适度规模经营，推广绿色施肥、用药技术，发挥农牧业生态系统的整体功能，构建生产、加工、废弃物综合利用的循环绿色产业链。

2. 加强管理力度，提升节能降碳成效

内蒙古按照"推动转方式同节能减排相结合，把转方式有效融入绿色循环低碳发展之中"的总体要求，加快建立节约资源和保护环境的空间格局、产业结构、生产方式、生活方式，坚决杜绝高耗能、高排放行业的低水平重复建设，坚定不移化解过剩产能，淘汰落后过剩产能，节能减排取得良好成效。2017 年，全区化学需氧量、氨氮、总氮、总磷排放总量分别为 14.97 万吨、1.9 万吨、2.64 万吨和 0.16 万吨，均已超额完成减排任务。

3. 完善政策措施，促进低碳经济发展

为促进节能减排，推进低碳经济发展，结合国家出台的相关法律法规、规

划等，自治区先后出台了《内蒙古自治区关于推进合同能源管理意见》《内蒙古循环经济发展规划》等多项政策措施，为促进低碳经济发展做出了一系列制度安排，对促进全区循环经济的发展，保护和改善环境，实现可持续发展，增强全社会环境意识，推进资源节约型、环境友好型社会建设，都将发挥积极作用。同时，也对全区提高能源利用效率、节约能源资源、控制温室气体排放以及增强应对气候变化能力提供了有力保障。

（三）生态文明制度体系趋于完善

内蒙古探索编制自然资源资产负债表、对领导干部实行自然资源资产离任审计、建立生态环境损害责任终身追究制、全面建立河长制等各项改革扎实推进，生态红线划定工作稳步开展，改革决心之大、力度之大、成效之大前所未有。

1. 建立生态环境损害责任终身追究制

习近平总书记考察内蒙古时要求："积极探索加快生态文明制度建设。对领导干部实行自然资源资产离任审计，建立生态环境损害责任终身追究制。"内蒙古按照总书记的要求，当年制定《关于加快生态文明制度建设和改革的意见》，先行启动领导干部自然资源资产离任审计、生态环境损害赔偿与责任终身追究制度等3项生态文明制度改革创新试点工作，率先在7个盟市、旗县开展领导干部自然资源资产责任审计试点。环境保护责任追究制度也是内蒙古生态文明制度建设的重要内容。仅2018年，中央环保督察"回头看"期间，累计办理33批共2574个群众举报的环境问题，问题类型繁杂，覆盖面较广。其中，对违法违规企业关停取缔181家，停产整改274家，责令改正1538家；立案查处337件，罚款3794万元；公安部门立案侦查99件，对22人进行了刑事、行政拘留。对政府相关部门及企业负责人履职不到位的依法依规约谈和问责654人。

2. 健全资源生态环境管理制度

为统筹好生态文明制度建设各项工作，内蒙古成立了由政府常务副主席挂帅、各职能部门共同参与的生态文明建设委员会，加强了生态文明建设的组织保障，制定《关于加快推进生态文明建设的实施意见》。专题研究生态文明体制改革，先后出台《加快生态文明制度建设和改革的意见及分工方案》《关于全面加强生态环境保护 坚决打好污染防治攻坚战的实施意见》等，全面部署生态环境保护工作。自治区主席签发总河湖长令，以河湖长为抓手，加大水生态环境保护力度。同时，加快林权改革和水权、排污权、碳排放权交易改革，全区已有63个旗县编制完成国有林场改革实施方案，集体林产权和承包到户改革任务基本完成；加快环境治理和生态保护市场体系建设，推进排污权交易、水权跨盟市交易试点和跨区域碳排放权交易体系建设，541家企业开展主要污染物排污权交易，26家重点企业已纳入京蒙碳排放权交易体系。深入推进大气污染防治，16个部门建立了会商联动机制，与京津冀晋鲁5省市建立了跨区域大气污染防治协作机制，设立了内蒙古环保基金，在吸纳社会资本解决环境治理投入不足问题上走在了全国前列。

3. 实行科学的生态保护制度

"十二五"以来，内蒙古严格按照《全国主体功能区规划》和《内蒙古自治区主体功能区规划》部署，合理控制开发强度，调整开发内容，创新开发方式，规范开发秩序，生产空间、生活空间、生态空间得到逐步明确，初步形成较为合理的城市化格局、产业发展格局、生态安全格局。内蒙古为了深入推进国家和自治区主体功能区规划的实施，出台《关于自治区主体功能区规划的实施意见》，从产业、公共财政和投资、建设用地、节能减排和水资源配置、人口有序流动等方面提出针对性的政策，进一步明确了各类功能区的差别化发展和可持续发展的政策导向。

二、主要条件

（一）资源条件

草原是内蒙古面积最大的陆地生态系统，总面积8666.7万公顷，其中有效天然牧场6818万公顷，占全国草场面积的27%，是我国最大的草场和天然牧场，尤其呼伦贝尔大草原是世界上天然草原保留面积最大的地方。内蒙古森林分布有大兴安岭原始林区、11片次生林区以及各地经过长期建设形成的人工林区，全区森林面积为2487.9万公顷，森林覆盖率21.03%，森林资源总量位居全国前列。内蒙古大兴安岭森林，是中国面积最大的原始林区，直接影响调节着我国华北、东北、华东等局部地区气候条件以及全国局部地区气候带和生物多样性的气候差异和气温差别；是我国最大集中连片的寒温带明亮针叶原始林生物基因库。全区荒漠化土地面积为 61.77 万平方公里，占自治区总土地面积的52.2%，阿拉善沙漠世界地质公园，是世界唯一以沙漠为主体的地质公园。其中，巴丹吉林沙漠起伏优美的金色轮廓，被中国地理杂志誉为"上帝画下的曲线"。沙漠旅游和探险已经成为新的热点。全区湿地斑块 16059 个，总面积601.06 万公顷，占自治区总面积的 5.08%。在全区湿地中，自然湿地 587.88 万公顷，占湿地总面积的 97.8%；人工湿地 13.2 万公顷，占湿地总面积的 2.2%。同时，内蒙古还拥有丰富的矿产资源和风能、太阳能资源，这些都为推进绿色内蒙古建设奠定了良好的基础。

（二）产业条件

内蒙古是国家着力培育的绿色发展引领区，初步形成了以绿色农畜产品生产加工、清洁能源、全域旅游、大数据为主的绿色产业体系，发展绿色经济的潜力巨大。沙产业、草产业也是内蒙古绿色特色产业。内蒙古库布齐沙漠地区在治理沙漠、沙产业发展方面走出双赢之路，2014 年，库布其沙漠生态治理区被联合国确立为全球沙漠"生态经济示范区"。呼伦贝尔草原和锡林郭勒草原是两大天然打草基地，天然青干草销往全国各地或出口。呼伦贝尔市和锡林郭勒盟每年向区内外销售的商品草达 250 万吨以上，占到了全国 400 万吨商品草的60% 以上。苜蓿、青贮玉米为代表的人工草地建设也是内蒙古草产业的核心内容，是稳定和提高草原生产能力，提高畜牧业生产效益的有效途径。

（三）文化条件

内蒙古生态文化所孕育的生态经济系统功能，对我们建设社会主义生态文明，保护修复内蒙古生态功能区，建设绿色内蒙古具有重要的启迪作用。内蒙古生态文化历史传统悠久，中华文化三大源头之一的草原文化，就以"崇尚自然"作为核心价值理念，在日常生产、生活中形成了敬畏自然、保护环境的良好习俗，并时代相传，绵延不绝，也影响着当代内蒙古人的主体生态意识和行为模式。内蒙古广大人民群众在不同生态地域的经济社会实践过程中还创造了林业生态文化、沙漠沙地生态文化等丰富多彩的生态文化。生态文化，从文化层面上看，是一种有益的生态意识观念；在实践层面上看，有利于生态环境的保护，客观上对保护生态环境起到了潜在的巨大作用。大力弘扬生态文化，把握正确舆论导向，积极营造经济发展与实现"人与自然和谐共进"的舆论环境，对于推进绿色发展具有积极的现实意义。

三、主要挑战

当前，内蒙古生态环境总体脆弱的局面没有根本改变，资源环境约束趋紧、节能减排压力大，环境问题突出，生态环境短板问题依然存在。生态系统脆弱等状况还没有得到根本性改变，保护与治理生态环境、严守生态底线依然任重道远。

（一）环境保护机制体制仍不健全

全区生态文明法治体系、制度体系、执法监管体系和治理能力体系还不健全，吸引社会资本进入生态环境治理领域的体制机制和政策措施还不明晰，生态文明体制改革还需进一步深化。环境治理体系和治理能力现代化建设水平相对较低，环境治理主体单一，全社会共同参与生态环境保护的机制仍不完善。环境保护市场化程度仍然滞后，绿色经济政策仍需不断深化。环保产业发展水平亟待提升，全区环保产业起步较晚，发展较为缓慢，企业总体实力较差，缺乏龙头企业带动，竞争力不强，难以形成集群联合效应。环保产业服务体系不完善，市场发育程度较低，管理机制不健全。

（二）资源开发与生态环境保护矛盾仍然存在

一些地区重发展、轻保护，资源开发方式仍较粗放，生态系统服务功能有所降低，自然保护区内违法违规开发问题仍然可见，89 个国家和自治区级自然保护区中41 个存在违法违规情况，涉及企业 663 家。同时，全区煤炭、火电、化工、黑色及有色金属行业占国民经济比重较大，存在一定生态环境风险隐患，监管力度还需加强。一些地区和单位对生态环境重要性认识不够深刻，甚至把生态保护、污染防治与发展对立起来。

（三）加快发展与节能减排压力明显

受资源禀赋和所处发展阶段等因素影响，全区经济增长对资源的依赖程度较高，产业结构重型化特征突出，目前内蒙古经济发展方式尚未根本改变，发展的资源成本、环境代价和物质消耗较大，并且随着工业化、城镇化进程的加快、经济总量的不断扩大和居民消费结构持续升级，能源需求将呈刚性增长，受环境容量制约及应对气候变化影响，环境约束日趋强化，发展的要求与完成节能减排目标之间的矛盾越来越突出。节能减排任务十分繁重，工作压力和难度不断加大。2017年第三产业占比低于全国平均水平 8.8 个百分点，部分制造业还处于产业链的中低端，能源消费结构中煤炭消费占比仍高达 80% 以上，产业结构、能源消费结构短期内难以得到根本改变。目前，主要耗能产业淘汰落后产能任务基本完成，污染减排设施已陆续投入运营，能够很快取得成效的项目很少，继续提高节能减排水平的空间和潜力越来越小。

（四）绿色发展理念有待深化

目前，还有相当一部分人从理念到社会行为，在生活、工作、消费、出行等方面生态文明意识还不足，绿色理念还比较淡薄。在生活、工作环境中人们对水、电等资源的节约意识较低，浪费现象较为普遍。消费方面仍存在一些铺张浪费、追求奢华、超前消费、攀比性消费、形象工程、政绩工程等过度消费或不合理消费，导致资源浪费甚至给生态环境和社会造成损害。出行中比较普遍的是不文明行为，破坏生态、污染环境、浪费资源的现象时有发生。这些消极因素短期内仍难以消除，严重损害着社会形象，既阻碍着生态文明的建设，也影响全社会绿色高质量发展。

第三节　绿色内蒙古建设体系

一、建设绿色内蒙古空间体系

（一）统筹推进主体功能区建设

推进主体功能区建设，是党中央、国务院作出的重大战略部署，是我国经济发展和生态环境保护的主要举措。随着我国经济社会发展进入新阶段，资源环境约束日益趋紧，生态产品供需矛盾更加突出，加快转变国土空间开发方式、创新国土空间保护模式、提升国土空间开发保护质量和效率的需求更加迫切。

1. 重点开发区

重点开发区要按照资源环境承载力和可持续发展要求，科学实施开发强度管控，提高各类要素聚集水平，增强自主创新能力，培育特色产业集群，提升城市功能和品质，加快新型工业化和新型城镇化进程。合理划定城镇空间和城镇开发边界，适度线性布局建设交通、水利等重大基础设施，科学引导城镇开发布局。

2. 农畜产品主产区

要着力改善农牧业生产条件，完善农牧业创新体系，实施产业准入负面清单制度，保障农畜产品供给水平和质量，确保粮食安全和食品安全。健全农牧业发展优先和提高农畜产品保障能力的绩效考核评价机制，对地方政府重点考核农牧业空间规模质量、农牧业综合生产能力、产业准入负面清单执行、农牧民收入、耕地质量、土壤环境治理等方面指标，不考核地区生产总值、固定资产投资、工业、财政收入和城镇化率等指标。建立粮食生态功能区和重要农畜产品生产保护区。建立耕地轮作休耕制度。加大中央涉农财政转移支付资金对农畜产品主产区的支付力度。

3. 重点生态功能区

要注重创新生态保护模式，提高生态系统服务功能，实施产业准入负面清单制度，不断提高生态产品供给能力，确保生态安全。健全生态保护优先的绩效考核评价机制，对地方政府重点考核生态空间规模质量、生态产品价值、产业准入负面清单执行、民生改善等方面指标，不考核地区生产总值、固定资产投资、工业、农畜产品生产、财政收入和城镇化率等指标。强化草原生态空间的用途管制，严格落实草原禁牧休牧轮牧和草畜平衡制度，切实保护好草原生态系统功能。对照产业准入负面清单要求提前关停并转的企业，给予必要的奖励补偿和安置补助。科学评估生态产品价值，培育生态产品交易市场，创新绿色金融工具，吸引社会资本支持重点生态功能区发展绿色生态经济。

（二）科学划定并严守三区三线

近年来，中央多次部署科学划定"三区三线"，即城镇、农业、生态空间和生态保护红线、永久基本农田保护红线、城镇开发边界。

1. 按照统筹原则，科学划定旗县域"三区三线"空间格局

注重三类空间和三条主要控制线衔接协调，按照生态功能极重要、生态环境极敏感，实施最严格管控，科学合理划定生态保护红线，按照最大程度保护生态安全、构建生态屏障的要求，划定生态空间。统筹考虑农牧业生产资源布局和条件，科学合理划定永久基本农田，统筹考虑农牧业生产生活，划定农业空间。按照资源环境承载力状况和开发强度控制要求，兼顾城镇布局和功能优化的弹性要求，从严划定城镇空间。

2. 形成科学的动态调整机制

合理安排城镇开发边界内各类用地，建立健全开发边界外围预留城镇空间的开发利用机制，推动土地集约高效利用。在严守永久基本农田和生态保护红线、严格落实人地挂钩政策的前提下，允许部分农业空间和生态空间转化为城镇空间，但要从严控制并按照优化开发区标准实施效率管控，生态空间专用土地原则上作为城市景观绿地。实施城乡建设用地总量零增长制度，对于城镇空间腾退置换出的工矿建设用地，鼓励开展土地复垦整治，符合条件的转化为农牧业空间或生态空间。严格控制城镇空间规模，鼓励符合条件的非永久基本农田、草牧场和生态移民迁出区，通过退耕还林还草还湿等方式转化为生态空间。结合划定并严守生态保护红线、健全国家自然资源资产管理体制、建立国家公园体制等改革任务，进一步界定各类禁止开发区的范围和边界线，统筹纳入旗县域"三区三线"空间格局并实施最严格的生态保护管控，严禁不符合主体功能定位的各类开发活动，因地制宜实施生态移民搬迁，强化以封禁为主的自然恢复措施，切实加大生态保护补偿支持力度。

二、建设绿色内蒙古推进体系

（一）建立重大生态修复工程体系

山水林田湖草是生命共同体，推进生态修复，必须强化系统思维，统筹兼顾、整体施策、多措并举，系统设计重大生态修复工程。一是持续推进林业重点工程与项目建设。继续实施天然林资源保护二期工程、三北防护林建设五期

工程、退耕还林工程等林业重大建设工程，稳步提高森林覆盖率和活立木蓄积量。开展大规模国土绿化行动，加强荒漠化防治和水土流失综合治理，不断巩固扩大生态保护建设成果。二是持续推进耕地草牧场重点工程与项目建设。围绕基本农田和草牧场保护与建设，开展草原生态保护补助奖励机制、天然草原退牧还草二期工程、保护性耕作推进工程等建设项目，逐步提高草原植被覆盖度，控制耕地保有量，保障耕地质量不降低。三是持续推进水土保持重点工程建设。内蒙古低山丘陵分布较广，水土流失比较严重。加快"七河七湖"水生态综合治理，加强黄河流域生态系统修复和环境综合整治，建设沿黄绿色生态廊道。今后继续实施坡耕地水土流失综合治理工程、国家水土保持重点建设工程和重点小流域综合治理工程等重点工程，采取工程措施、生物措施和保土耕作措施相结合，人工治理与生态修复相结合，加强小流域综合治理和植树造林，保障内蒙古及下游地区的水土安全。

（二）建立污染防治攻坚体系

内蒙古把污染防治攻坚战摆在各项工作的重中之重，坚决解决好中央环保督察"回头看"反馈的问题、人民群众反映强烈的突出环境问题和其他环境问题。完善大气污染防治体系，继续推进乌海及周边地区等重点区域大气环境综合整治，实施冬季清洁取暖计划，抓好散煤和工业废气治理、秸秆利用、煤改气、煤改电等工作。所有火电机组实现超低排放。以市场化办法解决弃风弃光问题，增加清洁电力供应。完善水污染防治体系，全面落实水污染防治计划，深入实施呼伦湖、乌梁素海、岱海等湖泊综合治理工程，加快城镇、开发区、工业园区污水处理设施建设，着力消除重污染水域和劣五类断面，依法清理水源保护区内违法建筑和排污口。完善土壤污染防治体系，加大土壤污染防治和重金属减排力度，调查农用地土壤污染状况，进一步控肥、控药、控膜，从源头上治理农业面源污染。整治矿区和工业园区环境，依法有序退出自然保护区内工矿企业。

（三）建立生态文化体系

倡导尊重自然、顺应自然、保护自然的绿色发展理念，以生态文化培育、宣传和发展生态文化产业为主导，建设全区生态文化体系。

1. 在全社会倡导绿色发展理念，开展节约型机关、绿色学校、绿色社区等行动

公共机构尤其是党政机关要走在全社会前列、作出表率，切实把生态文明教育纳入公民道德教育全过程，特别是加强行政机关培训力度，党政干部参加生态文明培训的比例达到100%。把每年定期开展政策法规宣传活动，紧密结合内蒙古传统文化广泛宣传生态文明理论政策、生态文明法律法规。充分利用各类保护区和环境污染事例开展生态文明宣传教育。加大新闻媒体宣传力度。新闻媒体在绿色内蒙古建设方面设置专栏专版，多视角、宽领域、全方位，精心组织绿色内蒙古建设的宣传报道，宣传内蒙古生态保护、环境治理方面取得的成就，宣传低碳绿色产业发展成效，宣传在生态内蒙古建设中涌现出的先进典型，教育和引导广大干部群众进一步树立保护自然环境的意识。

2. 弘扬民族生态文化，发展民族生态文化产业

传承民族文化，做好生态文化与地区传统文化的有机结合，发展生态文化产业。推进特色民族文化品牌传承和保护，加强对少数民族优秀文化遗产的挖掘和保护，抢救、整理、传承、利用和展示少数民族非物质文化遗产，加强非物质文化遗产基础设施建设，弘扬传统民族生态文化。大力支持具有浓郁民族风情和地方民俗文化特色手工艺品、特色旅游纪念品开发，重点支持具有非物质文化遗产认证的手工艺发展，推进民族手工艺传承和创新，对非物质文化遗产传承人发展工艺品给予优惠政策和优先支持。大力扶持民族文化精品工程，扶持发展有地域特色的民族文化产业，培育一批文化骨干领军企业，打造具有国际影响力的原生态文化旅游、休闲度假和冰雪运动为内容的特色文化产业带。建设民族文化产业园区和文化产业示范基地。加强民族文化设施建设，积极争取国家支持，各地区规划建设民族特色美术馆、民族歌舞团演艺厅、民族文化会展中心等文化基础设施。

（四）建立自然保护区等特色功能区保护体系

推进以国家公园为主体的自然保护地体系建设，建立健全自然保护地相关法规和管理制度。各级政府全面排查违法违规挤占生态空间、破坏自然遗迹等行为，制定治理和修复计划并向社会公开。加大自然保护区保护和整治力度，持续开展自然保护区"绿盾"监督检查专项行动，依法有序退出保护区内工矿

企业，加快推进自然保护区内违法违规开发建设活动清理整顿。到2020年，完成自然保护区范围界限核准和勘界定标，自然保护区内工矿类开发建设活动依法依规全面有序退出，生态环境得到有效修复。建立和完善以国家公园为主体的自然保护地管理体制机制。

三、建设绿色内蒙古制度体系

（一）建立资源环境承载力监测预警长效机制

全面贯彻落实《中共中央办公厅、国务院办公厅印发的〈关于建立资源环境承载能力监测预警长效机制的若干意见〉》精神，推动实现内蒙古资源环境承载能力监测预警规范化、常态化、制度化。

1. 尽快建立科学的管控机制

首先，以旗县（市、区）为单位，把全区划分为超载、临界超载、不超载三个资源环境承载能力等级区，根据资源环境耗损加剧与趋缓程度，进一步将超载等级分为红色和橙色两个预警等级区、临界超载等级分为黄色和蓝色两个预警等级区、不超载等级确定为绿色无警等级区，预警等级从高到低依次为红色、橙色、黄色、蓝色、绿色。其次，对各类预警等级区的超载因素实施最严格的区域限批，依法暂停办理相关行业领域新建、改建、扩建项目审批手续，明确导致超载产业退出的时间表，实行城镇建设用地减量化。对现有严重破坏资源环境承载能力、违法排污破坏生态资源的企业和对监管不力的政府部门负责人及相关责任人，根据情节轻重追究相关责任。对橙色预警区，参照红色预警区执行。第三，建立自治区政府财政转移支付制度和市场交易机制互为补充的生态保护补偿机制和发展权补偿制度，鼓励符合主体功能定位的适宜产业发展，加大绿色金融倾斜力度，提高相关盟市、旗县领导干部生态文明建设目标评价考核权重。第四，加大资源环境承载能力恶化地区的监管和惩罚力度。对从临界超载恶化为超载的地区，参照红色预警区综合配套措施进行处理；对从不超载恶化为临界超载的地区，参照超载地区水资源、土地资源、环境、生态等单项管控措施酌情进行处理，必要时可参照红色预警区综合配套措施进行处理。第五，资源环境承载能力改善地区予以奖励。对从超载转变为临界超载或者从临界超载转变为不超载的地区，实施优先项目审批、倾向性转移支付等奖励性措施；转变为不超载并且连续三年稳定的地区可享受绿色无警区相关政策。

2. 形成有效的配套管理机制

第一，建设监测预警数据库和信息技术平台。建立多部门监测站网协同布局机制，重点加强薄弱环节和旗县级监测网点布设，实现资源环境承载能力监测网络全覆盖。第二，建立一体化监测预警评价机制。运用资源环境承载能力监测预警信息技术平台，结合国土普查每5年同步组织开展一次全区性资源环境承载能力评价，每年对临界超载地区开展一次评价，实时对超载地区开展评价，动态了解和监测预警资源环境承载能力变化情况。第三，建立监测预警评价结论统筹应用机制。把资源环境承载能力监测预警评价结论，作为各级政府经济社会发展总体规划、专项规划和区域规划目标任务和政策措施的重要依据，合理调整优化产业规模和布局，引导各类市场主体按照资源环境承载能力谋划发展。今后把监测预警结论作为地区和部门年度考核一项重要指标，并适当加大权重。

（二）健全完善生态环境补偿机制

开展森林、草原、土地、水资源、矿产等自然资源资产负债表编制工作，建立自然资源资产数据库。完善国家重点生态功能区财政转移支付办法，逐步加大对国家和自治区重点生态功能区、生态多样性优先保护区、自然保护区的转移支付力度。完善资源环境价格机制，将生态环境成本纳入经济运行成本。探索建立自治区生态保护补偿基金，发展排污权交易二级市场，健全生态补偿市场化机制，整合完善用水权、排污权、碳排放权初始分配制度和建设交易平台，使保护者通过生态产品交易获得收益。到2020年，森林、草原、湿地、荒漠、水流、耕地等重点领域和禁止开发区、重点生态功能区等重要区域实现生态保护补偿全覆盖，补偿水平与经济社会发展相适应。

（三）建立和完善监督考核机制

创建生态优先、绿色发展为导向的高质量发展目标考核体系。内蒙古党委和政府按照高质量发展要求，根据有关目标体系制定考评细则，建立健全考核、通报、问责和奖励制度，负责年度目标任务的考核检查。把高质量发展工作列入盟市、旗县市党政领导班子和各部门年度综合考核评价内容之一，作为年终评优、文明单位、综合治理先进单位及"五好"基层党组织等评选的重要指标。承担重点工作任务的各级各责任单位要根据目标任务要求制定切实可行的详细方案，确保圆满完成各自承担的工作任务。每年年中和年底向内蒙古党委政府考核组报送任务完成情况。重点工作任务有牵头单位的由牵头单位负责报送，多个部门共同负责的由多个部门分别报送各自完成情况。未承担重点工作任务的部门要按照高质量发展工作考评细则要求完成相关工作目标。

（四）建立国际国内合作机制

1. 完善区域环保协作机制

在国内广泛开展绿色发展各领域、各层面的经验交流与技术合作，重点学习和借鉴先进地区在产业转型升级、污染防治、生态保护等领域的经验和做法，建设环保科技交流平台，实现资源共享和优势互补，提升合作层次与效益。围绕推进环渤海经济圈建设，加快经济发展绿色转型、能源基础设施建设、绿色科技、区域污染防治等重点领域的合作，建立环渤海地区生态文明联动发展机制，统一区域产业准入和环境管理标准，实施环境信息共享，推进区域大气污染联防联控。协同开展跨地区、跨流域水环境综合治理，逐步完善跨界污染应急联动机制和区域危险废物、化学品环境监管机制，共同维护区域生态环境安全。

2. 完善国际生态环保合作机制

完善生态内蒙古建设领域的国际交流合作机制，鼓励区内城市与国外城市建立生态市建设合作关系，拓展合作领域，提升合作层次。建立人员定期交流与培训机制，学习国外生态环境保护先进理念、发达国家再生态化经验，丰富和深化生态文明国际化内涵。加强国外污染治理和生态修复先进技术引进，鼓励区内科研机构与企业扩大对外交流与合作，与世界一流科研机构建立稳定的合作伙伴关系，引入国际先进的环境质量标准和技术规范制定思路与理念，参与国际先进环境治理技术研发，支持企业通过专利购买、建立海外研发机构等方式，引进急需的资源能源利用和污染治理关键技术，减少污染物产生和排放。加强与世界银行、亚洲开发银行、全球环境基金等国际组织合作，积极争取国际政策、资金与技术支持，吸引外资投资流域区域污染治理、新能源开发、资源能源再生利用、自然生态保护与修复等项目。提高履行环境国际公约能力，完善与环境国际公约相配套的法规、标准、制度和机构。

四、建设绿色内蒙古路径

（一）推进农牧业绿色化

1. 加快发展效益型现代农业

从土地制度改革入手，加强新型农牧业组织体系建设，落实最严格的耕地保护制度，加强农田水利基础设施建设，调整优化农业区域布局，落实农业支持保护政策，强化农业科技创新，推动粮食生产现代化，稳步提高农业综合效益。充分发挥内蒙古农牧结合的双重优势，推进牧区生态家庭牧场和农区标准化规模养殖，改变畜禽良种率低、标准化规模化养殖水平不高、经营方式粗放等状况，促进畜牧业整体效益的提高，加快推进传统畜牧业转型升级，不断提升畜牧业产值占农牧业的比重。大力发展绿色无公害和有机农畜产品，扩大绿色农畜产品规模，加大农畜产品地理标志认定，努力打造绿色品牌，增强产业竞争力。

2. 控制农牧业面源污染，开展农村牧区环境综合整治

按照美丽乡村建设和生态农牧业发展的要求，控制农牧业面源污染，加强农田、草牧场质量建设，加大农村牧区环境保护力度。

首先，推动生态农牧业和有机农牧业发展。严格农业投入品管理，大力开展园艺作物标准园、畜禽规模化养殖、水产健康养殖等创建活动，引导农牧民使用生物农药和兽药或高效、低毒、低残留农药和兽药，农药和兽药包装应进行无害化处理。大力推进测土配方施肥，加强废弃农膜、秸秆等种植业生产废弃物资源化利用，严格控制农药、化肥和农膜等种植业面源污染。加大畜禽养殖污染防治力度，提高畜禽粪便资源化水平。开展水产养殖污染调查，减少重点河流湖泊的水产养殖面积和投饵数量。完善农产品质量和食品安全工作考核评价制度，加快推进旗县、苏木镇食品、农产品质量安全检测体系和监管能力建设，提升田间到餐桌的全过程的食品安全保障能力。

其次，开展农村牧区社区美化工程。推进农村牧区污水、垃圾集中处理，

推广经济适用的污染防治和废弃物综合利用技术，开展农村牧区环境集中连片整治。鼓励苏木镇和规模较大的嘎查村建设集中式污水处理设施，将城市周边村镇的污水纳入城市污水收集管网统一处理，居住分散的嘎查村要推进分散式、低成本、易维护的污水处理设施建设，提高农村牧区生活污水处理水平。加强农村牧区生活垃圾的收集、转运、处置设施建设，统筹建设城市和县城周边的村镇无害化处理设施和收运系统；交通不便的农村牧区要探索就地处理模式，引导农村牧区生活垃圾实现源头分类、就地减量、资源化利用，提高农村牧区垃圾处理水平。严格禁止工业固废、危险废物、城镇生活垃圾及其他污染物向农村牧区转移。

再次，保障农村牧区饮用水安全。开展农村牧区饮用水水源地调查评估，推进农村牧区饮用水水源保护区或保护范围的划定工作。积极推进适度规模的集中供水工程建设。建立和完善农村牧区饮用水水源地环境监管体系和安全饮水工程良性运行机制，划定水源地保护范围，加强对水源和出厂水水质保护与监测。农村饮水安全工程建设用地和供水用电实行优惠政策，对建设、运行给予税收优惠。在有条件的地区推行城乡供水一体化。

（二）推动传统产业清洁化

加快淘汰落后、低端、过剩产能，严控"两高"行业新增产能。运用互联网、物联网、大数据、人工智能等新技术，推动传统产业生产组织方式变革，推动能源、冶金、建材、有色、化工、农畜产品加工等行业清洁生产。

1. 培育壮大新兴产业和节能环保产业

改造传统路径依赖，把握世界产业发展和科技发展趋势，进一步完善支持政策，大力培育非煤产业、非资源型产业和高新技术产业，发展新兴产业、现代服务业和军民融合产业。产业发展一定要坚持绿色发展理念，比如，旅游业是公认的"绿色产业"，但是绿色产业也是相对的，不当开发也会造成生态环境的破坏。

2. 推动能源生产变革

内蒙古是国家重要能源基地，把现代能源经济这篇文章做好，是习近平总书记对我们的要求。这些年，我们在发展现代能源方面做了大量工作，但是能源生产结构尚未发生根本性变化，目前煤炭在全区能源消费中的占比近80%，而且以煤为主的能源结构还将长期存在，要大力推广煤炭清洁利用技术，提高煤炭集中利用水平，鼓励企业开展煤炭清洁加工、分级分质利用，稳步推进现代煤化工清洁转化。在发展清洁能源方面，目前更多关注的是规模，虽然风电、太阳能装机规模均居全国前列，但是技术创新不足，弃风弃光问题突出。必须加强新能源领域关键核心技术攻关，推进互联网、先进信息技术与能源产业深度融合，发展智能电网，切实解决好弃风弃光问题，逐步构建起安全、绿色、集约、高效的清洁能源供应体系。

3. 大力发展循环经济

内蒙古循环经济发展水平整体不高，一些资源没有得到很好的综合利用，不仅造成资源浪费，还对环境造成污染。要按照物质流和关联度统筹产业布局，推进工业园区循环化改造，实现产业集中集群化发展，强化产业间、企业间生态链接、原料互供、资源共享，将各种废弃物再利用、再加工，实现近零排放、降本增效。扎实推进绿色企业、绿色园区、绿色矿山建设，推动污染防治从"末端治理"向"全生命周期控制"转变。健全以绿色生态为导向的农牧业政策支持体系，建立绿色低碳循环的农牧业产业体系，加快构建科学适度有序的农牧业空间布局体系，切实改变农牧业过度依赖资源消耗的发展模式。特别要强调的是，目前全区划定的33个地下水超采区，许多是由于农业灌溉过度开采地下水所致。我们必须大力发展节水农业，严格限制地下水开采，并且加快超采区的治理。

（三）推动资源开发利用节约化

1. 推进能源节约利用

推动电力、钢铁、有色、化工、建材等重点行业和耗能大户节能管理，关闭和淘汰污染严重的企业和生产工艺设备，单位GDP能耗下降到1.0吨标准煤/万元。鼓励建筑领域采用节能型建筑结构、材料和产品，新建绿色建筑比例达到20%，全面推行分户供热和分户计量。加强公共机构节能，党政机关率先垂范，重点实施建筑物及采暖、空调、照明系统节能改造。设立节能专项资金，引进开发推广节能技术。通过加强能源生产、运输、消费各环节的制度建设和监管，实现管理节能。推行汽车燃油经济性标准，加快淘汰老旧运输设备。对能耗大户进行能源审计，推广合同能源管理，加强节能监察，严格控制能源消费总量。

2. 推进水资源节约利用

按照建设节水型社会的要求，实行最严格水资源管理制度，落实水资源开发利用控制、用水效率控制、水功能区限制纳污三条红线，合理安排农牧业、工业、城镇和生态用水，将节约利用水资源的举措落实到各个领域和环节，严格控制用水总量，水资源开发利用率达到30%。大力推动农业高效节水，推进雨水集蓄，建设节水灌溉工程，逐步将农牧业用水比重降低到60%左右。重点推进冶金、化工、电力、建材等高耗水行业节水技术改造，引导企业使用再生水，提高工业用水重复利用率和循环使用率。建设节水型城市，加快公共建筑和住宅节水改造，全面推广应用节水器具。鼓励机动车洗车等使用节水技术，强化耗水量大服务行业的节水管理。坚持先地上、后地下的原则，充分利用地表水，合理保护和利用地下水，依法控制工业企业使用地下水资源，遏制地下水超采。实行用水总量控制与定额管理相结合，积极推进阶梯式水价，完善取水许可和水资源有偿使用制度。

3. 推进土地节约集约利用

加强土地用途管制，严格控制农用地转为建设用地规模，防止未批先用，严厉打击非法占用。实施整体推进农村牧区土地整治重大工程。通过财税调节手段，推动废弃土地复垦利用，强化对存量建设用地的利用管理和处置，积极盘活闲置土地。加快土地产权登记和土地资产管理，严格执行占用耕地、草牧场补偿制度。

4. 强化矿产资源管理

进一步加强基础地质工作，扩大基础地质调查成果。不断提高各类矿产资源开采回采率、选矿回收率，加强开采过程中共伴生资源和尾矿、碎石的综合利用，促进矿产资源的节约与综合利用。加强矿山储量动态管理，提高地质勘查、矿山开发准入门槛，制止"围而不探"，关闭达不到标准的矿山开采企业。认真落实矿产资源有偿使用制度，建设矿业权交易平台。推动市场优化配置资源，加大矿业权整合力度，实施整装勘查、滚动勘查、勘查开发一体化，推动矿产资源开发利用向优势企业集聚，加快建设布局合理、集约高效、生态优良的绿色矿山。

（四）倡导绿色生活方式和消费模式

推动生活方式和消费模式加快向简约适度、绿色低碳、文明健康的方式转变，努力构建低碳社会。

1. 倡导绿色消费

树立消费者的绿色消费理念，引导消费者改善消费行为，改变不良消费模式。严格按照相关法律法规的制定、完善绿色标识制定、环保审核管理制度，规范绿色产品的市场管理，强化绿色消费市场监管力度。积极、及时、公平处理消费者在绿色消费中的投诉，加大对消费者的维权力度，增强消费者对绿色消费的信心，从而促进整个社会的绿色消费模式的推广。

2. 提倡低碳生活方式

通过新闻媒体、学校教育、印发低碳生活手册等方式，大力宣传低碳生活方式。有关部门为群众提供实现低碳生活的信息服务，进一步完善有关政策，引导人们在服饰、饮食、日用品、建筑、交通、行为等方面抵制旧有生活陋习和奢侈消费，把提高生活质量的需求引向正确的方向。鼓励城乡居民采用太阳能热水器和沼气等采暖方式、公共交通和非机动车等出行方式，公共交通出行比例提高到20%，在城乡全面推动绿色、低碳生活方式。

3. 建设循环型城市与社区

以完善城市、社区再生资源回收利用、可持续消费体系为重点，鼓励循环型社会实践，建设再生资源回收利用系统，推进各城市和社区废纸、废塑料、废旧金属、废旧轮胎和废弃电子产品等大宗固体废弃物回收利用，推广车载桶装密闭式垃圾收运模式和密闭式垃圾自动收集系统，社区生活垃圾全部分类收集，主要再生资源回收利用率达到70%，充分开发利用"城市矿产"，发展再制造。推进可持续消费，倡导节约和循环型消费观念，在商场、酒店、机场、车站、公园和旅游景点等场所杜绝使用不可降解、不可循环使用的产品。推行政府绿色采购，提高政府采购中可循环使用的产品、再生产品以及节能、节水、绿色有机产品比例。

参考文献：

［1］中共中央宣传部，习近平总书记系列重要讲话读本（2016 年版），学习出版社、人民出版社，2016 年 4 月．

［2］中共中央文献研究室，习近平关于社会主义生态文明建设论述摘编，中央文献出版社，2017 年 9 月．

［3］中共中央宣传部，习近平新时代中国特色社会主义思想三十讲，学习出版社，2018 年 5 月．

［4］决胜全面建成小康社会夺取新时代中国特色社会主义伟大胜利——习近平在中国共产党第十九次全国代表大会上的报告．

［5］石敏俊，中国经济绿色发展的理论内涵，光明日报，2017 年 10 月 17 日．

第十一章

内蒙古高质量发展的支撑体系

高质量发展是经济体系从量到质的本质性演变，是由多因素共同作用、综合推动的发展结果。要通过全面深化改革，完善体制机制，强化支撑高质量发展的人才、基础设施、园区等基础要素。首先，要树立人才资源意识，创新人才管理制度、优化人才发展生态，为高质量发展提供蓄力；其次，要加快形成高效、立体、绿色、现代、更好惠及民生和更可持续的基础设施建设和运营网络体系，为高质量发展保驾护航；第三，要聚焦需求和问题，加快升级改造步伐，着力提升园区发展活力；第四，要以提高综合承载能力为支撑，稳步提升城镇化发展的水平和质量，把新型城镇化作为高质量发展的主战场；第五，要提高社会治理社会化、法治化、智能化、专业化水平，为高质量发展创造良好的社会环境，夯实高质量发展的支撑体系。

高质量发展是经济体系从量到质的本质性演变，是由多因素共同作用、综合推动的发展结果，要通过全面深化改革，完善体制机制，强化支撑高质量发展的人才、基础设施、园区等基础要素，把新型城镇化作为高质量发展的主战场，提高社会治理社会化、法治化、智能化、专业化水平，夯实高质量发展的支撑体系。

第一节　完善人才保障体系

高质量发展的核心是全要素生产率的提高，而全要素生产率的提高主要靠人力资本增长也就是人才队伍建设来实现。经济发展实践已证明，人才是推动经济发展最活跃的因素。推动内蒙古高质量发展，离不开强大的人才队伍支撑。必须主动调整人才战略，补齐短板，完善人才保障体系，支撑内蒙古高质量发展。

一、人才开发现状

（一）人口资源现状

人口自然增长速度略有波动，总体趋势下降。人口资源是一个国家或地区的人口总体，是人力资源、劳动力资源、人才资源的基础。截至 2017 年底，全区常住人口 2528.6 万人，人口自然增长率由 2000 年的 6.1‰下降到 2017 年的 3.73‰，增长速度逐年减缓，人口总量的增长已得到有效控制（表1）。

表 1　　　　　　　　　　**2000～2017 年内蒙古自治区总人口数**

年份	年末总人口（万人）	出生率（‰）	死亡率（‰）	人口自然增长率（‰）
2000	2372.4	12.10	5.90	6.1
2010	2472.2	9.30	5.50	3.8
2017	2528.6	9.47	5.74	3.74

数据来源：内蒙古自治区统计年鉴、2017 年内蒙古自治区国民经济和社会发展统计公报。

老龄化和少子化并存，年龄结构"头重脚轻"。2017 年全区人口年龄构成中，0～14 岁人口占常住人口的 13.5%，15.64 岁人口占常住人口的 76.6%，65 岁以上人口占常住人口的 9.9%。从 2000 年至 2017 年全区人口年龄结构变化情况看，少年组人口下降较快，从 2000 年的 21.23% 下降到 2017 年的 13.5%，17 年间下降了 7.73 个百分点，比全国平均水平快了 1.63 个百分点；另一方面，老年组人口占比虽然始终低于全国平均水平，但增长较快，17 年间上升了 4.39 个百分点，人口老龄化速度加快，人口年龄结构步入老龄化门槛（表 2）。

表 2　　　　　　**2000～2017 年内蒙古自治区人口年龄构成变化情况**

地区	2000 年			2017 年		
	0～14 岁	15～64 岁	65 岁以上	0～14 岁	15～64 岁	65 岁以上
全国	22.9	70	7.1	16.8	71.82	11.39
全区	21.23	73.26	5.51	13.5	76.6	9.9

数据来源：国家统计局官网。

呼包鄂地区人口快速增长，东部盟市则有所下降。从人口的地区分布来看，2017 年全区总人口较多的盟市分别为赤峰、通辽、呼和浩特、包头和呼伦贝尔，五市合计人口占全区总人口的 63%。从各盟市人口的变化情况看，2000 年至 2017 年，呼和浩特、鄂尔多斯、包头常住人口增加较多，而乌兰察布、呼伦贝尔、赤峰常住人口则减少较多，其中乌兰察布、呼伦贝尔、赤峰 17 年间常住人口分别减少了 22.38 万人、20.73 万人和 20.3 万人（表 3）。

表 3　　　　　**2000～2017 年内蒙古自治区人口分布变化情况**　　　　单位：万人、%

地区	2000 年	占比	2017 年	占比	人口增减
全区	2372.4	100	2528.6	100	156.2
呼和浩特市	243.79	10.26	311.5	12.32	67.71
包头市	229.74	9.67	287.8	11.38	58.06
呼伦贝尔市	273.65	11.52	252.92	10.00	-20.73

续表

地区	2000 年	占比	2017 年	占比	人口增减
兴安盟	161.89	6.82	160.42	6.34	−1.47
通辽市	308.35	12.98	312.87	12.37	4.52
赤峰市	451.8	19.02	431.5	17.06	−20.3
锡林郭勒盟	99.34	4.18	105.16	4.16	5.82
乌兰察布市	232.63	9.79	210.25	8.31	−22.38
鄂尔多斯市	139.54	5.87	206.87	8.18	67.33
巴彦淖尔市	171.38	7.21	168.5	6.66	−2.88
乌海市	43.39	1.83	56.11	2.22	12.72
阿拉善盟	19.94	0.84	24.8	0.98	4.86

数据来源：2017 年各地国民经济和社会发展统计公报。

（二）劳动力资源现状

劳动力资源人数和比例呈下降态势。劳动力资源是一个地区在一定时期内所拥有的在劳动年龄范围内、具有劳动能力的人口总数。自治区劳动力资源的状况，是基本区情的重要组成部分，是制定经济、社会发展战略的重要依据之一，合理开发和充分利用劳动力资源，对于国民经济和社会发展具有决定性的意义。截至 2017 年底，自治区劳动年龄人口为 1704 万，占全区常住人口的67.4%，（其中男性 931.2 万人，女性 772.8 万人，表 4）。

表 4 　　　　　　　　2000～2017 年内蒙古自治区人口分布变化情况

年份	全区常住人口（万人）	法定劳动年龄人口（万人）	占常住人口比例（%）
2013	2497.6	1751.9	70.1
2014	2504.8	1744	69.6
2015	2511.0	1732.7	69
2016	2520.1	1719.4	68.2
2017	2528.6	1704.0	67.4

数据来源：《内蒙古自治区人力资源状况及发展战略研究》报告。

就业结构日趋合理。从就业结构来看，2016 年末第一产业就业人员 591.1万人，占全部就业人员 40.1%，比 2010 年下降 8.1 个百分点；第二产业就业人员 234.4 万人，占全部就业人员 15.9%，比 2010 年下降 1.5 个百分点；第三产业就业人员 648.6 万人，占全部就业人员 44.1%，比 2010 年提高 9.7 个百分点。

就业人员在三次产业中的比重由 2010 年 48.2∶17.41∶34.39 调整为 2016 年 40.1∶15.9∶44.1，第一、二产业就业人员在逐渐减少，第三产业就业人员在逐渐增加。

分盟市看，2016 年大多盟市第一产业从业人员占比下降较快，第三产业从业人员占比有不同程度的上升，唯一例外的是乌兰察布市第一产业从业人员占比比 2000 年上升了 3.61 个百分点，而第三产业从业人员则下降了 2.74 个百分点（表 5）。这与乌兰察布市农牧业现代化程度较低、第三产业发育不足直接相关。

表5　　　　　　　　2000～2016 年内蒙古按产业分的就业人口构成变化情况

地区	一产构成（%）			二产构成（%）			三产构成（%）		
	2000	2016	增减	2000	2016	增减	2000	2016	增减
全国	50	27.7	-22.3	22.5	28.8	6.3	27.5	43.5	16
全区	52.2	40.06	-11.14	17.1	15.85	1.25	30.7	44.09	13.39
呼和浩特市	42.18	202	-21.98	17.28	30.4	13.12	40.54	49.4	8.86
包头市	23.16	13.5	-9.66	31.37	26.3	-5.07	45.47	60.3	14.83
呼伦贝尔市	48.41	39.5	-8.91	26.95	12.5	-14.45	24.64	48	23.36
兴安盟	65.73	57.8	-7.93	7.59	10.4	2.81	26.68	31.8	5.12
通辽市	67.35	54.4	-12.95	9.03	13.9	4.87	23.62	31.7	8.08
赤峰市	58.57	52.3	-6.27	14.19	19.1	4.91	27.24	28.6	1.36
锡林郭勒市	62.46	41.2	-21.26	7.23	15.5	8.27	30.31	43.3	12.99
乌兰察布市	52.89	56.5	3.61	13.37	12.5	-0.87	33.74	31.0	-2.74
鄂尔多斯市	60	26.2	-33.8	17.3	27.9	10.6	22.7	45.9	23.2
巴彦淖尔市	75.56	57.5	-18.06	11.54	12.7	1.16	12.9	29.8	16.9
乌海市	29.56	3.4	-26.16	65.27	26.4	-38.87	5.17	70.1	64.93
阿拉善盟	43.81	22.8	-21.01	20.42	26.7	6.28	35.77	50.5	14.73

数据来源：内蒙古自治区统计年鉴。

就业人口受教育程度相对偏低。截至 2016 年底，全区就业人员总计 1474 万人，其中第一产业 590.5 万人、第二产业 233.7 万人、第三产业 649.8 万人，从整体人力资源结构来看，自治区就业人员受教育程度与全国平均水平基本一致，但就业人口 63.8% 为初中以下文化程度，中等职业教育和高等职业教育水平与全国平均水平相差较大（表 6）。

表6　　　　　　　　　　**2016 年部分省区就业人员受教育程度构成**　　　　　单位:%

指标	小学以下	初中	高中	中等职业教育	高等职业教育	大学专科	大学本科	研究生
全国平均	20.1	43.3	12.3	4.9	1.3	9.6	7.7	0.8
内蒙古	18.1	45.7	11.8	3.6	0.7	11.5	8	0.5
黑龙江	15.9	50.1	12.1	3.1	1.1	8.8	8.2	0.7
吉林	18.6	46.6	14	3.9	1.1	7.7	7.5	0.5
辽宁	13.1	49.7	9.6	5.4	1.5	10.4	9.5	0.8
河北	14	50.4	12.8	5.3	1.1	9.5	6.2	0.5
山西	12.9	46.2	13.2	5.5	0.9	11.4	9.2	0.7
陕西	15.9	45.1	14.7	3.9	1.5	10.6	7.6	0.7
宁夏	23.4	40.4	10.3	3.9	0.8	11	9.7	0.6
甘肃	32	38.1	11.4	3.5	0.9	7.3	6.4	0.4

数据来源：中国人口和就业年鉴。

（三）人才资源现状

1. 人才资源总量增长较快

人才资源是指一个国家或地区的人力资源中具有较强管理能力、研究能力、创造能力和专门技能的人员总称，是人力资源中具有较高质量的部分。它与一般劳动力资源相比，形成时间较长、培养费用较大、专业的特定性较强。在中国的现阶段，受过中等专业以上教育、具有专业职称的人员，是人才资源的主要部分。按照目前统计的最新数据，全区人才资源总量为 261.35 万人，相比 2010 年增加了 96.35 万人，其中党政人才 17.23 万人、企业经营管理人才 44.04 万人、专业技术人才 114.35 万人、高技能人才 61.4 万人、农村实用人才 23.08 万人、社会专业人才 1.25 万人。

2. 人才培养和引进效果显著

2017 年，全区 53 所高等院校全年招收学生 13.6 万人，增长 2.0%，招收研究生 7176 人，增长 11.7%，在校研究生 2.0 万人，增长 6.6%。中等职业教育学校毕业生、高等学校应届毕业生人数也在持续增长。同时自治区强化人才聚集效应，通过建设人才流入区、实施草原英才工程等举措，为海内外高层次人才来内蒙古创新创业提供了广阔天地。2010 年以来，自治区共柔性引进两院院士和国外院士 116 人，院士专家团队 770 余人；引进国家"千人计划"人才 13 名，"万人计划"人才 13 名；有 11 人、4 个创新团队、1 个创新人才培养示范基地入选国家科技部"创新人才推进计划"。2010～2016 年，全区培养引进"草原英才" 1017 名，重点培育了农牧业、能源、新型化工等 15 个领域的自治区级产业创新创业人才团队 496 个、高层次人才创新创业基地 77 个。通过多年的引进和培养，自治区人才结构得到进一步优化，对经济社会发展的支撑作用日益凸显。

　　3. 人才平台建设成绩显著

　　十八大以来，内蒙古不断完善人才激励机制，从项目安排、资金投入、平台建设、成果收益分享以及各类奖励政策方面进行统筹。自治区自然科学类高层次科技创新团队已达 45 个，形成了一支规模稳定在 5000 人左右，结构比较合理的基础研究队伍。拥有国家级重点实验室 2 家，国家工程技术研究中心 2 家，省部共建重点实验室培育基地 3 家，院士专家工作站 102 家；共建设国家级高新区 3 个、国家级农业科技园区 7 个、国家级高新技术领域各类基地 9 个、国家级科技企业孵化器 10 个、国家大学科技园 1 个。这些平台载体在提升科技创新能力、引进培养高层次科技人才方面发挥了重要作用。

二、主要制约因素

　　（一）对"人才资源是第一资源"的认识尚需提高

　　人才观念淡薄，重视程度不够，对"人才资源是第一资源"的认识不足。一是各级政府依然比较重视物质资本的投入，对人力资源的开发往往只停留在政策宣传的层面上。虽然制订了各种各样的人力资源开发规划和人才引进政策，然而由于投入不足，规划和政策不能得到较好的贯彻落实。相对于国内多个城市相继推出各种绿色政策掀起的"抢人大战"，内蒙古无论是人才引进政策还是人才环境建设均显力度不够。二是现有的教育模式仍然以获取知识为主，强调创新思维和动手能力的素质教育模式没有从根本上建立起来，教育与科技、经济发展严重脱节，导致人才创新意识不强，创业创新能力总体偏低。三是在人才培养方面，往往只重视高级人才的培养上，而不重视适用人才的培养；只重视普通教育，而不重视职业教育；只重视正规教育，而不重视各种形式的非正规教育。

（二）人才结构分布不尽合理

人才结构不合理，高精尖和产业人才"短板"突出。一是层级结构不合理，高层次创新创业人才、高技能人才所占比重低，新能源新材料、大数据云计算、生物科技等产业人才较为匮乏，人才结构与产业结构匹配度不高。二是人才行业分布不合理，70%左右的专业技术人才聚集在教育、卫生等行业单位，工业企业人才集聚不够，新材料、新能源、生物技术等新兴产业人才尤其短缺。三是区域分布不平衡，城乡之间、区域之间人才分布极不平衡，其中呼和浩特、包头、鄂尔多斯人才资源总量较大，分别为45万人、81.8万人、30.8万人，分别占全区人才资源总量的17.2%、31.3%、11.8%。

（三）创新环境和激励机制不足

近年来，随着内蒙古的快速发展，经济实力日益增强，人力资源建设的物质条件和环境得到了长足改善，自治区深入实施人才强区工程，推进人才制度改革，创新人才政策，深化人才发展体制机制改革，出台了深化职称制度改革实施意见、人才引进和流动实施办法、鼓励和支持事业单位专业技术人员创新创业的实施意见，更加积极、更加开放的"1+N"政策体系逐步形成。但由于体制机制与社会环境的一系列深层次问题尚未解决，人才的创新发展还受到诸多方面的制约。各种制度约束阻碍人才流动和优化配置。很大部分科技、管理人才集中在机关、高校和科研院所，远离市场。这一方面体现了人才分布结构的不合理，另一方面也与人才流动机制不完善高度相关。科技政策未能充分体现科研人员的创新贡献，抑制了科研人员的创新动力。

（四）人才开发资金投入不足

为推进人才强区战略，充分发挥高端人才在经济社会发展中的作用，自治区于2010年启动了"草原英才"工程。六年来，自治区人才工作紧紧围绕"五大基地"建设，不断加大投入力度，"草原英才"专项资金从2010年启动时的每年3500万元增长到2016年的近1亿元，各盟市人才专项资金也陆续投入了近

10 亿元。但于全国平均水平相比，财政资金在人才开发中投入仍显不足。2016 年，自治区财政性教育支出为 554.97 亿元，占地方一般公共预算支出 12.30%，低于全国平均水平 4.3 个百分点。财政性教育经费占 GDP 的 3.06%，低于全国平均水平 0.53 个百分点。教育经费投入在高等学校、中学、小学比例为 20∶41∶39，逐步倾斜于基础教育，更多用于巩固基础，在高层次人才培养方面投入相对不足。

（五）部分行业人才流失比较严重

由于内蒙古属于经济欠发达地区，生产生活条件和薪资水平不能充分满足当代高素质员工对工作生活质量的追求，部分行业和岗位人才流失现象比较突出。如自治区的支柱产业煤化工行业由于居住、教育、交通等条件不便，尽管各大公司在培训、基础设施等方面加大投入，待遇和福利也比较好，但依然有近 8%～10% 左右的人员流失。再如自治区的儿科医务人员紧缺问题比较突出，每千名儿童拥有儿科执业（助理）医师 0.46 人，远低于 0.69 的国家要求。由于儿科医生工作量大、风险大、压力大、收入低，再加上南方经济发达地区的一些医疗机构到内蒙古来高薪招聘儿科骨干人才，致使自治区儿科人才流失现象加剧。

三、对策建议

（一）强化人才优先意识，建立健全各项人才制度

从持续发展的角度来看，必须首先转变观念，确立重视人才优先意识，充分认识到人才资源是促进经济持续增长的重要软环境。牢固确立教育是基础，科技是第一生产力的观念。科技发展和经济腾飞都需要数量众多的高素质人才，而人才主要是通过教育来培养的。因此，要把教育发展放到首要位置，全面正确地理解人力资本概念，并在此基础上制定系统的人力资源开发战略。

建立健全各项人才制度，强化人力资本的政策性投入。依据自治区经济社会发展战略和人才现状，制定一系列人才引进、人才培养、人才激励的政策措施，为人才发展提供宽松的政策环境，形成"以优越的条件吸引人才、以优厚的待遇留住人才、以优质的环境成就人才"的良性循环运转机制。

（二）健全顺畅的人才流动机制，完善人口服务管理体系

健全顺畅的人才流动机制，鼓励支持事业单位人员离岗创业，建立促进人的全面发展的财政投入保障机制，确保人口和计划生育财政投入增长幅度高于经常性财政收入增长幅度，确保法律法规规定的各项奖励优惠政策、旗县乡镇人口和计划生育技术服务机构基本建设和队伍建设、计划生育经常性工作、计划生育免费基本技术服务等经费的落实。将流动人口服务管理、信息化建设、职业化建设、群众自治等经费列入同级财政预算。

强化流动人口居住登记及证件管理，落实居住登记申报义务人主动申报管理机制，确保登记信息完备准确。健全农村牧区转移人口落户制度，以就业年限、居住年限、城镇社会保险参保年限等为基准条件，构建权责对等、梯度赋权的多层次公共服务体系。对外来常住人口，以居住证为载体，提供教育、医疗、就业、社会保障等基本公共服务，并根据空间承载力和财政承受力，动态优化服务项目和保障标准。对无稳定居所和职业的短期流动人口，重点做好治安管理及公共安全服务。

（三）加大教育投资，拓宽融资渠道

建立人才投入多元化机制，改革科研经费管理方式，优化人才服务平台建设，加强创新成果知识产权保护，完善人才服务保障机制。树立教育是战略性主导产业、教育投资是基础性和生产性投资的观念，鼓励各种形式的教育投资，促进人力资本形成与积累。有效执行义务教育政策，尤其是农村教育。鼓励社会资本投入教育事业，加强私立教育、职业教育，鼓励成人的在职培训。

高素质人才是自治区经济社会持续快速发展的智力支持，科学的人才投入机制是人才队伍建设顺利进行的保障。应积极探索多元化、多渠道、多形式的人才投资机制，吸纳民营资金、海外资金和其他形式的资金参与高层次人才的引进、创业活动，逐步形成政府、社会、用人单位和个人共同参与的多元人才投入机制。

（四）激活人才存量，提高人才使用效益

内蒙古科技人才主要集中于高等院校、科研院所之中，受体制机制制约，科研人员巨大的创新潜力还没有充分释放出来，研发成果走向市场的权利等问题不

能得到很好的解决，携带发明成果进行创业的合法性得不到承认，在一定程度上影响了科技人员的创业热情。因此，当前迫切需要优化创新环境，鼓励本土科技人员创新创业。出台支持科研人员离岗创业的优惠政策。鼓励高校、科研院所等事业单位专业技术人员在职创业、离岗创业，在一定期限内保留原有身份和职称，由此产生的收入归个人所有，形成科技人员畅通流动的良性循环。

（五）引进和培养高素质人才，优化科研队伍结构

人才是企业技术创新活动中最活跃的因素，企业技术创新的能力、水平和科技产出的多寡在很大程度上取决于质量、数量以及配置情况。应根据全区自主创新的总体要求，制定人才队伍建设的总体战略和政策，完善人才培养开发制度，改革高层次人才培养支持机制，创新高技能人才培养模式。通过体制机制创新，以市场为导向，以灵活的管理方式和务实管用的引人用人措施，引进和培养一批适合自治区战略性新兴产业发展的领军科技人才和团队，不断优化科研队伍结构。培养造就创新型企业家，加强农村牧区实用人才培养，优化青年人才培养机制，健全基层和生产一线人才开发机制，多渠道培育人才，以缓解自治区人才不足、人才流失的困境。

（六）营造有利于人才发展的良好氛围，完善人才评价机制

研究完善"事业留人、政策留人、感情留人、待遇留人"的有效方法，大力宣传人才典型和人才工作经验，扩大覆盖面和影响力，增强人才荣誉感和归属感，营造尊重人才、见贤思齐的社会环境，鼓励创新、宽容失败的工作环境，待遇适当、后顾无忧的生活环境，公开平等、竞争择优的制度环境，形成全社会关心支持人才发展体制机制改革的良好氛围。

深化事业单位编制管理体制改革，建立自治区、盟市、旗县（市、区）政府人才服务权力清单和责任清单，建设人才管理改革试验区，推动人才管理市场化、社会化、信息化，推进人才管理体制改革。建立科学的人才评价机制，深化职称制度改革，建立创新成果转化机制，创新人才奖励表彰机制，进一步创新人才评价激励机制。

第二节　推进现代基础设施建设

　　基础设施是供给体系的重要组成部分，也是建设现代化经济体系和实现高质量发展的基础支撑和应有之意。近年来，自治区基础设施得到很大程度的改善，但与全国相比还存在不小差距，基础设施建设与高质量发展的绿色化、智能化与现代化等趋势还存在不相适应的方面，与人民日益增长的美好生活需要还存在很大差距，这就必然要求我们要综合平衡当前和长远发展需要，以重大工程为支撑，全面加强水利、铁路、公路、航空、管道、电网、信息、物流、质量、民生等领域的基础建设，加快形成高效、立体、绿色、现代、更好惠及民生和更可持续的基础设施建设和运营网络体系，从而为高质量发展保驾护航。

一、实现高质量发展对基础设施建设提出了新要求

　　认识是行动的先导，建立现代化经济体系和实现高质量发展是一个集现代化产业体系、现代化基础设施体系、现代化动力体系、现代化市场体系、现代化企业体系和宏观调控体系等为一体的集合体。其中现代化产业体系是核心，基础设施是重要条件和保障，是服务和保障现代产业体系的。基于此，配套建设什么样的基础设施体系，这在很大程度上取决于现代化产业体系与高质量发展的新要求与新趋势。而从现代产业体系和高质量发展发展内涵看，其对基础设施提出了新要求，主要表现在：

（一）先行性新要求

　　基础设施具有先行性和基础性特征，基础设施所提供的公共服务是所有的商品与服务的生产所必不可少的，若缺少这些公共服务，其他商品与服务（主要指直接生产经营活动）便难以生产或提供，尤其是在当前数字化、信息化和智能化发展新阶段，以数字化为核心的新型基础设施建设不仅将有力助推我国

数字经济的发展，同时也能够为传统产业的转型升级提供有力支撑；但同时基础设施的先行性也要充分契合发展的阶段性特征与要求。当前，我国已进入高质量发展阶段，正处在转变发展方式、优化经济结构、转换增长动力的攻关期。有鉴于此，在基础设施建设领域孵化、引导、做强一批革新型项目，有助于基建领域乃至全行业的提质增效，是实现高质量发展的应有之义；同时，建设现代化产业体系，实现高质量发展，需要我们抢抓信息技术与生命科学技术变革与产业化的新机遇，培育新动能、新产业和新业态，从而进一步拓展生产可能性边界，提升全要素生产率，这必然对信息和生命研发等先进基础设施建设提出新要求。

（二）高质量供给新要求

高质量发展，意味着高质量的供给，基础设施的高质量供给是题中应有之意。关于高质量基础设施，联合国贸易发展组织、联合国工业发展组织、世界贸易组织和国际标准化组织在总结质量领域 100 多年实践经验基础上，提出计量、标准、检验检测、认证认可，共同构成国家质量基础设施（National Quality Infrastructure，NQI），认为其是提升一个国家发展质量的基石。NQI 作为一个完整的技术链条，在产业转型、科技创新、对外贸易、生态文明建设、社会治理等方面发挥着重要基础作用，是提高供给体系质量、推动经济发展质量变革、效率变革、动力变革的重要支撑。有鉴于此，建设现代化经济体系，实现高质量发展，必然要求在质量基础设施建设上有新突破与新提升。

（三）绿色化新要求

绿色发展是构建现代化产业体系和实现高质量发展的必然要求，这也是新时期基础设施建设的基本遵循。而推进基础设施绿色化建设，其内涵与要义主要体现在两个方面：一是按照绿色基础设施相关共识，即绿色基础设施是建立在生态理论的基础上，针对"灰色基础设施"（如公路、市政下水管网等市政支持系统）和社会基础设施（如医院、学校等）等"建筑设施"概念而提出的，它将城市开敞空间、森林、野生动植物、公园和其他自然地域形成的绿色网络，看作支持城市和社区发展的另一种必要的基础设施，在现实中主要形式就是体现在维护人的多种利益而相互连接的公园和绿地系统、保护生物多样性和物种栖息地自然保护网络（如河流、湿地、森林等生态系统）以及绿色化的市政基础设施（如生态化的雨洪管理设施）；另一方面，其衍生的意思是要推进基础设施建设与运营中的绿色化水平，即制定基础设施建设的环保标准和规范，加大对重大基础设施建设项目的生态环保服务与支持，推广绿色交通、绿色建筑、清洁能源等行业去掉节能环保标准和实践，促进环境基础设施建设，提升绿色化、低碳化建设和运营。

（四）智能化新要求

建设现代化经济体系，实现高质量发展，根本上要推进动力变革、质量变革和效率变革，而基础设施建设智能化本身内涵着三大变革。一方面，基础设施建设行业面临着由"传统管理方法"升级转型为"信息管理"的巨大压力；另一方面，智慧设施转型能释放现有基础设施更多的内在价值，相同的投入，智能设施所带来的价值更高。智慧基础设施将带动大量的电子、信息产业发展；此外，由于智慧基础设施的高附属价值，可能颠覆部分基础设施领域的管理模式和运营方式，对传统商业模式进行质的改变。从世界实践来看，智慧基础设施建设也是方兴未艾，目前全球近400亿英镑投入在智能城市的建设中，而智慧基础设施占据其中5%～12%的投资比重。

（五）高效化新要求

高质量发展，意味着高质量的投入产出，即用有限的资源创造更多的财富，实现成本最小化或产出最大化，这是经济学的基本问题，也是衡量发展质量高低的重要标准，这也是现代化基础设施建设的应然要求。一方面，传统产业的改造、战略性新兴产业的崛起，都离不开基础设施提供的物质技术手段，基于这个角度考虑，处于转型升级关键期的自治区应继续加强农业、能源、交通、城市公用设施、环保等基础设施建设，采取多元化的投资方式，为整体地区产业升级提供物质基础，这也是拓展发展空间和形成新动能的重要途径；另一方面，追求高质量发展，必然要求平衡好产业发展与基础设施建设效益关系，尤其在基础设施大幅改善的前提下，基础设施投入的边际效益下降不可避免，同时在基础设施投入主要依托政府而在地方政府经济增长乏力导致财政投入有限的背景下，更需要处理好基础设施建设与产业投资的关系，更需要从源头上强化产业投资方面效益，即基础设施建设规模要与发展规模和实际需求相匹配，建设节奏与支撑能力要相适应，推进基础设施建设既要砥砺前行，更要量力而行。

（六）可持续新要求

建设现代化经济体系和实现高质量发展，其核心要义是推动发展更高质量、更高效率和更可持续，使得基础设施建设的可持续提上了重要议程。这是因为，随着基础设施的日益完善，基础设施维养市场将逐渐占有更大的市场份额，而基础设施维养更新比从无到有兴建新设施的技术复杂度更高，会面临新的瓶颈和障碍，这必然要求提前做好关键技术的前瞻性科研攻关，储备充沛的技术成果、建设模式和人才队伍，积极支持基础设施维养更新项目的试点探索工作。

（七）惠民生新要求

基础设施即俗称的基础建设（physical infrastructure），不仅包括公路、铁路、机场、通信、水电煤气等公共设施，也包括教育、科技、医疗卫生、体育、文化等社会性基础设施。经济发展速度保证民生改善进度，经济发展质量决定民生建设含金量，我国经济发展进入了新时代，基本特征就是我国经济已由高速增长阶段转向高质量发展阶段，这对基础设施建设导向提出了新要求，即在自治区基础设施整体较为完善的基础上，今后要推动传统基础设施建设向侧重于基本的公共设施提供和居民基本生活需求满足上转变，更注重于居民生活质量的改善和全方位需求，这对生态基础设施、智慧城市基础设施、文化基础设施和医疗养老基础设施等方面提出了新要求。

二、存在的主要矛盾和问题

总的来说，进入 21 世纪以来，随着自治区经济快速发展、国家重大项目布局落地以及自治区财政收入的快速增长，全区基础设施建设迈上了一个新台阶，全区综合交通基础设施网络日趋完善，基本形成了连接内外、覆盖城乡的现代化综合交通运输体系；基本形成了合理、安全、协调的现代电网和油气管网格局；集中力量建设了一批关系全局、具有较强辐射带动作用的重大水利工程，进一步夯实和提升了经济社会发展的水资源保障能力；顺应信息化和互联网发展趋势，大力推进信息基础设施建设，为促进新型工业化、信息化、城镇化和农牧业现代化同步发展，打造"大众创业、万众创新"和增加公共产品、公共服务"双引擎"提供了有力支撑。但对标对表现代化产业体系以及高质量发展对基础设施方面的新要求，自治区基础设施还存在着与高质量发展要求不相适应的方面。

（一）基础设施边界与范围有待进一步拓展

从自治区近几年基础设施建设重点和范围看，主要集中在道路、水利、能源通道以及油气管网等领域，固然从经济发展的角度看，强化这些领域建设依然不会过时，而且随着形势发展，自治区对代表未来的新一代互联网基础设施建设也在有所加强。但对标高质量发展新要求，自治区对于诸如计量、标准、检验检测、认证认可等质量基础设施方面建设则存在认识模糊，对于诸如公园和绿地系统以及保护生物多样性和物种栖息地的自然保护网络等绿色基础设施建设投入相对较弱，科普类基础设施以及民生基础设施建设也较为滞后等，这些方面亟待从认识和行动上予以拓展和深化。

（二）城乡基础设施建设不充分与不平衡问题依然突出

城乡基础设施建设包括给水、排水、污水处理、垃圾处理、交通、能源以及医疗、卫生、体育、文化教育、娱乐设施、商业网点、信息服务等方面。整体看，自治区城乡基础设施建设取得了很大的进展，但城乡基础设施建设不充分不平衡问题依然较为突出，主要表现为两方面。

一是基础设施建设不充分。科技、生态、环保、医疗、卫生、养老和文化基础设施建设存在很大不充分，还不能很好地满足人民群众日益增长的美好生活需要；即使在已取得重大成就的道路、供水以及信息基础设施等领域，发展不充分的问题依然较为明显，截至2017年底，全区公路通车总里程19.9万公里，累计新增2.4万公里，全国排第9位，全区12个盟市所在地均通了高速公路，103个旗县（市区）有99个通高速公路和一级公路，所有苏木乡镇和具备条件的嘎查村通了沥青水泥路；铁路开通新线里程4249.8公里，全区铁路运营里程达到 1.4 万公里，位居全国第一，覆盖 12 个盟市，与周边 8 个省区连通，对俄蒙 11 个陆路口岸中已有 5 个通达铁路，初步形成了连接"三北"、通疆达海的铁路运输网络，但对标全国以及先进省区，全区仍是全国 3 个没通高铁的省区之一，供水管道密度、燃气普及率等指标均低于全国平均水平，通信网络带宽不足、上网速率较低，公路总体技术等级偏低，路网技术结构也有待进一步优化，高等级公路占公路总里程的比重不足 20%，复线率和电化率仅有 37% 和 39.9%，分别低于全国平均水平 23 和 30 个百分点；通用机场群建设难以满足产业发展需求，支线、通用短途运输航空网络尚未形成，高级路面占公路总里程比例不足 40%。

二是基础设施不平衡问题较为突出。城乡、区域以及城镇之间还存在一定差距，尤其是农村牧区科技、医疗、养老、文化和信息通讯基础设施建设整体水平较低。

（三）基础设施建设绿色化水平有待进一步提升

绿色基础设施是推进生态文明建设的重要环节，但从自治区乃至我国整体看，一方面，基础设施建设和运营绿色化依然处于口号多于行动、模仿多于创新的初级阶段，全区公路建设路面旧料回收和循环利用率、沥青冷再生比例、公路技能照明覆盖率等依燃较低，与生态文明时代的紧迫需求形成很大反差，绿色交通发展有待进一步深化；另一方面，现存的企业、社区高污染、高能耗以及高排放的基础设施对气候、环境、资源的不利影响依然严峻。

（四）基础设施建设不可持续性凸显

一方面，传统投融资体制的弊端显露，单一的政府投资主体和单一的融资方式导致地方融资平台风险凸显，部分基础设施建设项目的风险敞口上升，因为巨大的财政压力导致以往需要政府投资基础设施的模式面临难以持续的压力；另一方面，受重建设轻养护、项目营运市场化程度不足等影响，以经营性基础设施工程项目普遍存在投资效率低下的问题，影响项目的可持续运营与发展。

（五）基础设施建设效率亟待进一步提升

由于基础设施建设缺乏统一的规划、管理，多家企业"各自为政"，导致马路不断开肠破肚，"马路拉链"现象时有发生，既影响城市面貌和市民生活的同时，又造成了资源的巨大浪费与一定程度上环境的破坏。此外，各地因行政区分隔和地方利益自固，在收费问题上各自为政，从而导致出行和运输效率的下降。

三、加快建设现代基础设施的重点和方向

顺应新要求，以问题为导向，未来自治区基础设施建设要要综合平衡当前和长远发展需要，以重大工程为支撑，统筹做好水利、铁路、公路、航空、管道、电网、信息、物流、质量、民生等领域的基础建设，加快形成高效、立体、现代、绿色、更好惠及民生和更可持续的基础设施建设和运营网络体系。

（一）做好基础设施建设的统筹规划，加快形成科学高效基础设施建设体系

1. 做好基础设施建设与经济发展的统筹

本着有必要、有条件和量力而行、尽力而为的原则，统筹做好基础设施建设与经济发展的关系。一方面，把项目建设作为基础设施建设和促进经济发展结合起来的最佳切入点，结合自治区优势、特色和未来高质量发展根本要求，重点推进信息化基础设施、能源外送通道、省区间客货通道以及和林格尔新区等重大基础设施建设项目，使之成为地区经济社会发展的强大引擎。另一方面，要把基础设施建设与产业发展充分统筹起来，紧密结合地区优势和特色产业规划基础设施建设，使基础设施建设更好地为产业发展服务，通过产业发展，带动当地经济发展，为基础设施建设提供更多资金，使两者相互促进，共同发展。

2. 处理好重大基础设施与一般性基础设施建设的关系

要处理好重大基础设施建设投入与一般性投入之间的关系，这就要求今后自治区要举全社会之力做好已纳入（或正在纳入）国家或自治区发展大盘的重大基础设施项目，对于一般项目，要多做一些一般项目的整合、衔接、综合开发以及投融资项目融资创新（如 PPP）文章，这样做既能在有限财力下发挥集中力量办大事的制度优势，同时也是在当前政府财政缩紧与金融风险防范趋紧背景下，充分提升基础设施投入产出效益的必然要求与必经途径。

3. 处理好立足当前与兼顾长远的关系

一方面，结合稳增长、建成全面小康和推进乡村振兴等目标，要紧紧围绕人民群众最关心、最迫切、最需要解决的民生问题，紧密结合当地实际，谋划基础设施建设尤其要加大农村人居环境改善、棚户区改造以及教育、卫生、文化等与消费升级相关领域基础设施投资与建设，结合自治区"旅游+"战略和医疗养老基础设施较为缺乏的实际，重点完善旅游、养老、和体育健身类基础设施建设；另一方面，要围绕长远发展考虑，加大重大生态建设、科技创新、高技术制造、战略性新兴产业、信息网络等重大引领性基础设施策划和建设力度，为后续发展充分积蓄势能。

（二）打造现代网络化交通网，加快形成立体化基础设施新格局

1. 强化水利基础设施建设

发挥重大水利工程供水、防洪、灌溉、生态等综合效益，加快国家和自治区重大水利工程项目建设，加强水资源控制工程、跨区域调蓄水工程和节水改造工程等建设，继续推进黄河内蒙古段二期防洪等干流治理工程建设，构筑起调水、蓄水、节水、高效用水的水资源网络体系。实施江河湖泊治理工程，大力实施"一湖两海"综合治理、京津风沙源治理等国家水土保持重点工程建设，提高防洪排涝综合减灾能力。实施大中型灌区续建配套和节水改造工程，加强农田草牧场水利设施建设，以"四个千万亩"工程为重点，发展高效节水灌溉农业。

2. 加强综合交通网络建设

围绕打通内循环、畅通外通道，统筹规划好外部连接通道、资源及产品运输通道、旅游通道、城乡通道等。围绕形成以高速铁路为骨架的区域快速客运主通道，实现重点城市通高铁，构建以北京为核心，西部以"北京—呼和浩特—包头—乌海"为主通道，东部以"北京—赤峰—通辽—乌兰浩特—呼伦贝尔"为主通道，中部以集通铁路为主连接蒙西、蒙东两大区域的快速客运铁路网；努力建成包头至银川的高速铁路，研究建设包头至榆林段、集宁至大同、齐齐哈尔至乌兰浩特至白城至通辽等高速铁路。加快锡张、齐海满等快速铁路和城际铁路建设。继续完善珠恩嘎达布其、策克、甘其毛都后方通道建设，研究建设黑山头、乌力吉等口岸铁路。推进呼和浩特至盟市所在地、重要出区通道、

所有旗县基本贯通高速公路，盟市至旗县、重点口岸、重点工业园区、重要旅游景区通一级公路；加强二连浩特、甘其毛都等边境口岸公路建设。加快通用机场建设，积极推进重点机场迁改扩建和支线机场、通用机场建设争取民用机场总数达到 59 个，实现合理半径有机场、构建形成"1 干 19 支 4 个通用机场群"的目标。加强区域综合交通枢纽、物流站场等节点设施建设，形成铁路、公路、航空网衔接配套、综合立体高效的大交通网络体系。

3. 加大市政基础设施建设和改造力度

推进城市交通体系网格化建设，城市轨道交通、地下综合管廊、换乘枢纽及停车场、充电桩等配套服务设施建设。加快城镇老旧小区供水管网改造，提高管网整体运营水平。统筹规划扩建和新建城镇污水处理设施布局，合理确定建设规模。重点解决城镇雨水管网排水能力不足和合流制管网改造的问题。建立以热电联产和大型区域集中供热锅炉房供热为主，工业余热、太阳能等其他能源供热为辅的城镇集中供热体系。增强城镇综合承载能力和公共服务能力，构筑设施完善、产城融合、宜居宜业的大城镇体系。

4. 加强能源网络建设

加快特高压电力外送通道建设，推进区内骨干电网升级改造，重点构建区内"四横五纵"500 千伏电网，进一步优化 220 千伏电网结构。实施新一轮农网改造升级工程，提高农网供电能力和供电质量。加快蒙西—华中"北煤南运"通道和油气管道建设。支持和推进中俄油气管道互联互通，重点实施中俄东线天然气管道、中俄原油二线等跨境油气管道建设，全面构筑大能源输送网络体系。

（三）加快建设新一代信息基础设施，打造数字化现代基础设施新体系

结合信息技术发展新特征与高质量发展新要求，加快构建网络宽带泛在、平台开放共享、能力持续升级的数字经济基础设施体系。

1. 持续推进宽带普及提速

加快光网改造和移动通信网升级，全面推动 IPv6（互联网协议第 6 版）大规模部署。扩大宽带网络覆盖范围，拓展网络出口带宽，全面构建全光网城市，提供高速、泛在网络接入服务能力。加快开放网络平台建设，大力发展云计算、

大数据、物联网、人工智能、区块链等领域基础性业务开放平台，提供基础架构、资源、技术等方面支撑，满足业务创新发展需要。加快网络和平台优化升级，超前部署超大容量光传输系统、高性能路由设备和大数据云平台等基础设施，提供支撑业务创新发展的网络设施环境。

2. 推进"百兆乡村"示范及配套支撑设施建设

要加快提升包括宽带、无线、物联网、云计算、大数据在内的信息基础设施能力，推广千兆光网，完善 WIFI 服务，扩大数据储存容量，升级云计算速度，落实提速降费要求，重点开展 5G 规模组网建设和量子通信网络建设，抢占技术制高点。

3. 强化公共服务平台基础设施建设

重点加强各类创新创业服务平台、知识产权交易平台等基础设施建设，尤其要大力推进产业创新平台建设，提升创新要素汇集能力，持续稳定增加科技投入，引导各类资金、鼓励高端人才进入重点优势产业，从而营造有利于创新创业的环境，让人才"使上劲"，使其技术与知识"用得上"。

（四）更好推动民生基础设施建设，全面提升基础设施惠民生水平

结合基础设施建设惠民生新要求，要更好推进民生基础设施建设。

1. 保障性安居工程配套基础设施建设

合理安排中央预算内投资，支持已建成（或正开工建设）保障性安居工程配套道路、供排水、供电、供气、供暖、绿化、照明等基础设施，教育、文化、医疗等公共服务设施以及与保障房直接相关的市政基础设施，使群众享有更好的居住环境，满足其多样化居住需求。

2. 农村牧区人居环境改善基础设施

完善农村生活垃圾收集容器，配备垃圾转运车辆，推进镇村公厕和农村牧区无害化卫生厕所建设，提高农村牧区无害化卫生厕所普及率。加强自来水设施建设，解决农村牧区饮用水困难和饮用水安全问题。加强农村牧区村民集中饮用水源地的监测，完善饮用水源地保护设施。加大农田水利设施建设，完善灌溉工程配套设施。推进农村牧区公共场地、邻里休闲场地、农家书屋和健身运动场地建设，优化配套教育、卫生等资源与设施建设，强化便民服务、科技服务、医疗服务、网络服务等功能，形成功能完善、覆盖面广、基本满足村镇

居民需要的公共服务设施供给体系。

3. 扩大环境保护基础设施建设

结合污染源普查等工作，对行政区内产生的污水、生活垃圾、危险废物等污染物总量进行摸底，对照现有环保基础设施的能力补齐短板，同时，将环保基础设施建设纳入到行政区城乡建设整体规划中，根据实际情况进行动态更新、及时调整。

（五）推进基础设施智能化改造与建设，加快推进基础设施绿色化

1. 加大对智能建造工程的建设引导

提升建筑业机械自动化施工程度，探索发展小型机具自动化、微型工程机械、机器人化作业程序。搭建基建共享平台，通过精准的地理、时间、费用匹配技术，实现闲置的基础设施、工程机械及劳务班组之间的点对点连接，从而绕过高费率、低效率的传统中介，有效提升资源配置效率。推广兼具可视化、协调性、模拟性、优化性和成本节约性的建筑信息模型。

2. 加快水电交通等系统的智能化改造

加快对电力设施、水务系统及交通管控设备等进行智能化改造，推动智能化电网、智能水网和智能交通网的建设。

3. 推进现有基础设施绿色化建设（或改造）

强化道路交通、管道途径区域绿色保护网络等基础设施建设；同时加快推进基础设施建设绿色化改造，重点发展电动汽车充电、地表水采用、水利、废水污水处理等低碳化和高能效的基础设施建设项目，提高公路建设路面旧料回收和循环利用率、沥青冷再生比例、公路技能照明覆盖率等易燃较低，积极引导现存的企业、社区高污染、高能耗以及高排放的基础设施进行节能和绿色化改造。

（六）创新基础设施建运模式，全力提升基础设施可持续发展水平

1. 力争在质量基础设施建设方面取得新突破

一是尽快补齐质量基础设施建设短板。对接国家战略实施、自治区产业转型升级以及生态文明建设等重大需求，新建一批高端社会公用计量标准、高准

确度分析测试设施装置，形成一批亟须的检验检测能力和关键技术标准。加强对质量基础科技创新的支持，设立重大研发专项，着力突破一批重大关键核心技术。二是加强公共平台设施建设。将质量基础服务纳入产业创新综合服务的重要内容，在自治区产业创新服务综合体建设中同步规划建设质量基础公共服务平台。围绕产业集聚区、特色小镇建设、区域经济发展需求，持续提升和新建一批国家和区级质检中心、产业计量测试中心，形成对中小微企业发展和"双创"的有力支撑。

2. 围绕基础设施可持续发展新要求，未雨绸缪做好相关基础设施养护技术开发与建运模式创新工作

一是积极推进基础设施养护技术开发。随着我国基础设施的日益完善，基础设施维养市场将逐渐占有更大的市场份额，而基础设施维养更新比从无到有兴建新设施的技术复杂度更高，会面临新的瓶颈和障碍。建议提前做好关键技术的前瞻性科研攻关，储备充沛的技术成果、建设模式和人才队伍，加强基础设施维修养护、城市更新领域的科研攻关、成果转化和项目落地，积极支持基础设施维养更新项目的试点探索工作。二是全面提升基础设施建设效率。探索建立绿色银行，以能源财政拨款为种子资本，以项目收益和所吸纳的社会资本为后续资本，定向支持社会资本对低碳环保基建的投资、购买和租赁，全面提升基础设施建设效率。三是创新基础设施融资模式。建立城市环境保护投融资体制，加大 PPP 等模式的推广力度，拓展环保基础设施建设的资金渠道，从而解决因资金困难造成的建设滞后问题。在政府直接运营的项目中，要通过政府购买服务的方式，引入技术能力过硬的团队，保证环保基础设施的稳定运行和达标排放。

第三节　推进新型城镇化建设

新型城镇化是最大的发展动能所在，是推进高质量发展的主战场，科学推进新型城镇化建设，对内蒙古高质量发展具有重要意义。适应高质量发展的需要，要以产城人有机融合为核心，更加注重环境宜居、产业兴旺、文脉传承和

人的城镇化，全力加快"新四化"融合发展，为经济、社会高质量发展提供有力支撑。

一、内蒙古新型城镇化发展现状

"十三五"以来，内蒙古坚持把积极稳妥推进新型城镇化作为经济社会发展的重要动力，以新发展理念作为引领，以供给侧结构性改革作为主线，关注城镇发展的质量，围绕人的需求建设、设计和管理城市，城市综合承载力、集聚力和辐射力不断提高，城市规模快速扩张、城市体系不断完善、城市功能持续提升，城镇化取得明显进展。

（一）内蒙古推进新型城镇化取得的成效

1. 城镇化布局和形态不断优化

近年来，内蒙古加快构建区域经济、产业空间布局紧密衔接的城市空间，推进城市群融合发展，基本形成以呼包鄂城市群核心区为龙头，锡赤通城镇带、呼伦贝尔—兴安盟城镇片区、乌海周边城镇片区协调发展的"一核多中心，一带多轴线"城镇发展空间体系。其中：呼包鄂城市群已初具规模，呼和浩特首府功能和中心城市辐射带动能力不断强化，随着和林格尔新区申报国家级新区、准格尔旗"撤旗设市"，"四足鼎立"的"井"字型城市群核心层基本形成；锡赤通城镇带通过加快建设综合快速交通系统，形成了以锡林郭勒盟、赤峰市、通辽市中心城区为中心，以旗县城关镇为节点，向村镇延伸的城镇体系框架。与此同时，大中小城镇协调发展，形成了以呼和浩特、包头、赤峰等大城市，通辽、鄂尔多斯、乌海等中等城市，及呼伦贝尔、乌兰察布、巴彦淖尔等小城市，及小城镇协调发展的新型城镇化体系，城市规模结构更加完善，区域中心城市辐射带动作用更加突出。截至 2017 年底，全区 20 个设市城市中，有大城市 3 个，中等城市 3 个，小城市 14 个，旗县城关镇 69 个、建制镇 388 个。

2. 城镇产业支撑能力增强

各盟市围绕产业融合要求和优化城镇产业布局的重点任务，加强城市规划工作，把资源环境与可持续发展、城镇化与城乡空间发展、产业发展与文化创新、区域发展与统筹协调、设施支撑与规划实施融入到城市规划当中，城镇产业布局优化。各城市坚持城市总体规划先行,进一步完善城市功能分区,实现新区老区功能互补。按照国家产业转型升级方向,明确城镇重点发展产业的方向。重点做优做强"四大传统工业基地",加快发展七大战略性新兴产业,持续优化产业结构和布局,持续提升创新能力方向,增强城镇产业支撑能力。着力推动具备条件的开发区向城镇转型,注重开发区功能化建设,由单一生产功能区向城市综合功能区转型。围绕工业化、城镇化和新农村新牧区建设,按照企业集中、产业集聚、资源共享、经营集约的原则,将服务业集聚区建设作为加快发展的重要抓手,加快推进服务业集聚区建设,截至 2017 年底,自治区级服务业集聚区达到 78 家,其中营业收入超过 10 亿元的集聚区 27 个,超 50 亿元的 5 个。2017 年集聚区共实现营业收入 1587 亿元,入驻企业数 14077 户,吸纳就业人数 26 万人,完成税收 48 亿元,集聚效应凸显。

3. 城市综合承载能力逐步提升

"十三五"期间,内蒙古加强城镇现代综合交通运输体系建设,逐步完善市政公用设施,加强城镇学校、医院、文化等设施建设,不断提高医疗、社保等公共服务水平,城市综合承载能力显著提升。一是大力推进城际公交、城乡公交、农村公交及特色公交网络建设,截至 2017 年底,人均市政道路面积达到 25.93 平方米/人。按照公交优先发展战略,推进"公交都市"示范工程,公交下乡以及农村客运公交化工程,统筹农村牧区客运"路、站、运"一体化发展,每万人拥有公交车标台数 7.99 标台。二是基础设施和公共服务设施逐步完善,重点推进地下综合管廊建设,截至 2017 年底,全区已建成廊体 44.54 公里,城镇公共供水普及率达到 98.52%,燃气普及率达 91.75%。物流、超市、菜市场、停车场等便民利民服务设施进一步完善,社会服务能力进一步提高。三是进一步加强城镇学校、医院、文化、体育、市场、养老、治安、社区服务等设施建设,推动医疗、社保等公共服务水平提升。城市综合服务能力大幅度提高,城市社区综合服务设施覆盖率达到 100%。

4. 城镇发展方式加快转变

"十三五"以来,内蒙古根据资源承载能力、环境容量和发展潜力,合理确定各城镇建设规模,优化城镇空间结构,集约城镇建设加快推进,城镇发展方式向绿色化、智慧化转变。一是按照全力以赴打好污染防治攻坚战的要求,淘汰 10 蒸吨/小时及以下燃煤供热锅炉,城镇污水处理厂平均达标排放率稳步提升。推动既有居住建筑节能改造，截至 2017 年底，全区共完成既有居住建筑节能改造面积 9378 万平方米，在建和竣工绿色建筑占新建建筑比例为 33.45%。城市建成区绿地率达到 35.30%，绿色城镇建设水平进一步提高。二是智慧城市建设加快推进，互联网速率与普及率明显提高，20Mbps 以上城市宽带接入用户占比达 95%，大中城市家庭宽带接入能力达到 49.67Mbps；速率在 50M 以上的宽带用户占比位列全国第三，速率在 100M 以上的宽带用户占比位列全国第一。

5. 城市精细化管理水平显著提高

以"城市管理要像绣花一样精细"为导向，全区城市管理水平进一步提高，以规范化、标准化、法治化、智慧化、人性化、精准化为着力点，聚焦民生、重点和短板，不断提高城市综合竞争力和影响力，人民群众在城市生活得更方便、更舒适。一是加强城市管理体系数字化建设，以创建"整洁有序、功能完善、环境优美、文明和谐、服务高效"城市为目标，形成城市精细化管理目标体系和标准体系。二是以城市网格化综合管理信息系统为核心，实现 110 报警电话、12345 市民服务热线、12319 城建服务热线的对接，推动相关行业管理和执法信息系统互联互通，形成涵盖城市管理各领域和各层级的综合信息平台。城市管理精准化的短板也在逐渐补齐，"厕所革命"、园林绿化管理、垃圾综合治理、城市公共空间管理等方面也在有序推进，城镇管理体系不断健全。

6. 新型城镇化试点示范工作扎实推进

从 2016 年起，内蒙古在扎兰屯市、包头市、元宝山区、准格尔旗、科左中旗、乌拉特中旗、鄂伦春自治旗大杨树镇开展三批实施新型城镇化试点，各项试点任务积极探索、扎实推进。一是强化农业转移人口落户城镇的制度设计，户籍制度改革成效显著，试点地区全面放开落户限制，统一登记为居民户口，实施居住证制度。建立市民化成本分担机制，政府要承担农业转移人口市民化在义务教育、劳动就业、基本养老、基本医疗卫生、保障性住房以及市政设施等方面的公共成本；企业要落实农民工与城镇职工同工同酬制度，加大职工技能培训投入，依法为农民工缴纳职工养老、医疗、工伤、失业、生育等社会保险费用；农民工要积极参加城镇社会保险、职业教育和技能培训等，并按照规定承担相关费用，提升融入城市社会的能力。试点地区开展农民市民化成本测算和相关机制建立，并将农业转移人口在义务教育、劳动就业、基本养老、基本医疗卫生、保障性住房及市政设施等方面的公共成本纳入财政保障范围。二是推进产业发展与城市建设深度融合，试点地区依托当地资源和优势，发展特色产业，推进现有开发区、工业园区逐步完善城市服务功能，将之打造成新的社区。

（二）内蒙古新型城镇化发展中存在的问题

内蒙古的城镇化经历了快速发展的阶段，城市规模迅速扩张，但是也存在城市综合服务功能依然滞后、城乡融合发展推进缓慢等一系列问题，新型城镇化发展质量还有待于进一步提高。

1. 城镇化"率高质低"现象明显

近年来，虽然内蒙古的城镇化发展较为迅速，城镇化率快速提高，2017年城镇化率已达62.02%，高于全国同期3.5个百分点。但是城镇化发展的实际水平滞后于人口城镇化率的水平，城镇化的质量没有跟上人口城镇化的速度。一是部分城市存在公交系统、道路建设严重不足，交通拥堵问题越来越严重；地下管网老化严重，城市内涝灾害时有发生；存在城市应急体系不健全，面对灾害事故反应迟缓等问题，城镇建设质量亟待提高；二是公共服务均等化需进一步提升。户籍以及城市就业、社会保障等制度改革改善了农民向城市流动的环境，也降低了农民在城市就业和居住的成本。但是促使农民家庭整体迁入城市的制度环境依然没有建立，特别是城市的住房、子女教育、医疗保险等制度成为农民在城市定居的最重要限制因素。

2. 城乡融合发展推进缓慢

随着新型城镇化的快速推进，人口的大量增加，要求推进城乡融合发展，实现转移人口留得下、稳得住。但是目前城乡基本公共服务均等化程度还不够高，城乡产业融合发展层次还比较低，这成为阻碍城镇化高质量发展的关键因素。一是全区城乡基本公共服务均等化取得显著成效，但城乡基本公共服务标准差距依然较大，其中教育发展和医疗卫生发展不均衡是主要短板。二是城乡产业融合发展层次较低，一二三产业融合链条较短，附加值偏低，农村基础设施和公共服务发展滞后，对二三产业的配套支撑不足。三是城乡综合交通运输的叠加优势没有充分发挥，公路、城市公交、农村客运等交通方式之间的衔接不够紧密，综合交通运输网络还未形成，城乡交通一体化服务功能受到削弱。

3. 城镇化建设资金保障不足

城镇化建设资金需求量大面广，既有当期投入，又有远期投资，需要政府、金融机构和社会资本多方力量给予成本合理、期限匹配的资金投入。当前建设资金以政府财政资金和举债投入为主，以社会资本通过 PPP 等模式投入为辅。但部分地方政府债务率超过风险预警线，偿债压力使财政资金投入和继续举债空间收窄，迫切需要在去杠杆的同时开拓新的资金来源。

4. 地区与部门间综合协同推进力度不够

新型城镇化推进涉及多部门及地区间的协同推进，在规划执行过程中，存在以规划和文件落实规划的现象，缺乏部门间具有协调性、统筹性的整体规划，及具有操作性的实施方案。在区域协调意识方面不足，往往导致各地城镇寻求自己的发展道路，难以实现不同区域产业之间的互补与协同发展。新型城镇化建设中不同区域、部门之间信息互联互通不畅，无法实现部门间联动与数据资源的共享。

二、高质量发展对新型城镇化提出新要求

今后推进新型城镇化要坚持以新发展理念为引领，以人的城镇化为核心、以提高质量为关键，以提高城市发展的宜居性、持续性和空间协调性，同时，要善于调动各方面的积极性，实现共建共享。

（一）提高城镇化发展的持续性

适应经济高质量发展的需要，城镇化发展需要依靠改革和创新驱动，增强城市持续发展能力。一是要推进规划、建设、管理、户籍等方面的改革，以主体功能区规划为基础统筹各类空间性规划，推进"多规合一"。二是要把促进有能力在城镇稳定就业和生活的常住人口有序实现市民化作为首要任务。要统筹推进土地、财政、教育、就业、医疗、养老、住房保障等领域配套改革。三是要优化创新创业生态链，让创新成为城市发展的主动力，释放城市发展新动能。要加强城市管理数字化平台建设和功能整合，建设综合性城市管理数据库，发展民生服务智慧应用。

（二）提高城市发展的宜居性

要把创造优良人居环境作为中心目标，努力把城市建设成为人与人、人与自然和谐共处的美丽家园。要增强城市内部布局的合理性，提升城市的通透性和微循环能力。要深化城镇住房制度改革，继续完善住房保障体系，加快城镇棚户区和危房改造，加快老旧小区改造。要强化尊重自然、传承历史、绿色低碳等理念，将环境容量和城市综合承载能力作为确定城市定位和规模的基本依据。推动城市发展由外延扩张式向内涵提升式转变。城市交通、能源、供排水、供热、污水、垃圾处理等基础设施，要按照绿色循环低碳的理念进行规划建设。

（三）促进空间协调发展

十九大报告提出，要以城市群为主体构建大中小城市和小城镇协调发展的格局。一个城市群需要核心城市和大小不等的中心城市支撑，从各国各地区城市发展普遍规律看，中心城市在一个国家或地区的发展过程中扮演重要角色，吸纳了国家或地区最主要的现代化要素，是创新和经济增长的中心。中心城市发展和功能的发挥将对整个地区经济的高质量发展起到十分重要的作用。实现城镇化的高质量发展，要坚持协调发展，积极完善城市群发展格局，推动都市圈的发展，加快培育中小城市，引导特色小镇健康发展；加快城市空间规划理念、制度和方法的改革，推进城市经济产业布局、交通网络布局、生态空间保护、社会人文保护等，统筹整合地上地下空间的利用和协调，更好利用城市地下空间；促进城乡要素合理配置，打造新型城乡关系等，为内蒙古经济社会高质量发展提供支撑。

（四）促进共建共享

推进新型城镇化，要善于调动各方面的积极性、主动性、创造性，推动政府、社会、市民形成合力，政府要创新城市治理方式，特别是要注意加强城市精细化管理。要提高市民文明素质，尊重市民对城市发展决策的知情权、参与权、监督权，鼓励企业和市民通过各种方式参与城市建设、管理，真正实现城市共治共管、共建共享。

三、高质量发展的新型城镇化重点

顺应高质量发展的新形势、改革发展新要求、人民群众新期待，推进新型城镇化，要坚持集约发展、做优增量、提高质量，立足区情，改善城市生态环境，在统筹上下功夫，在重点上求突破，着力提高城市发展可持续性和宜居性。

（一）全面提升城市人居品质

1. 加强城市综合交通枢纽和网络建设

优化街区路网结构，建设快速路、主次干路和支路级配合理的路网系统，提升城市道路网络密度，优先发展公共交通。促进铁路、公路、民航与城市轨道交通、地面公共交通等多种交通方式的衔接，完善集疏运系统与配送系统，实现客运"零距离"换乘和货运无缝衔接。促进不同运输方式和城市内外交通之间的顺畅衔接、便捷换乘。加强大中城市集公路、铁路、民航、地铁和城镇道路于一体的综合运输枢纽的规划和建设。同时，要提高干线公路网络化程度，加快城市轨道交通建设，提高城市交通服务功能。

2. 完善市政公用设施

加强水、电、气和污水、垃圾处理等设施建设。建设用水安全保障体系，加强城镇水源点保护，加快城镇供水设施改造和建设，以建设应急水源工程为抓手，提高供水能力和供水质量。加强城市配电网建设，推进城镇污水处理设施建设，加强再生水、疏干水和劣质地下水的开发利用。完善城镇防洪设施，提高建设标准，加大雨污分流改造力度。推广生活垃圾分类收集处理，提高垃圾处理设施建设和运营管理水平。加快城镇天然气管网、液化天然气站等设施建设，加强集中供热设施升级改造。高标准设计和建设城市综合管廊，在城市新区、各类园区、成片开发区域新建主干道路必须同步建设地下综合管廊，老城区要结合地铁建设、河道治理、道路整治、旧城更新、棚户区改造等，逐步推进地下综合管廊建设。完善便民利民服务设施，优化社区生活设施布局，打造包括物流配送、便民超市、平价菜店、家庭服务中心等便捷生活服务圈。加强无障碍环境建设，合理布局建设城市停车场和立体车库，新建大中型商业设施配建货物装卸作业区和停车场，新建办公区和住宅小区配建地下停车场。推进城镇商业网点规划建设，配备商品交易市场、批发零售业、餐饮住宿业等必备的商业服务设施，明确市镇中心商圈和社区层面的网点布局，保障居民生活必需的商业服务业种类。

3. 提高城镇公共服务水平

适应城镇布局需要，统筹规划建设城镇学校、医院、文化、体育、市场、养老、治安、社区服务等设施，公共资源更多向中小城市和县域配置。优化学校布局和建设规模，推动"高中向城市集中、初中向城镇集中"，引导高等学校和职业院校在具备条件的中小城市布局、优质教育机构向中小城市延伸，推进城镇小区配套幼儿园建设工作。完善城镇社区卫生服务设施，健全与医院分工协作、双向转诊的城镇医疗服务体系，完善重大疾病防控、妇幼保健等公共卫生和计划生育服务网络。合理布局建设博物馆、图书馆、艺术馆、文化馆、影剧院等公共文化设施。加强就业社保、公共安全、社会福利、救助管理等服务设施建设。建设以居家为基础、社区为依托、机构为补充的多层次养老服务体系，推动生活照料、康复护理、精神慰藉、紧急援助等服务全覆盖。

4. 提高城镇治理水平

要坚持高效能管理，实现城市治理现代化。一是推进城市管理制度化。落实中央关于深入推进城市执法体制改革改进城市管理工作的部署要求，做好与全区综合行政执法改革的衔接，实现提高城市管理服务水平与解决基层"看得见管不着"、执法力量分散薄弱问题的双赢。二是推进城市管理属地化。大力推进城市管理重心下移，落实市、区、街道、社区的管理服务责任，健全城市基层治理机制。强化街道、社区党组织的领导核心作用，带动社区自治组织、社区社会组织建设，强化便民服务网络建设，多为群众办实事、办好事。三是推进城市管理智慧化。加强现代信息技术与城市管理服务的融合，建设综合性城市管理数据库，发展民生服务智慧应用，推动"智慧城管"向乡镇延伸。四是推进城市管理人性化。政府要从"划桨人"转变为"掌舵人"，同市场、企业、市民一起管理城市事务、承担社会责任，做到依法管理、民主管理和人性化管理有机结合。重视发挥律师在城市管理中的作用，提高运用法律管好城市的能力和水平。

（二）提升新型城镇化质量

1. 促进城乡融合发展

将新型城镇化发展与乡村振兴有机地结合起来，以城乡接合部为切入点，引导一二三产业深度融合，形成城乡产业融合发展态势，有力推动乡村产业发展，实现大中小城市和乡村产业资源要素的流动、交换和融合，实现城镇发展和乡村振兴的协同共进。

2. 推动特色小镇建设

特色小镇建设是推进乡村振兴的重要抓手，是推进新型城镇化的重要路径选择，综合考虑产业优势、资源优势和市场需求，明确特色产业发展方向，寻找产业关联和介入点，在有限的空间内聚集特色产业上下游及相关产业，做强细分行业，增强特色小镇市场竞争力。在大城市近郊与远郊、中小城市近郊等，打造若干分担城市功能、共享城市服务、与城市协同发展的各类示范特色小镇，增强城市的辐射带动作用。同时，建设特色小镇，要尽量保持城镇原有的民族特色和风貌，打造更适用、更经济、更绿色、更美观，并具有内蒙古特色、民族风韵、时代风貌的公共空间。

3. 加快建立多元可持续的城镇化资金保障机制

平衡好城镇化项目融资规模与地方债务承受力之间的关系，健全政府债务管理制度，建立健全规范的政府举债融资机制。推进政银企社结合，提高资金使用效率和水平。鼓励规范采用PPP模式，撬动社会资本参与城镇公共服务领域和基础设施领域建设运营。

（三）提高城镇化发展的包容性

1. 推进城镇基础设施向乡村延伸

目前城乡间在燃气、污水垃圾处理等基础设施建设方面还存在着较大的差异，要加快推动城镇基础设施向农村的延伸，逐步消除城乡间基础设施差异，补齐乡村发展短板，让人口在城乡都能享受同等舒适生活。在保持乡村文化和风情的基础上，推动乡村生活品质和质量的提升，实现乡村高质量发展。

2. 提升转移人口的福利待遇

推行户籍、教育、医疗、社会保障、住房、就业等制度的改革，实现进城农牧民享受同城化待遇。保障农业转移人口子女平等享有受教育权利，建立以居住证为主要依据的随迁子女入学政策，充分保障其接受义务教育的权利实现教育资源共享；完善统筹城乡的基本医疗保障制度，整合城乡居民基本医疗保险制度，鼓励农业转移人口自愿选择参加长期居住地或户籍所在地的基本医保，享受同等管理服务；构建统筹城乡的基本养老保障体系，依法将稳定就业的务工农民和灵活就业人员纳入企业职工基本养老保险参保范围，落实被征地农民养老保险补偿机制；拓宽农牧业转移人口住房保障渠道，对已经进城务工并建立稳定劳动关系的农牧民工，鼓励所在单位全面建立农牧民工参加住房公积金制度。允许进城农牧民以各项惠农（牧）补贴为抵押担保办理购房贷款，或由他人提供抵押担保办理购房贷款。积极探索扩大以农村牧区宅基地、承包地、草牧场、林权地等抵押或担保贷款试点范围。逐步实现农业转移人口享受城镇居民同等住房保障待遇。

3. 建立农牧业转移人口市民化激励保障机制

加强农牧业转移人口的各项社会事务管理与服务工作，实行与户籍人口同宣传、同服务、同管理，为农牧业转移人口的生活和就业创造良好的环境条件。探索建立城镇建设用地增加规模同吸纳农牧业转移人口落户数量相挂钩机制，根据各地农牧业转移人口数量，给予建设用地指标倾斜。

（四）提升区域间的协同效应

1. 科学确定城市的发展定位

综合考虑城市发展的资源禀赋、环境容量、文化特色等因素，明确城市规模定位、功能定位，统筹全区城市发展空间结构、规模结构和产业结构。呼包鄂地区重点在创新创业、文化旅游、国际化等方面在全区示范引领，打造呼包鄂优势产业要素集聚洼地、产业创新高地，培养新动能、新经济，形成内蒙古高质量发展新优势；通辽、赤峰等城市，要利用交通枢纽的优势，满洲里、二连等口岸城市要利用自身的开放优势，发挥枢纽城市和口岸城市的优势，逐渐成为连通国内国外的知名城市。

2. 推进区域间互联互通

积极对接和落实呼包鄂等区域协同发展的目标和任务。一是要充分考虑区域的交通一体化，交通网络的互联互通，以及在交通干道上城市群和交通枢纽的相互结合。推进公路、铁路等交通基础设施建设，内部连接与对外连接同步推进。二是加强生态环境保护，把生态廊道做好，加强区域生态修复。三是建立数据共享平台。解决新型城镇化建设中不同区域、部门之间信息互联互通不畅，打破各部门间的行政壁垒，实现部门间联动与数据资源的共享与多规合一。

第四节　推进开发区高质量发展

高质量发展离不开产业基础的支撑，开发区作为建设现代工业体系的重要载体和平台，承担了重点产业集聚、创新发展先导、合作开放引领等功能，是综合实力最强、经济贡献最大、技术变革最快的实体经济主阵地，以开发区升级促进高质量发展，就是抓住了高质量发展的"牛鼻子"，所以实施开发区振兴计划、明确开发区振兴战略的路径与方向，率先推进开发区高质量发展，对于推动构建自治区现代化经济建设支撑体系以及推动自治区经济高质量发展具有重要意义。

一、内蒙古开发区发展现状

（一）开发区数量基本保持稳定，国家级开发区与其他省份相比数量偏少

截至 2017 年底，自治区建成各级各类开发区 113 个，比 2013 年减少 1 个，开发区数量保持稳定。根据 2018 版《中国开发区审核公告目录》显示，自治区各级各类开发区中，国家级 12 个，比 2013 年增加 3 个，自治区级 69 个，比 2013 年增加 14 个，盟市级及以下 32 个。国家级 12 个开发区中，经济技术开发区 3 个，高新技术产业开发区 3 个，海关特殊监管区 3 个，跨境经济合作区 2 个，互市贸易区 1 个。从全国范围看，自治区拥有国家级各类开发区 12 个，仅占全国国家级开发区的 2.2%，各省（自治区、直辖市）中排第 21 位，居中下游位置，不足排第 1 位江苏省的 1/5，自治区拥有自治区级开发区 69 个，各省（自治区、直辖市）中排第 13 位，居中等偏上位置，为排第 1 位河北省的 1/2（图 1）。

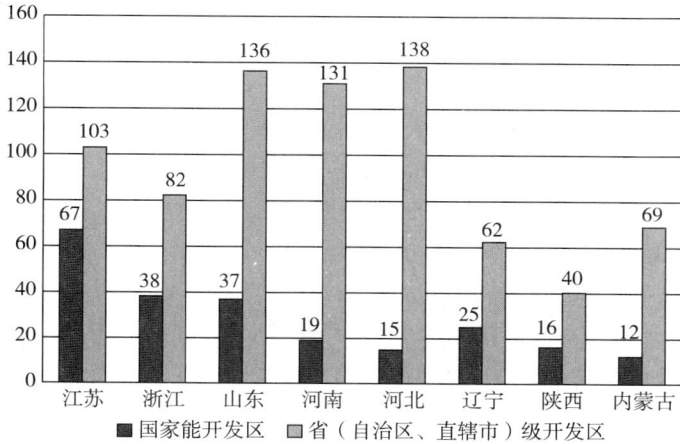

图1　2017年内蒙古各类园区数量与其他省份对比情况

（二）开发区产值集中度进一步提高，产值效率在全国依然处于较低水平

近年来，开发区在集聚各类工业发展要素、拉动地区经济增长等方面作用越来越突出，已经成为拉动经济发展的重要力量。自治区113个开发区中，百亿开发区达到32个，2017年全区各级各类工业开发区实现工业总产值11217.9亿元，工业开发区规模以上产值占全区规模以上工业总产值的65.3%，实现营业收入11041.3亿元，上缴税金723.9亿元，占全区税收的57.7%，包头、呼和浩特的工业开发区占本地区工业产值的比重分别达到80.5%、84%。与发达省市对比看，自治区工业开发区总产值偏低，不足重庆市的2/3，不足上海市的2/5，自治区自治区级以上开发区平均产值也处于全国较低水平，仅为138亿元/个，远低于重庆和上海，与处于全国前列的苏州工业园区相比，自治区开发区平均产值仅为苏州工业园区的1/20（表7）。

表7　　　　2017年内蒙古自治区与上海市、重庆市开发区产值比较情况

	规模以上开发区（个）	开发区总产值（万亿）	开发区平均产值（亿元/个）
内蒙古自治区	81	1.12	138
上海市	59	3.05	517
重庆市	49	1.78	363
苏州工业园区			2388

（三）开发区产业门类涵盖齐全，优势产业对开发区的支撑作用进一步加强

自治区各级各类开发区拥有较完备的工业体系，涵盖了主要的24种工业产业，包括化工、冶金、装备制造、农畜产品、高新技术、能源等产业，其中化工行业分布最广，增速最快，煤化工、农畜产品、建材、冶金、电力、装备制造六大优势产业在开发区产业中占有较大比重，是自治区开发区目前的产业主体。从自治区支柱产业在开发区中的分布情况看，全区煤化工产业、农畜产品加工业的开发区覆盖率分别达到30%、27%以上，有色金属、冶金、现代装备制造等产业的开发区覆盖率也较高。

（四）开发区循环经济产业链初步构建，节能减排工作取得明显成效

自治区各开发区将积极发展循环经济作为推进节能减排的重要手段，围绕主导产业配套和"三废"利用构建循环经济产业链，积极推动废弃物资源化、能源梯级利用等技术发展。开发区废弃物利用领域已拓宽到焦化尾气、粉煤灰、风积沙、炉渣等10多个种类，利用废弃物生产的产品已发展到空心砖、水泥、精细化工等多个品种。调查问卷分析结果显示，各开发区耗水量、氮氧化物排放量、氨氮排放量等主要污染物排放量明显下降。目前全区已先后认定了八批国家和自治区级循环经济示范开发区。

（五）开发区投入力度不断加大，营商环境软硬条件进一步改善

近年来，自治区工业开发区基础设施建设力度不断加大，支持项目落地的道路、电力、通讯、给水、排水、供热、供气等配套设施不断完善，截至2017年底，开发区基础设施建设累计投入2105.3亿元，招商引资硬环境得到了显著改善。同时，自治区持续加大招商力度，2017年自治区参加在北京召开的央企恳谈会，央企与自治区工业和信息化方面的合作项目40个，意向投资2450亿元，有望落户自治区开发区，各盟市成功签订合作项目114个，意向投资4293亿元，引进优势特色产业和战略性新兴产业项目240多个，为开发区转型发展注入了新的活力。自治区还出台了一系列降成本举措，积极降低企业用电成本，2016年到2017年，共为企业减少用电成本147.42亿元，落实支持中小企业发

展"八条措施"，为中小企业减少各类成本 10.2 亿元，制定了《2017 年全区企业减负工作实施方案》，全年为企业减负 550 亿元，率先开展中小微企业创业创新电子服务券工作，对符合条件的全区 686 家企业、816 个项目给予资金补贴，极大改善了开发区营商环境。

（六）开发区政策支撑体系初步建立，相关政策文件密集出台

目前自治区已经进一步确定了开发区设立升级、扩区、考核等内容，建立了以单位用地面积投资强度、单位土地面积税收贡献、绿色发展、营商环境等为主要内容的开发区高质量发展考核指标体系，填补了自治区开发区管理上的空白。包头、锡林郭勒、通辽等盟市落实方案相继出台，形成了涵盖产业发展、工业转型升级、科技创新等各个领域的政策体系，鼓励和引导企业调整产业结构，转变发展方式，有力推动了开发区经济转型发展。近年来自治区紧扣高质量发展要求，制定出台了一系列政策文件，主要有《关于加快工业企业技术改造促进产业转型升级的意见》《关于印发优化工业发展环境促进工业稳定增长专项行动实施方案的通知》《关于促进工业开发区健康发展的指导意见》《自治区"十三五"开发区发展规划》《自治区扩区升级评价办法》《内蒙古自治区工业开发区高质量发展三年行动计划》等，为进一步开展开发区工作指明了方向。

二、存在的问题

自治区开发区建设虽然取得了积极进展和明显成效，但是在发展过程中仍然存在着一系列制约发展的深层次矛盾和问题。

（一）自治区开发区的"三化"问题较为突出

自治区开发区在建设和发展过程中存在的"低端化、空心化、同质化"问题日益突出。一是低端化。主要表现为产业层次低，多数开发区以初级加工产业为主，核心竞争力较弱，建设水平低，建成区单位面积基础设施平均投入处于全国较后水平，投入不足导致基础设施配套功能缺项，产出水平低，单位平方公里工业产值、单位平方公里纳税额等指标明显低于国内同类开发区。二是空心化。主要表现为产业空心化，"空城"和"睡城"现象较为严重，入园项目

寥寥，造成了"有企业、没产业"的局面。三是同质化。主要体现在多数开发区以资源、能源密集型产业为主导产业，产业特色不突出，地域相近、产业雷同，缺少错位发展格局。

（二）开发区布局的科学性合理性有待提高

一是布局散乱。自治区许多开发区一顶帽子下包括多个开发区，总体呈现"一区多园、一园多片、一片多点"的格局，如果将物流开发区和乡镇开发区都包括在内，全区各级各类开发区可能超过200个。二是产城脱节。一些开发区选址中过分地强调坑口、路口或口岸，只注重了资源利用的便利性，而忽略了服务配套的关联性，造成开发区远离中心城市，造成企业缺乏公共服务支撑，招工难、留人难，驻园企业职工上下班、就医就学不便等问题。三是用地紧张与空置浪费并存。一方面，目前呼和浩特、包头、乌海等地一些建区较早、发展较快、规模较大的国家级和自治区级开发区，原核准面积土地占用已基本饱和，造成项目用地紧张；另一方面，一些开发区规划面积建成率不高，存在大量土地闲置的现象。

（三）开发区审批及运行管理有待规范

一是批准设立不规范。按国家现行审批制度，只有国家和省级政府才有开发区批准设立权限，但目前各级政府都在批开发区，"先上车、后补票"现象突出，各部门缺乏统筹和协作，对各级各类开发区的设立、扩建、升级和运行管理尚未实施统一规范的管理办法或行政法规。二是规划管理不规范。目前开发区的总规、产规、专规、环评等各类规划数量繁多，种类混乱，存在较严重的重叠与交叉，一些开发区虽然制定了规划，但与当地国民经济和社会发展规划、城市建设总体规划等上位规划衔接不够，致使开发区建设与城市发展不统一、与产业布局不协调。三是运行管理不规范。目前各盟市开发区管理体制比较杂乱，机构性质、人员构成、职能范围、管理权限等方面缺乏统一规范的体制机制。

三、推进开发区高质量发展的重点

面对上述自治区开发区存在的主要问题，要坚持以习近平新时代中国特色社会主义思想为指导，深入贯彻落实党的十九大精神，坚持质量第一、效益优先，推动开发区发展质量变革、效率变革、动力变革，牢牢把握开发区高质量发展的重点，加快推进与高质量发展相适应的开发区六大体系构建，不断增强开发区创新力和竞争力。

（一）构建开发区空间规划体系

一是推动产城一体发展。制定出台自治区产城一体发展的相关引导性政策，全面落实产城一体发展理念，完善规划融合机制，搭建规划衔接平台、信息联动平台，推进"多规合一"实现"一张图"规划管控。提升城镇产业配套功能，注重承接产业开发区发展和人口集聚衍生的生产生活服务消费需求，坚持基础设施优先，提高城镇对产城融合的支撑能力。提高公共服务水平，促进开发区和城镇社会保障、居民就业和社会管理一体化。在推进产城一体发展进程中，要确立"发展与生态并重""生态优先"的基本思路。

二是加强开发区规划引领，强化顶层设计支撑。加快推进相关规划的编制和实施，通过科学编制规划、严格实施规划，优化开发区布局，引导开发区产业错位发展。与自治区"十三五"规划同步编制全区开发区总体发展规划，同时根据自治区、所在盟市开发区发展规划，编制本开发区总体规划、控制性详细规划和产业发展规划，开展水资源评价、规划环评、土地集约利用评价等，形成完整的规划体系。推进开发区"多规合一"工作，整合专业规划和专项规划，注重开发区与城市设计的协调统一，按照同步规划、同步建设、同步实施的原则，统筹城镇化与开发区建设，促进区域生产、生活、生态"三生"融合发展。

（二）构建开发区现代管理体系

一是优化开发区管理体制。推进开发区管理模式创新，积极探索市场化运行管理机制，进一步完善和统一开发区的机构性质、人员构成、职能范围、管理权限，提高管理机构运作效率，强化联动管理，进一步明确各开发区管理部门的工作职责，尽快形成多部门联动、高效细致的工作格局。

二是完善开发区考核评价管理办法。加强开发区升级、扩区、评价动态管理，强化激励、约束和退出机制，细化监督评估考核工作，在控制新增数量、提升发展质量的原则下，逐步实现对开发区"有升有降有退"的动态管理，进一步提高开发区企业标准化意识，加大标准化法律法规的执行力度，切实提高企业标准化水平，推动开发区企业积极采用国际标准和国外先进标准。

三是建立遵循产业发展规律的建管模式。开发区的建设与管理要按照产业发展的规律实施，由管委会引入具有产业发展经验、掌握产业要素资源、熟知产业发展规律的专业机构共同管理，确保开发区建设由过去注重物理空间、现实平台、投资建设向产业服务、虚拟平台、价值实现等方面转变。四是加强立法规范。尽快完善并实施《内蒙古自治区开发区管理条例》，进一步明确开发区的法律地位、管理体制、运行机制、管理权限、设立撤3销等，确保开发区在法制轨道上健康发展。

（三）构建开发区特色产业体系

一是突出特色，错位发展。围绕提高核心竞争能力培育开发区主导产业和区域品牌，强化产业关联推进产业链延伸拓展和链接配套，对开发区实行分类指导，综合考虑自然资源禀赋条件、环境承载能力、经济发展水平、发展潜力和区位优势等因素，按照区域比较优势，突出特色，明确发展定位，实现开发区差异化和错位发展，做好"延链""补链"，提高精深加工水平和产品附加值。

二是强化优势，配套发展。建设特色产业开发区，选择具备较强产业基础和良好基础设施条件的开发区，坚持优势更优、特色更特，强化分工协作，统筹资源配置，推进要素整合，培育壮大优势特色产业，以延伸主导产业链为重点，积极发展与主导产业契合度较高的关联产业、配套产业，实现集群共生、联动发展，构建更具区域明显优势的特色产业体系。

三是打造特色产业集聚区。在整合优化现有开发区的基础上，按照"找准定位、特色发展"要求，积极打造特色产业集聚区，实施设计数字化、装备智能化、生产自动化、管理网络化、商务电子化"五化联动"战略，强化产业集聚区各开发区内部的产业融合、开发联合、机制整合，打造和集聚一批龙头企业和知名品牌，推动产业链向中上游和服务领域延伸。

（四）构建开发区创新服务体系

一是完善开发区服务体系主要构架。搭建完善开发区政策法规服务、公共技术服务、投融资服务、专业化科技中介服务、孵化服务五大平台，完善产业协会、专业协会、创新资源数据库和网上技术交易系统，积极建立和引入多样化创业投资资金和专项基金。

二是开促进创新资源在开发区内高效流动。加强人流、物流、资金流、知识流、信息流等创新资源流动性，加强创新主体之间的密切联系，特别是企业在创新链与产业链上的创新联系与相互作用，以各种方式在不同层次上进行技术交易，重点培育和加强技术需求，以需求拉动技术供给，以市场需求扩大有效供给，形成创新资源流动良性循环。

三是持续推动"放管服"改革。加快转变管理职能和管理方式，推进管理创新，形成良好的营商环境，通过优化软环境提升开发区集聚发展能力，持续深化行政审批制度，推进涉企收费制度的改革，降低交易成本，减轻企业负担，拓宽涉企服务"绿色通道"，把"最多跑一次"落到实处，探索实现一窗受理的办事流程。

（五）构建开发区协同共享体系

一是积极探索跨区域合作共建开发区的利益分享机制。创新旗县区 GDP 核算和税收分成制度，进一步打破市场分割和地区封锁，消除企业兼并重组和开发区整合共建的制度障碍，理顺地区间利益分配关系，引导发展基础好、规模大、区域带动能力强的国家级和自治区级开发区整合周边开发区，或以"飞地开发区"形式进行跨区域整合。

二是建立区域开发区长效合作机制。处于不同发展阶段、不同地区的开发区要加强跨地区资源整合，推进功能互补、人才互动、经验交流，支持跨区域、跨行业和跨所有制的企业在集聚中重组，鼓励相邻区域的开发区在协调中整合，提升开发区整体发展水平。

三是加强信息共享基础设施建设。加快推进跨区域开发区企业信用信息数据库对接，完善信用体系信息共享，推动现代信息技术应用到开发区规划建设、管理运行、生产生活等各个方面，拓展信息化建设和应用范围，积极发展"互联网＋"新模式，推动"智能车间"和"智能工厂"建设，加快向"数字化、自动化、智能化"方向发展，发展智能制造，建设智慧型开发区。

（六）构建开发区绿色循环体系

一是大力推进工业园区循环化改造。实施污染物近零排放区示范工程，搭建资源共享、废物处理、服务高效的公共平台，促进企业、开发区和行业间链接共生、原料互供、资源共享，大力推进工业资源综合利用基地建设，提高建筑垃圾、大宗工业固废、废旧金属、废弃电器电子产品综合利用水平和涉重金属行业回收利用率，促进废物交换利用、能量梯级利用、水资源分类循环利用，推行低碳化、循环化、集约化发展，建设以低碳、清洁、循环为特征的生态型园区。

二是用低碳经济、循环经济理念改造提升传统资源型产业。开展清洁生产关键技术推广和应用，通过使用清洁能源和原料、采用先进工艺技术与设备等措施，减少污染排放，加快开发应用源头减量、循环利用、零排放和产业链接技术，推广循环经济典型模式，大力提高能源利用水平，突出抓好重点耗能行业节能降耗，实施工业能效赶超行动和低碳标杆引领计划，加强高能耗行业能耗和污染物排放管控。

三是提升低碳循环发展技术自主研发水平。依托大型企业集团，积极推动以企业为主体、产学研相结合的技术创新与成果转化体系建设，将低碳循环发展的共性和关键技术攻关项目作为自治区科技计划重点支持方向，加大低碳发展科技人才培养和基地建设，积极引进低碳循环产业领域高层次创新人才。

第五节　推进社会治理现代化

推进社会治理现代化，是党对社会建设实践不懈探索总结的结晶，充分体现了党对人类社会发展规律认识的新升华，体现了党执政话语体系的创新和与时俱进的理论自觉与理论自信。创新社会治理是时代要求、民心所向，是党和政府的使命所在。党的十九大报告提出，要加强社会治理制度建设，完善党委领导、政府负责、社会协同、公众参与、法治保障的社会治理体制，提高社会治理社会化、法治化、智能化、专业化水平。这为当前和今后一个时期推进社会治理现代化，为高质量发展创造良好的社会环境，提供了科学的行动指南。

一、内蒙古社会治理现状分析

党的十八大以来，内蒙古积极推进公共安全体系建设，并建立公共安全的评估标准，有效推动了平安内蒙古的建设，对于积极预防和维护内蒙古公共安全起到了重要作用。同时，积极推进社会领域改革，努力保障和改善民生，群众的幸福感和获得感显著增强，为经济社会平安稳定发展奠定了良好的社会基础。

（一）主要成效

1. 生产安全形势良好

党的十八大以来，各级政府落实监管责任，生产安全总体水平得到了提高。针对重点行业，排查安全隐患，加强行业安全生产培训，做好应急预案，改善生产环境。2015年自治区政府印发了《内蒙古自治区有关部门和单位安全生产工作职责规定》，进一步明确安全生产的工作责任，全面加强安全生产的监督管理；2016年内蒙古安全生产监督管理局发布了《关于进一步加强安全生产专业技术服务机构管理的通知》，规范安全生产专业技术服务机构从业行为，提高安全生产专业技术服务机构工作水平和服务质量，促进安全生产技术服务市场健康发展。同时，内蒙古自治区政府办公厅还印发了《煤矿安全生产专项大检查工作方案》，对进一步做好全区煤矿安全生产工作，坚决防范和遏制重特大事故发生起到积极作用，2017年生产安全事故起数和死亡人数同比下降28.75%和24.23%，重特大事故得到有效遏制，安全生产形势总体平稳。

2. 生活安全情况有所改观

近年来，内蒙古火灾发生数目和造成的经济损失规模均有所下降。火灾发生数量由2015年的9509起下降为2017年的8046起，死亡人数由58人降为29人，受伤人数由24人降为15人，造成的经济损失由12865.9万元下降为7562.7万元；交通事故发生数量由2015年的3214起降为2016年的3171起，造成财产损失由2015年1586.9万元下降为2016年的1392.6万元。

3. 矛盾化解稳步推进

十八大以来，内蒙古各地区、各部门成立调解小组，排查社会矛盾，动用基层力量，形成联动机制，及时有效解决各类纠纷、矛盾。

构建社会矛盾协调网。2014 年内蒙古自治区政府出台了《关于加强和规范行政执法工作的意见》，要求全面推进行政调解，运用调解机制化解社会矛盾。2016 年，内蒙古自治区司法厅等部门印发《关于推进行业性专业性人民调解工作的实施意见》，要求加快推进行业性、专业性人民调解员工作建设。同时，创新纠纷解决机制，积极推进"互联网＋信访"工作，化解矛盾与纠纷。各地相继建立联合接访中心，最大限度解决群众反映的问题。同时，密切警民联系，健全和完善"草原 110 服务体系"，为提升警务服务，做好草原的防灾救火工作，严厉打击破坏势力，提升人民安全感以及构建平安内蒙古发挥了重要作用。深化平安内蒙古建设，深入开展社会矛盾排查化解、信访积案化解、缉枪治爆和打击"黄赌毒"等专项行动，全区信访总量和治安案件、刑事案件数量均明显下降。

人民调解工作稳中求进。近五年，全区人民调解组织共受理、调处各类矛盾纠纷 72.4 万件，年均化解近 14.5 万件，调解成功率为 96.97%；年均涉及31.6 万人、涉及金额 2 亿元；通过人民调解方式，每年为当事人节约 494 天，节省诉讼费用 8.3 亿元，节省其他费用 2.7 亿元，在推进全区平安、法治建设中做出了重要贡献。全区设立人民调解组织 16146 个，其中设立行业性、专业性人民调解组织 529 个，在企事业单位和社会组织设立调解组织 1007 个，构建起横向到边、纵向到底的人民调解组织网络。大力发展专职人民调解员队伍，建立医学、法学等方面的专家咨询库，共选聘专职调解员 8190 人，初步形成了一支专兼结合、优势互补的人民调解队伍。

劳动人事仲裁委员会处理案件趋于稳定。2017 年全区各级调解仲裁机构共处理争议 16763 件，同比减少 21.14%，调解成功率 64.9%，涉及劳动者 20887人。其中，仲裁机构立案受理案件 10290 件，审结 10561 件，涉案金额 4.8 亿元，结案率 97.26%，终局裁决率 40.9%；调解组织受理争议 6473 件，办结6085 件。

4. 公共安全体系不断健全和完善

加大食品药品安全监管力度。内蒙古积极加强食药监管，各地成立了食品药品和环境犯罪侦查总队，强化食品安全、药品安全的保卫工作，打击食品药品安全犯罪，捍卫老百姓舌尖上的安全。药品电子监管得到了加强，食药监管也纳入了日常监管范围。在食品药品专项整治工作中，对保健药品、保质期较短的食品等进行了大力度的督查，同时对保健品、医疗器械等进行了抽样检查；对生产和销售假冒伪劣商品、质量不达标产品的单位和个人进行严格处罚，建立了网络信息公布平台，以精准打击食品、药品方面的犯罪。2014年自治区政府出台了《内蒙古自治区人民政府关于改革完善盟市旗县食品药品监督管理体制的实施意见》，要求各旗县加大监管力度，保障食品药品安全工作。2016年，自治区人民政府办公厅发布了《关于全面贯彻落实"四有两责"切实做好食品药品监管工作的意见》，提出了食品安全工作要"有职责、有岗位、有人员、有手段和日常检查责任、监督抽检责任"的要求，全面提升食品药品安全治理水平。落实"四个最严"要求，强化食品药品安全源头治理和全程监管，食品和基本药物抽检合格率分别达到98.3%和99.7%，维护了人民群众"舌尖上的安全"。

不断提升防灾减灾体系建设。为加强救灾物资储备工作，切实提升内蒙古的防灾应急能力。2015年6月，自治区政府出台了《内蒙古自治区森林草原防火工作责任追究办法》，加强了森林火灾、草原火灾的预防与责任追究工作，健全了全区森林草原防火工作责任机制。2016年，自治区人民政府办公厅印发《内蒙古自治区"十三五"时期综合防灾减灾规划》，根据内蒙古自治区的实际情况，进一步科学合理地建立有效的灾害管理体制机制，建立形成四级救灾物资储备网络。2017年进一步完善防灾减灾救灾体制机制，针对地震、旱灾、洪涝等自然灾害，及时提高了救助标准，使298万受灾群众基本生活得到有效保障。

5. 民生状况显著改善

基本公共服务预算支出持续增长。2017年内蒙古一般公共预算支出4523.1亿元，比2016年增长0.2%。分旗县看，全区103个旗县市区一般公共预算收入均超过亿元，其中，一般公共预算收入超60亿元的旗县2个，超20亿元的旗县7个，超10亿元的旗县30个。全区财政用于民生方面支出达3158.1亿元，占一般公共预算支出的69.8%。其中，社会保障和就业、城乡社区事务、教育、医疗卫生四大类公共预算支出均实现了较快增长。

城乡居民人均收入持续增长。2017 年内蒙古城镇常住居民人均可支配收入 35670 元，比 2016 年增长 8.2%，扣除价格因素后实际增长 6.4%；农村牧区常住居民人均可支配收入 12584 元，比 2016 年增长 8.4%，扣除价格因素后实际增长 6.7%。城镇居民家庭恩格尔系数为 27.4%，农村牧区居民家庭恩格尔系数为 27.8%，分别比 2017 年下降 0.9 个和 1.5 个百分点。

农村牧区基本公共服务状况明显改善。2014—2016 年，自治区累计投资 886 亿元，用于嘎查村的基础设施、危房、道路等公共服务设施改造，农村牧区残墙破房、脏乱泥泞的景象不复存在，面貌焕然一新，基本公共服务水平大幅提升。推进脱贫攻坚取得显著成效。目前，全区贫困人口由 2012 年底的 197.8 万人减少到 2016 年的 55.6 万人，贫困发生率由 14.7% 下降到 4.1%。31 个国贫旗县农牧民人均可支配收入达到 9005 元，增幅高于全区农牧民平均水平 2.1 个百分点。

6. 社会组织的作用日益显现

党的十八大以来，内蒙古社会组织大量涌现。社会组织发展势头良好，涉及的领域不断拓宽，活动的内容不断丰富。2015 年内蒙古印发了《内蒙古自治区社会组织活动管理办法》，对于社会组织给予政策支持，促进了社会组织健康有序发展。2016 年积极贯彻政府向社会力量购买公共服务的精神，下发了《关于开展 2016 年度向社会力量购买服务工作的通知》，进一步优化民政职能，改善公共服务，社会组织的作用日益显现。

（二）存在的主要问题

1. 社会治理评价考核激励机制不够完善

社会治理是一项复杂的系统工程，但目前自治区的社会治理评价考核大多是比较单项化、部门化的。社会治理强调治理主体多元化，不再是仅仅依靠单一的部门对社会进行治理，各级党政干部是否积极推动，全力投入，对社理创新、社会治理成效起着重要作用。而传统的评价考核体系严重滞后于社会治理现代化的客观要求，更与推进高质量发展不相适应。

2. 政府社会治理服务的理念和水平程度有待提升

一是传统思维仍然在社会领域里延续。服务型政府理念尚未建立。不少官员"官本位"思想还比较严重，对社会组织不信任，对公众参与有顾虑甚至持排斥的态度；习惯于使用命令、指示、控制手段，对群众自治能力不相信。二是尽管目前政府"统包统揽"的单方面管理模式已经有所改变，逐渐让社会、市场和个人都参与到治理当中，但是由于一些权利边界不清晰，依然存在一些"越位""缺位"和"错位"的现象，比如在行政审批中做到了注册、登记等环节简化手续，但在项目运行的事中和事后监管往往疏于责任，在医疗资源和教育资源等众多民生项目资源中的短缺，更是集中反映了政府在服务方面的窘困。

3. 保障公民参与的相关法律法规制度不健全

缺乏相应的法律法规制度保障是自治区乃至全国制约公民参与管理社会公共事务的重要因素之一。首先，当前社会组织和社会公众参与社会治理缺乏相关法律支持，《宪法》明确指出广大公民有管理国家和社会公共事务的权利和义务，但除此之外，目前还没有其他任何的具体法律法规针对公民参与的制度、程序方式及渠道等方面的具体规定和可操作性的法律解释。虽然地方政府部门规章、规范性文件及相关行政管理领域法律法规对公众参与基层社会治理有一些零散的规定，但至今国家层面还没有一部关于公众参与的程序立法。其次，政策法规体系与相关机制不健全。相关政策法规较为零散，对社会组织参与和公众参与的内容、程序、规则等缺乏系统和全面的规定，由于完善的参与机制和参与渠道的缺乏，参与过程和决策结果也缺乏可信度。由于缺乏一套完整规范、可操作性强的、法律法规以及制度体系，缺乏对公民社会发展提供支持的具体的、明确的措施，致使许多公众参与无法可依、无章可循，使公民社会的发展一直处于一个自然生长的状态，阻碍了以社会组织为代表的公民社会的健康发展，同时也阻滞了公民社会参与社会治理的进程。

4. 社会治理合作协商水平有待提升

改革开放以来，虽然市场经济体制逐步完善，但是社会治理方式还没有完全摆脱计划经济体制的影响，目前社会基层治理中各族群众参与的机制还不成熟，依然局限于传统的、既有的主流参与渠道和方式，社会治理主体单一化，合作协商机制还不够完善。目前自治区群众参与社会治理主要有三个正式渠道：一是人民代表大会和政治协商会议；二是各种接待日、信箱热线以及各种听证会、论证会、座谈会等；三是基层群众性自治组织。对于普通群众而言，能够直接参与人民代表大会和政治协商会议等的机会毕竟太少；接待日、听证会等群众参与渠道虽然形式丰富多样，但由于缺乏制度化规范化，无法真正达到群众合作协商的实效；基层群众性自治组织则只涉及本地区事务的参与，难以满足公众更高层次的参与需求。

5. 基层社会治理缺乏专业化人才

近年来，政府强调推进社区工作的职业化，社区工作者队伍逐步走向年轻化、学历化，但职业化的标准、薪酬、晋升机制与空间一直没有建立，无法吸引专业人才到基层工作。同时，由于社会各界对社会工作的专业认同度不高，职业评价制度不完善；专业社会工作者的培养中存在教学研究实务人员缺乏、实务工作环节薄弱等问题，大部分社工人员未经社会工作的专业教育和培训，无岗现象普遍存在。由于基层社会治理缺乏专业化人才支撑，导致基层社会治理专业化程度低，工作上形式主义较为普遍，基层数据采集不科学、不准确，导致政府在基层的资源配置缺少精准性，基层社会呈现粗放态势，难以提高实效。

6. 社会组织参与社会治理的组织基础不牢固

由于自治区社会组织大多起步较晚，目前处在发展完善时期，很多并无明确的部门划分和职能分工，职位设置模糊，且多为"官办模式"，缺乏相应的筹资机制、资金监管能力和相应的管理运营经验，动员组织民众开展社会治理的能力也有限。有的社会组织看上去虽然机构设置比较完整，但是帮助民众解决实际问题的能力并不具备，在具体执行方面缺乏应有的力度，主要表现在经费不足，分工比较混乱，人员稳定性差，无法按照章程行事。

7. 公共服务供给不平衡

作为少数民族地区，由于自治区地域辽阔，地区差异大，加之长期以来城乡二元结构的影响，导致自治区城乡公共产品和公共服务的差异性突出，公共资源向城市和相对发展较好地区流动，农村牧区和边远地区的公共服务水平相对较弱，公共产品和服务还不能有效满足各民族群众发展需求和社会治理需要，公共服务的整体情况与经济发达地区差距较为明显。

8. 农村牧区基层治理面临困境

自治区大量青壮劳动力流动到城镇，一些农村牧区的留守妇女、儿童和老人"三留守"现象突出。由于人口结构不合理，劳动力资源短缺，有的地方出现了土地荒芜、乡村公共服务无法正常供给、正常文体活动无法开展，代际文化传承无法延续等现实状况。一方面，群众民主意识不断觉醒，要求平等参与乡村治理、享受均衡公共服务的意愿不断增强；另一方面，因缺乏人力物力而无法形成对乡村治理的有效参与。同时，由于大量青壮年外出，作为村、嘎查级治理组织的村委会难以找到合适的"带头人"，无法适应农村牧区公共服务职能拓展的需要。

二、高质量发展对社会治理提出新要求

基于对国情、政情和社情的准确研判，党的十九大报告强调要提高社会治理社会化、法治化、智能化、专业化水平，这为打造共建共治共享的社会治理格局，同时也为高质量发展提供了重要的理论参考和实践导向。

（一）提高社会治理的社会化水平

当前社会问题复杂多元、社会利益分化，这就需要政府、市场和社会等多个行动者共同发挥作用。社会治理社会化，意味着社会治理工作不是某些人或部门的专属职责，而是整个社会面临的共同任务。就是要发挥全体民众的智慧，从公开问题到解决问题，要照顾到各方面的利益，要能够满足人民群众更高层次的需求。为此，要彻底改变长期以来形成的政府是社会治理唯一主体的思维定势，以开放的心态、平等对待各类社会主体，吸纳社会力量、整合社会资源，努力实现社会共建共治。在共建共治过程中，各级党委、政府既要积极发挥重要职能作用，又要充分发挥组织、协调功能，鼓励、支持和促进社会各方面都参与到社会治理工作中来。要将社会治理的重心放在对社会治理多元主体各自功能的发挥，以及相互之间联系的促进上来，切实保障政府主体、市场主体、社会主体在社会治理活动中发挥各自优势，形成有效的合力。使全社会真正形成有序、高效、积极向上的社会治理新格局。

（二）提高社会治理的法制化水平

当前社会矛盾和问题易发多发，相互交织叠加，一些矛盾和问题的关联性、易变性、敏感性、对抗性强，涉及人民群众切身利益的问题比较突出，群众非正常上访问题相对突出，其根源就在于对通过法律途径维权没有信心。法治作为一种外在性的规范和硬性约束手段，在调节社会关系和解决社会矛盾方面具

有无可比拟的优势。只有将法治作为治理现代化的核心内容，才能保证社会治理的规范性、科学性、稳定性。同时，法治也是增强社会治理的权威性和公信力的根本保障。从实践层面来看，治安问题需要良好的法治环境去保障；综合的治理难题，也需要法治秩序来化解。为此，必须始终把法治作为社会治理的价值导向和实践标准，积极推进科学立法、严格执法、公正司法、全民守法。

（三） 提高社会治理的智能化水平

当前中国已经进入网络时代。根据中国互联网络信息中心的统计数据，截至2016年12月，中国网民数量已经达到7.31亿，互联网普及率达到53.2%。对网络社会的有效治理已成为当前社会治理体系中的重要部分，决定了治理体系现代化的有效性和完整性。同时，互联网的快速发展造成无限扩展的虚拟社会空间，特别是以手机为基本平台的网络社会，使人们的生活步入实时、交互、快捷、高频的"微时代"，自主开放的自媒体话语权，隐蔽性的信息源，交互快速的传播方式等，使网络社会与现实社会高度互动，网络舆论的影响力、冲击力、破坏力不可限量。网络社会的快速发展加大对政府治理能力提出了新要求。此外，从目前社会治理信息化建设的水平来看，还存在许多短板，如，基础数据电子化程度不够，信息接收终端结构不合理，服务智能化水平不够，快速反应能力不足。条块分割现象突出，信息孤岛大量存在，影响了数据网络平台作用的发挥。为此，针对日益拓宽的网络治理内容，政府应及时转变治理理念、治理方式，并不断提高自身的网络社会治理能力。充分发挥科技创新的力量，利用新兴科技来建立良好的社会治理环境，推动社会治理的智能化。当前要准确把握"互联网＋"时代的发展机遇，进一步找准科技手段服务社会治理的切入点，以信息化、智能化技术手段提升社会治理的精准度和靶向性。

（四） 提高社会治理的专业化水平

在社会变革进程中，社会矛盾纷繁复杂。首先，土地征用征收、房屋拆迁、城市管理和个体社会生活等容易产生大量矛盾，劳资冲突、干群矛盾、医患纠纷、涉农问题等方面的群体性事件明显增多，冲击道德底线的个人极端案例时有发生。其次，人民群众的社会心理需求更高。随着物质需要逐步得到满足，人们有了更高更多的社会心理需要。面对生活快节奏、工作压力大，人们的心理孤独、抑郁、压力、焦虑需要疏导和释放渠道，也更希望有获得感、幸福感、安全感、公平感。而且，随着经济发展和社会进步以及教育文化水平普遍提高，人们的民主意识、法治意识、权利意识、社会参与意识都在日益增强。推动高质量发展，迫切需要通过社会治理创新，解决纷繁复杂的社会矛盾和问题。借助专业人才从事专业性社会治理工作的现实需求日益紧迫。社会治理专业化要求社会治理必须由具备专业理念、知识、方法及服务技能的专业人员遵循社会治理的客观规律，按照专业化管理标准，综合运用各种手段进行社会治理、开展社会服务。

三、构建与高质量发展相适应的社会治理体系

建立与高质量发展相适应的社会治理体系，关键是要坚持问题导向，从构建社会治理绩效评估体系、健全公共服务体系、激发社会组织活力、破解重点难点问题、强化法治化治理等方面，加强和创新社会治理。

（一）建立与高质量发展相适应的社会治理体系

推进高质量发展，必须建立与高质量发展相适应的社会人文环境，为此，要不断完善社会治理体系，为高质量发展提供保障。

1. 加强社会心理服务体系建设，加快推进"文明内蒙古"建设

加强社会心理服务，培育自尊自信、理性平和、积极向上的社会心态。针对现代社会容易产生的各种情感、心理、精神性疾患，善于运用心理学、社会学、行为学等科学理论改进社会治理策略。要切实找准解决自治区现实存在的社会心理问题的突破口，依托专业团体和专业人士，搭建社会心理综治工作平台，建设和完善社会心理服务、疏导、危机干预机制，不断提高社会心理服务的针对性和有效性。以社会主义核心价值观为引领，加强全区公民思想道德建设，倡导讲文明、尊道德、正品行的良好社会风气；全面推进社会公德、职业道德、家庭美德、个人品德教育；培育知荣辱、讲正气、作奉献、促和谐的良好风尚。

2. 完善社会信用体系建设，加快推进"信用内蒙古"建设

加强诚信建设，增强全区公民的诚信意识，引导广大群众做诚信员工、诚信学生、诚信公民。大力推行"信用＋行业监督""信用＋党政管理""信用＋

公共服务"等覆盖全社会各行业领域的"信用+"管理模式。推行信用奖励产品，包括"信用贷""信用出行""信用借阅""信用医疗"等多种奖励方式，形成"一处守信，处处受益"的良好信用氛围。

3. 加强社会治安防控体系和公共安全体系建设，加快推进"平安内蒙古"建设

深入推进平安内蒙古建设，严密防范和坚决打击暴力恐怖活动，依法开展扫黑除恶专项斗争，惩治盗抢骗黄赌毒等违法犯罪活动，整治电信网络诈骗、侵犯公民个人信息、网络传销等突出问题，切实保护人民的人身权、财产权、人格权。改革完善安全生产管理、防灾减灾救灾体制机制，坚决遏制重特大安全事故。要健全公共安全体系，加强预测预警预防，建立生产安全事故风险防控体系。加大对安全生产的监管力度，推进安全检查、专项整治、安全达标、风险预控和基层创建，确保不发生恶性、循环性重特大事故。

（二）大力推进社会领域体制改革

1. 深化收入分配制度改革

一是完善初次分配制度。加大结构性改革力度，加快基础设施建设，推进现代农牧业、新型城镇化、生态文明建设，推动产业优化升级。加快实施创新驱动发展战略，推动大众创业、万众创新，着力扩大就业，增加居民收入。完善税费减免和公益性岗位、岗位培训、社会保险、技能鉴定补贴等政策，促进以高校毕业生为重点的青年、农村牧区转移劳动力、城镇困难人员、退役军人就业。

二是加大再分配调节力度。强化税收调节，做好个人所得税、房地产税、资源税、消费税等税种的调整、设置、征收等工作。完善均衡性转移支付制度，加大均衡性转移支付力度，推动区域、城乡间公共服务均等化。加大维护民族团结进步、促进边疆繁荣稳定等具有特定政策目标的一般性转移支付管理，保障特殊事权的财政支出需求。进一步完善企业职工基本养老保险省级统筹，做好城镇职工和城乡居民基本养老保险制度的衔接。

三是规范收入分配秩序。完善落实社会救助、慈善事业、扶贫开发、企业工资支付保障、集体协商、国有资本经营预算、财政转移支付管理、土地管理、矿产资源管理、税收征管、房产税等政策法规。建立健全财产登记制度，完善财产法律保护制度，保障公民合法财产权益。强化国企改制、土地出让、矿产

开发、工程建设等重点领域的监督管理，堵住获取非法收入的漏洞。

2. 加强和完善社会保障体系

一是按照全民参保计划的要求，扩大社会保险覆盖范围，实现法定人员全覆盖。建立统一的城乡居民养老保险制度，完善基本养老转移接续工作，健全基本养老保险待遇正常调整机制。整合城乡居民医疗保险制度，健全医疗保险稳定可持续筹资和报销比例调整机制。完善失业、工伤保险制度，健全重特大疾病保障机制。

二是稳步提高保障待遇水平，继续提高退休人员养老金标准、城乡居民医保财政补助标准，加强基本医保、大病保险、医疗救助等各项制度衔接，特别要向贫困人口和大病患者倾斜。贯彻落实贫困人口养老、医疗保险政府代缴保费政策，保障困难群体的基本生活。

3. 推进农村基层制度改革

一是完善农村基层选举制度。按照民主、公开、公平、择优的原则，推进"两推一选""公推直选"新型选人制度。把有能力带领致富、善于化解矛盾的干部，选拔到党支部书记的位置上来，提高选用支书的公信力。

二是加强基层法律知识推广。按照新农村建设的要求，对广大基层干部进行法律知识培训，特别是与农牧业农村牧区的相关法律知识，增强法律意识，做到知法、用法和守法，在实际工作中，可以从法律的视角进行思维和判断，灵活运用法律手段解决纠纷、化解矛盾、消除不稳定因素。在工作中处理好权与法、情与法的关系，真正做到依法办事、处事公正、作风明主，进而引导广大村民知法守法，营造良好的法律氛围。

（三）创新社会治理的机制

1. 完善社会治理考核问责机制

要发挥绩效评估的引导、规范和推动作用，为进一步改进社会治理实践工作、提升社会治理实践水平提供现实依据。明确政府和社会各方的权责关系，推动社会治理走向法治化，为落实社会治理实践工作提供保障。首先，构建科学、客观、可操作的社会治理绩效评估指标体系。以协同参与为理念，多元主体协同参与为关键，建立独具内蒙古地方特色的社会治理绩效评估体系。其次，探索建立社会治理绩效评估机制。注重管评分离，引入第三方专业评价和公民满意评价。再次，建立考核问责机制。充分发挥考核的激励作用和惩戒作用，着力解决社会治理实践过程中不担当、不负责等突出问题。

2. 加强预防和化解社会矛盾机制建设

当前内蒙古社会仍然存在一些不和谐因素，各种社会矛盾和问题相互交织叠加。为此，要完善社会矛盾排查预警机制，努力做到早发现、早预防、早处置。特别要运用大数据、云平台等信息技术，揭示传统方法难以捕捉的现象，呈现现象背后的要素关联，提供新的指标和评价体系，发掘重大热点难点问题和矛盾隐患，为预测和决策提供支持，提高对各类社会矛盾的发现预警能力，形成集信息共享、部门联动、综合研判、跟踪督办、应急处置于一体的工作体系，及时排除、预警、化解、处置各类矛盾风险。还要完善重大决策社会稳定风险评估机制，从源头上预防和减少矛盾。

3. 健全利益表达、利益协调、利益保护机制

一是充分发挥人大、政协、人民团体、行业协会以及大众传媒的社会利益表达功能，畅通拓宽信访渠道，充分运用现代科技，方便群众表达诉求；完善行政复议、仲裁、诉讼等法定诉求表达渠道，建立基层调处化解矛盾综合性平台。

二是对涉及群众利益的相关事项，按照协商于民、协商为民原则，要求各职能部门推行协商制度，以确保出台的各项政策、法规合乎群众的利益，相关工作合乎民意。实时出台风险评估工作机制，在出台重大决策前，把风险评估纳入决策程序，确保政策出台能够倾听民意、化解民忧、得到群众的支持，从而预防和减少因决策不当引起的社会矛盾。

三是通过利益诉求表达发现问题，重点围绕教育、就业、医疗、养老、住房等民生问题进行"拉网式"排查梳理，对发现的久拖不决的难点问题优先协调相关部门予以解决；发挥好司法救济职能，重点整治土地征用、房屋拆迁、企业改制等过程中损害群众利益的违法犯罪行为，确保群众权益不受损害。

4. 健全及时就地解决群众合理诉求机制

一是综合运用政策、法律、经济、行政等手段和教育、协商、调节、疏导等办法及时解决群众的合理诉求，力争在第一时间妥善解决，按照属地管理的原则，实行就地解决，力争把诉求事项化解在萌芽状态。同时进一步加强矛盾排查处理，把工作重点由事后处理转移到事前预防化解上，及时化解矛盾纠纷，避免集体上访或群体性事件的发生。

二是按照权责统一原则，各职能部门结合自身职责，对群众诉求给予相应

的指导和回复，对于其中涉及信访的事件，应由各部门联合信访部门在分工协作、联合处理的原则下，加强整合信访资源，统一信访出入口，避免同一信访事项多头交办。

三是综合考虑各盟市旗县经济社会发展情况、人口数量、地域特点、信访总量、诉求构成、解决问题的质量和效率等因素，合理设置考核项目和指标，重点考核"质"，通过质的提高促进量的减少，引导工作重点放在对上访事项的预防和解决已发生的问题上。

（四）提高社会治理的"四化"水平

1. 提高社会治理的社会化

构建开放性架构，充分运用市场机制吸纳各种社会力量，整合社会资源，共同参与到社会治理当中，形成共建共治的良好局面，同时明确各治理主体的职责，使各种参与力量在法治框架内各司其职又相互协作。

2. 提高社会治理的法治化

从政府层面看，要严格遵循依法行政，制定公布权力清单和责任，推进政府机构、职能、权限、程序和责任法定化，推动党员干部的法治思维和处理问题的法治方式，增强发现和化解矛盾的能力，提升维稳水平。从其他治理主体看，要遵循依法守法，根据其属性明确从事的社会治理事项，明晰权力与责任，避免社会治理权力的泛化与失控。

3. 提高社会治理的智能化

依托现有的电子政务系统和智慧城市建设成果，推进信息技术在社会治理领域的应用范畴，综合运用大数据和云计算在推进科学决策、沟通社情民意、提供公共服务、预测社会风险、解决难点问题、加强平安建设等领域中的实际应用，构建起全面覆盖、统一调度、信息共享、动态更新的区域性社会治理综合信息系统和智能化、广覆盖、即时性的社会治理云服务体系。推进民生领域信息化建设，通过对医疗、教育、就业、社保和民政等社会公共资源的高效整合，打造智慧医疗、智慧教育、智慧家政、智慧社区等数字化综合民生服务平台，并依托各种移动智能终端，把社会治理服务全面延伸到社会末梢，提升公共服务的可及性与便捷性，实现公众需求与公共服务的零距离无缝对接，达到以智能化促进社会治理增效、公共服务升级的目的。

4. 提高社会治理的专业化

建立社会治理专业人才培训机制，除现有在高校开展社会治理相关专业以外，更多依托社会举办各种社会治理在职人员培训班，提高其专业技能和综合素质，通过合理划分人才队伍结构、改善待遇条件、拓宽晋升空间、强化考核激励等方式，建立一支数量充足、结构合理、素质优良的职业化社会治理人才队伍，以其专业化的工作精神和态度，夯实社会治理基础，提升社会治理效能，推动社会治理整体水平迈向现代化。

（五）推动社会治理重心向基层下移

完善基层民主制度，保障人民知情权、参与权、表达权、监督权，推进基层协商以及社会组织协商。深化拓展社区网格化管理，尽可能把资源、服务、管理放到基层，使基层有能力更好地为群众提供精准有效的服务和管理，夯实社会治理的基石。

1. 健全自治、法治、德治相结合的乡村治理体系

围绕乡村振兴战略"产业兴旺、生态宜居、乡风文明、治理有效、生活富裕"的总要求，加强农村牧区基层基础工作，健全自治、法治、德治相结合的乡村治理体系。

一是加强农村牧区基层党组织建设。突出农村牧区基层党组织核心的地位，创新组织设置和活动方式，改变整顿基层党组织长期涣散、软弱的形象，坚决清退不合格党员，引导农村牧区党员充分发挥先锋模范带头作用。形成选派第一书记的长效工作机制，特别是向贫困村、软弱涣散村党组织和集体经济薄弱村选派第一书记。注重引导吸引高校毕业生、外出务工人员和机关事业单位优秀标杆干部到村任职，选优配强党组织书记。

二是全面实践村民自治。建立健全村务监督委员会，全面推行村级事务阳光工程，以村民代表会议、村民议事会、村民监事会、村民理事会等多种形式，形成民事民议、民事民办、民事民管的多层基层协商制度。充分发挥乡贤制度，推动乡村治理重心下移，把资源、管理、服务下放到基层。创新农村牧区管理体制机制，整合公共服务和行政审批职责，打造"一站式服务"和"一门式办理"综合服务平台。

三是建设法治乡村。强化法律在维护农民权益、规范市场运行、农业支持保护、生态环境治理、化解农村牧区社会矛盾等方面的权威地位。增强基层干

部的法治观念，将各种涉农事项纳入法治化轨道，推进综合执法向基层延伸，全面整合执法力量，将执法力量下沉，提高执法能力和水平。加大农村牧区普法力度，提升农牧民法律素养，增强广大农牧民学法用法守法意识。

四是建设平安乡村。健全落实社会治安综合治理体系，大力推进农村牧区治安防控体系建设，推动社会治安防控力量向基层下沉，结合当前打黑除恶专项行动，坚决打击农村黑恶势力、宗族恶势力，扫清黄赌毒盗拐骗等违法犯罪活动，加大对农村牧区非法宗教活动打击力度。健全农村牧区公共安全体系建设，排除农村牧区安全隐患，加强农村牧区警务、消防和安全生产检查，坚决遏制重特大安全事故发生。

2. 促进社会组织健康有序发展

社会组织在社会治理中扮演着特殊角色，发挥着重要作用。一是要开展"枢纽型"社会组织体系建设。发挥"枢纽型"社会组织在政治上的桥梁纽带、在业务上的引领聚合、在日常服务管理的平台窗口作用，促进本领域社会组织健康有序发展。二是以政府购买专业服务的方式支持社会组织的培育和发展。完善相关政策，为社会组织发展创造良好环境，凡适合社会组织提供的公共服务，尽可能交由社会组织承担。三是推进社区社会组织发展。依托街道（乡镇）综合服务中心和城乡社区服务站等设施，建立社区社会组织综合服务平台，为社区社会组织提供组织运作、活动场地、活动经费、人才队伍等方面支持。

参考文献：

［1］黄昕．美国革新型基建计划及其对我国基建发展的启示［OL］．21世纪经济报，2018年10月．

［2］内蒙古社科联党组．扎实推进内蒙古高质量发展［N］，内蒙古日报．2018年3月．

［3］刘志彪．高质量发展的八大基础性支撑要素［N］．北京日报，2018年9月．

［4］杨晔．加强质量基础设施建设，助推经济社会高质量发展［OL］．人民网—浙江频道，2018年1月．

［5］齐家滨．以高质量的基础设施促进高质量发展［OL］．日照新闻网，2018年12月．

［6］新华网．支撑高质量发展，这八大要素要尽快形成［OL］．东方头条，2018年8月．

［7］中国财经报．全球基础设施建设绿色化势在必行［N］．中国财经报（第三版），2017年6月．

［8］中国新闻．加快建设泛在先进的信息基础设施建设［OL］．央视网，2016年12月．

［9］遂宁新闻网．加快民生基础设施建设，让百姓生活更方便［OL］，2017年3月．

［10］2018年内蒙古政府工作报告．

［11］张楠迪扬．《十九大开启国家现代化治理体系与能力建设新时代》．

［12］谈志林.《关于推进社会治理创新的思考》.

［13］向春玲.《十九大关于加强和创新社会治理的新理念和新举措》.

［14］《国家新型城镇化规划（2014—2020）》.

［15］《关于推进新型城镇化建设的意见》.

［16］习近平在中央城市工作会议上发表的讲话.

［17］《2018 年推进新型城镇化建设重点任务的通知》.

［18］内蒙古科技厅.内蒙古人才平台优先发展打造区域创新高地［OL］.内蒙古科技厅官网，2017 年 3 月.

［19］中国投资咨询网.内蒙古人力资本存量偏低高层次人才短缺已成发展"瓶颈"［OL］.中国经济网，2017 年 12 月.

［20］内蒙古自治区党委.自治区人民政府关于全面深化新时代教师队伍建设改革的实施意见.［OL］.内蒙古新闻网，2018 年 9 月.

［21］内蒙古自治区人民政府.2017 年第四季度人力资源社会保障工作新闻发布通稿［OL］.内蒙古自治区人民政府网，2018 年 3 月.

［22］内蒙古自治区人力资源和社会保障厅.内蒙古实施青年创新创业人才选拔培养计划见成效［OL］.内蒙古自治区人力资源和社会保障厅官网，2017 年 12 月.

［23］内蒙古自治区统计.内蒙古自治区人才资源状况分析.［OL］.内蒙古自治区统计局官网，2017 年 12 月.

［24］国家发展和改革委等六部委.中国开发区审核公告目录（2018 年版）［Z］.2018，（3）.

［25］马俊.正视问题强化措施推动内蒙古工业园区实现"四个转变"［J］.北方经济，2014，（10）.

［26］胡生荣.乌海市及周边地区工业园区现状及环境保护对策［J］.环境与发展，2018，（7）.

［27］徐剑锋.让工业园区成为经济高质量发展"顶梁柱"［N］.梅州日报，2018，（3）.

［28］国家高新区要成为高质量发展的领跑者［J］.河南科技，2018，（9）.

第十二章

高质量发展的国内外经验与启示

　　高质量发展是新时代我国经济的基本特征，也是内蒙古自治区实现跨越式发展的战略选择。本章围绕创新、协调、绿色、开放、共享五大发展理念，对国外主要发达国家、国内发达地区高质量发展的成功实践进行了分析归纳，总结出 17 条相关经验，提出 19 条对策建议。

　　深入学习贯彻党的十九大精神和习近平总书记对内蒙古的重要讲话精神，以推进高质量发展为总体要求，分析国内外发展模式转型过程中的经验，可以更为清晰地了解内蒙古经济高质量发展所面临的挑战、优势与劣势，有利于在借鉴国际、国内经验的基础上，结合自治区实际积极应对，高质量提出具有前瞻性、战略性、长期性的总体思路、战略主线、政策选择，扎实推进内蒙古现代化经济体系建设。

第一节　提升创新能力，助推经济发展

　　创新是引领经济发展的第一动力，是建设现代经济体系的重要支撑。建设创新型内蒙古从何着力，国内外提升创新能力有许多好的经验可以为内蒙古发展提供重要借鉴和参考。

一、国内外主要经验

（一）体制机制推进科技创新

　　美国作为世界公认的创新型国家，政府积极推动起着至关重要的作用。围绕促进科技创新活动、强化科技成果转化，美国建立起完备的法律制度体系，包括《贝尔—多尔法案》《联邦技术转移法案》《美国发明人保护法》《对发明推广者申诉的临时规章》和《技术转移商业化法》等一系列法律法规。另外，还制定和实施严格的《反垄断法》，以保护竞争、反对垄断，确保其科学研究与发展充满活力。同时，出台一系列经济政策，包括对研发支出提供税收减免，加大研发税收抵免力度。政府采购则通过政府的市场行为，引导和促进企业技术创新活动的速度、规模和方向。日本推行科技体制改革。1995 年成立了"综合科学技术会议"，引入独立行政法人制度，扩大科研机构在业务和人事上的自主权，通过出台并不断完善评价指南，为评价体系和评价行为提供了制度保障。此外，建立健全科技评价体系，编制了"研究评价指南"，《国家 R&D 评价的大纲性指南》，为科技创新活动的健康发展提供保证。

广东省出台《广东省创新驱动发展工作考核指标体系》，共设科技进步贡献率、战略性新兴产业增加值占地区生产总值比重、高新技术产品产值占规模以上工业总产值比重、技术自给率、全社会研发经费占地区生产总值比重、每万从业人员研发人员数量、每万人发明专利申请量和授权量、高新技术企业数量、科技自主研发平台建设水平、科技企业孵化器建设水平等 10 个指标。针对各项指标特点，按照分类评价方式，对各地指标完成情况进行综合评分。充分发挥了考核对实施创新驱动发展战略的推动和激励作用。

深圳市 2008 年以来，发布了促进科技创新的地方性法规，出台了自主创新"33 条"、创新驱动发展"1 + 10"文件等。按照中央关于推进供给侧结构性改革的部署要求，又制定出台了《关于促进科技创新的若干措施》《关于支持企业提升竞争力的若干措施》《关于促进人才优先发展的若干措施》等政策体系，以强有力的政策"组合拳"，全面加大对科技创新的支持力度。

（二）强化平台建设推进科技创新

科技创新平台具有技术转移、技术研发、资源共享、孵化企业等功能，是科技创新体系的重要支撑。美国、欧洲、日本、韩国都非常重视平台建设。20 世纪 60 ~ 70 年代，美国加大对共性技术研究的支持，在大学投资建立了数以百计的研发中心，启动了一系列技术合作的研究与开发计划。经费一部分来自政府设立的专项资金，另一部分来自企业投入配套。英国技术战略委员会 2005 年推出了创新平台科技计划，创新平台的项目通过竞争性投标方式申请，资金主要由技术战略委员会、政府相关部门、各研究理事会、地方机构及其他资助机构（如基金公司、研究所等）提供。创新平台研发项目开发的产品和服务可以享受政府优先采购的待遇。

深圳市 2017 年实施了"十大行动计划"，筹建了 8 个重大科技基础设施，新组建基础研究机构 3 家、制造业创新中心 5 家、海外创新中心 7 家，新增福田区、腾讯等 3 家国家级"双创"示范基地，新设立新型研发机构 11 家和创新载体 195 家。目前，全市拥有各类创新载体 1617 家，包括国家级 110 家、省级 175 家，涵盖了国民经济社会发展主要领域，成为集聚创新人才、产生创新成果的重要平台。

（三）加强产业创新引领实体经济发展

技术创新是企业的生命力。世界上拥有著名品牌的企业都已经历几十乃至上百年，它们能够在竞争日益激烈的世界企业之林立于不败之地，就在于不断创新，追求卓越的精神。美国从 2009 年开始逐步强化科技创新对制造业的带动作用，先后发布了《重振美国制造业框架》《先进制造业国家战略计划》《美国创新战略》等，围绕投资创新基础要素、激发私营部门创新。此外，还通过《制造业促进法案》，主要目的是通过关税及国内税收减免，降低制造业成本和保持稳定就业。

湖南省加强战略性新兴产业重大关键共性技术的研发攻关，强化对新型工业化的科技支撑。2013 年围绕七大战略性新兴产业，支持 100 家重点企业实施一批重大科技项目，重点突破 100 项关键共性技术难题。截至 2013 年底，湖南省高新技术企业总数居中部第二。河北省昌黎县，围绕特色产业发展，引导科技型中小企业与高等院校、科研院所共建工程技术研发中心、重点实验室、企业技术中心、产业技术创新联盟等技术研发机构，为特色产业提供技术支撑。目前，全县科技型中小企业和小巨人企业已达到 100 余家。福建省突出绿色创新振兴实体经济。统筹推进科技链、产业链、金融链和政策链"四链融合"，壮大先进制造业，支持企业争创中国驰名商标、国家地理标志商标、全国和省级质量奖、省著名商标及名牌产品，鼓励企业参与各领域国家标准、行业标准的制修订工作，提升行业话语权。持续完善产业平台，按照"生产专业化、生活社区化、环境生态化"的要求，深化供给侧结构性改革，千方百计扶持实体经济健康发展。

（四）强化金融服务助推实体经济发展

围绕服务实体经济，世界上大多数国家都设立专业金融机构对中小企业提供信贷支持。法国通过政策性金融机构和民间中小金融机构为中小企业提供信贷服务，如"中小企业金融公库""国民金融公库""商工组合中央金库"可向中小企业提供低于市场利率 2~3 个百分点的较长期的优惠贷款。德国为解决中小企业融资问题，通过复兴信贷银行和平衡银行两大政策性银行牵头实施扶持中小企业融资的政策。当出现风险损失时，商业银行和政策性担保机构各自承担相应的风险分担比例。此外，德国小企业银行通过欧洲复兴计划的自有资本援助项目和创业援助项目，帮助自主创业者和新建企业（创业三年）获得类似于自有资本的资金。美国针对中小企业融资设立了社区银行，政府金融部门小企业管理局向中小企业的直接贷款比重比较小，主要是通过担保等信用加强措施，鼓励或发动金融机构发放小企业贷款或进行风险投资。

广东省积极搭建金融服务实体经济平台。省工商联先后与建行、中行、农行、进出口银行、民生银行、光大银行、广发证券等 12 家金融机构签订《战略合作框架协议》，授信金额 4.46 万亿元，为 9 万多家民企发放贷款超 1 万亿元。此外，还成立了国内首家互联网民营银行、广东民营企业投资公司，大力推动民营企业在区域性股权市场挂牌到主板、中小板、创业板及新三板上市融资。截至 2016 年底，全省小额贷款公司达 394 家，民营资本占比超过 92.4%，累计向小微企业和个体工商户等投放贷款金额 547.5 亿元；新增上市企业 33 家，新增融资额 122.02 亿元。辽宁省出台了《辽宁省人民政府关于进一步提高金融服务实体经济质量的实施意见》，针对企业融资难问题，提出将更多地采用商业化、市场化的方式，通过引进新项目、完善在建项目、搭建网络信息平台等方式，破解企业融资障碍。在辽宁股权交易中心、沈阳票据资产交易中心、浑南国际软件园分别搭建三个融资服务平台，帮助企业解决融资难问题。

（五）深化合作加快成果转化

美国是科技成果转化最成功的国家之一。20 世纪 70 年代设立了工业与大学合作研究中心，80 年代又在大学建成了工程研究中心，由此形成了大学与科研院所及企业长期、紧密合作机制。例如，美国三大汽车公司（克莱斯勒、福特、通用）同美国的一些大学联合推行了一项推动美国汽车技术革命计划，即新一代合作计划。此计划的实施不仅提高了汽车燃料效率和汽车工业市场竞争力，而且还减少了有害气体和二氧化碳的排放。美国还组建了"国防技术转移办公室"，推动军用和民用领域技术的双向转移。日本 20 世纪 90 年代以来，出台了一系列法律和政策，促进日本大学和国立研究机构的技术成果向企业转移。

1995 年颁布了《科学技术基本法》，明确要求增强官产学研合作，国立大学教师所完成的技术成果归属教师，但使用政府提供的特殊试验设备或使用特别研究费所取得的技术成果归属国家所有。2003 年政府通过相关法令，规定各高校要根据具体情况建立"知识产权本部"机构，统一管理知识创新和成果转让。2004 年日本国立大学实行法人化，高校教师研究成果所得专利权归研究者所属的高校，将转让专利权所得报酬的一部分返还给研究者，对技术成果转让取得利益的分配，主要体现在对职务发明者的奖励上。

为了促进成果转化，上海市推出了科技成果转移转化的"三部曲"，即《关于进一步促进科技成果转移转化实施意见》《上海市促进科技成果转化条例》和《上海市促进科技成果转移转化移动方案（2017—2020）》，从制度层面解决了"三权下放"等成果转化动力问题。例如，允许提取不低于70%的转化受益作为奖励和报酬，明确了收益计算口径，采用"净收入＝收入－转化过程中的直接费用"的计算方法，不扣除前期研发投入成本。此外，"上海把技术经纪人的业绩贡献与落户挂钩，特别是导入积分机制。制度创新释放了科技创新活力，一批重大战略项目和基础工程上收获成果。2016 年，上海海事大学"光纤传感在线监测应用"项目成功实施转化。其中，上海大学正在从理工科硕士中筛选、培养这类人才，并为他们开辟高级职称晋升通道。2016 年中国国际工业博览会上，上海微电子装备（集团）股份有限公司研制的4.5 代高分辨率投影曝光机、上海超导科技股份有限公司自主设计并制造的高温超导带材生产线，双双荣获金奖。这两项成果的背后，都蕴含着产、学、研协同创新的体制机制突破。目前，上海已经有19 所高校设立了专门的科技成果转化中心或者类似机构，已规划首批18 个研发与转化功能型平台，涵盖生物医药、新材料、新一代信息技术以及创新创业服务等领域。

二、主要启示

党的十九大报告中强调，创新是引领发展的第一动力，是建设现代化经济体系的战略支撑。按照党中央的决策部署，突出以科技创新引领全面创新，必须强化科技创新能力。

纵观美国、日本、欧盟等传统工业强国和后发赶超国家以及我国深圳等发达地区的经济发展状况，都是通过实施科技创新战略，实现经济发展方式转变和经济转型。总体来看，自治区综合创新能力薄弱，核心技术和自主知识产权缺乏，原始创新与重大成果产出总量少，科技成果转化率低，较少拥有国家级创新平台，科技资源配置效率整体低。从发展水平看，内蒙古发展中不平衡、不协调、不可持续问题仍然十分突出，产业结构不尽合理，还没有形成高精尖优势产业集群，依靠科技实现发展方式转变，促进产业转型升级刻不容缓。借鉴国内外经验，提升自治区科技创新能力：

（一）以机制改革和政策推动为重点，构建良好的科技创新环境

根据新形势、新任务，自治区相关部门应适时调整完善相关政策，强化要素投入和政策配套，推动产学研一体化，真正把企业、科研单位特别是广大科研人员的积极性和创造性激发出来。完善创新引领的高质量考核体系，提高科技创新、"互联网＋"、现代金融服务业、高新技术产业占比等创新含量较高的考核指标权重。深化科技体制机制改革，转变科技经费监管方式，从根源上引导科研人员和项目承担单位规范使用科技经费，提高科技经费使用效益。建立完善以财政科技投入为引导，以企业投入为主体，以银行信贷和风险投资等金融资本为支撑，以民间投资为补充的多元化、多渠道、多层次的科技投入体系，为实施创新驱动发展战略提供有力保障。对企业的技术创新提供税收、金融等配套政策优惠，为企业技术创新营造良好的外部环境。

（二）积极培育创新主体，激发创新活力

构建和完善以企业为主体、市场为导向、产学研相结合的技术创新体系。强化企业的技术创新主体地位，推动科技要素向企业研发机构集聚，提升产品核心竞争力。实施高新技术企业培育行动，大力培育和申报一批高新技术企业。推动科技协同创新基金与金融机构的联系互动，建立科技金融助推科技型中小企业发展长效机制。发挥我国非营利中介机构在实现科技创新、提高自主创新能力方面的作用。

（三）健全科技成果转化机制，实现科技成果高效转化

加强政府及研究机构对科技成果推广转化的责任，消除制约推广转化的不

合理障碍，为科技成果安全、快速地推广转化提供法律制度保障。引导和激励高等院校、科研院所应设立科技成果转移转化工作机构，建立符合科技成果研发转化特点的内部激励制度，对科技成果转化活动实施后补助。紧扣自治区战略性新兴产业和科技惠民等方面的技术瓶颈，实施高新技术成果转化工程。理顺科技成果使用权、处置权和收益权关系，除涉及国家安全、国家利益和重大社会公共利益外，可以自主决定采取转让、许可、作价入股等方式进行转化。建立军民通用技术领域的联合研发机制、科技成果共享机制，鼓励具备资格条件的民用品供应商将其先进技术产品提供给国防部门应用。

（四）建设科技创新公共服务平台，促进科研与产业有机对接

进一步拓宽科技研发平台产业领域，提供研发试验、设计开发、检测认证和咨询、培训、成果转化等服务。在高新企业广泛建立研发平台的基础上，将研发平台向规模以上企业延伸。重点鼓励应用高新技术和先进适用技术改造提升传统产业效果显著的企业，支持其建立科技研发平台，进行装备更新、工艺革新和产品创新，推进关键性技术和共性技术攻关，推动产业结构优化升级。整合已有的检测资源搭建设备共享平台，做好相关配套服务工作，为中小微企业技术创新提供有效支撑。

第二节　健全体系，促进协调发展

促进区域协调是贯彻新发展理念、建设现代化经济体系的重要组成部分。如何推进内蒙古区域协调发展，国内外健全体系促进协调发展的经验为内蒙古发展提供重要借鉴和参考。

一、国内外主要经验

（一）构建和谐稳定的区域间产业合作体系

产业协同发展是优化区域布局，形成新的增长点的必然要求。美国把城市

群建设作为现代产业区域一体化发展的空间载体。"波士顿—纽约—华盛顿"城市群是首个为世界所认可的城市群。该城市群中五大中心城市凭借各自的产业优势，在极化、扩散作用的影响下，通过与周边地区中小城市的相互配合，形成了众多特色化的都市圈。随后各都市圈又依靠规模效应、要素自由流动以及便利的沿海交通干线等有利条件，形成了新的聚落地带，并不断沿着海岸方向扩展融合，完成"点轴式"扩张。最后各大都市圈之间通过展开相互合作和优势互补，建立起了密切联系的功能性网络，形成了区域发展的空间一体化，完成了整个城市群"联网辐射式"扩张的最终扩张阶段，并以此推动着现代产业体系持续不断地向前发展。

京津冀三地深化制度供给，打造升级版的区域合作。围绕能源合作，京津冀三地建立了能源、国土、林业、海洋等部门新能源协同发展工作机制、京津冀新能源跨区域规划联动机制，签署了《京津冀协同创新发展战略研究和基础研究合作框架协议》《北京市、天津市关于加强经济与社会发展合作协议》《深化经济与社会发展合作框架协议》等合作协议，通过完善项目管理机制，实施分地区分年度规模管理，稳步实现了河北省绿色电力外送与京津绿色电力引入之间的平衡，合理解决能源配套建设不协调的矛盾。

嘉兴、南通围绕对接上海，构建区域合作新机制。嘉兴市出台了《2016年嘉兴市深化接轨上海工作实施方案》，明确加强政策规划衔接、基础设施对接、人才科技对接、产业合作对接、开放平台对接、公共服务对接等。南通市则成立对接服务上海协调委员会，强调对接上海要注重在规划上科学研判和系统谋划，在项目上要选择精准、"对卯"协同，在政策上要提升理念、精细服务等重大问题的重要性，全面实现南通市对接上海的速度、深度和高度。长三角区域强化科技创新合作。早在2004年，长三角区域就启动了重大科技项目攻关，确定了"长三角城镇饮水安全保障""长三角城际一卡互通交换清分平台"等9项联合攻关项目。上海、常州、宁波加强了石墨烯产业技术合作。2016年，上海石墨烯产业化技术功能型平台、江南石墨烯研究院、宁波市石墨烯创新中心三方签署《长三角石墨烯产业协同发展合作备忘录》，将联合创新石墨烯产业研发。启迪控股集团构建了覆盖上海、南京、苏州、无锡、常州、南通、徐州、合肥等地的创新网络基地，推动"空间服务＋科技服务＋金融服务"全链条科技服务体系在长三角快速发展，已形成了"点、线、面"相结合、有机互动的创新创业格局。

（二）建设完善便捷的立体交通体系

东京城市群构建立体交通综合发展体系。客运交通以公路和铁路为主，铁路的客运承载量达到了旅客总数的85%，其中城际铁路等轨道交通已发展成多层次多级别的综合运输网络，在城市群中发挥了城际公交的作用。高速公路呈现出三环九射的建设格局，与内部的轨道交通形成立体交互式的综合交通运输网络。伦敦城市群实现了公路与轨道交通有效衔接。城市群内的轨道交通比较发达，承担着大量的城际间与城郊间的旅客运输，基本实现了高速公路与轨道交通的有效衔接，郊区铁路与市内地铁的有效衔接，私家车与公交车的有效衔接以及圈层内外交通线路的有效衔接，真正实现了城市群交通一体化。

南京都市圈确立规划先行策略。以"十二五""十三五"规划编制为契机，逐步形成区域规划为总揽、专项规划为支撑、地区协调规划为重点的都市圈规划体系。完成了《南京都市圈综合交通协调规划》《南京都市圈城乡空间协同规划》《南京都市圈区域空间协调技术准则》和《南京都市圈空间布局协调规划》等跨界总体规划和地区协调规划编制，进一步明确了区域规划协同目标。如基础设施规划，通过基础设施廊道控制，优化公路、铁路、航道、机场、管道等各交通方式基础设施布局。杭州都市圈跨地区协作机制逐步完善。杭、湖、嘉、绍四市交通部门率先建立了杭州都市圈交通专委会，从区域交通发展战略、交通规划、项目建设、运输服务等十个方面全面合作，通过专委会会议、专题对接会、项目推进会等方式，对事关都市圈交通运输发展的相关重大事项及时交流对接，合力推进杭州都市圈综合交通发展，并为其他专委会的合作起到引领示范作用。武汉城市圈加速推进交通一体化重点项目，如武汉市交通枢纽、圈内城际铁路和高速公路、武汉空港、武汉新港等工程，作为一体化示范项目深入推进，着眼于利用技术手段来实现无缝对接和减少拥堵，改善交通。

（三）建立高效普及的基本公共服务一体化体系

美国构建公共服务四元供给主体。从联邦政府、州政府、地方政府到农场主个人4个层次划分，凡是全国性的、规模巨大的由联邦政府投资兴建；规模居中属于区域性的则由州政府筹建；规模小的由地方基层政府负责建设；规模最小的则由农场主个人或者联合投资建设。此外，规范政府的转移支付职能，使其成为平衡不同区域和城乡发展的真正利器。美国联邦政府将 10% 的财政支出用于对州和地方政府的转移支付，而且大部分是补助落后地区。美国非营利组织（第三方）在很多公共服务领域中发挥着举足轻重的作用，提供了由政府出资的就业和培训服务的 48% 和医疗保健服务的 44%。引导社会志愿供给。德国联邦政府则将 20% 的财政支出用于补贴发展较为落后的州。在基本公共服务提供过程中积极引进私营部门和非营利组织，可以通过合同外包、特许经营、混合策略、合作生产的形式实现"政府供给 + 私人组织（非营利组织）生产"或者政府监督下的私人组织（非营利组织）供给等。日韩在基本公共服务供给方面实现需求主体的积极参与。日本的"造村运动"和韩国的"新村运动"广泛吸取农民参与社区建设及公共服务的提供，进而提高了公共服务的提供效率。日本所有农村地区都设有农协，100% 的农民加入农协。农协的主要职能就是提供公共服务并向政府传达农民的需求意愿，另外还向农民提供贷款和保险业务等。

长三角地区实现区域间全面社会医疗保障体系。2009 年，长三角地区签订了《长三角地区失业保险关系转移及待遇享受的合作协议》，开创了失业保险跨省市转移的先河。2008 年，长三角地区在全国率先推出医疗保险跨省转移机制。如今长三角的医保互通已经达到异地结算的阶段，省内可以直接刷卡就医，跨省也可以异地结算。此外，长三角加大区域间环保合作力度，签订了《长江三角洲地区环境保护合作协议（2009—2010）》《长三角地区环境保护领域实施信用联合奖惩合作备忘录》等，共同开展太湖水污染治理。

（四）构建城乡协调的乡村发展战略

在改善乡村环境方面。20 世纪六七十年代，英国颁布《英格兰和威尔士乡村保护法》，明确支持公众加入乡村地区建设，建设乡村公园，划定乡村公共通道。进入 21 世纪后，英国从重视粮食供给问题转移到生态保护，加强对土地、水、空气等问题的管理。法国一直以来就是风景环境优美的国家。在乡村生态环境的建设中，一方面保证乡村生态系统的完整性，一方面坚决抵制人为建设对环境的污染和破坏。美国对于乡村整体布局要求严格，乡村规划实行严格的功能分区制度。如农业产业区和居住区之间用公共空间走廊和主干道作为缓冲；

用道路和景观区隔离商业功能区与居住区。同时，十分重视完善基础设施，乡村社区普遍建有学校、医院、图书馆、博物馆、公园、教堂、运动场以及商业区，能够满足居民的日常生活需要。浙江省把农民反映最强烈的环境脏乱差问题作为突破口，从 2003 年开始，在全省实施了"千村示范、万村整治"工程，从 4 万个村庄中选择 1 万个左右的行政村进行全面整治，把其中 1000 个左右的中心村建成全面小康示范村。2008 年把"全面小康建设示范村"的成功经验深化、扩大至全省所有乡村。2010 年又做出了进一步推进"美丽乡村"建设的决策，明确了"美丽乡村"从内涵提升上推进"科学规划布局美、村容整洁环境美、创业增收生活美、乡风文明身心美"和"宜居、宜业、宜游"的建设要求。截至 2017 年底，浙江省累计有 2.7 万个建制村完成村庄整治建设，占全省建制村总数的 97%，浙江乡村面貌、经济活力、农民生活水平走在全国前列。

在促进乡村产业发展方面。美国十分重视农业在国民经济中的基础性地位。近一百多年来，在农业科研和推广方面投入大量经费，确保科研成果源源不断，并及时推广运用。政府还通过针对性投资和技术移民政策，将全球各地的农业及相关产业的优质人力和财力吸引到美国，为其农业与农村转型升级助力，引导农业和工业生产的无缝对接，以最大化实现农产品的潜在价值。加拿大政府通过推动和组织不同主题的农村项目，激发企业和个人到农村创业的激情。陕西省围绕特色资源，根据市场需求 2015 年全面启动苹果产业转型升级示范工程。一方面，注重技术创新。邀请国家国内专家实地培训指导，加快优质果品试验基地建设，促进了产业整体管理水平的明显提升。另一方面，加强品牌建设。以果业绿色为目标，严格执行建设标准，着力建设经欧盟、东盟、北美等认证的出口注册果园，加强科学规范管理，引导各地稳步发展果、畜、沼、窖、草五配套生态果园，提升特色果业水平。三是注重全产业链。积极构筑以企业、合作社为主体的果业发展中坚力量，实现产前、产中、产后有效衔接。2016 年，全省果业实现增加值 403.5 亿元，占全省种植业增加值的 32.3%，比上年提高 0.4 个百分点；拉动全省 200 万农户近 1000 万农业人口从业。

在推进乡村治理方面。发达国家首先通过制定相关的法律法规、出台各类政策章程，对乡村治理进行宏观调控。德国乡村治理起步于 20 世纪初期，1936 年政府实施《帝国土地改革法》，对乡村农地建设、生产用地及荒废地的合理规划。1976 年首次将村庄更新写入《土地整理法》，对村庄的地方特色和独具优势进行保持。20 世纪 90 年代，德国村庄更新融入了更多的科学生态发展元素，乡村的文化价值、休闲价值和生态价值被提升到和经济价值同等的重要地位，实现了村庄的可持续发展。山东省从 2011 年开始，深入推进村容村貌、村风民俗、乡村道德、生活方式、平安村庄、文化惠民"六大建设"，先后出台了《关于在全省农村实施"乡村文明行动"的意见》和《关于进一步深化"乡村文明行动"的实施意见》，制定了两个五年工作规划。2016 年底，全省所有村居将移风易俗纳入村规民约，成立红白理事会 8.6 万余个，实现村居全覆盖。实施乡村儒学行动，建成乡村儒学讲堂 9200 多个。实施"百镇千村"示范工程，建设文化特色示范镇 100 个、乡村文明家园示范村 1 万多个，其中省级文明家园 2100 多个。

二、主要启示

通过制定科学合理的规划布局来引导现代产业体系实现一体化发展，是大多数发达国家的主要经验。在区域一体化过程中，各国产业政策从收敛内向型逐渐转向国际区域型，产业政策具备了新的特色和内容，最终形成区域一体化过程中的经济上、政治上、社会等方面的合力。

美国是市场经济高度发达的国家，其区域产业的发展和演进均以市场机制为主导，但政府的作用却不容忽视。尤其是各城市群的发展、协调、管理和规划，更离不开政府的参与。同时，现代产业体系集群式发展为美国区域经济效益和社会效益的取得提供了强大的动力。

目前，内蒙古自治区在推进区域一体化发展的进程中，还存在着许多问题。东西部发展不均衡，工业为主导的产业格局短时间内难以改变；盟市之间发展差距比较大，凝聚力较弱；产业单一、竞技模式趋同，经济互补不足；城乡间发展不均衡，农牧业结构性矛盾突出，农村牧区产业发展滞缓，社会事业发展滞后等。我们应借鉴发达国家级其他省市区域一体化发展的经验提升内蒙古协调发展的能力。

（一）实施区域一体化发展战略，形成完善的宏观调控体系

为更好地促进内蒙古区域一体化协同发展，应加快制定统一的宏观发展战

略。一是要建立一体化发展领导小组、主席联席会议及其办公室和专责小组等多层面组织协商机制，负责区域一体化建设的领导、组织和协调工作；二是要探索建立以优势互补为基础、以市场机制为纽带，有序、规范、高效的区域合作推进机制，打破阻碍一体化发展的行政区划壁垒，平等参与、互利共赢；三是要充分发挥社会组织的推动作用，研究区域发展战略和推进地区协同发展；四是要转变政府职能、调整战略，提升产业层次，促进产业结构不断优化升级；五是积极发挥市场监督、管理和社会公共服务职能，协调处理区域间利益关系，最大限度地减少对经济主体经营活动的不必要干预和对企业跨区域流动的限制；六是要建立适合协调发展的高质量考评体系，注重城市间融合发展、地区间差异竞争、城乡间协调发展的相关内容。

（二）制定产业区域规划，优化产业布局

内蒙古自治区应加进一步完善现代产业体系规划，积极引导现代产业体系建设。一是因地制宜推进产业发展和结构优化，以更严格的资源开发标准和环境保护标准、最先进的工业技术进行资源密集型产业的发展，对于主要生态功能区域，以财政转移支付的方式进行利益补偿，同时也要以积极创新的方式探寻适合这些地区发展的特色产业和特色经济；二是加大产业技术前沿研发投入力度，促进基础研究与应用研究、技术开发相贯通，形成全国领先的产业技术成果；三是强化外资政策的产业导向，探索外资技术的强制转移行政规定之外的其他更为有效的转移机制，扩大外资的技术和管理溢出效应。

（三）优化资源配置，发挥城市群的带动效应

内蒙古自治区必须立足于实际情况，以西部大开发、东北振兴战略为契机，整合优化资源配置，积极建立区域城市集群。一是发挥主体功能区规划指导性作用。结合主体功能区布局部署发展战略，统筹城镇化、区域协调、生态文明等空间布局。二是促进产业与功能相协调。统筹资源环境承载力、现有开发密度和发展潜力，加快推进自治区级空间规划。落实部门和地方责任追究机制，大力推进发展类和布局类规划"多规合一"。细化完善县域空间规划，促进县域功能差异化、特色化发展。三是促进人口和就业岗位相协调。以产业吸引人、以就业留住人，解决转移农村劳动力的稳定就业问题，促使人口流入地和流出地根据产业发展趋势、吸纳就业水平，合理制定城镇化目标。四是通过政策叠加和机构整合，促进各类开发区和产业园统筹融合，借助飞地经济、民营资本管理等方式，促进不同区域形成与城镇化相适应协作发展模式。

（四）强调错位竞争，促进产业集群发展

内蒙古自治区各盟市应按照统一的规划部署，结合本地区资源禀赋情况，打造具有地方特色的产业服务基地，促进具有现代产业体系特质的区域集群经济的形成。一是积极发展符合功能定位的产业，强调产业错位发展。内蒙古在产业集群发展中应强调产业的错位发展，与周边地区形成合理分工，激发生产活力，形成功能互补、产业链衔接的格局。二是提高产业集群的经济辐射能力，促成周边城市良性发展。产业集群对资源要素具有非常大的集聚效应，加强对与周边地区的产业经济联系，加大支持力度和倾斜力度，实现产业集群对周边地区的"反哺"，追求集群与城市的"共赢"。

（五）以产业兴旺为重点，全面提升农牧业绿色发展质量

把现代产业发展理念和组织方式引入农牧业，开发农牧业多种功能，延伸产业链、打造供应链、提高附加值，促进农村牧区产业提质增效、多元发展。企业是乡村产业兴旺的重要推动力量，要充分调动企业家的积极性和主动性，鼓励更多社会主体投身创新创业，盘活农村牧区资产、资源和宝贵的生态资本，为农牧业农村牧区人口提供稳定的、可持续的就业岗位和就业机会。激励更多优秀的城市人才下乡创业，能人回乡创业，增强农村牧区发展的活力。适应城乡居民消费需求的新变化，实施休闲农牧业和乡村旅游精品工程，鼓励各地充分挖掘特色资源，大力发展形式多样、特色鲜明的旅游产品，在具备条件的村庄建设田园综合体，打造一批具有浓郁地区特点、民族特色的"亮丽村镇"。鼓励在乡村地区兴办环境友好型企业。积极培育乡村共享经济、创意农牧业、体验服务、特色文化产业等新增长点，促进产业融合发展。

（六）以治理有效为基础，构建祥和安定嘎查村

"治理有效"是新时代全面实施乡村振兴战略的关键环节和重要保障。针对自治区乡村治理中存在的突出问题，一是要加强农村牧区基层党组织建设。以

抓党建促振兴，增强农村牧区基层党组织政治功能，提升组织力。建立农村牧区基层干部和党员培训轮训制度，加强党员教育管理监督，建立嘎查村级权力规范运行和有效监督机制，加大基层小微权力腐败惩处力度。二是推进法治乡村建设。坚持依法治理、依法行政，将政府涉农涉牧各项工作纳入法治化轨道。完善农村牧区综合执法体系，建立健全乡村调解、旗县仲裁、司法保障的农村牧区土地承包经营纠纷调处机制，完善农村牧区法治服务。大力宣传与农牧民群众生产生活密切相关的法律法规，提高农牧民法治素养。三是提高乡村德治水平。强化道德教化作用，引导广大农牧民爱党爱国、向上向善、孝老爱亲、重义守信、勤俭持家、勤劳致富。四是抓好平安乡村建设。加强农村牧区社会治安综合治理，完善县乡村三级综治中心功能和运行机制，加强农村牧区警务、消防、安全生产工作，推进农村牧区网格化管理。

第三节　统筹布局，推动绿色发展

绿色发展是我国五大发展理念之一，作为一种高效、可持续的发展模式，其核心在于经济增长质量的提高。国内外统筹布局推动绿色发展的经验为内蒙古推动绿色发展提供重要借鉴和参考。

一、国内外主要经验

（一）打造空间开发开放新格局

围绕全面拓展发展新空间，日本采取"点—轴—面"综合开发模式。国土开发采用"大都市圈规划为核心、发展轴构建为引导、广域地方合作圈建设为重点"的空间开发模式，构建由多样化广域板块构成的多轴、多核型的国土格局。通过制定三大都市圈整治计划，对大都市区进行改造和重新开发，促进大都市空间修复和再利用。提出了由四个国土轴（东北国土轴、日本海国土轴、太平洋新国土轴、西日本国土轴）组成的多轴型国土结构。地域联系轴设想的实现，推动了新观光线路的整备，为地域产业发展提供了新的机遇，并加快了各地信息化的进程。在强化城市功能的同时，支持地方具有个性的、自立型的发展，形成以地方为中心大范围的广域国际交流圈。树立以广域板块为单位的独立圈，形成由自立的、多种多样的 8 个广域板块构成的国土。同时有效利用各地区资源的独特区域战略，形成不过分依赖城市的独立的圈域。美国推行"面状区域开发"模式。国土规划采用"以公共土地用途规划为核心，流域开发规划和跨州经济区建设规划为重点"的国土空间开发模式，通过实施法律和管理，在联邦政府管理的公共土地上，实现了土地的多用途目标。以流域为区域界限进行的国土开发规划在全世界具有典范作用。其中，最具代表性的是田纳西河流域治理开发，通过流域统一的综合规划可以同时解决水资源开发、航运、能源、防洪、环境保护等问题；水电资源的开发又促进了一系列相关产业的发展，带动了地区经济发展，并使地区经济结构发生重大变化。

重庆市通过功能区划实现绿色发展的科学性和效率性。一是明确功能定位。重庆五大功能区域的发展定位各有侧重、各有特色。都市功能核心区实施优化开发，大都市服务功能明显增强；都市功能拓展区实施重点开发，注重发展质量和竞争力提升；城市发展新区注重提速增量；渝东北生态涵养发展区、渝东南生态保护发展区重点实现生态环境建设、特色产业发展、基本公共服务同步强化。二是突出地域特点。功能核心区、拓展区和城市发展新区以主要生产物质性的工业品、服务产品、农产品，同时兼顾生态保护功能与生态产品供给职能。都市功能核心区围绕产业升级和非核心功能产业有序向外疏解；都市功能拓展区确立新兴产业创新集聚和功能组团优化开发；城市发展新区注重新型城镇化建设和制造业提档升级；渝东北、渝东南生态涵养保护发展区以保护生态环境，突出生态保护、脱贫攻坚，以及特色工业园区、旅游景区等"点上开发"。三是强调区域间联动发展。通过明确各区域的功能定位、发展重点和发展方向，突出了不同区域各自的优势和竞争力，同时增强其联动性，引导形成功能明确、优势突出、紧密联动、配置优化、效能提升的区域一体化发展格局。

（二）激发绿色经济内在活力

围绕构筑发达生态经济体系，韩国政府制定了国家绿色战略规划与路线图，确定了战略实施的重点。2009 年政府公布了《绿色能源技术开发战略路线图》和《新增长动力规划及发展战略》，进一步推动韩国的绿色技术产业和绿色能源的发展。政府还颁布了绿色经济发展的相关法律规章，建立了能耗量化管理制度、绿色交通制度、绿色增长基金制度等有利于国家绿色发展的制度，确保绿色经济长期有效发展。此外，韩国政府还成立了一些专门机构，组成绿色经济发展政策促进协会，对不同领域的绿色发展进行管理协调。日本政府投入大量的科研力量鼓励绿色技术的研发，根据《京都议定书》等协议提出绿色低碳经济发展规划，要求以技术创新带动绿色发展。同时，政府十分注重环境投入，其投资约占国内生产总值的8%，是我国的5倍。同时实施一系列鼓励优惠措施，如公共金融、税收优惠、技术指导等。此外，还支持非营利性质的金融机构发展，创办了政府非营利金融机构，为节能环保企业提供贷款优惠。鼓励企业在环保设备等领域进行投资，并给予一定的优惠，如减免税收、简化环保投资贷款、提供低息贷款等政策，鼓励企业提高节能环保技术。

重庆市推进发展绿色，坚持产业跟着功能定位走，打造资源配置优化、集群特色发展、高效可持续产业发展格局。农业方面，在实施五大功能区域发展战略背景下，渝东北、渝东南着力面上保护、点上开发，传统的粮猪二元结构向粮猪菜家禽特色效益农业转变，以家庭农场、农民合作社为代表的集约化经营趋势明显，规模、经营、流转、家庭农场改变了以往产业结构单一的局面。工业方面，坚持产业结构向集群化、高端化、绿色低碳发展，由过去较单一的汽摩产业，发展到目前电子信息、能源、汽车、材料、装备、化医、消费品"6＋1"齐头并进的发展局面，部分高端工业制造体系初具规模。服务业方面，重庆市服务业正在接替工业成为引领经济发展的强劲动力，互联网和相关服务业企业收入连续两年保持高速增长，随着跨境电子商务、保税商品展示交易、跨境结算、保税贸易、大数据云计算等行动计划的强力推动，服务业仍继续保持高速增长，同时出现了一些新兴服务业态，为重庆经济发展、产业提升提供了新鲜动力。福建省坚持以生态优先、绿色发展为导向，加快调结构转方式，努力实现绿色转型与包容性增长。一是实施现代农业提升发展计划。严格落实粮食安全省长责任制，持续推进高优粮食、绿色林业、精致园艺、生态养殖、现代烟草等产业发展，发展多种形式适度规模经营，推进一二三产融合发展，健全农业社会化服务体系。二是提升现代服务业，大力发展商贸物流、休闲旅游、健康养老等产业。打响闽都文化、温泉养生、滨江滨海、清新生态等旅游品牌，发展乡村休闲游、特色民宿游。积极培育电子商务、创意设计、文化体育三大

先导产业，着力发展金融、服务外包、科技服务三大配套产业，加快电子商务
进农村示范县建设，推动生产性服务业向专业化和价值链高端延伸。三是大力
发展战略性新兴产业，形成了 LED 及太阳能光伏、节能环保等多个千亿级产业
集群，培育了福建龙净环保股份有限公司等一大批拥有自主知识产权的龙头
企业。

（三）加大生态环境保护力度

围绕生态环境建设，日本政府相继修改和制定了 14 项有关环境保护的法律，
包括完善制定了《大气污染防治法》《公害对策基本法》《关于废弃物处理和清
扫的法律》等。同时，在垃圾处理方面采取分类回收管理的方式，将垃圾分为
可燃、不可燃、生活垃圾等十几个种类，分门别类地进行回收再利用，并要求
民众在指定日期将垃圾放置于指定地点进行统一回收。日本文部省制定环境教
育规则，建立从小学到大学的环境教育体系。提倡学校教育为主体的正规教育
和社会宣传为主体的非正规教育相结合的环境教育体系，通过自上而下、长时
段的教育，促进民众环保意识的提高。

云南省建立生态环境保护政绩考核体系。制定的《七彩云南生态文明建设
规划纲要》（2009—2020 年），把生态文明建设成效纳入干部考核评价体系之
中，要求建立科学的干部考核指标体系，推行政府任期和年度生态文明建设目
标责任制。2015 年云南省环保厅、财政厅共同出台了《云南省县域生态环境质
量检测评价与考核办法（试行）》，对全省 129 个县县域生态环境质量进行统一
量化考核，以生态转移支付资金和领导干部政绩考核为抓手，督促基层政府履
行生态环境保护责任，促进云南生态环境持续改善。江苏省构建以绿色发展为
主导的考核体系，出台了《江苏高质量发展监测评价指标体系与实施办法》构
建了经济发展、改革开放、城乡建设、文化建设、生态环境、人民生活"六个
高质量发展"监测评价指标体系。在 40 项监测指标中，设置资源集约利用、空
气质量、水环境质量、受污染耕地安全利用率、自然环境保护等 7 项生态环境保
护类指标，占据相当分量的评价权重。考核指标由 18 个共性指标和每个市 6 个
个性指标两部分组成。在 18 个共性指标中，生态环境类指标占比很高，共有 6
个，包括空气质量优良天数比率、城镇污水集中处理率、单位 GDP 能耗等。指
标设定因地制宜，实施差别化评价考核。如南京市突出入江支流水质改善指标，

无锡市突出太湖治理指标，徐州市突出采煤塌陷地治理指标。福建省坚持人与自然和谐共生，像对待生命一样对待生态环境，严守生态红线，强化生态环保属地管理、行政执法和企业治污主体责任，推行环境污染责任保险、环保信用评价、信息强制性披露等制度，实行环保督查常态化。编制全市河道岸线及河岸生态保护蓝线规划，保护好沿岸生态环境。重庆市在建立健全生态保护地方法规体系方面先行先试。制定《重庆市环境保护条例》《重庆市长江三峡库区及流域水污染防治条例》等法规，在全国首创"加倍征收排污费""按日累加处罚"、处罚环境违法企业主要负责人等规定，其中"按日累加处罚"的规定被纳入新修订的《环境保护法》。率先在全国推进环保省以下垂直管理体制改革，建立环保行政执法与刑事司法衔接机制，市高院和区法院设立了环境资源审判庭，市公安局成立了环境安全保卫总队，区县公安部门也组建了相应机构。率先在全国设立环保互联网建设办公室，全市1020个乡镇全部设立环保机构实现全覆盖。目前正在探索推进"互联网＋环保"建设，建设全市一体化环保物联网。率先探索建立环保投融资体制，2015年重庆市组建了资源与环境交易所、环保投资有限公司、环保股权投资基金等3个市场化运作实体，依托资源与环境交易所形成全市统一的污水、垃圾、废气排污权指标交易平台。环保投资有限公司以PPP模式推进乡镇污水治理，与银行签订合作协议，获得授信200亿元。环保资产股权投资基金已储备总规模约400亿元的节能环保项目近40个，重点投向三峡库区重大环保基础设施项目。

二、主要启示

为了科学有效地利用资源，提高生态环境质量以及实现可持续发展，2010年韩国出台了《低碳绿色增长法》，正式走向了低碳绿色经济道路。北欧国家重视技术创新与推广，瑞典的环境技术，丹麦的能源技术均处在全球先进水平。美欧等发达国家或地区推广绿色基金已有几十年，有效的资金组织形式、先进的基金管理体制、科学的绩效衡量体系，取得了良好的社会、生态、经济效益。日本提升绿色意识，提出了"环境立国"战略。

内蒙古作为我国的能源大省、工业大省，绿色发展任重道远，长期存在一些历史遗留问题。经济发展长期依赖高耗能、高污染产业，资源环境压力大；

绿色技术研发、创新能力不强，没有形成有效的产业集群和产业链；绿色金融体系发展滞缓，筹建落实缺乏合力、社会资本参与度不高、管理机制不健全；绿色低碳发展观念还有待提升等。我们应借鉴欧美和日韩的绿色发展经验提升内蒙古的绿色发展水平：

（一）加快经济转型，完善绿色发展战略

内蒙古自治区应尽快完善绿色经济发展战略、转型规划，明确绿色经济发展的目标、重点等，将生态环境保护纳入政府考核指标体系中。一是进行绿色发展顶层设计，确定绿水青山发展理念，健全绿色发展的相关制度，加快制定和修改能源生产和转化相关的制度，完善节能减排相关规范标准；二是着手建立完善的绿色发展政策体系，确保将绿色发展理念融入决策制定、实施、监督、反馈等全过程中；三是建立高质量生态绩效考评指标体系，包括对环境保护、生态建设、减量发展、等领域的考评指标，加强对森林覆盖率、主要污染物减排、能源消费总量和单位地区生产总值能耗下降率、用水总量和单位地区生产总值水耗下降率等生态环保类指标的考评，并相应加大权重设置。

（二）加快技术创新，推动绿色科技发展

内蒙古自治区应加大对绿色经济关键技术的研发，制定绿色技术发展规划，优先开发新型高效的绿色技术，鼓励企业引进先进的设备，引导企业积极开展绿色技术的开发。一是在能源方面，通过推动绿色技术创新和技术合作，大力推进太阳能、水能、风能、地热能和生物质能等可再生能源的开发以及能源结构的转换；二是在交通方面，通过技术研发和技术引进，研发节能环保材料，开发新能源环保汽车和绿色公共交通系统；三是在建筑方面，开展绿色建筑示范工程，培育扶持绿色建筑相关产业的发展，完善绿色建筑科技成果应用机制；四是在消费方面，通过奖励政策和产品创新，引导企业和公众选择绿色环保设备和高效节能的产品，倡导绿色的生活方式，引导公众进行绿色消费，支持中小企业与高新技术企业的合作。

（三）发挥资本融通作用，构建绿色基金发展体系

内蒙古自治区应通过建立社会责任投资指数、PPP 融资模式等有效渠道，为

更多的社会资本进入绿色基金创造可能。一是政府发挥引导作用，推动、组建地区性或行业性的绿色发展基金，利用政府资金杠杆效应影响带动市场资金流向环保行业，克服融资障碍；二是发挥好社会资本在绿色基金中的作用，研究出台绿色发展基金的配套扶持措施和相关操作细则，加大财政税收和金融支持力度，通过放宽准入、减免税收、增加奖补、贷款贴息、引入第三方担保、完善风险共担机制等激励措施，提高社会资本参与绿色发展基金的积极性；三是构建自治区级层面的绿色基金及项目交流对接平台，推动绿色可投资项目的信息沟通和共享。从法律层面明确绿色基金成立及运营机制，包括基金的政策目标、治理结构、决策程序等；四是，构建绿色发展基金绩效评估体系，建立完善绿色发展基金信息披露制度，增加基金管理透明度。

（四）推广低碳生活，增强绿色责任意识

绿色意识的形成是个漫长的过程，近些年，内蒙古的广大群众绿色意识逐渐增强，环保、节俭的消费观念和生活观念慢慢占据主导地位，但是要形成完整的绿色意识还有很长的路要走。未来，自治区应加快绿色意识的培养。一是要制定激励消费者选择绿色消费的奖励政策，整合自治区现有的绿色消费产品的标示制度，并注重加强企业和民众对相关标示制度的认可；二是要注重提高企业的绿色责任意识，对企业产品回收利用的情况进行监管，同时鼓励企业主动担负起产品回收利用的责任；三是要充分发挥政府的表率作用，率先开展绿色采购。消费者协会等组织定期发布绿色购买指南；四是充分发挥宣传和引导作用，在学校、社区开设绿色意识课程，引导学生和居民提升绿色意识，让全社会参与到绿色经济发展建设的过程中。

第四节　创新机制，推动全面开放

开放是实现国家繁荣发展必由之路，也是增强地区发展活力的重要路径。如何推进内蒙古全面开放，国内外创新机制推动全面开放的经验为内蒙古发展提供重要借鉴和参考。

一、国内外主要经验

（一）把握国际规则

世界贸易组织（WTO）是全球最大的贸易领域政府间国际组织，它以开放市场、消除关税和非关税壁垒、实现公平贸易的贸易自由化方向为己任，在传统货物贸易、服务贸易以及与贸易有关的知识产权领域，通过建立一整套的非歧视原则、透明性原则、贸易自由化原则、经济发展原则等国际贸易行为的国际标准和规范，对全球多边贸易制发挥作用。目前，WTO 的货物贸易主要文件有《1994 年关税与贸易总协定》《农业协定》《卫生与动植物检疫措施协定》《技术性贸易壁垒协定》等，主要对货物贸易的关税规则、非关税规则、与投资相关的规则、一般例外与安全例外规则等进行规定。

跨太平洋伙伴关系协定（TPP）是由亚太经济合作组织成员国中的新西兰、新加坡、智利和文莱四国发起，从 2002 年开始酝酿的一组多边关系的自由贸易协定。协议条款超过以往任何自由贸易协定。既包括货物贸易、服务贸易、投资、原产地规则等传统的 FTA 条款，也包含知识产权、劳工、环境、临时入境、国有企业、政府采购、金融、发展、能力建设、监管一致性、透明度和反腐败等亚太地区尚未涉及或较少涉及的条款。在环保、劳工、原产地和政府采购等方面包含了诸多高标准的条款，是亚太经济一体化的重要平台。

经济合作与发展组织（OECD）是由 36 个市场经济国家组成的政府间国际经济组织，通过政府间的双边审查，多边监督，及平行施压促使成员国遵守规则或进行改革。经合组织在贸易领域，如服务贸易方面所开展的重要分析和综合一致工作，推动了国际贸易协商的成功。OECD 作为发达国家之间的一个经济协商和议事机构，对许多全球性重大议题展开了深入而持续的政策研究和沟通，成为影响国际经济秩序的核心组织。

（二）发展稳定便捷的通道经济

广西壮族自治区 2016 年出台的《推进物流大通道建设行动计划（2016—2020 年）》，明确了西南出海大通道，建设重心放在了打通从重庆、贵州、广西北部湾的公路网络和北部湾港口群的建设上。一是有效整合了北部湾港口群。

北部湾港口群是我国最早完成整合的地区。2007年2月，广西壮族自治区政府将跨行政区划的钦州、北海、防城港3个港口进行资产重组，成立了广西北部湾国际港务集团有限公司，为自治区直属国有独资企业，统筹三个港口的运营和建设，结束了过去三港无序竞争的局面。二是积极建立经济腹地，打通内陆地区。北部湾港口的腹地市场就紧紧抓住云南、贵州市场。云南地区历来重视北部湾出海通道的建设，北部湾港也极其重视云南地区货运开发，北部湾港海铁联运货源的三分之一是来自云南地区。三是建立北部湾经济区，形成发展合力。广西为统筹北部湾地区的发展，将广西南宁市、北海市、钦州市、防城港市所辖区域范围，同时包括玉林市和崇左市两个物流中心，划为北部湾经济区。2015年成立广西壮族自治区北部湾经济区和东盟开放合作办公室，负责统筹规划广西北部湾经济区的开发建设，协调区域内各方面的关系和重大事项，研究制定区域开放开发的具体政策措施等。四是抓住中国—东盟合作机遇，发展东盟多边合作。近十年，广西抓住了东盟合作这一重要的战略机遇，每年一度的东盟博览会给广西带来了许多合作机遇。2015年，新加坡港口集团（PSA）与北部湾港联合加大对钦州港的投入，成立合资公司，钦州港的集装箱作业能力有了大幅提升。

云南省发展通道经济，硬件上建设交通运输通道，物流通道，贸易通道，人员旅游集散中心；软件上建设金融结算中心，数据信息交换中心。一是推动两国一检、两国一关、两国一防进而形成两国自贸协定。在澜湄国家率先推动以上四大开放工程，在关检双方"信息互换、监管互认、执法互助"的陆运口岸大通关模式的基础上，推动六国质检、海关、边防"三互"改革。最终，在云南建立起交通物流辐射中心、经济金融辐射中心。二是围绕主动服务和融入国家"一带一路"倡议、加快建设面向南亚、东南亚辐射中心，着力打造路网、航空网、能源保障网、水网、互联网五大基础设施网络，练好经济社会发展"内功"，夯实对外开放根基，进一步释放"面向三亚、肩挑两洋、通江达海"的区位优势。

（三）建设现代化自由贸易港和自由贸易区

新加坡港的快速发展与其自由开放的经济政策密不可分。一是贸易自由化水平高，营商环境优越。新加坡对进口货物基本采取零关税。二是投资领域开放程度高。在新加坡创办企业手续简单、费用低廉，并且对企业注册资本要求宽松，不对企业的日常经营活动过度约束，因此吸引了大量跨国公司入驻。三是采取优惠的赋税制度。新加坡给予新注册成立的企业免收印花税的优惠，并且不对企业经营中的资本利得额外征税。美国纽约港坚持制度创新。一是作为美国最大的海港，采用物理围网的方式将港区封闭起来，以实现货物自由中转、区内贸易交换的功能，不断完善其基本服务功能。二是采取关税倒置政策，无论是原材料还是成品，进入纽约港都不需缴纳关税，但由纽约港进入美国国内市场时，需缴纳的原材料税高于成品税。因此，企业为了规避高额的原材料税，转而在纽约港内建厂，加工成制成品后再进入国内市场。日本、德国的汽车制造企业都采取了这种方式。三是推行了一系列贸易便利化措施，例如，港内企业全天 24 小时没有任何通关约束，通关记录一周仅需报告一次等。

上海以制度创新推进自贸区建设。一是开展负面清单管理模式。上海自贸区对外商投资实行准入前国民待遇，并制订负面清单，列明外商投资禁止或者限制投资的产业或者产品目录，对负面清单之外的领域，将外商投资项目由核准制改为备案制。二是实施以贸易便利化为重点的贸易监管制度。上海自贸区探索"一线放开、二线安全高效管住、区内自由"监管模式，建立货物状态分类监管的货物贸易监管方式，并积极探索服务贸易监管方式。在海关监管制度上，集中推出"先进区、后报关"、自行运输、"批次进出、集中申报"和智能化卡口验放管理制度等 14 项"可复制、可推广"的监管服务制度，并已在全国范围内推广。上海口岸"单一窗口"管理模式融合海关、检验检疫、海事、出入境边检和港务等多种服务功能，整合口岸监管资源，加强通关协作，促进贸易便利。在商检制度上，上海检验检疫局在自贸区推出了 23 项创新制度，其中进口货物预检验制度能使整个流程时间较之前至少缩短 50%。三是完善以资本项目可兑换和金融服务业开放为目标的金融创新制度。"一行三会"先后出台 51 条金融支持自贸区建设的政策措施，自贸区金融政策中最基础和最重要的分账核算系统以及自由贸易账户相继推出，基本形成自贸区金融开放创新的制度框架体系。

二、主要启示

上海自由贸易区自成立以来，始终把创新放在首位。自贸区依托上海大都市，共享上海的人才、金融、科技、信息等要素资源，突破了空间面积约束和空间区块分割限制，实现了大空间尺度上的全域化开放。内蒙古具有得天独厚的边境口岸优势，但是开放发展的效果不突出，主要存在以下几方面问题。口岸城市离大城市的距离较远，全面开放一体化发展受制；通道经济尚未形成，"酒肉穿肠过"的问题依然突出。我们应借鉴上海自贸试验区和国际知名自贸港的发展经验，进一步提升内蒙古全面开放能力。

（一）加快机制创新，促自贸试验区建设

对内蒙古而言，满洲里市和二连浩特市有成为自贸试验区的潜能，借鉴上海自贸试验区的成功经验，自治区应从战略层面做好相关工作，积极争取设立自由贸易区。一是在投资监管模式上，实施负面清单管理模式、"证照分离"改革试点、"大数据"税收监管体系；二是从行政管理和制度改革入手，构建市场发挥决定性作用的良好氛围，推动口岸城市建设取得突破；三是推进制造业、金融、保险和物流等领域开放试点，重点推动制造业与金融创新融合发展模式，探索以新型贸易形态为核心的贸易便利化服务体系和投资便利化体制机制创新试点；四是积极响应新经济新形态新模式，加大供给侧结构性改革，加强主动创新突破、不断积累自贸试验区的运营管理经验；五是探索跨境人民币业务创新，实现"四个跨境"——跨境人民币贷款、跨境双向人民币债券、跨境双向人民币资金池、跨境双向股权投资。

（二）加强与周边省市合作，深化口岸城市区域联动发展

要解决好口岸城市融合发展的问题，内蒙古应做好以下几个方面工作。一是主动跳出行政区划约束，加强与京津冀、东三省的无缝融合与借力接势。对内蒙古而言，满洲里、二连浩特等口岸城市，要北上南下、东进西出、内外联动、八面来风，主动邀请北京、天津、沈阳、黑龙江等周边省市来共同谋划和建设；二是同国家相关部委联系，部委牵头，与周边省市协商制定有利于加强内蒙古口岸建设的一系列政策与体制机制，增强优势、补齐短板；三是加快构建全方位、多层次、多渠道的区域基础设施建设，做好出区公路、铁路的建设，完善国际国内航空体系建设，配套建设一批高端物流基地等。

（三）淡化口岸边界，谋划全域开放

内蒙古地域狭长，具有先天的全域开放的条件。同时作为我国向北开放的桥头堡，具备陆运优势，是东北亚经济圈的核心区域，是"一带一路"战略的重要节点。未来，自治区应发展贸易核心区域作用。一是利用蒙古国矿产资源优势和俄罗斯油气资源优势，打造蒙古、俄罗斯与日本、韩国的贸易核心节点，形成"蒙俄—内蒙古—京津冀—日韩"的资源流和"日韩—京津冀—内蒙古—蒙俄—欧洲"的产品流，巩固和提升东北亚区域内的贸易联系；二是推动东北四省区陆海内外联动开放研究，以服务"一带一路"建设和新一轮东北老工业基地振兴战略为目标，联合黑龙江、吉林、辽宁省发展研究中心，深化对俄对蒙对欧等务实合作交流研究，开展沿边口岸沿海港口双向互济、建设"大（连）哈（尔滨）满（洲里）D型"经济走廊、联通京津冀、布局环渤海、大东北经济区等方面研究；三是拟向国家申请建设内蒙古"全域自贸区"，提高区域影响力和辐射力，更有利于在体制机制等方面的改革创新和经验积累；四是把全域开放程度作为一项重要考核指标纳入到高质量考核体系中，激发开放活力。

第五节　共建共治，推动共享发展

保障和改善民生是推动共享发展的落脚点。内蒙古如何从共享发展推动民生建设，国内外共建共治推动共享发展的经验为内蒙古发展提供重要借鉴和参考。

一、国内外主要经验

（一）完善机制促进收入分配更趋合理

欧美国家利用财税政策调节城乡居民收入分配差距。德国实施的横向转移支付制度。以法律的形式规定，经济和财力较强的州有义务每年拨一定数额的款项给经济和财力较弱的州，所有德国公民均可以平等的享受基本公共设施和

社会服务。美国转移支付，由一般性和特殊性两种形式构成。一般性转移支付主要是为均衡因地区税收能力不同导致的差异性公共服务水平，援助州和地方政府，弥补其财力不足，提高地方政府自主调控能力及效果。特殊性转移支付根据特殊的非固定的事项来核定，主要由专项和分类两项补助构成。专项补助有着严格管控规则，州或地方政府必须根据既定的规则和计划使用，并就使用过程进行详细汇报。分类补助，州或地方政府享有自主使用权。从转移支付结构来看，专项补助占较大比重，均衡着各地社会保障水平的差异，提高低收入群体生活福利水平，发挥调节收入分配的作用。韩国实施劳动所得保全税制，又称勤劳奖励税制。将劳动者或受雇者作为总体，以家庭为单位。每年5月，以提交申请书的方式申请勤劳奖励金，同时提供勤劳所得、财产相关的证明文件。通过逐步完善劳动所得保全税制，扩大受惠覆盖面，提升税收政策在缩小城乡居民收入分配差距的作用效力。日本实施"国民收入倍增计划"。一是推进增值税改革。针对符合条件的群体按年龄进行划分，以每人每年为单位，未成年人和19岁以上的补贴额分别为127美元和242美元。为减轻低收入阶层的负担，在一定标准下，家庭年收入超过31524美元的部分可抵扣5%。此外，所有家庭都可以享受税收抵免，并且可以按照家庭人数和年龄实施差别化定额补贴。二是推进个人所得税改革。从2015年开始实施一系列措施，对所得再分配职能进行制度改革，如设置纳税识别号，提高最高税率，规定工薪所得扣除上限，废止红利、股票转让收益的优惠税率等。三是推进财产所得税改革。政府一方面构建金融所得税一体化制度体系，通过均衡各类收益和扩大损益计算范围，将红利、转让所得的税率提高到20%；另一方面对通过继承、赠与等方式取得财产的继承人或是接受赠与的一方，按照10%～75%的累进制税率负担高额的继承税或是赠予税。

（二）政策支撑促进公共服务均等化

基础教育方面，美国实行农村义务教育财政体系，经费主要由联邦政府、州立政府和地方学区三级政府承担。一方面联邦政府通过财政投入的差别化，实现了对州和地方学区教育政策和教育发展导向的有效指导。另一方面增强了州政府对地方学区财政投入的责任。通过对地方学区公共教育经费的差别化分配，实现了民众享受基础教育的公平性。法国实施"优先教育区"政策，在被设置为"优先教育区"的社区，采取特殊扶持政策。如增加财政投入、加大师资培养力度、配置更多教育资源等。1998 年又在"优先教育区"的基础上，建起了"优先教育网络"，把不同类型、不符合条件的或者不能留在优先教育区的中小学连接起来，形成统一的网络体系。陕西省宝鸡市组建城乡联盟促进教育均衡发展。以城市及城镇优质教育资源为中心，通过示范引领、帮扶渗透，打破宝鸡市城乡教育相对封闭的发展格局，推进城乡教育优势互补、资源共享、差异共融。

在基本医疗卫生方面，俄罗斯实施免费医疗制度，医疗系统的资金筹集主要由政府全部承担。2006 年俄罗斯发起了旨在提高全国医疗水平的健康工程，通过提高资金投入和基础设施建设、建立新的医疗中心，实施全国范围的免疫项目和免费医疗检查。不论收入水平高低，只要加入医疗保险系统，俄罗斯公民都可以享受到免费医疗。安徽省注重对药品的治理改革，推进"三医联动"。一是推广药品从药厂到一级经销商到医院各开一次发票的"两票制"政策，从而减少药品在中间环节的加价。二是实施"招采合一、量价挂钩"的药品招标采购政策。首先由省级进行集中招标、采购，之后由医疗机构采购联合体和药企谈判，通过带量采购进一步挤去价格水分，抑制药品价格虚高。三是在取消药品价格的基础上，全面推行耗材加成政策。

在社会保障方面，瑞典实施全面福利模式，所有年满 65 周岁的公民都能够享有法定统一标准金额的基本养老金。此外，公民还能享有附加养老金，这一部分是以退休前的收入为基准设定的。美国实施"补缺型"发展模式，包括以补充保障收入和临时家庭援助项目为主体的现金援助公共福利项目和以医疗补助、住房援助项目及联邦主要食品项目为内容的非现金援助的公共福利项目。同时，实行联邦财政、州财政和地方财政三级管理体制，上级政府对下级政府的补助和拨款是主要的联系方式。江苏省苏州市将社保公共服务体系向农村延伸。按照城乡公共服务均等化的方向和要求，按照机构、人员、经费、场地、制度、工作"六到位"的标准，将社保经办工作向乡镇（街道）劳动保障事务所、村（社区）社区劳动保障服务站延伸，形成"两级政府、三级管理、四级网络"的管理服务体系。

（三）营造公平正义的社会环境

浙江省 2004 年在全国最早启动了覆盖社会生活各个领域的"大平安"建

设，打响了平安中国的浙江品牌。主要举措是注重发挥地方性立法引领和推动平安建设的作用，强化法律的权威地位。在全省推广"网格化管理、组团式服务"，建立"综合指挥中心＋'四个平台'＋全科网格员"的基层治理结构，实现了基层治理由条块分割、单打独斗向乡镇（街道）统筹领导、协同共治、一窗受理、集成服务转变。此外，建立了重大决策事项合法性论证和公示、听证、公众参与等制度，从源头上预防和减少矛盾的发生。建立条块结合多渠道多层次的矛盾纠纷化解机制，形成覆盖全省各地、各领域的调解工作平台体系。积极探索"互联网＋社会治理"，通过"互联网＋矛盾化解""互联网＋公共安全""互联网＋执法司法""互联网＋基层自治""互联网＋诚信体系"等途径，把智慧治理运用到平安建设的方方面面，明显提升了社会治理效能。山东省烟台市坚持党政主导，初步建立了全民共建共享机制。一是建立"四社联动"机制，即社区、社工、社会组织、社区志愿，采用"社区＋社工、项目＋基地、动态＋常态、党员＋组织、党委＋购买"的服务模式，以项目管理推进社会组织发展，增强为民服务实效。二是推行共商共议，社区居委会和党组织每月17日定期组织社区党员、群众代表、志愿者、辖区企业、"两代表一委员"等多元主体，召开阳光17议事会，共商共议共解社区难题，全面推进社区基层民主健康发展。三是注重精细化服务，做到公共服务供给侧与人民群众需求侧密切匹配，在推进基层社会治理服务的全过程，提升社会治理与公共服务供给水平。

二、主要启示

改善民生是古今中外所有政权的共同命题。世界各国现代化发展的历程表明，一个国家或地区的人口数量和质量、社会运行机制、分配制度等社会因素都是影响经济和社会良性运行的重要因素。改革开放以来，特别是党的十八大以来，内蒙古坚持以民为本、以人为本的执政理念，大力推进民生工作和社会治理，在共享改革发展成果方面不断迈出新步伐。但同时也看到，自治区基本公共服务水平均等化还不高，区域、城乡之间、城乡发展不平衡、不协调的矛盾还比较突出。如何以共享理念引领改革发展新实践，把共享发展的要求落到实处，国内外经验启示我们，当前关键要作出更有效的制度安排，在一些长期困扰发展的领域重点破题。

（一）完善制度保障，加快共享发展进程

社会保障是民生安全网、社会稳定器。现阶段，自治区应加强制度整合，健全责任机制，抓住养老和医疗两大重点，进一步健全多层次社会保障体系，重点做好基础性制度的统筹和衔接，包括待遇需求与资源供给平衡、新旧制度下不同群体待遇水平以及经济增长与变动的动态测算，进一步提高统筹层次，体现公平性。一是打破户籍为主导的二元社会保障格局。目前，在养老保险中，"新农保"和"城居保"已经实现统一，但失业保险依然是相互分离的格局，应加快实现社会保障管理体制统一。二是要聚焦健康内蒙古建设，进一步深化医疗卫生改革，着力在分级诊疗、药品供应保障制度、现代医疗管理制度、全民医保制度、综合监管制度等基本建设上取得突破。大力加强基层医疗服务体系建设，健全公共安全体系。三是拓宽供给渠道，大力发展和引导多元参与社会保障的供给，让多元化的社会保障供给弥补基本社会保障服务的不足。

（二）强化基本公共服务供给，提升共享发展水平

公共服务供给水平，是衡量民生福祉的重要标准，是区域均衡化发展的重要指标。国内外经验表明，基本公共服务均等化建设必须始终坚持以人为本这一根本性要求，建立全方位、多层次的基本公共服务均等化治理机制。推进自治区基本公共服务均等化水平，要在坚持普惠性、保基本、均等化、可持续等方面下苦功，进一步科学划定公共服务的范围和覆盖人群，强化公共服务供给能力，真正实现公共服务均等化。一是均衡城乡间的教育资源。将新增财政教育投入用于乡村义务教育事业发展。加大乡村义务教育师资队伍的培训投入力度，提高乡村教师的综合素质，同时引导优秀教师到农村牧区任教，促进优质教育资源向农村牧区流动。二是强化农村牧区医疗卫生资源配置，提高农村牧区财政医疗卫生投入，不断提升农村牧区医疗服务质量。提高农村牧区医疗卫生从业人员的工资待遇，吸引优秀人才向农村牧区流动，增强农牧区医疗卫生从业人员业务能力。建立、健全农牧区医药价格管理体系，为农牧民提供能力承受范围内的高质量的医疗服务。三是继续完善农村牧区社会保障制度。进一步健全新型农村牧区合作医疗大病保险制度、新型养老保险制度，不断提高统筹层次，最终实现城乡养老金的并轨。

（三）推进社会治理现代化，形成共享发展新格局

构建全民共建共享的社会治理体系是一个复杂的系统工程。国内外经验表明，社会治理关键是注重源头治理，将大量矛盾化解在萌芽状态。推进自治区社会治理现代化，应以问题为导向，从思想、管理、技术等层面，探索综合化的推进策略。一是完善公众参与机制，打造倾听民声、凝聚民心的社会治理参与平台。坚持人民主体地位，统筹基层社区治理中各个利益主体之间的关系，让群众成为议事的主体，提高居民群众参与社区治理的主动性。二是激发活力，加快培育发展多元共治的社会组织。大力发展社区社会组织，政府部门应切实转变政府职能，大力发展社区社会组织，加大政府购买社会服务的力度。创新社会组织的监管模式，建立专门的社会组织第三方评估机构，培养专门的评估人才队伍，实现对社会组织的动态监管。三是建立"互联网＋社会治理"工作模式。运用"大数据"技术，把精细化、标准化、常态化理念贯穿于社会治理全过程，形成"人人有责、人人尽责"的"互联网＋社会治理"工作新模式，提升社会治理现代化水平。四是创建社会治理考评。建立平安建设责任体系，将暗访结果、民意调查和群众评价作为考评的重要依据，赋予群众评价较高的考核权重，把平安建设和社会治安综合治理工作实绩作为对领导班子、领导干部综合考核评价的重要内容，与业绩评定、职务晋升、奖励惩处等挂钩。

参考文献：

[1] 曾昆. 国外科技创新平台建设经验综述 [J]. 中国工业评论, 2017 (12)：68 – 72.

[2] 王金龙, 沈丽娜, 王明秀. 国外科技成果转化的成功经验及启示分析 [J]. 生产力研究, 2017 (12)：103 – 106 + 112.

[3] 张姗. 美丽乡村建设国外经验及其启示 [J]. 农业科学研究, 2018, 39 (01)：73 – 76.

[4] 杨海洋. 德国制造业优势产生并保持的原因分析 [J]. 改革与战略, 2013, 29 (01)：116 – 121.

[5] 唐志良, 刘建江. 美国再工业化与中国制造 2025 的异同性研究 [J]. 生产力研究, 2017 (02)：76 – 85.

[6] 高强, 赵海. 日本农业经营体系构建及对我国的启示 [J]. 现代日本经济, 2015 (03)：61 – 70.

[7] 蓝艳, 周国梅. 中国与德国循环经济比较研究 [J]. 环境保护, 2016, 44 (17)：27 – 30.

[8] 张寒, 娄峰. 德国经济从金融危机中快速复苏原因及启示 [J]. 现代经济探讨, 2015

（05）：79 - 82 + 87.

［9］ 肖兴志，李少林．能源供给侧改革：实践反思、国际镜鉴与动力找寻［J］．价格理论与实践，2016（02）：23 - 28.

［10］ 张维冲，孟浩，李维波．南非清洁能源发展最新进展及启示［J］．全球科技经济瞭望，2016，31（11）：11 - 17.

［11］ 汪泓，胡斌，史健勇，吴忠，陈心德，王希，艾蔚，夏志杰，罗娟，郭丽娜．物联网发展模式及推进战略国际经验借鉴与启示［J］．科学发展，2012（06）：57 - 62.

［12］ 田庆立．日本首都圈建设及对京津冀协同发展的启示［J］．社科纵横，2017，32（03）：19 - 23.

［13］ 陈燕燕，倪辉，濮奕．钢铁行业去产能的国际经验及启示［J］．金融纵横，2017（03）：63 - 69.

［14］ 韩鑫韬，张尔聪．北欧国家去杠杆的经验［J］．中国金融，2017（07）：80 - 81.

［15］ 冯敏红．基于美国科研创新曼哈顿模式与硅谷模式经验研究［J］．科学管理研究，2017，35（02）：113 - 116.

［16］ 巩键，张炜．欧洲智慧型区域创新政策体系实践案例及其经验启示［J］．自然辩证法研究，2017，33（03）：63 - 68.

［17］ 王昌林，姜江，盛朝讯，韩祺．大国崛起与科技创新——英国、德国、美国和日本的经验与启示［J］．全球化，2015（09）：39 - 49 + 117 + 133.

［18］ 陈瑞莲．欧盟国家的区域协调发展：经验与启示［J］．理论参考，2008（09）：61 - 64.

［19］ 曾灿，张秀生．发达国家促进区域经济协调发展的经验及其对广东的启示［J］．广东经济，2017（08）：75 - 79.

［20］ 何玉长．从后危机到新常态：发达市场经济体与新兴市场经济体之比较［J］．求实，2016（01）：35 - 45.

［21］ 刘晋元，魏方明．发达国家人才开发经验对我国的启示和借鉴——以美国为例［J］．人才资源开发，2018（21）：18 - 19.

［22］ 李晓龙．日本发展低碳产品出口贸易的经验及启示［J］．知识经济，2017（03）：43 - 44.

［23］ 郭宇航，包庆德．新西兰的国家公园制度及其借鉴价值研究［J］．鄱阳湖学刊，2013（04）：25 - 41.

［24］ 刘朝霞，刘卫国，史安娜．发达国家发展战略性新兴产业的经验及对我国的启示［J］．江苏科技信息，2014（16）：5 - 8.

［25］ 汪秋霞，郭化林．国外绿色评估准则对我国的启示［J］．中国内部审计，2018（11）：91 - 93.

［26］ 高海秀，王明利．欧盟农业绿色发展机制及对中国的启示［J］．农业展望，2018，14（10）：18 - 22.

［27］ 王伊菲，王前力．绿色债券市场发展的国际经验及对我国的启示［J］．福建金融，2018（05）：54 - 58.

［28］年猛，张海鹏，朱钢．韩国农产品加工"共享工厂"模式及对中国的启示［J］．中国发展观察，2019（05）：61－62．

［29］董希淼．着力提升金融服务实体经济能力［J］．金融博览（财富），2019（02）：1．

［30］激发蓝色经济增长新动能——浙江广东福建三省海洋经济试验区建设的经验借鉴［J］．广西经济，2016（09）：30－31．

［31］沈开艳，陈建华，邓立丽．长三角区域协同创新、提升科创能力研究［J］．中国发展，2015，15（04）：64－72．

［32］袁文馨，张真强，刘谐静，吴丽叶．关于土地整治创新模式和耕地占补平衡先进经验的调查报告——以河南、四川、山西三省为例［J］．南方国土资源，2018（07）：35－37＋43．

［33］陈梓睿．新时代广东区域协调发展的成效特点及经验［J］．广东行政学院学报，2019，31（01）：91－98．

［34］郭芷青．浅析上海自由贸易区建设对我国区域经济发展的影响［J］．全国流通经济，2018（32）：14－15．

［35］孙超．自由贸易港的税收制度研究——兼论我国海南自由贸易港的税收激励机制的构建［J］．税收经济研究，2018，23（04）：44－50．

［36］赵云芸．武汉自由贸易港特色功能定位研究［J］．现代营销（经营版），2018（11）：72－75．

［37］王礼鹏．社会治理创新的地方经验及启示［J］．国家治理，2016（21）：22－32．

［38］杨逢银．新时代共建共治共享社会治理格局的实践逻辑研究［J］．浙江学刊，2018（05）：29－34．

［39］王资博．生态民生发展的重庆实践路径及启示［J］．重庆三峡学院学报，2011，27（04）：14－17．

［40］孙映祥，吴尚昆，侯华丽，董延涛．浙江省绿色矿山建设经验与启示［J］．中国矿业，2018，27（S2）：46－48＋65．

［41］李常武，蔡永卫，姜涓涓．绿色金融发展指数构建与思考［J］．甘肃金融，2018（09）：31－35．

［42］杨晓军．走绿色发展之路　全力推进吴忠市国土绿化建设——河北、浙江等地生态建设启示［J］．宁夏林业，2018（03）：21－23．

后　记

探索一条符合国家战略、体现内蒙古特色，以生态优先、绿色发展为导向的高质量发展新路子，是每一个心系内蒙古持续健康发展之人的愿望，也是决策咨询工作者的职责。

本书是内蒙古自治区发展研究中心（以下简称研究中心）2018 年度自主重大课题研究成果。课题研究中，研究中心主任杨臣华同志担任课题组组长，主持课题设计、撰稿、统纂审稿，研究中心总经济师赵云平、副主任张永军分别担任专题负责人。本专著是研究中心青年研究团队的集体研究成果，研究的阶段性成果以研究中心内刊《调查研究报告》形式发布，并提供自治区党委关于开展"思想解放、笃行新发展理念，推动高质量发展大学习大讨论"活动作为文献参考。研究团队由研究中心宏观经济研究处、经济监测预测处、产业经济研究处、社会发展研究处、资源开发处、北方经济编辑部、科研组织处、中俄蒙合作研究院组成，并分别承担各篇章撰稿。具体分工如下：第一章由张永军负责，黄占兵执笔；第二章由杨臣华负责，付东梅、刘军、杜勇锋、徐盼、田洁、田晓明执笔；第三章由赵云平负责，张志栋、梁宇峰执笔；第四章由杨臣华、赵云平负责，曲莉春、徐盼、代建明、张捷执笔；第五章由张永军负责，冯玉龙、祁婧、苏和、刘瑞国执笔；第六章由赵云平负责，司咏梅、吴露露执笔；第七章由张永军、赵秀清执笔；第八章由赵云平负责，司咏梅、程利霞执笔；第九章由杨臣华负责，刘兴波、毛艳丽执笔；第十章由杨臣华负责，宝鲁、高鸿雁执笔；第十一章由张永军、赵云平负责，曹永萍、李文杰、冯玉龙、苏和、张捷、陈佳奇、佟成元、李雪松执笔；第十二章由杨臣华负责，金英、韩淑梅、郭淞沈执笔。研究中心科研组织处宝鲁、高鸿雁同志做了大量统筹协调和编辑工作。书中参考引用了许多专家学者的研究成果，在此一并表示感谢。受理论水平、政策把握、经验积累等因素的影响，报告中难免不妥当之处，敬请批评指正。

内蒙古自治区发展研究中心课题组

2019 年 6 月